教育部高等学校社会科学发展研究中心
教育部人文社会科学重点研究基地项目
资助出版

高校社科文库
University Social Science Series

教育部高等学校
社会科学发展研究中心

汇集高校哲学社会科学优秀原创学术成果
搭建高校哲学社会科学学术著作出版平台
探索高校哲学社会科学专著出版的新模式
扩大高校哲学社会科学学科科研成果的影响力

# 基于多哈回合关税减让谈判的市场准入研究

## Research on Market Access Based on Doha Round Negotiations of Tariff Concession

冯宗宪
于璐瑶 /等著

# CONTENTS 目 录

# 第一章

# 导　言

## 1.1　研究背景

世界贸易组织成立后，于 2001 年 11 月 9 日至 14 日，在卡塔尔首都多哈举行 WTO 成员国部长会议，决定启动新一轮多边贸易谈判的多哈回合。多哈回合，是中国第一次以正式成员身份参加的世界多边贸易谈判——也就是在 2001 年 11 月启动此轮谈判的世贸组织多哈部长级会议上，中国正式加入了世界贸易组织。

多哈回合谈判的宗旨是促进世贸组织成员削减贸易壁垒，通过更公平的贸易环境来促进全球，特别是较贫穷国家的经济发展。谈判包括农业、非农产品市场准入、服务贸易、规则谈判、争端解决、知识产权、贸易与发展以及贸易与环境等 8 个主要议题。谈判的关键是农业和非农产品市场准入问题，主要包括削减农业补贴、削减农产品进口关税及降低工业品进口关税三个部分（WTO，2001）。

市场准入（Market Access），一般是指货物、服务与资本进入市场程度许可及其被准许进入市场的范围和程度。具体讲是关于别国产品和服务进入本国市场的规定，指在多大程度上允许别国商品和服务的进入，即开放市场问题。各种关税或非关税贸易壁垒都可以用来限制外国产品的进口。为了保护国内企业的生产免受进口商品的冲击，多数国家都在国际市场上对没有竞争力的本国产品或行业进行保护，不让外国商品无限制地进入本国。这些措施主要有两类：（1）征收关税；（2）采取各种非关税措施、最低进口价格、任意性进口许可证、通过国营贸易维持的非关税壁垒措施。另外，对进口产品提出的不合理的质量标准要求，也属于非关税措施。WTO 各成员方就产品的市场准入达成的协议，是通过逐步削减关税税率和进口数量限制等非关税壁垒来实现取消非关税壁垒，将其关税化。对于征收正常关税的产品，按承诺税率实施减让，对于实施非关税措施的产品，则将其关税化，然后再削减。

### 1.1.1　农产品市场准入

新一轮的 WTO 农业谈判的争议焦点集中在市场准入、国内支持和出口补贴三个方面，这也正是农业协议的三大支柱。农业谈判的目标是："大幅度改善市场准入；减少并逐步取消所有形式的出口补贴；大大减少扭曲贸易的国内支持。"具体议程包括：削减关税，取消发达国家的特殊保障措施，取消出口补贴及发展中国家提出的为粮食安全和农村发展所设置的特别条款（被称为"发展箱"）。关于农产品市场准入的规定主要体现在乌拉圭回合《农业协定》第三部分的第 4 条和第 5 条以及附件 5 中。《农业协定》中规定，所有成员国必须把其所有非关税壁垒转换成等值的关税措施，然后进行削减，即关税化。关税化要求发展中成员国在 10 年内的关税削减幅度为 24%，发达成员国家在 6 年内削减 36%，最不发达国家无须削减关税。

多哈回合农业谈判市场准入的主要内容包括关税减让、关税税制的简化、关税配额及特别保障条款等问题。在关税减让中所涉及的问题主要有高关税、关税高峰、关税升级、约束税率和实施税率之间的巨大差异等。

### 1.1.2　非农产品市场准入

根据 WTO 的定义，非农产品包括工业制成品和水产品。1930 年后由于全球经济危机的影响，世界各国纷纷采取贸易保护政策，竞相提高产品税率。关贸总协定成立以后，积极推动自由贸易，降低或废除关税。到东京回合时，关贸总协定主持的工业产品的关税减让多边贸易谈判已经有过七个回合，肯尼迪回合和东京回合平均税率降低 35% 和 33%。根据关贸总协定事务局的统计，经过七个回合的关税减让谈判，缔约国，特别是发达国家缔约国工业产品关税的整体水平已经降到相当低的水平。主要发达国家的工业产品的平均税率，从关贸总协定设立当初的约 40%，到东京回合已经降到 4.7%；发展中国家的平均税率的降低尽管不及主要发达国家，但是也降到了 14% 的水平。其中第一轮到第五轮的关税减让谈判是通过"产品对产品"的方式进行谈判的，即通过国家与国家结成谈判组进行项目减让的谈判。这种方式在关贸总协定设立初期获得相当大的成果，但是产品对产品的谈判方式内在问题开始显露出来。从狄龙回合开始，大家认识到要扩大谈判成果就要修改谈判方式。1961 年 11 月，关贸总协定部长会议建议今后的关税减让用"划一削减方式"，还设置了工作小组进行讨论，并通过了相应的决议。

多哈回合非农产品市场进入（NAMA：Non-Agriculture Market Access）谈判的授权（mandate）源于 2001 年 WTO 第四届部长会议，会议确定了多哈发展议程（DDA：Doha Development Agreement），将 NAMA 纳入谈判议程。在多哈部长宣言 WT/MIN（01）/DEC/1 第十六段明确指出，成员同意非农产品依照协议的谈判模式进行谈判，以期降低或消除诸如关税高峰（tariff peak）、高关税（high tariff）、关税级距（tariff escalation）以及非关税障碍，特别是针对发展中成员具有出口利益之产品。产品涵盖范围应为全面性，不得事先排除任何产品。谈判根据 GATT 第二十八条及此次部长宣言第五十段，拟采用非完全互惠（Less than full reciprocity）的减让承诺方式，充分考虑发展中国家及最不发达国家的特殊需求与利益。

本次多哈回合非农产品市场准入的主要议题包括以下方面：

（1）关税削减公式的选择问题；（2）部门减让问题；（3）敏感产品的选择问题；（4）特殊和差别待遇问题；（5）非关税贸易壁垒的问题；（6）优惠侵蚀问题；（7）非从价关税的从价化问题。

鉴于多哈回合农产品和非农产品市场准入各议题的详细内容将在第 3 章中介绍，这里不做赘述。

## 1.2  研究目的和意义

农产品与非农产品市场准入谈判的基础是关税的进一步被削减，而农产品和非农产品市场准入的关税减让也是 WTO 多哈回合谈判的核心和难点。

对中国来说，加入世界贸易组织已经 8 年多。根据入世承诺，2006 年我国已进入后过渡期。从农产品来看，2005 年，我国农产品关税水平已降至 15.35%，而全球农产品关税平均水平为 62%，我国已成为世界上关税最低的国家之一；而且取消各种非关税壁垒，对大宗农产品的关税配额大大放宽，最少达国内产量的 5%，部分产品在 2006 年取消配额。由于中国农业的生产是以小农经济为主体的，成本较高、分散性高、组织能力低、信息化程度低，而农产品所面对的市场是复杂多样的，市场渠道不够顺畅，市场分散多样化。在这样的环境下，农产品生产者和经营者面临较高的风险，价格的不稳定性是农产品市场的一个普遍特征，也是所有 WTO 成员关注的一个政治性、社会性问题。世界各国政府都对此问题进行干预，以避免国内市场受变幻莫测的世界农产品价格的影响，保障农民的收入水平以及国内生产的存续。从非农产品来看，加入世界贸易组织以来，中国非农产品的关税平均税率水平已降至8.84%，而且大部分税率集中在20%以内，达到95.7%；10%以内的税率也占到73.6%。我国是制造业大国，工业制成品贸易在我国对外贸易总额中所占比重大约在95%左右，不仅远高于WTO中的发展中成员，也高于多数发达成员，甚至高于最积极推动工业制成品贸易自由化的日本和韩国。目前我国已有200多种制造业产品的产量位居世界第一，我国制造业在国际市场上具有明显的比较优势。随着我国推进工业化进程和加快经济结构调整，这一优势还将进一步扩大。

正如世界贸易组织总干事拉米所说，这轮多哈谈判中最大的问题是农产品关税、农产品补贴以及工业品关税，而中国在谈判中最敏感的是农产品的市场准入问题。

本书研究目的在于试图根据多哈回合的谈判议程，重点结合中国的产品关税水平及中国的产业发展实际，探讨货物关税削减和由此导致的进出口市场准入变动及其对中国产业和产品的影响程度，提出中国在多哈谈判中相应的策略。因此，本研究有助于中国农产品和非农产品的生产者和经营者了解多哈回合市场准入谈判形势，以及在此形势下中国和贸易伙伴竞争力的变化与消长，经营风险和利弊所在，制定合适的生产经营和外向竞争策略。

本书研究的问题也是中国积极参与多哈回合市场准入谈判的迫切需要。通过本书提供的分析结果，谈判者可以了解不同减让方案下市场准入的影响和模拟效应，了解贸易伙伴和对手的目标和策略，确立有效的谈判立场和策略，提出可作为政府在市场准入谈判中的备选方案和协商的依据。本书的分析结果还有助于政府制定相应的贸易政策和产业政策，为中国企业提供可行的全球竞争合作战略选择。

多哈回合谈判是WTO成立后展开的第一轮多边贸易谈判，也是迄今参加方最多、议题最广的一轮谈判，涉及农业、制造业、服务业、贸易规则、知识产权等众多议题，涵盖95%以上的全球贸易。该回合自2001年启动以来命运多舛，这场史无前例的、包括众多议题的多哈回合谈判，与中国加入世界贸易组织同时拉开序幕，但闭幕之日却远远超过了预期。在谈判过程中，因为涉及到各方利益的进退取舍，谈判始终十分艰难。在经历了几次停顿、休会和重启之后，会议的勃勃雄心和发展回合的目标，受到越来越多的争议。尽管多年来，特别是2008年金融危机爆发以来，世界各国领导人都多次呼吁并承诺支持多哈回合谈判早日结束，但总是只听楼梯响，不见人下来。多哈回合谈判仍处在一个十字路口。

　　有关基于农产品和非农产品关税减让的市场准入研究，涉及国际经济、政治、法律和制度，同时也涉及到各国国内的经济、政治、法律和制度。从农产品到非农产品；从贸易壁垒到市场准入，再到生产、消费；从局部均衡到一般均衡；从双边谈判和博弈到多边谈判和博弈，形成了一个多学科研究的领域，这也是中国学术界值得关注的领域。从目前来看，国外相关研究较之国内的相关研究，不仅数量明显多，而且研究的水平高、深度深；但对中国本身的影响研究还不够全面深入，较少涉及中国关心的实际利益问题。譬如在市场准入方面，从中国产品进口角度涉及较多，对产品出口角度涉及较少。而且在国内目前的研究上存在以下问题：定性分析较多，定量研究相对较少，泛泛地介绍各利益集团方案，未能揭示出各集团在公式取舍中的利益选择；削减公式的介绍分析较多，但公式原理分析和比对应用研究少；对具体的比较方案缺乏深入的分析，即从表面的关税结构再到更深层次的产业结构，乃至福利效应的变动等；特别是对中国在多哈关税减让谈判中的减让及其作用和影响分析少；在对减让公式的深入分析、应用和模拟研究更少；此外对于中国关心的一些新的核心利益问题，如农产品特别保障机制和部门减让等缺乏深入研究。主要原因一是学术研究和应用对策研究结合不够，二是缺乏相对完整的贸易、产业信息，因此对决策研究的参考作用难以发挥。因此针对上述问题，本书拟从这些方面进行探索和努力。

## 1.3　农产品和非农产品及其分类

### 1.3.1　农产品及其分类

世界贸易组织农业协议定义的农产品贸易统计范围为：

（1）HS 税则第一章至第二十四章除去鱼及鱼产品，以及（2）HS 编码 2905.43（甘露糖醇）、HS 编码 2905.44（山梨醇）、HS 税目 33.01（精油）、HS 税目 35.01—35.05（蛋白类物质、改性淀粉、胶）、HS 编码 3809.10（整理剂）、HS 编码 3823.06（2905.44 以外的山梨醇）、HS 税目 41.01—41.03（生皮）、HS 税目 43.01（生毛皮）、HS 税目 50.01—50.03（生丝和废丝）、HS 税目 51.01—51.03（羊毛和动物毛）、HS 税目 52.01—52.03（原棉、废棉和已梳棉）、HS 税目 53.01（生亚麻）、HS 税目 53.02（生大麻）。

根据 2007 年中华人民共和国进出口税则，依类别而言，我国农产品现行约束关税税则可分为四大类：（1）活动物、动物产品；（2）植物产品；（3）动植物油脂及其分解物，调制食用油脂，动植物蜡；（4）调制食品；饮料；酒类及醋；烟类及已制烟类代用品。

### 1.3.2 非农产品及其分类

非农产品（non-agricultural products）指的是世界贸易组织《农业协定》所规定的农产品范围之外的产品。这些产品包括的范围非常广，主要包括工业、林业和渔业产品。近些年来，非农产品的出口值，约占全球出口贸易量的90%，所以各个国家都非常重视 WTO 的非农产品减让谈判。

在分析我国非农产品关税情况时，作者根据 WTO 关于非农产品范围的界定，同时结合我国入世之初的《中华人民共和国进出口关税税率减让表》中的相关规定，即食品制造及烟草加工业（包括农副食品加工业、食品制造业、饮料制造业、烟草制品业）所包含的产品属于农产品范围，把我国非农产品的范围确定在渔业、林业和工业产品。在《中华人民共和国海关及出口税则》中，这些商品指分布在第一类产品中的第三章，以及从第五类一直到第二十二类的所有商品。

非农产品具体来说包括如下内容：

（1）鱼、甲壳动物、软体动物及其他水生无脊椎动物

（2）矿产品

（3）化学工业及其相关工业的产品

（4）塑料及其制品、橡胶及其制品

（5）生皮、皮革、毛皮及其制品，鞍具及挽具，旅行用品、手提包及类似容器，动物肠线（蚕胶丝除外）制品

（6）木及木制品，木炭，软木及软木制品，稻草、秸秆、针茅或其他编结材料制品，篮筐及柳条编结品

（7）木浆及其他纤维状纤维素浆，回收（废碎）纸或纸板，纸、纸板及其制品

（8）纺织原料及纺织制品

（9）鞋、帽、伞、杖、鞭及其零件，已加工的羽毛及其制品，人造花，人发制品

（10）石料、石膏、水泥、石棉、云母及类似材料的制品，陶瓷产品，玻璃及其制品

（11）天然或养殖珍珠、宝石或半宝石、贵金属、包贵金属及其制品，仿首饰，硬币

（12）贱金属及其制品

（13）机器、机械器具、电气设备及其零件，录音机及放声机、电视图像、声音的录制和重放设备及其零件、附件

（14）车辆、航空器、船舶及有关运输设备

（15）光学、照相、电影、计量、检验、医疗或外科用仪器设备、精密仪器及设备，钟表，乐器，上述物品的零件、附件

（16）武器、弹药及其零件、附件

（17）杂项制品

（18）艺术品、收藏品及古物

（19）特殊交易品及未分类商品

## 1.4 研究框架和内容

### 1.4.1 本书的研究分析思路和框架

根据本书解决的问题要求，本书的分析思路框架的建立如下：

首先，从现实问题出发，根据多哈回合市场准入谈判进程和共识，对农产品和非农产品市场准入谈判的阶段背景、各减让方案进行追踪、分析比较；把握多哈谈判的历史踪迹和发展阶段特征。

其次，将现实问题科学化，提出和建立科学分析的框架和技术路线，具体而言：

（1）提出基于 WTO 框架的多哈回合市场准入协定谈判的分析框架。从小国和大国关税征收与减让的局部均衡、一般均衡分析入手，说明大国最优关税和单边行动的后果；从而引入多边贸易体制的互惠分析和政治经济分析方法，包括双层博弈、冲突分析等，以便说明多哈回合市场准入谈判规则，模拟进程中出现的问题。

（2）以关税计算公式基本原理为基础，把握各种公式基本特征；特别是说明多哈回合谈判中确定的分层减让公式和瑞士公式的特点和作用，以便在减让中有效地识别与农产品和非农产品相关的各减让方案的不同作用。

（3）根据谈判和研究中设立的评价准则，建立若干评价指标，并以中国为例，对各主要减税方案进行比较和分析；找出中国产品关税结构在减让前后

的变化规律和特征，以及减让程度的大小、重点关税产品领域等等。

（4）分析影响进出口市场的主要因素，从而为分析关税减让所引致的市场多因素变动及其大小提供依据。从进口方面，主要把握本国关税税率变动后，结合其他相关因素，如进口需求弹性、汇率等因素的协同影响，从而把握减税后在进口方面可能遇到的冲击；从出口方面主要把握在出口国关税税率变动后，结合其他相关因素，如进出口需求弹性、汇率等因素的协同影响，即马歇尔—勒纳条件的存在与作用，从而把握出口对象国减税后本国的出口形势变化和策略，依据各个减税方案分别对主要进出口农产品和非农产品的市场进入进行分析、预测。

（5）依据各个减税方案对减税后全球的市场准入影响，应用 GTAP 模型和 APTSM 模型，分别进行经济效应和福利效应的一般均衡和局部均衡分析，评价各减让方案对中国进出口市场的影响效果。

（6）根据以上分析结果，利用政治—经济分析方法和博弈论方法，综合分析各主要谈判方的立场和攻防策略，模拟谈判的僵局与破局。

（7）在上述分析的基础上，提出对中国主要进、出口农产品的市场准入的谈判政策建议。

### 1.4.2　本书的编写安排

本书的编写框架参见图 1 - 1。

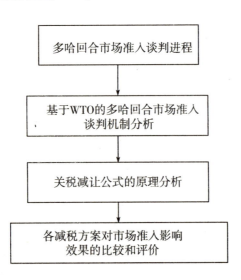

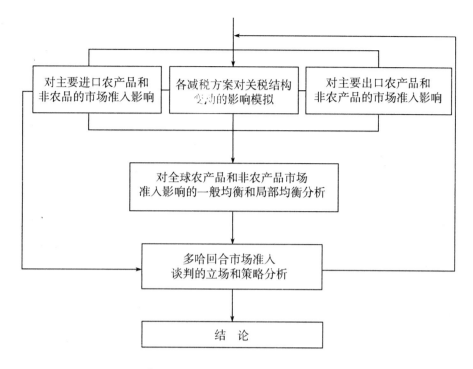

**图1-1 基于关税减让的产品市场准入及其影响的框架**

本书的各章是这样安排的：

第1章是导言，说明本报告的立意和研究目标、研究内容；提出本文的研究分析框架。

第2章对相关文献的回顾和分析，从关税减让、市场准入等方面对相关文献进行综述和分析。

第3章回顾了WTO的历次贸易谈判，介绍多哈回合市场准入谈判议题和进程，分别从农产品和非农产品介绍了谈判的议题、进程与目前的进展状况。

第4章主要研究在世界贸易体制下的多哈回合市场准入协定谈判问题，以为本书的研究确立一个理论分析的框架；从小国、大国关税政策的局部均衡，到最优关税和单边最优关税的一般均衡分析；进一步引进互惠分析和政治经济分析，探讨发达国家和发展中国家之间的贸易协定谈判的特点以及国内外利益集团的行为作用。

第5章对关税减让公式原理和对多边贸易谈判的关税减让公式进行分析，特别是对多哈回合所确定的分层减让公式和瑞士公式进行了重点分析，在此基础上，分别讨论基于分层减让公式的农产品减让方案和基于瑞士公式的非农产品减让方案。

第6章对各减税方案的指标评价和比较分析；提出评价的准则，建立评价的指标体系，并主要以中国为例，分别讨论农产品和非农产品的多方案减让模拟分析。

第7章分析影响进口产品的主要影响因素，测算关税减让与进口数量的关系，分析产品进口需求点弹性，以及若干代表性进口品影响分析。

第8章分析影响出口产品的主要影响因素，从汇率预期升值角度分析马歇尔—勒纳条件和毕肯戴克—罗宾逊—梅茨勒条件，分析各减让方案对主要出口国市场准入的影响。

第9章关于产品市场准入影响作了一般均衡和局部均衡分析，从全球角度模拟分析市场准入的影响和福利效应；模拟分析九大产品在各减让方案下市场准入的影响和福利效应；模拟分析中国进出口主要产品的影响和福利效应。

第10章分析多哈回合谈判中各利益集团的攻防策略，讨论基于部门关税减让的竞争态势，进行双层博弈分析和冲突分析，并分析了中国在多哈回合市场准入谈判的立场和多方双层博弈胜集。

第11章提出了中国在多哈回合市场准入谈判的策略建议，包括中国对各主要关税减让方案的选择及在市场准入谈判的攻防策略选择建议。

第12章，结语。给出本书的基本结论，说明研究成果的特点和政策意义，并提出有待进一步研究的问题。

# 第二章

# 相关文献回顾

关于市场准入及其谈判的国内外研究涉及诸多方面，本章将从国内外农产品市场准入、非农产品市场准入、局部均衡分析和可计算一般均衡分析的应用以及贸易谈判的博弈分析和双层博弈模型等方面逐一阐述，并把握其发展趋势和存在的问题。

## 2.1 农产品市场准入研究状况

### 2.1.1 国外对农产品市场准入谈判及相关方法的研究

Stern（1976），Laird（1998），Yeats（1987）以及 Panagariya（2002），世界贸易组织（2003）和世界银行的专家（2003）分析了自关贸总协定以来的减让公式。首先是从肯尼迪回合开始，引入了线性减让公式，以后在东京回合引入了瑞士公式；乌拉圭回合则引入了鸡尾酒公式。

Josling 和 Rae（1999）提出，利用鸡尾酒公式最有利于增加农产品贸易量，因为这种公式既有利于削减高关税也比瑞士公式更多的削减低关税。协调关税削减方法对关税结构、贸易模式及福利的影响均比线型公式更有效。

SLI（2000）认为：如果一国的关税水平已经很低或者关税中存在"水分"，那么选择何种关税削减方法的作用就不大；而对于高关税国家，协调削减方法比线性削减方法更有效。

Waino，Gibson 和 Whitley（2001）提出既能够削减关税高峰也能够削减平均关税的方法：瑞士公式、鸡尾酒 I 公式均可以带来较低的关税，引起市场准入实质的改变。Kartina. Brockmeier，Marianne. kurzweil 和 Petra. salanmon（2005）对瑞士公式和 Habinson 公式进行了深入的对比，对比了它们的削减幅度和对发达国家、发展中国家的影响，研究的比较深入。

Merlinda D. Ingco，John D. Nash（2005）在所主编的《农业与WTO：创建

一个促进发展的贸易体系》一书中，从发展中国家的角度在农业贸易自由化中的关键问题上提供了重要的研究成果和政策分析，其中包括市场准入、国内支持、出口竞争、配额管理方法、粮食安全、生物技术、知识产权以及乌拉圭回合等。"农产品关税削减的选择"一文提出既能够削减关税高峰也能够削减平均关税的方法——瑞士公式、鸡尾酒公式均可以带来较低的关税，引起市场准入实质的改变。

Camilla Burman 和 Arne Karlsson（2002）指出，农产品关税削减结果随国家和产品不同而不同。对于初始具有低关税约束和低离散度的国家，采用哪种公式对其平均关税影响都不大。从产品的角度来看，协调削减公式对关税高峰的削减更有效。在几国的案例中，协调公式引起实质的市场准入扩大，对降低关税的平均值最有效；从关税高峰的削减来看，瑞士公式、鸡尾酒 I 、线性 50 公式的影响较大，其次是鸡尾酒 II 、线性 36，最后是乌拉圭回合公式。

Kym Anderson 和 Will Martin（2005）以及 ECA 的研究（2005）说明了农业生产和牛肉、大米、糖、谷物等几种农产品的关系。ECA（2005）设计了一个公式提案，能够更多地考虑发展中国家的利益。

Sebastien Jean，Lionel Fontagne 和 Will Martin（2005）提出分层公式具有内在的非线性特征，所以分析必须使用离散的关税信息。同时，用分层公式得出的关税平均值是不正确的。文章提出了设计各国市场准入方案的四个原则：高税高减，独立选择敏感产品，发展中国家享受较小的关税削减的承诺以及发展中国家独立设计敏感产品。

Gibson，Paul，John Wainio，Daniel Whitley 以及 Mary Bohman（2001）提供了农产品关税和关税配额的跨国和跨产品的首次全面分析，并发现较高的平均关税产生了对美国和其他农民的市场壁垒。Mohamed（2005）测度了现有状况下所有 WTO 成员的从价税等值的关税水分水平及其在不同削减公式下各国的削减幅度，指出在从实现价税等值转换后，发达成员的农产品关税水分水平最低，发展中成员其次，而最不发达成员的农产品的关税水分水平最高。因此，在面对自由贸易区、日本、欧盟等发达成员农产品高关税的同时，发展中成员高约束关税率也是值得关注的问题。BchirM.，S. Jean 和 D. Laborde（2006）基于从价税等值承诺关税，在 HS6 产品水平，对几乎所有的 WTO 成员进行了系统的评价。

Sebastien Jean，David Laborde 和 Will Martin（2005）的《敏感产品的选择及其对农业贸易谈判的意义》中提出，与特定的关税削减公式不同，并不存在一种机械化的方法来衡量允许某些国家设置一定比例的敏感产品的效果。一个关键的问题是，敏感产品的选择必须符合双边自由贸易的框架，并且考虑这些选择对于市场准入自由化的影响。文章提出，敏感产品的存在将会成为双边谈判的有效性的关键。即使很小的敏感产品的比例也会对在现有框架下实现的市场准入产生极大的不利影响。

Harry de Gorter 和 Erika Kliauga（2006）提出，配额扩大或关税削减的效果依赖以下几个关键因素：什么具有约束力（配额本身还是配额内外的税率），按照配额内关税进口量是否超过配额，以及配额未完全满足的情况等等。文章提出，TRQs 保护了发达国家 50% 的农产品生产和 43% 的农产品贸易。分析表明，配额外关税削减对贸易自由化的影响最大。分析还表明，配额内关税可能在配额扩大和配额外关税削减的情况下阻碍贸易自由化。

Matthews（2003）讨论了对于发展中国家在 WTO 农业协定框架下的特殊与差别待遇。

Bureau，Jean-Christophe Jean，Sebastien Matthews 以及 Alan（2006）对各发展中国家在谈判中的特殊和差别待遇的国家立场进行了总结。建议为了使特殊和差别待遇的规定更为有效，直接援助可以发挥作用，修正的优惠制度是值得关注的问题。

Fuller（2000）运用 FAPRI 模型就中国入世对世界农产品市场产生的影响进行了分析，认为中国农产品市场的开放将会带来国际市场上各种农产品价格不同程度的上涨。其中到 2005/2006 年度，小麦、大米、玉米和大豆的 FOB价格会比 2001 年分别提高 1.5%、6.8%、1.0% 和 0.6%，到 2010/2011 年度这个涨幅会达到 2.5%、6.9%、1.7% 和 1.8%。而中国国内的消费将会因国内食品价格下降得更低而获益。Koo（2000）考虑了中美关于"入世"的协议和小麦进口配额，运用 Global Wheat Policy Stimulation Model 测算了入世后中国农产品贸易开放对世界小麦市场尤其对美国小麦市场产生的影响，他认为贸易自由化政策可以使世界小麦价格提高 2% ~ 5%，美国小麦价格提高 3% ~ 6%，与此同时中国国内市场小麦价格将会下降，并且他还认为由于中国小麦进口增加抬高了国际市场小麦价格，从而抑制了其他小麦进口国对小麦的进口量。Ellen Huan-Niemi（2003）根据 OECD 和 FAPRI 预测的国际市场农产品价格并结合几种可能的汇率条件和不同的关税削减模式，模拟了 2004 年 ~ 2010 年七年间不同削减方案下欧盟市场上进口糖的价格，将此价格与欧盟原糖支持价格作比较，并以此作为欧盟取消糖补贴等改革是否会给欧盟国内原糖市场带来影响的标准。

### 2.1.2　国内对农产品市场准入谈判方法及其影响的研究

牛宝俊（1998）认为农产品关税的调整不仅是税率本身的降低，同时关税的结构也相应地发生了变化，这些变化将通过幼稚产业保护、产业结构调整、比较优势、供需结构以及农产品价格等方面来影响和调整我国的经济。

寿绍松（2000）就关税减让的公式及模式进行了一定的分析，并且对直线减税公式、协调关税公式、瑞士公式三种减让方法作了相应的公式分析。

田志宏（2004）在有关农产关税减让方式选择上认为：（1）按照协调公式进行减让，加权平均税率降幅依次是韩、日、泰、中、美、加、欧、澳。（2）按照比例降税，对中国是相对有利的。（3）按照瑞士公式减让，加权平均税率降幅依次是韩、泰、日、中、美、欧、加、澳。对中国不存在相对不利。（4）我国的情况对减让方式不太敏感，若配合有"规定某一最高约束税率"措施，则非常有利。（5）在全部用从价税、实施税率减让时，对我国明显更为有利。

刘合光（2004）综合分析了瑞士公式、线形减税公式、乌拉圭回合公式、"鸡尾酒"减让模式、夏秉纯模式、设定最高关税模式、出价—要价模式、放射式公式和分阶段模式及其影响，并从关税结构、关税峰值、关税水分等角度分析了不同方案对各国税率削减的影响，最后对我国在新一轮谈判中积极发挥作用提出了具体的建议。

徐宏源等（2004）提出各成员国基于自身的利益主张不同的关税减让模式，不同减让模式的减让效果存在很大的差异。论文对乌拉圭回合模式、协调减税法、直线减税法、瑞士公式和 Harbinson 模式等 5 种关税减让模式进行效果模拟，评价不同关税减让模式的减让效果如下：（1）从简单平均降税幅度指标来看，直线减税法的降税幅度最大，减税速度最快；相对来讲，Harbinson 模式的减让速度最慢。简单平均降税幅度从小到大依次是 Harbinson 模式、乌拉圭回合模式、协调减税法、瑞士公式和直线减税法。（2）通过对测度值大小的比较，可以判断，利用瑞士公式可以使减让后税率设置较为合理。其余的依次排序为协调减税法、直线减税法、Harbinson 模式和乌拉圭回合模式。（3）由降税效率指标可以看出，在利用瑞士公式减让时，算术平均税率降低1%，实际关税水平的降低幅度较小，即降税速度较慢。而乌拉圭回合模式的降税速度最快，其他模式降税速度由慢到快依次是协调减税法、Harbinson 模式、直线减税法。

姚蕾、田志宏（2004）明确了影响关税减让的因素，找出其中较为重要的因素。根据比较优势和贸易规模两个最重要的因素，建立"竞争力—贸易规模"二维图，根据关税减让的需要将农产品分为七类，分别对这七类产品进行关税减让取向分析，分析表明第Ⅱ象限的农产品是关税减让的主要产品区域，提出了农产品的关税削减取向。

张利琴（2005）运用简单算术平均法计算我国农产品的关税水平，通过对比分析归纳了我国农产品关税水平和关税结构有以下几个特点：第一，加入WTO后，我国农产品平均关税水平下降很快，而且高关税商品数量大幅度减少；第二，实行关税配额管理的农产品品种减少，配额扩大，配额内税率逐步下降。第三，我国不同加工程度的农产品存在关税升级现象，对加工品的有效保护程度要高于其名义关税税率。第四，我国农产品不存在关税高峰现象。

程国强，崔卫杰（2006）设计并模拟了 US1、US2、US3、欧盟提案、G20提案、G10 提案以及关税封顶对 16 个样本国家的影响，并且对关税升级、关税水分以及敏感性产品等问题做出了一定的分析与评价。程国强认为美国方案的关税削减幅度较大，封顶作用明显，体现了高税多减的原则，对发达国家关税削减影响显著，并且有利于压缩发展中成员的关税水分，同时对我国的影响也是十分显著的。而欧盟提案在削减幅度上则不如美国提案大，但是对我国的影响也相对较大。G10 提案的削减幅度最小，对我国的影响相对较弱。美国提案使发达国家关税平均削减 76%，发展中国家削减 43.4%，G10 提案使发达成员关税平均削减 56.8%，发展中成员削减 22.6%。

姚蕾、田志宏（2006）认为关税税率的调整通过改变进口价格，使得进口量发生相应变化，两者共同作用导致生产者、消费者和政府三个利益集团的经济效应发生变化，通过各利益集团的社会经济效益的变化总量模型来判断、评价关税调整的效果。

柯炳生、韩一军（2003）对关税配额问题与中国的对策进行了研究，韩一军（2005）还对农产品关税配额进行了研究。

介跃健（2003）用 GTAP 模型分析了入世后的中国粮食市场，认为国内需求是决定中国粮食市场变化的主导因素，无论是国内市场还是国际市场粮食供给出现波动，国内外粮食市场价格均会受到影响。此外，由于价格因素的作用，国外粮食欠收都不会严重影响国内粮食供需平衡。

武拉平（2002）通过协整的方法研究了玉米、小麦、大豆和大米的国内外市场整合，认为四种粮食作物国内外市场价格存在长期整合关系，并且郑州粮食批发市场小麦价格变化领先于芝加哥商品交易所价格，玉米国内价格变化也领先于国际价格；大米的曼谷 FOB 价格变化领先于国内价格，大豆的国家价格变化领先于国内市场价格。此外，国内玉米市场和小麦市场与国际市场联系相对紧密。

陈永福（2003）用 ADF 检验和 ADL 模型得到中国大城市粳米平均价格与曼谷价格满足滞后期为 3 个月的长期整合并且互为 Granger 因果关系，并用协整检验的方法得到中国小麦集市价格与加拿大和美国小麦出口价格之间存在长期整合关系。

## 2.2 非农产品市场准入研究状况

国内外对非农产品市场准入的研究主要集中在对谈判公式、草案的研究和削减关税可能产生的影响的研究两个方面。

### 2.2.1 对非农产品谈判市场准入的方式和草案的研究

关于关税削减公式谈判的内容，主要是关于关税削减公式的形式，系数选择，以及不同发展程度的国家是否使用相同的系数，另外，发展中国家成员的差别待遇问题也是一个焦点问题。

Ng, F.（2002）考察了发达国家和发展中国家的平均税率。Marc Bacchetta 和 Bijit Bora（2003）特别关注工业品的关税现状和贸易领域的谈判，特别是非优惠关税的现状。Joseph Francois，Will Martin（2003）考虑了瑞士公式的选择变化范围，包括对关税升级、关税高峰的作用。Joseph Francois，Will Martin 和 Vlad Manole（2005）认为减让公式的选择需要考虑市场准入的效率和条件。Moonsung Kang（2005）回顾了多哈回合中关于非农产品减让公式的讨论。A. R. Kemal，Mulehud Din 和 Ejaz Ghani（2005）试图从南亚发展中国家的角度说明对于非农市场准入优先关心的事宜。Akyuz，Yilmaz（2005）则从发展中国家角度，讨论了 WTO 中的工业关税问题。

关于非农谈判（NAMA）草案的研究和分析，South Center（2008）在其评论中，介绍了 2008 年 2 月的 WTO NAMA 减让模式主席修订草案的相关内容。Atul Kaushik，Rashid Kaukab 和 Pranav Kumar（2008）简要分析了 2008 年 7 月的拉米框架，认为在现行的非农产品谈判中，与拉米框架的差异很大，包括公式系数的使用、部门参与等。许多成员对此仅给予了谨慎的回应，但各国还是认为这是一个可作为进一步讨论的出发点。

Pranav Kumar 和 Atul Kaushik（2008）就 2008 年 2 月的 NAMA 模式主席修订草案进行了介绍和分析，HarishIyer 则对 WTO 非农产品市场准入草案中各个成员方提出的具体减让方式作了非常详细的介绍。

### 2.2.2 对非农产品谈判市场准入草案影响的研究

有学者还对各个草案可能会产生的影响进行了模拟或者研究，以给各方确定自己的立场提供依据。Moonsung Kang（2005）对工业品关税减让和政策执行的情况进行了具体的分析。作者认为 WTO 下的多哈发展回合（DDA）谈判的一个关键因素是关于工业品的贸易自由化问题，也就是非农产品市场准入问题。Ekeocha，Patterson C.，Nwafor 及 Manson（2007）对瑞士公式下的关税削减对尼日利亚的贫困化影响进行了研究。张文斌（2004）对吉拉德在 2003 年 5 月 8 日提出的《非农产品市场准入谈判模式草案要素》及其修订本进行了介绍和评析。沈玉良（2005）对"制定非农产品市场准入模式的框架"下，各国所提出的关税削减公式进行了分析。王晓东（2008）对本轮谈判的结果进行了模拟和评估。

此外，Krause（1959），Kreinin（1961），Finger（1976）等通过对非农产品做了减让组和非减让组的分组，进一步分析和确定来自进口的冲击影响。冯宗宪、段英（1998）认为我国在降税过程中，首先应综合考虑产业政策、产业竞争力、就业和税收等各方面因素，确定各产业的保护水平，以此为基础进行有目的的降税。在降税中注意已经为负保护的行业除了减少自身的降税幅度，还应考虑其投入品的降税。对于原来属于过度保护的行业现在要考察是否还属于过度保护，并以此来判断是否应该加快或减慢降税幅度。胡麦秀等（2004）利用 1992 年~2003 年 7 年的数据作为样本，进行分组模拟了中国非农产品进口平均税率和进口额的变化趋势。

## 2.3　可计算局部均衡分析和 ATPSM 模型应用

开放经济下，贸易对一国经济福利的影响测度，从研究方法划分，主要有局部均衡分析和一般均衡分析两种。其中，局部均衡分析是指假定其他市场条件不变的情况下，分析单个产品市场和单个要素市场存在的均衡。在贸易政策方面，局部均衡分析的研究重点在于衡量贸易保护所造成的资源配置的扭曲带来的福利损失。Arnold Harberger（1959）即利用该方法对智利的贸易保护的损失进行了分析，被称为"Harberger 三角"。

可计算局部均衡模型主要包括 FAO 的 ATPSM，即 Agricultural Trade Policy Simulation Model，美国农业部及宾夕法尼亚州立大学联合开发的 PEATSim 模型，即 Partial Equilibrium Agricultural Trade Simulator。

农业贸易政策模拟模型（ATPSM）是由联合国贸易发展会议（UNCTAD）和粮农组织（FAO）联合开发的一个确定型的、比较静态的局部均衡模型。作为静态模型，该模型没有明确的时间维度来衡量政策措施的实施及其对经济的影响程度。一般认为政策的影响具有长期性，随着政策的实施持续多年。对于供给与需求对价格的反应弹性，该模型是在 10 年的时间水平上进行估计的（Ralf Peters and David Vanzetti，2004）。ATPSM 模型覆盖了全球 161 个国家和地区，其中欧盟单独作为一个经济体。ATPSM 模型可以分析小麦、大米、玉米、棉花、油籽等 35 大类农产品（Ralf Peters and David Vanzetti，2004）。模型所使用的价格数据来自国际金融统计数据库、粮农组织贸易年鉴和 UNCTAD 的价格统计数据库。生产量、进出口量、弹性参数等数量数据来自粮农组织。消费量为显性消费量，即生产量加上进口量减去出口量。双边贸易流数据来自 UNCTAD 数据库，出口补贴来自各成员向 WTO 的通报。

Kyeong-Soo Jeong，Philip Garcia，David S. Bullock（2003）采用局部均衡模型对日本的牛肉政策自由化进行了分析，衡量了局部的政策自由化对短期福利的影响情况。认为从短期来看，生产者的利益变动较大，但整体而言，福利冲击并不大。

Daneswar Poonyth，Ramesh Sharma（2003）用 ATPSM 模型分析了多哈回合中不同的减让方案（夏秉纯方案、欧盟方案、美国方案）对发达国家、LDCs 和发展中国家的影响。研究表明，关税减让带来的福利增加是源于消费者剩余增加，而不是生产者收益的增加。因此对于 LDCs 这样低收入的农业经济而言，首要任务是发展农业部门。

David Vanzetti 和 Brett Graham（2002）用 ATPSM 模型计算出，农业贸易自由化后，每年的静态福利收益为 90 亿美元，但这个收益在国家之间的分配是和当前配额租的分配成正比的。

David Vanzetti 和 Ralf Peters（2003）用 ATPSM 模型分析了美国方案、WTO 方案和欧盟方案对福利的影响。美国方案使得发展中国家整体福利增加 60 亿美元，但仍有许多国家福利减少，WTO 方案和欧盟方案使得发展中国家整体福利减少。

Yiorgos Gadanakis，George Baourakis 和 Carmen Clapan（2006）从全球棉花

市场入手，用 ATPSM 模型分析了欧盟减少国内支持对生产和贸易的影响。结果表明，如果按照瑞士公式进行减让，则世界价格上涨 3.5%。Ralf Peters 通过该模型分析了农产品市场，认为取消出口补贴会使得世界农产品价格上涨。

刘合光、程国强等人（2005）对欧美日加四国的农业自由化改革作为多哈回合改革的模拟方案，运用 ATPSM 模型进行了局部均衡分析。该文章同时关注了国内支持、出口补贴和市场准入三大谈判焦点，分析四国农业自由化的经济后果，认为世界农产品贸易总量扩大，进口、出口规模增大。福利方面，发达国家增加，而发展中国家则有所降低。

同时，有学者利用局部均衡理论模型分别对关税及贸易政策的效应作了分析。如李永（2000）进行了关税的社会福利分析，黄风羽（2001）则对贸易条件效应和保护效应进行了分析。

## 2.4　可计算一般均衡分析和 GTAP 模型应用

现代意义上的一般均衡理论始于 20 世纪 30 年代，Wald（1936）首先从数学上证明了一般均衡在一系列条件下——完全竞争市场及非完全竞争市场这两种情况下静态均衡解的存在性。经济学方面，20 世纪 30 年代，Leontief 以一般均衡概念发展了投入产出模型（Input-Output Model），这是最初一般均衡的理论分析。1965 年，Jones 在 "The structure of simple general equilibrium model" 中详细介绍了一般均衡分析的架构；1977 年，Dornbusch 将均衡分析由 2 * 2 的架构扩展到 n 种商品。之后，包括多国多部门的模型也逐步发展。但在实证方面，主要还是以多种商品或者多国为研究对象，较少有多国多部门的。即使有，涵盖范围也较窄。

而一般均衡分析转化为 CGE，即可计算的一般均衡分析方法还要追溯到 20 世纪 60 年代，Johansen 利用线性化的求解方法使一般均衡理论可作实证应用，当时，Johansen 提出了 MSG（Multi-sectoral Growth）模型，该模型结构虽然比较简单，但模型中己经清楚地把模型划分为供给面、需求面以及供求均衡三个部分，求解目标在于寻找一组使得供求均衡的价格，后来被公认为最早的、实用的 CGE 模型。然而其尚存在一些不足之处，主要有四点：第一，该模型中有相当多的假设。相对于复杂的经济系统，MSG 模型过于简单。第二，仅一类家庭的消费是内生的，政府购买需求、投资需求和净出口需求都为外生。第三，由于 MSG 模型缺乏合适的数据，各参数值只得利用计量经济学技术进行估计。第四，其采用的"对数线性估计法"，通过求解线性方程从而得到内生变量随外生变量的变化情况，该方法虽然计算简单，但是结果却易受估计误差的影响，即外部变量变化幅度越大，误差就会越大。

1967 年，Scarf 求解法（Scarfs algorithm）促使了 CGE 的崛起。之后，CGE 的分析工具持续发展。ORANI 是静态的模型工具，与 MSG 模型较类似，但包括较多的部门和国家地区，比较全面，并且 ORANI 模型将经济系统视为开放的，即存在贸易，贸易需求方面运用阿明顿（Armington）假设，使得小国也有一定的市场能力。基于 Harberger、Scarf、Shoven 和 Whalley 等人研究成果的 HSSW 模型，包含了更多的家庭种类，家庭间的禀赋和预算约束不同，可以衡量收入分配影响，如社会福利状况等。

目前，一般均衡模型的求解技术也有了长足的进步。以前的 Scarf 解法是较早的通用解法。目前，还包括通用数学建模系统 GAMS（Generalized Algebraic Modelling System）、一般均衡的建模工具包 GEMPACK（General Equilibrium Modelling Package）以及一般均衡数学编程系统 MPSGE（Mathematical Programming System for General Equilibrium）等，另外，常用的数学软件，如 MATLAB、EXCEL 等也能用以求解简单的 CGE 模型。GTAP 模型即是采用 GEMPACK 工具包求解。前文提到的 PEATSim 模型则需要 GAMS 软件运行。

由于 CGE 的自身优势，各国纷纷建立自己的 CGE 模型，运用 CGE 模型估计贸易自由化的经济影响成为其应用的一个最为主要的方面。

澳大利亚和我国台湾地区都发展了适用于本国或本地区的一般均衡模型，澳大利亚的模型为 MONASH 动态模型；GTEM（Global Trade and Environment Model）模型，它考虑到环境因素，侧重于对资源与环境经济学的分析；Michigan BDS 模型，适用于规模经济和制造工业的垄断竞争，包含 35 个国家和 29 个生产部门，用来评估贸易自由化政策的宏观经济影响，在区域贸易协定，服务自由化中运用较多。台湾有 TAIGEM 及 TAIGEM-D。TAIGEM 为静态模型，TAIGEM-D 是动态模型，另有 The WTO housemodel 也是假设不完全竞争，并考虑到农户生产的差异，用于进行全球贸易分析，但涵盖国家和部门较少，有 13 个国家和地区，19 个部门，在 WTO 谈判的经济后果分析中也有较多运用。

Konan DE 和 Maskus KE（2002），比较了货物和服务贸易自由化对福利、产出及要素价格方面的影响。认为服务贸易自由化更有利于福利增加，生产成本减少，令所有部门的经济产出均有所增加，总之，服务贸易自由化对经济发展的重要性不容忽视。

Cororaton 和 Caesar B（2004）在 SAM（Social Accounting Matrix）的基础上建立的 CGE 模型，称为 PCGEM 模型，包括 12 个生产部门，有劳动和资本两种要素，包括农民和工人两种劳力，又细分为熟练的和非熟练的劳动力。按部门进行实际关税的削减方案，认为关税减让后，国内价格明显下降，出口竞争力改进，非食品的制造业生产和资源配置改进，农业部门工资下降，而生产部门工资上升。

Hong Zhang（2004）研究表明，贸易自由化后，中国实质 GDP 和就业率上升，价格指数下降，进口和出口均增加，进口增加较大，整体福利变化不明显。他认为中国加入 WTO 不仅出于经济考虑，也出于公共事务和政治方面的考虑。

1993 年以来，GTAP 模型得到了广泛的应用，该模型的国家及部门别都较多，比较接近现实中的贸易情形，是一般均衡模型的主要发展。近期开发的 GTAP 数据库有效地涵盖了世界上一定的国家和地区以及各种市场，综合考虑了政府和国内外市场以及各种上下游产业之间的相互影响，近年来得到了广泛的应用。GTAP 模型被广泛用来进行有关贸易的经济分析，特别是关税及其他贸易壁垒的贸易政策效果分析。

运用 GTAP 模型进行关税削减相关的贸易政策分析，主要包括 Caesar Cororaton 和 Erwin Corong 的"Agriculture-sector policies and poverty in the Philippines：A computable general-equilibrium（CGE）analysis"，文中对菲律宾自 80 年代开始的农业政策改革进行了研究。认为关税削减使得消费者多选取进口品，导致农业产出水平降低。产业结构方面，对出口导向和依赖进口的工业有正面影响，而在福利分配方面，使得穷人更穷。Zohre Salehezadeh 和 Shida Rastegari Henneberry 在"The economic impacts of trade liberalization and factor mobility：the case of the Philippines"一文中，也针对菲律宾的情况进行了研究。文中共设计了六种方案，包括三种关税减让，其中每种方案又根据要素是否移动分为要素完全移动的关税减让方案和要素固定的关税减让方案。并认为要素移动和降低关税壁垒，可导致经济体内资源更具效率的使用；另外，降低关税壁垒会导致竞争力强之产业的生产模式改变，以及社会整体实际产出的增加。

Alessandro 等学者（2007），利用 GTAP 模型对主要发展中国家对待市场准入的贸易政策进行了分析，认为发展中国家的贸易对美国、欧盟、日本等国的依存度较大，农产品方面，发展中出口国比发达出口国面临更高的市场准入门槛，而目前的关税结构对发展中国家也是不利的。

另外，有一些学者关注 WTO 各谈判回合的研究，如对于乌拉圭回合，GW Harrison 等人发表了 "Quantifying the Uruguay round"，文中主要对乌拉圭回合的收益进行了定量分析，分成了短期效果和长期效果两个方面。从全球福利变动的角度衡量，认为乌拉圭回合的长期年均收益是短期年均收益的 1.78 倍，并认为发展中国家短期来看福利有所降低，但长期上贸易自由化则对其是有好处的。Brockmeier M 等学者的 "The enlargement of market access in the WTO negotiations：What is the impact of tariff cutting formulas"，探讨了 WTO 新一轮谈判中的各种关税减让方案，主要是欧盟地区降低市场准入。文章一个特点是将最不发达国家剔除出来，不进行关税减让义务。文章认为欧盟对很多农产品的进口都将增加，最不发达地区的贸易变动不大，发展中国家增加了欧盟进口农产品部分的出口，只是各国增加值不同。LA Winters 的 "The European agricultural trade policies and poverty" 一文以 WTO 可能达成的多哈回合协议以及欧洲农业自由化为模拟方案，探讨了欧盟农产品贸易政策对贫穷的影响，认为欧盟的共同农业政策（CAP）将导致其与发展中国家之间的贸易关系恶化，且会导致欧洲的贫穷。Alan Matthews 和 Keith Walsh 在 2006 年发表了 "The Economic Consequences of the Doha Round for Ireland" 一文，文中对爱尔兰地区的贸易自由化进行了定量分析。文章充分考虑了农业、工业、服务业和贸易便利性的自由化，并考虑了爱尔兰自身的 GDP、人口及就业人口的增长情况。预测年为 2014 年，认为深度的贸易自由化会使爱尔兰地区的福利增加，特别是服务贸易自由化对福利增加的贡献最大，但农产品的贸易自由化则会对整体经济有负影响。

我国也有一些经济学家对此做相关研究。王韬等（2004）利用一个研究中国整体经济情况的 CGE 模型，模拟中国加入 WTO 组织后，进口关税逐年减让、出口退税率调整和间接税向直接税转化等条件下，中国整体经济运行情况，对进出口、国民总收入等主要宏观经济指标进行重点研究。穆月英、小池淳司及笠原浩三（2005）构建了一个多地区（或多国家）的空间性应用一般均衡模型（SCGE），对我国农产品关税降低后所产生的影响进行计量分析，认为我国进口增加，对劳动力的需求呈减少趋势，福利方面变动不大。

樊明太等（2005）采用了其与澳大利亚 Monash 大学政策研究中心合作的 PRCGEM 模型，并扩展为动态模型，考虑投资和资本积累方程，包含 36 个部门，考虑到货物贸易自由化、服务贸易自由化、投资便利化三种贸易自由化情景，认为自由化对我国福利有正面影响。促进货物和服务贸易，降低生产成本，具有比较优势的行业会获得更大的利益，而需要保护行业如果没有保护则会受损，粮食自给率下降。

王腊芳在其硕士论文《中澳铁矿砂谈判对中国产业经济影响的 CGE 研究》中采用在 CHINGEM 模型的基础上扩展的模型，区分了进口来源地，以 2002 年数据为基期进行模拟。

翁永和、陈坤铭和郭炳伸（2005）对台湾的关税级距调整方案进行了建议，认为总体而言降低级距对台湾的经济成长及社会福利有正面作用，但仍对部分不具有出口竞争力的产业不利，而出口竞争力本身较大的产业受惠最多。因此建议调降具有比较优势的产业，其他产业则有所保留。

Liu CK 等（2004）对全球的森林产业进行分析，认为贸易自由化对森林产品的贸易、实质 GDP 以及价格和消费等影响都不大。

但是我国对利用 GTAP 进行福利分析的研究目前还较少，处于发展阶段。1999 年，中国农业大学经济管理学院课题组研究了我国农产品贸易政策选择问题《中国不同农产品贸易政策选择的影响》，假设了 2005 年我国对外贸易的 7 种可能政策，包括我国加入 WTO 的身份（发展中、发达国家身份），国外对我国实行的粮食禁运，我国的贸易政策及关税调整等，认为我国应当参与世界范围的贸易开放，并降低贸易保护水平。另外，有些文章运用 GTAP 对自由贸易区的建立的福利效果进行分析，如杨军、黄季焜等人（2005），认为我国农业部门会受到一定冲击，所得利益全部来自劳动力密集型的工业部门。王莉（2003）的《构建东亚自由贸易区对中国农产品贸易的影响》、胡学伟 2005 年的《中国－东盟自由贸易区经济效应研究》等文章都对自由贸易区的建立方面利用 GTAP 模型进行了分析。

关于 WTO 和贸易自由化研究，如魏巍贤（2000），在《中国加入 WTO 对全球福利影响的模拟分析》一文中运用 GTAP 模型研究了中国入世给中国带来的收益以及由此给世界经济带来的经济影响。假定中国为加入 WTO，将关税减少 2/3，平均关税税率为 10%，同时认为若北美和欧盟对农业补贴政策进行改革，可以进一步增加其收益。黄季焜等人（2005）在《全球贸易自由化对中国和世界经济的影响》一文中，以我国的入世承诺和乌拉圭回合谈判中的协定作为基准方案，分析多哈回合多种贸易自由化方案及有影响力的产业贸易政策，即纺织服装方面取消配额限制，认为各种提案中对全球经济影响大小分别为凯恩斯提案、美国提案及欧盟提案。

周曙东、胡冰川、崔奇峰（2006）采用了 GTAP 数据库及软件，并以

GTAP 自身整合的包含多哈回合谈判的模拟情境为基准方案，共设计了八种不同的方案，考察关税削减各方案对世界经济的福利影响。认为全球贸易总量有所提高，贸易价格指数降低。关税削减力度越高，这种趋势越强。对我国的农业的影响，表现为水稻、其他粮食作物、蔬菜水果的国内产出增加，即具有比较优势的产品产出水平提高。政策方面，建议中国限制高关税的关税封顶方案和敏感性农产品税号数目。李众敏、吴凌燕（2007）应用 GTAP 模型分析了多哈回合对中国农业的影响。

一些重要的国际研究机构及其研究人员，如：Anderson 和 Martin（世界银行）、Polaski（Carnegie 研究院）、Hertel 和 Keeney（Purdue 大学）、CEPII（巴黎知名研究学院，国际经济领域）、哥本哈根经济学会、IFPRI（华盛顿的某一研究机构）、瑞典国家贸易委员会（研究与统计）、澳大利亚生产委员会等，也尝试评估多哈回合的经济整体效益及其对于发展中国家的影响，世界银行和Carnegie 研究院仅关注货物贸易，因这是最易计算并建立数据（分析）模型的。瑞典国家贸易委员会、哥本哈根经济学会和 CEPII 则研究的范围更广。

一些研究指出，农业自由化的收益分布不均衡，对极富竞争力的出口商（澳大利亚、新西兰、巴西、阿根廷、泰国）收益甚微，而农产品贸易实行自由化能使消费者获益。Arnegie 研究院认为，经济收益的贡献分布中，工业品占 90%，而农产品占 10%。然而，这些研究成果都是基于支持工业自由化假定与一系列技术选择的。在另一方面，世界银行对于农业自由化的研究表明，农业自由化（包括国内支持和出口补贴削减）对于总收入增长贡献为 2/3。这些研究成果都是基于一系列假设和一些有争议的潜在参数。例如，对于发展中国家，农产品关税削减幅度将是工业品关税削减幅度的 10 倍多。另外，假定所有的农作物能够在所有类型的土地上播种，这点对于大部分农业生产是极度不切实际的；假定新的可耕种土地是无需成本即可获得也是不符合现实的。

农业自由化给发展中国家带来的收益分布不均。CEPII 研究表明，一个仅限于农业自由化谈判的谈判回合，整体而言不利于发展中国家，尽管部分发展中国家将会获得大量的收益。研究表明仅限于农业的自由化将会带来国家间不平衡的效应：仅对那些农产品自由化的发达国家进口商有益，对于那些最贫穷国家和最脆弱国家的收益，迫于许多因素，将会十分有限。

世界银行 2005 年发布的一份研究报告《农业贸易改革与多哈发展议程》指出，到 2015 年，关税、补贴和国内支持计划的取消和废除将使全球福利每年增加 3000 亿美元。其中，近三分之二的增量将会源于农业贸易改革，因为农业被扭曲程度要比其他部门高得多。研究认为，发展中国家从商品贸易自由化的收益增量将会占全球总收益增量的 45%。由于发展中国家占全球财富总量的份额很小，因此贸易自由化带给它们的收益比例将会远远大于这一份额，是其占全球 GDP 份额的两倍之多。"市场准入壁垒对农业部门有着关键的影响。农业关税的大幅降低所产生的收益将是取消出口补贴和国内对农业的扭曲贸易式支持所获收益的 12 倍，"世界银行贸易研究局首席经济学家及报告的作者之一威尔·马丁（Will Martin）说："提高农业市场的可准入程度是 WTO 多哈回合谈判必须达成一致的最根本的改革。"

## 2.5 贸易谈判的博弈分析和双层博弈模型

### 2.5.1 贸易谈判的博弈分析

博弈论是研究竞争与协同的数学方法，作为一门完整的理论创立于 20 世纪 40 年代，已经在物种进化及种间关系、政治、军事、人类经济行为等领域得到了广泛应用。博弈论就是系统研究各种博弈问题，寻求各博弈方理性选择条件下博弈的解，并对这些解进行讨论分析的理论（谢识予，2003）。

约翰·冯·诺伊曼（John von Neumann）和奥斯卡·摩根斯坦（Oskar Morgenstern）于 1944 年合作出版的《博弈论与经济行为》一般被认为是博弈论产生的标志，概括了行为主体的典型行为特征，提出博弈模型、解的概念和分析方法。

奥曼（Robert J. Aumann）认为博弈是"交互的决策论"，即研究决策者的决策行为、作用条件及决策均衡问题，即决策者间决策行为形成的互为影响关系。因此决策主体必须考虑对方的反应，所以用"交互的决策"来描述博弈论。如果仅有一个决策者就产生最优化问题，而在多个参与者的博弈中，决策者的决策结果取决于众多决策者的交互决策作用。奥曼还利用参与者的连续性建立了垄断和寡头垄断竞争模型，以及公共经济学基于经济活动和政治过程相互交织的税收模型，如表决、固定价格模型等。

Mancur Olson（1965）在《集体行动的逻辑》认为，集体或集团是由具有共同利益目标的个体组成，个体应该具有进一步扩大共同利益的倾向。但是，由于集体产品具有公共产品的特征（主要是非排他性），个体为集体所做的贡献将被其他成员分享。与此同时，个体参与集体合作行为是有成本的，如花费时间、相关的货币费用支出等。这些因素导致了集体行动中"搭便车"行为的普遍存在，即在坚持成本收益原则下，任何理性个人都不会为集体的共同利益而参与合作行为。但是，真实世界中的确存在集体合作行为，Olson 认为这些有悖于经济人假设的集体行动的内在逻辑是：（1）集体行动的结果对个人有重大价值，其收益超过了组织集体行动所花费的所有成本。（2）借助游说集团①，"潜在集团"或大型集体使用"选择性激励"（selective incentives）——根据个人的贡献决定是否向其提供集体收益，强制或诱导个人参与合作。（3）"特权集团"或小集体没有选择性激励，也能促成集体行动②。Olson 在后来的《权力与繁荣》（2000）一书中，将集团的概念拓展到国家层面，指出作为整个国家而言的集体行动是与其他层次的集体行动有所差别的，小集团利益在这时可能会起阻碍作用（游说集团出于各自的利益考虑，会阻碍全国性法案的通过）。而国民对法律和产权的尊重（respect for law and property），是市场成长和社会繁荣的关键。这是对集体行动逻辑的重要补充。

许多学者深化了这方面的研究，如 Robyn M. Dawes et al. （1977），Russell Hardin（1971、1982），David M. Kreps et al.（1982），Elinor Ostrom（1990、1994、1997、1998、2000），Ernst Fehr（1990，1999），Jean Robert Hoffmann（1996）和 Avner Offer（2002）等，分别从公共选择理论、博弈论等视角对集体合作行为进行了理论和实证研究。

国际政治学家很早就开始使用博弈论作为分析工具。早期的经典文献包括 Luce 和 Raiffa 的《博弈与决策》、Schelling 的《冲突的战略》，Taylor 的《无政府与合作》、Hardin 的《集体行动》等等。1950 年~1970 年有关研究基本上集中于对核威慑、军备竞赛与裁军等国际安全方面的问题。1980 年之后，博弈论在国际政治研究中再度复兴，新一代学者迅速将博弈论的应用扩展到包括军事组织、国际安全合作、贸易谈判、环境保护、债务危机等各个领域。

尤其值得一提的是，博弈论在实践中的应用产生了一个与本书研究关系更为密切的分支学科，即谈判理论。Raiffa，Howard（1982）所著《谈判的艺术与科学》是这一领域的代表作，作者分别讨论了两方谈判者讨论一个议题，

---

① Olson（1965）认为，具有"选择性的激励"的组织是：（1）具有行使强制性措施的权威和能力；（2）具有能向潜在集团中的个人提供积极诱导能力源泉的那些组织（游说疏通团体）。参见［美］曼瑟尔·奥尔森：《集体行动的逻辑》，第 166 页，上海：上海三联书店，上海人民出版社，1996 年第 2 版。

② 这是因为成员数量少，个人之间的协商和谈判的成本较低，博弈是在一种近似于完全信息的条件下进行，集体成员都知道各自可能采取的行动及其可能后果。

两个谈判者讨论多个议题,多个谈判者讨论多个议题的情况下谈判适用的策略。影响谈判的结果的主要因素包括:议题的关联性、博弈次数、局中人人数、联盟的形成等。

鲁宾斯坦(Rubinstein,1982)对另外两位博弈论专家斯托尔(Stalh)在1972年和克雷勒(Krelle)在1976年的工作进行扩展,提出了轮流出价的讨价还价模型。Fudenberg和Tirole(1983)在"Sequential Bargaining with Incomplete Information"一文中讨论了两类购买者和两类销售者的两阶段讨价还价问题。他们的工作还只是显示了如何建立这类模型的一个特例,而且他们更多的讨论的是不对称信息只是单边(one-side)信息的不对称问题,其结论并不具有普遍性。Sobel和Takahashi(1983)讨论了买方具有连续的类型,而卖方只有一种类型的T阶段以及无限期的博弈模型。鲁宾斯坦(1985)讨论了两类买方和一类卖方的无限期模型,不同之处是,买方的类型差别不在于他们的效用不同,而在于他们的贴现率不同。

Kreps和Wilson(1982)提出了声誉和不完全信息问题,在讨价还价博弈中,Myerson(1991)在"Game Theory Analysis of Conflict"使用了类似的类型概念。Abreu和Gul(2000)在"Bargaining and Reputation"具体地研究了双边声誉形成的机制,Abreu和Pearce(2002)给出了一个双边不完全信息、双边要约和具有多种类型的以声誉模型为基础的讨价还价模型。

Baldwin(1988)具体讨论了GATT中的谈判技巧并总结了有关的观点。麦克米伦(McMillan,2004)研究了博弈论对国际经济多边谈判的适用性。

进入20世纪90年代,逐渐有学者开始有针对性地运用博弈论来试图解释GATT/WTO体制的规则体系。其代表人物有Thomas Hungerford(1991),他在《国际经济学杂志》发表了题为《GATT:在非合作贸易制度下的合作均衡?》一文,将关税博弈研究扩大至非关税博弈领域,从而得出与关税博弈相类似的结论,即"非关税壁垒的削减也会增加双方的福利"。Kyle Bagwell,Robert W. Staiger(1999)用数理经济学的方法建立关税博弈模型,证明了"互惠贸易协定(关税削减)能增进国民福利"这 命题,从而为GATT 种最典型互惠贸易协定的确立和存在奠定了理论基础。霍克曼(Hoekman)和考斯泰基(Kostecki)等也为将博弈论应用于世界贸易体制的研究做出了贡献。贝格威尔(Bagwell)和思泰格尔(Staiger)(2002)在《世界贸易体系经济学》一书中,利用博弈论和贸易的政治经济学研究方法,解得合作博弈情况下的关税均衡,将其称作"政治最优关税",进而说明了包括互惠与最惠国待遇原则以及争端解决机制、贸易政策审议机制和保障机制在内的 WTO 体制和规则框架的经济原理。

在国内，将博弈论运用于 GATT/WTO 体制的研究则完全属于一个全新的领域。相关研究成果少，且研究大多处于编译国外成果的初级阶段。其中，盛斌（2001）在借鉴贝格威尔和思泰格尔博弈模型的基础上，对 WTO 体制与核心规则进行分析，并结合 WTO 规则的具体含义、功能和谈判策略及技巧对相关模型进行分析和论证，阐明 WTO 的设计及运行机理和哲学思想。夏晖、韩轶（2001）则借鉴了麦克米伦的两国关税政策静态博弈模型，从博弈论角度，分析了 WTO 成立的原因及条件；施锡铨（2001）讨论了由 WTO 谈判所衍生的博弈研究；谢建国（2003）提出了关于多边贸易自由化与区域贸易协定的博弈论分析框架；何帆（2003）对国际政治经济学有关贸易和国内政治的研究、国际贸易理论关于贸易政策之形成的研究，国际关系理论和博弈论关于国际谈判的研究进行了评述，并从国际政治经济学的角度提出了国际谈判的一个初步的分析框架。胡磊（2004）对世界贸易组织多边贸易体制进行了博弈分析；刘光溪、邹彦（2004）通过对经济学上常用的动态分析主体之间关系的博弈理论和与谈判有关的双层博弈理论，为政府如何增强谈判能力提供了一些思考；冯春丽、周骏宇（2005）则从 WTO 制度角度，进行了博弈分析，等等。

### 2.5.2　讨价还价和双层博弈模型

詹姆斯·罗西瑙（James N. Rosenau）是率先提出从国际、国内两个层次的互动来研究外交决策的学者之一。他创造了国际、国内连锁政治（linkage politics）的概念。"双层博弈"（Two-Level Games）模型最早是由哈佛大学政治学教授 Robert Putnam（1988）提出来的。Putnam 指出，政府在制定对外政策和进行国际谈判的时候既要考虑本国国内政治的因素，又要考虑外国政府可能作出的反应。因此，执政者实际上面对着两种博弈。在他的模型中，执政者处于外交政策决策的核心地位，执政者在制定外交政策时必须兼顾国内政治与国际政治这两个层面。在国内政治这一层面上，各种利益集团试图对政策形成过程施加影响，以便使最终出台的政策对自己最有利，执政者需审时度势，连横合纵，通过与不同的利益集团结盟使自己的义理性最大化。在国际层面，各国执政者派出的谈判代表亦或是执政者本人要追求的是在谈判中尽量满足本国各利益集团的要求，在可能的范围内尽量使本国多得，外国少得。

Putnam 认为，有三方面的因素决定了国内支持程度：国内层次上支持者的权力分配、偏好以及可能形成的联盟，国内政治制度，国际层次谈判者的战略。普特曼强化了国际合作的国内政治经济基础的思想，初步确立了理解国内与国际相互联系的框架。

Evans，Jacobson 和 Putnam（1993）主编的《双刃的外交》一书收集了关于"双层博弈"的数十个案例研究。Mo 和 Iida 的研究试图进一步用博弈论工具将"双层博弈"模型表述为正式模型。Milner 则进一步将信息、国内政治制度等因素引入"双层博弈"模型，从而丰富了该模型的解释力。"双层博弈"模型实际上已经为我们讨论贸易谈判提供了一个基本的分析框架。"双层博弈"模型的不足之处在于其忽视了谈判中的不确定性和谈判策略对最终协议的影响。此外，"双层博弈"模型和绝大多数博弈论模型一样都假定局中人为同质（homogeneous）的，而在国际政治和国际谈判中，不同国家国力的强弱和不同国家在国际体系中扮演角色之不同在很大程度上会影响到最后的结果。

### 2.5.3　冲突分析模型

冲突分析（Conflict Analysis）是国外近几十年来在经典对策论（Game Theory）和偏对策理论（Metagame Theory）基础上发展起来的一种对冲突行为进行决策分析的方法。从数学上讲，虽然许多博弈论的方法具有很复杂的数学形式，但对于实际冲突问题却仍显得过于简化。1971 年加拿大滑铁卢大学的 N. Howard 提出的亚对策（Metagame）分析技术，突破了传统的对策论研究框架并提出了一种反映冲突主要元素的灵活的符号表示方法。但亚对策分析中，假定每个冲突参与人对所有参与人的结局喜好程度都相互了解，这在实际中是极难做到的。20 世纪 80 年代，M. Fraser 和 W. Hipel（1984）提出了冲突分析策略（Conflict Analysis），它要求每位局中人根据自身的实力、立场和要求排列出自己的优先向量。决策者的每个成果的单方面的改进必须被标出，记作 UI（Unilateral Improvement）。然后，必须对每项成果作静态分析，由此便可获得整体的平衡，最后便可决定冲突各方最为安全的策略。在此之后，L. Fang，W. Hiple 和 D. Kilgour（1993）发表了他们的新著，在此专著中介绍了冲突分析和图式模型新理论与应用，并提供了一套名为 GMCR 的冲突分析应用软件系统。

在 GMCR 的研究基础之上，Hipel 等人提出了它的改进形式——基于 Windows 平台的 GMCRII 模型。Li（2004）等人根据 GMCRII 的分析结果开展了局中人偏好序列的不确定性研究和冲突事件初始状态算法分析，并模拟了

Flathead River 水资源开发管理进程涉及的美、加两国的利益冲突问题。

冲突分析其主要特点是通过对许多难以定量描述的现实问题的逻辑分析，进行冲突事态的结果预测和过程分析（预测和评估、事前分析和事后分析），帮助决策者科学周密地思考问题。它是分析多人决策和解决多人竞争问题的有效工具之一。国外已在社会、政治、军事、经济等不同领域的纠纷谈判，水力资源管理，环境工程，运输工程等方面得到了应用，我国也已在社会经济、企业经营和组织管理等领域开始应用。

# 第三章

# 多哈回合产品市场准入谈判议题和进程

多哈回合是世界贸易组织正式成立以来启动的首次多边谈判。产品市场准入谈判是这次多边谈判的核心与成败的关键所在。此次农产品和非农产品市场准入谈判既是以往谈判的继续，更是议题和参加规模的扩大和深入，当然农产品和非农产品之间还是存有相当大的差别，因此有必要回顾和把握世界贸易组织谈判的发展和现状。

## 3.1 世界贸易组织的历次谈判

从 1946 年关税与贸易总协定成立至 1995 年世界贸易组织正式成立期间，共组织了 8 轮以降低关税为主的多边贸易谈判，由于这些多边贸易谈判是各个成员国反复讨价还价的过程，人们也形象地将每一轮多边贸易谈判称为一个"回合"（Round）的多边贸易谈判。世界贸易组织成立后，启动了新一轮多边贸易谈判"多哈回合"。

从世界贸易组织（1995 年前是 GATT）多边贸易谈判的主要目标来区分，从世界贸易组织成立以来的多边贸易谈判大致可分为四个阶段，即在关税与贸易总协定主持下的以关税减让谈判为主的前六轮多边贸易谈判，在关税与贸易总协定主持下的以降低非关税壁垒为主的第七轮多边贸易谈判（东京回合），在关税与贸易总协定主持下的以一揽子解决多边贸易体制问题的第八轮多边贸易谈判（乌拉圭回合），世界贸易组织成立后的推进贸易自由化的新一轮多边贸易谈判（多哈回合）。

### 3.1.1 关贸总协定的前七轮谈判

关贸总协定从 1947 年至 1979 年底已举行了七轮多边贸易谈判。第一轮谈判 1947 年 4 月至 10 月在瑞士日内瓦举行。包括中国在内的 23 个国家参加了谈判，达成了双边关税减让协定 123 项，占进口总值 54% 的商品，平均降低了35%的关税。

第二轮谈判，1949年4月至10月在法国安纳西举行。有33个国家参加了谈判，达成了双边关税减让协定147项，占进口总值56%的商品，平均降低了35%的关税。

第三轮谈判，1950年9月至1951年4月在英国托奎举行。有39个国家参加了谈判，达成了双边关税减让协定150项，占进口总值11.7%的商品，平均降低了26%的关税。

第四轮谈判，1956年1月至5月在瑞士日内瓦举行，有28个国家参加了谈判，占进口总值16%的商品，平均降低了15%的关税。

第五轮谈判，1960年9月至1962年7月在瑞士日内瓦举行。由于这轮谈判是时任美国国务卿的道格拉斯·狄龙建议发动的，又称为"狄龙回合"。有45个国家参加了谈判，涉及49亿美元的贸易额，共有4400项商品达成关税减让协议，占进口总值的20%，平均降低了20%的关税。

第六轮谈判，1964年5月至1967年7月在瑞士日内瓦举行。由于这轮谈判是时任美国总统肯尼迪提议的，又称为"肯尼迪回合"。有54个国家参加了谈判。肯尼迪回合与前五轮谈判相比呈现一些新特点：（1）提出了全面减让关税的要求，最终谈判结果使关税减让的商品达6万余种，工业制成品进口关税平均降低35%，涉及贸易额400亿美元。（2）首次涉及非关税壁垒问题，并通过了第一个反倾销协议，允许缔约国对倾销商品征收不超过倾销差额的反倾销税。（3）关贸总协定新增了第四部分内容，主要规定了缔约国中发展中国家的贸易与发展问题。（4）首次允许"中央计划经济国家"参加关贸总协定多边贸易谈判，1966年12月波兰正式成为关贸总协定成员。

第七轮谈判，1973年9月至1979年4月在瑞士日内瓦举行。这轮谈判是在当时的美国总统尼克松与欧共体、日本多次协商后推动举行的，开始被称为"尼克松回合"，后因尼克松下台，而首开谈判的会议地点是日本东京，又称"东京回合"。有70个缔约国和29个非缔约国参加了这轮谈判，取得了一些重要的新成果：（1）关税减让取得了重大进展。采用了一揽子解决的办法，使平均关税水平进一步下降。协议规定从1980年1月1日起，在8年内各缔约国关税平均要下降25%～33%，其中美国关税平均下降30%～35%，欧共体关税平均下降25%，日本关税平均下降50%。涉及的贸易额达3000多亿美元。发展中国家也做出了削减关税的承诺，进口工业品关税降到14%的水平，涉及的贸易额达39亿美元。（2）采取一系列消除和限制非关税壁垒的措施。

降低非关税壁垒的措施成为谈判最主要的内容，在消除和限制非关税壁垒方面订立了一系列公平法规。（3）发展中国家的地位得到了进一步改善。发展中国家在当时的贸易体制下，享受了关税等方面的特别优惠和差别待遇，维护和促进了经济的发展。

### 3.1.2 乌拉圭回合谈判

在关贸总协定的主持下，1986 年 9 月在乌拉圭埃斯特角正式发起了第 8 轮的多边贸易谈判，即"乌拉圭回合"（Uruguay Round）。谈判后来在日内瓦举行，历经 7 年之久的艰苦谈判，于 1993 年 12 月 15 日结束。参加谈判的国家不限于总协定的缔约国，先后有 125 个国家和地区参加了这一轮谈判，因为在这个阶段一些发展中国家已经变成了总协定缔约方或已经提出了参加申请。中国派代表团出席了会议，并参加了各项议题的谈判。

1. 谈判的目标

（1）制止和扭转保护主义，消除贸易扭曲现象；（2）维护总协定的基本原则，促进总协定目标的实现；（3）建立一个更加开放、具有生命力和持久的多边贸易体制。

2. 谈判的议题

"乌拉圭回合"多边贸易谈判共 15 个议题，分别为：关税，非关税措施，热带产品，自然资源产品，纺织品和服装，农产品，关贸总协定条款，保障条款，多边贸易谈判协议和安排，补贴与反补贴措施，争端解决，总协定体制运行，与贸易有关的知识产权的问题（包括冒牌货贸易），与贸易有关的投资措施，服务贸易。

上述 15 项议题大致可以分为 5 类：

一是有关"市场准入"的议题，即农产品、热带产品、纺织品和自然资源产品的议题，最终归结到关税和非关税壁垒的减让谈判。

二是有关贸易竞争规则的议题，即保障条款、原产地规则、装船前检验、反倾销、反补贴以及总协定文本有关条款的修改谈判议题。

三是有关多边贸易体制和程序的议题，即争端解决程序和建立"多边贸易组织"以及实行贸易政策审议制度等问题。

四是有关农产品的议题，主要涉及市场准入、削减补贴和农产品卫生技术标准规定三方面的问题。

五是"新议题"，即服务贸易、与贸易有关的知识产权和投资措施等问题。

3. 谈判的成果

1993 年 12 月 15 日，117 个谈判方代表在日内瓦一致通过《乌拉圭回合最终文件》，结束了历时 7 年零 3 个月的乌拉圭回合多边贸易谈判。1994 年 4 月 15 日，各参加方政府代表在摩洛哥马拉喀什正式签署了《乌拉圭回合最终文件》。乌拉圭回合的成功进一步推动了全球贸易自由化程序。通过"乌拉圭回合"谈判，减税幅度近 40%，减税产品涉及的贸易额高达 1.2 万亿美元，有近 20 个部门实行了零关税。在农产品方面，发达国家将在 6 年内削减农产品关税的 36%，发展中国家在 10 年内削减 24%。在工业产品方面，发达国家的关税税目约束比例由 78% 扩大到 97%，加权平均税率水平由 6.4% 降至 4%；发展中国家同期的税目约束比例由 21% 上升到 65%。在非关税方面，农产品的非关税措施全部予以关税化并进行约束和削减；根据纺织品与服装协议，纺织品的歧视性配额限制在 10 年内逐步取消；修改和完善了非关税措施协议，包括反倾销、贸易技术壁垒、补贴与反补贴、海关估价、进口许可证程序等服务贸易协定；制定了自由化的基本原则和规则。

历次谈判的时间、地点、参与方、谈判主题以及谈判的主要成果见表 3-1。

表 3-1　世界贸易组织（关贸总协定）历次多边贸易谈判情况

| 届次 | 谈判时间 | 谈判地点 | 参加国和地区数 | 谈判内容和议题 | 谈判主要成果 |
| --- | --- | --- | --- | --- | --- |
| 1 | 1947 年 4 月~ 10 月 | 瑞士日内瓦 | 23 | 关税减让 | 达成 45000 项商品的关税减让，使占资本主义国家进口值 54% 的商品平均降低关税 35%；导致总协定临时生效；达成双边关税减让协议 123 项。 |
| 2 | 1949 年 4 月~ 10 月 | 法国安纳西 | 33 | 关税减让 | 达成近 5000 项商品的关税减让，使应征税进口值 56% 的商品平均降低关税 35%；达成双边关税减让协议 147 项。 |
| 3 | 1950 年 9 月~ 1951 年 10 月 | 英国托奎 | 39 | 关税减让 | 达成近 8700 项商品的关税减让，使占进口值 11.7% 的商品平均降低关税 26%；达成双边减让协议 150 项。 |

续表

| 届次 | 谈判时间 | 谈判地点 | 参加国和地区数 | 谈判内容和议题 | 谈判主要成果 |
|---|---|---|---|---|---|
| 4 | 1956年1月~5月 | 瑞士日内瓦 | 28 | 关税减让 | 达成近3000项商品的关税减让，使占进口值16%的商品平均降低关税15%，相当于25亿美元的贸易额。 |
| 5 | 1960年9月~1962年7月 | 瑞士日内瓦（狄龙回合） | 45 | 关税减让 | 达成4400项商品的关税减让，使占进口值20%的商品平均减低关税20%，相当于49亿美元的贸易额。 |
| 6 | 1964年5月~1967年6月 | 瑞士日内瓦（肯尼迪回合） | 54 | 关税统一减让 | 就影响世界贸易额约400亿美元的商品达成关税减让，使关税税率平均水平下降35%，相当于1500亿美元的贸易额。 |
| 7 | 1973年9月~1979年4月 | 瑞士日内瓦（东京回合、尼克松回合） | 99 | （1）关税减让（2）消除非关税壁垒 | 以一揽子关税减让方式就影响世界贸易额约3000亿美元的商品达成关税减让与约束，使关税水平下降25%~33%；9个发达国家工业制成品关税降至4.7%；达成多项非关税壁垒协议和守则；通过了给予发展中国家优惠特遇的"授权条款"。 |
| 8 | 1986年9月~1993年12月 | 瑞士日内瓦（乌拉圭回合） | 125 | （1）关税减让（2）非关税壁垒（3）总协定规章（4）与贸易有关的投资和知识产权问题（5）服务贸易（6）建立世界贸易组织 | 达成内容广泛的协议共45个；减税商品涉及贸易额高达1.2万亿美元；减税幅度近40%，近20个产品部门实行了零关税；发达国家平均税率由6.4%降为4%；农产品非关税措施全部关税化；纺织品的歧视性配额限制在10年内取消，服务贸易制定了自由化原则，建立了世界贸易组织。 |

| 届次 | 谈判时间 | 谈判地点 | 参加国和地区数 | 谈判内容和议题 | 谈判主要成果 |
|------|----------|----------|----------------|----------------|--------------|
| 9 | 2001 年 11 月 | 瑞士日内瓦（多哈回合） | 147 | （1）农产品<br>（2）非农产品<br>（3）服务贸易<br>（4）贸易便利化 | |

### 3.1.3 乌拉圭回合农产品谈判

农业不同于其他产业，除了经济功能外，还兼具粮食安全、乡村发展及环境保护等多种非贸易功能，因而受到世界各国的高度重视与保护，农业贸易自由化也因此是具有高度政治敏感性的议题。然而尽管从 20 世纪 50 年代以来，在关贸总协定环境下共进行了八轮多边贸易谈判，前七轮谈判中很少涉及农业方面的问题，直到第八轮乌拉圭回合谈判，农业问题才第一次被作为谈判的中心议题加以讨论。

1986 年 9 月，GATT 在乌拉圭的埃斯特角城举行部长级会议，启动了全球第八轮多边贸易谈判——乌拉圭回合，农产品贸易被列为该轮谈判的中心议题，主要内容涉及市场准入、国内支持、出口补贴以及卫生与植物卫生等。农业谈判的目标是建立一个公正的、以市场导向为基础的农产品自由贸易体系，从根本上减少农业补贴和保护，最终纠正世界农产品市场中存在的扭曲现象。谈判主要在三大利益集团——美国、欧共体（欧盟）和凯恩斯集团（包括澳大利亚、加拿大、阿根廷、巴西、智利、新西兰、哥伦比亚、斐济、匈牙利、印尼、马来西亚、菲律宾、泰国及乌拉圭等 14 国）之间展开。乌拉圭回合原计划用四年完成各项议题的谈判任务，但由于各方在农业问题上的分歧，谈判曾几度破裂。经过八年的艰苦努力，各方终于在 1993 年 12 月 15 日签署了乌拉圭回合《农业协议》，比预定的计划推迟了四年。

在乌拉圭回合中，农业第一次被作为谈判的中心议题纳入其中。积极参与谈判的发展中国家和转轨经济国家均削减了农产品的关税，所达成的农业协定建立了一个框架，改变了农业长期游离于多边贸易体制之外的局面，使农产品贸易逐步置于关贸总协定的纪律之下，并促使该领域的贸易自由化。此外，一个最重要的变化是，几乎所有以关税形式如配额出现的进口限制都转化成了关税，这一过程被称为是"关税化"，从而正式引进了关税配额的概念。

《农业协定》是乌拉圭回合所取得的农业方面的最重要的成就。《农业协定》的主要目的是进行农产品贸易改革，使这一贸易领域的政策更加以市场为导向，同时提高出口国和进口国农产品贸易的安全性和可预测性。《农业协定》分为三部分，由序言、正文21个条款和5个附件组成。《农业协定》的新的规则和承诺主要包括以下四个方面：

（1）降低农产品的国内支持措施；

（2）提高农产品市场准入；

（3）限制农产品出口补贴；

（4）其他方面的内容。

由于《农业协定》对市场准入、国内支持和出口补贴等领域均制定了一系列新规则，它改变了农业长期游离于多边贸易体制之外的局面，将其全面纳入到世界多边贸易体制的有效管理之中。《农业协定》虽然有相当的进步意义，但是，与其他工业品协议相比，该协议仍然是一个软约束协议，在许多方面对这个领域的纪律约束仍很薄弱。同时，由于实力对比悬殊，该协议对于发展中国家的利益并没有给与足够的重视和充分的关注，存在很多不平等的现象。乌拉圭回合结束后，《农业协定》本身的执行效果并不令人满意。

由于欧美农产品关税水平、国内支持以及出口补贴水平的基数较大，所以《农业协议》并没有实质性影响到欧美现行的高关税、高补贴和高支持的"农业保护政策体系"。此外《农业协议》允许成员国在削减关税总体水平的同时，继续对其关切的重要产品实行高关税，允许的国内综合支持总量和出口补贴在削减后仍保持在较高的水平。这样，就为欧美三高的"农业保护政策体系"的强化提供了依据。总体来看，《农业协议》虽然为推动全球农产品贸易自由化取得了一些积极的进展，但该协议本质上依然没有改变欧美左右全球农产品市场和农产品贸易这一不公平的现状，而公正的以市场导向为基础的农产品自由贸易体系依然很遥远。

### 3.1.4 目前世界各国农业保护的现状

《农业协议》中农产品关税削减比例以及国内支持总量和出口补贴的削减比例都是非常有限的，其中发达国家的全部农产品平均削减比例只有36%，每项农产品最低削减比例仅为15%，国内综合支持总量削减20%，出口补贴额削减36%，出口补贴量削减21%（见表3-2）。

表 3-2　乌拉圭回合有关市场准入、国内支持和出口补贴的削减比例

| 类别 ＼ 国家 | 发达国家（6 年，1995 年～2000 年） |
|---|---|
| 关税<br>——全部农产品平均削减<br>——每项农产品最低削减 | 36%<br>15% |
| 国内支持<br>——部门综合支持量削减<br>（基期：1986 年～1988 年） | 20% |
| 出口补贴<br>——补贴额削减<br>——补贴量削减<br>（基期：1986 年～1990 年） | 36%<br>21% |

资料来源：乌拉圭回合《农业协议》。

全球农产品平均关税税率和主要代表性成员的农产品平均关税税率详见图 3-1。

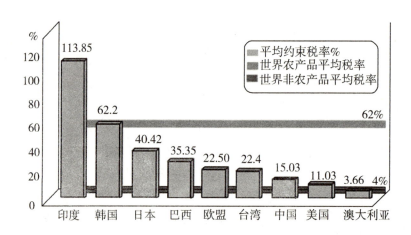

图 3-1　全球农产品平均关税税率和主要代表性成员的农产品平均关税税率

由图 3-1 显示全球农产品平均关税税率约为 62%，相对于其他非农产品（约 4%）而言仍属偏高，且发展中成员（如印度、巴西、韩国等）平均关税多高于发达成员（如欧盟、美国、澳大利亚），而发达成员则多有高峰关税（tariff peaks）的问题，高关税集中于少部份敏感产品上。

GATT 乌拉圭回合农业协议规定的执行期间为 1995 年至 2000 年。为了让农业贸易持续朝向自由化的目标迈进，农业协议第 20 条明确规定各成员必须

于 2000 年 1 月 1 日起展开新回合谈判。为此，WTO 各成员于 2000 年 2 月 7 日~8 日举行总理事会时达成协议，决定于当年 3 月第 22 次例行农业委员会议后，接着召开首次特别会议（Special Session），展开新回合农业谈判。WTO 成员依据"农业协议"第 20 条于 2000 年展开新回合农业谈判，而后在 2001 年 11 月卡塔尔首都多哈举行的第四届部长会议，决定自 2002 年初起就农业等八项议题以单一认诺（single undertaking）协议方式全面展开新回合谈判，且预定于 2004 年底结束。但后来的谈判过程并不顺利。

## 3.2 多哈回合谈判中的主要利益集团及其诉求

发展中国家在以往的谈判中仅扮演了一个小角色。过去都是在美国和欧盟之间先达成协议，然后再向其他成员推销其成果，而发展中国家只是一些在特别谈判的场所（绿屋）中听其摆布的少数，但在 WTO 决策的正式表达中，这种现象再也不会继续下去了。

乌拉圭回合是首次正式纳入各种农业相关议题的多边回合谈判，由于各国经济发展与农业生产情形等的种种差异，在谈判过程中遭遇不少对立与冲突，形成两大集团对峙的情况，一方为美国与加拿大等主张农业贸易自由化的出口大国，一方为欧共体（欧盟前身）与日本等不愿削减补贴的小农体制国家。在历经多年的谈判协商，两大集团在相互让步妥协后，终于排除彼此的歧见，完成第一个农业协议的签署。

但从多哈回合谈判开始，这种两大集团双寡头格局被打破了，首先，多哈回合谈判不同于过去的谈判，其本质上是强调协助发展中国家与低度开发国家的发展。面对发展中国家多样化的要求，一向以领导姿态左右国际规范的发达国家不再享有"特权"；其次，此次多哈回合谈判的一个十分明显而重要的特点，是各成员组成了数量众多的集团或称协调组，积极谋求对谈判产生影响；由以往的成员之间的谈判方式转为以集团间的谈判为中心的方式。谈判集团化的凸现对市场准入谈判以及整个多边贸易体制都产生了重大的影响。

### 3.2.1 多哈回合谈判中发达国家和发展中国家利益集团

在多哈回合农业和非农产业谈判中，一改过去由美国和欧盟主导谈判的局面，出现了明显的发达国家和发展中国家利益集团互动的局面，形成本次谈判的一大特色。这是以前乌拉圭回合没有的现象，主要集团包括：

由以澳大利亚等农产品出口国组成的凯恩斯集团（Cairns Group）现有 18

个成员：澳大利亚、加拿大、巴西、阿根廷、新西兰、玻利维亚、智利、哥伦比亚、哥斯达黎加、斐济、危地马拉、印度尼西亚、马来西亚、巴拉圭、菲律宾、南非、泰国和乌拉圭，其中澳大利亚和加拿大是牵头国。

以巴西等发展中国家组成的 20 国集团（G20）是世贸农业谈判的一个利益集团，2003 年组成，代表 20 个分别来自亚洲（包括中国、印度、巴基斯坦、菲律宾、泰国和印度尼西亚等六国）、非洲（包括埃及、南非、尼日利亚、坦桑尼亚和津巴布韦等五国）和拉丁美洲（包括墨西哥、委内瑞拉、阿根廷、巴西、智利、哥伦比亚、危地马拉、巴拉圭、乌拉圭等九国）的发展中国家，其中巴西为牵头国。该集团国家拥有全球 60% 的人口、70% 的乡村人口，农产品贸易量占全球的一半以上，其中农业出口占全球的 26%。

以瑞士等农产品进口国组成的十国集团（G10），由十个农产品净进口方组成，包括保加利亚、冰岛、以色列、日本、列支敦斯登、毛里求斯、挪威、韩国、瑞士和中国台湾，其中瑞士是牵头国。是在多边贸易中持保护主义观点的最保守的一个集团，对农产品进行高度保护是该集团的利益所在。

以印度尼西亚等发展中国家为了争取特殊产品（SP）等优惠而组成的三十三国集团（G33）包括 WTO 的 42 个发展中国家：安提瓜和巴布达、巴巴多斯、伯利兹、贝宁、博茨瓦纳、中国、科特迪瓦、刚果、古巴、多米尼加共和国、格林纳达、圭亚那、海地、洪都拉斯、印度、印度尼西亚、牙买加、肯尼亚、韩国、毛里求斯、蒙古、蒙特塞拉特、莫桑比克、尼加拉瓜、尼日利亚、巴基斯坦、巴拿马、菲律宾、秘鲁、圣基茨、圣卢西亚、圣文森特和格林纳丁斯、塞内加尔、斯里兰卡、苏里南、坦桑尼亚、特立尼达和多巴哥、土耳其、乌干达、委内瑞拉、赞比亚、津巴布韦。该集团的组成成员较为复杂，集团内成员的立场和利益取向差异比较明显，但是在特殊产品和特殊保障机制问题上的立场是一致且坚固的，即他们致力于成立"特殊产品和特别保障机制联盟"。产品的税目由成员自主确定，免予关税减让和关税配额扩大承诺，并适用 SSM。

由身份重叠的最不发达国家（LDC，49 个）、非洲集团（54 个）和非洲—加勒比海—太平洋国家（ACP，77 个）WTO 成员组成的一个松散的谈判利益群体 G90。

世界贸易组织问题专家巴格拉达（Bhagirath Lal das）将农业问题中的发展中国家分为五类：第一类是凯恩斯集团的发展中国家，它们是农产品出口国，因而支持美国的立场，赞成更快地降低关税，更多地减少国内支持以及取消出口补贴。第二类是少数传统上实行农业支持政策的国家，它们反对过快减少关税和各项支持措施，在谈判中与欧盟、日本、韩国和G10站在一起。第三类是缺少外汇、进口粮食的国家，它们希望确保粮食生产，满足国内供应，因而主张粮食生产应当免予任何多边纪律。第四类包括大部分发展中国家，农业政策对于其本国的经济和就业极为重要，认为如果完全暴露在国际竞争之下，中小生产者将会受到损害。第五类是粮食净进口国，它们担心降低国内支持和减少出口补贴会提高农产品价格，增加财政负担。这种分类使我们看到，发展中国家在农业上的利益是各不相同的，这种立场差异将削弱它们的集体谈判能力。

总之，经过几次回合的谈判，发展中国家已逐渐累积谈判经验，在国家发展意识逐渐抬头，以及几个发展较好的国家如中国、巴西、印度等国的带领之下，已逐渐形成各种团体与已开发国家抗衡，导致WTO权力结构重新配置。这些集团的组成具有相当的弹性，有以议题的合作，如NAMA11；有以发展程度相近或发展困境相似而组成，如最不发达国家集团（LDC group）或小型经济体；有的则是区域导向的，如东协。集团之间除了扮演信息收集与流通的平台，同时也是意见交流与汇集的场域，在谈判过程中发挥制衡与推动的作用。

### 3.2.2 市场准入谈判中主要利益集团的谈判诉求

1. 美国和凯恩斯集团的谈判诉求

根据乌拉圭回合承诺的实施情况，在新一轮谈判的三大支柱上，美国强调市场准入应保持高度的雄心水平，并坦言美国关注重要的市场，希望看到实质性扩大市场准入机会。不愿在国内支持削减方面做出实质性承诺。首先，美国虽有高额的农业补贴，但仅及欧盟的四分之一，而其农产品的进口关税较低，所以美国的谈判策略是采取攻势，锁定欧盟作为主攻的对象，主张大幅调降农产品的进口关税，同时亦要求开发中国家开放非农产品及服务业市场。

美国是农业生产和贸易大国，取消补贴导致的农产品价格上升对其十分有利，因此希望通过降低关税、规范配额和限制国营外贸公司活动等途径增加市场准入机会，并约束国内扶持和取消出口补贴。由于美国具有巨大的农产品出口利益，因此凯恩斯集团国家希望美国能够在国际农产品贸易政策改革过程中，抑制发达国家的农业保护主义，成为农业贸易自由化谈判的主导者。

凯恩斯集团也出现了分离的格局。一部分成员如澳大利亚、加拿大、南非和新西兰等坚决支持美国的立场，而一部分发展中成员如巴西、阿根廷则组织成立20国集团，印尼等则进入33国集团，它们的立场也有所不同，但也有一定的交叉。

2. 欧盟的谈判诉求

欧盟在 WTO 新一轮农业谈判中的主要目标，是尽可能维持对农业的高度保护和支持，主张采用乌拉圭模式进行关税削减，削减幅度基本与乌拉圭回合相同；国内支持减让应逐步进行并具有足够的灵活性，主张采用乌拉圭模式削减国内支持，以充分考虑非贸易关注；承诺取消出口补贴但要求平行削减包括粮食援助、出口信贷等美国非常关注的出口竞争措施。

在新一轮谈判期间，为适应欧盟东扩，同时减轻在农业谈判中的压力，欧盟于 2003 年调整了共同农业政策，这次的农业政策改革只是补贴方式的变化，将大部分原来的蓝箱政策转变为绿箱政策，但补贴总量并没有发生变化，例如，大米的补贴仍然高达每吨 177 欧元。此次农业政策的调整后，欧盟具有相对优势的产业将加强，而不具相对优势的产业将缩减，欧盟在新一轮 WTO 农业谈判中在削减国内支持方面的压力将有所减轻。

自 2004 年 7 月框架协议达成后到目前为止，欧盟在本次谈判中对于三大支柱的具体立场如下：

对于市场准入框架协议，欧盟认为框架协议已经采用了具有协调性的分层公式来实现高税多减，因此不同意在每层中放入瑞士公式，坚持使用乌拉圭公式。同意 G20 提出的分层层数，对于非从价税转换，欧盟在转换数据来源等技术层面上提出了许多问题，认为只有 IDB 数据最合适（IDB 为 WTO 数据库，但该数据库数据不完全且不能真实反映非从价税的保护程度，根据目前测算，使用该数据库转换后的从价税数值偏低）。同时，欧盟反对将所有的非从价税以从价税的形式进行约束，认为框架协议授权关税削减将以目前的约束关税为起点，并未要求使用统一的关税形式。

对于国内支持，欧盟建议以乌拉圭回合的承诺水平为基础，进一步削减国内支持水平（AMS），国内支持削减要保证所有成员以公平方式削减。欧盟表示绿箱有助于帮助成员实现一些重要的社会目标，比如环境、生计等，因此谈判的重点是对绿箱审议和澄清，保证其对生产和贸易无扭曲或扭曲作用最小，要充分考虑非贸易关注。对于黄箱，欧盟反对对特定产品 AMS 进行封顶并按一定比例削减。关于"蓝箱"政策，欧盟认为对蓝箱标准的审议和讨论不能影响正在进行的改革，强调它对贸易产生的影响小于市场价格支持、投入品进行补贴等所造成的贸易扭曲，明确反对蓝箱实行特定产品封顶。

对于出口竞争，欧盟同意取消出口补贴，最终的日期取决于国内改革的需要，强调应平行削减其他形式的出口补贴，如出口信贷、粮食援助等。欧盟提出，现有的 WTO 出口国营贸易企业纪律存在漏洞，政府可以对企业的经营活动进行干预，并通过财政支持、风险担保等方式支持企业，国营贸易企业往往在收购和销售方面享有垄断特权。这些措施都可能对贸易造成扭曲，因此主张加强出口国营贸易企业纪律，平行取消所有出口补贴措施中的扭曲成分。

欧盟的补贴远较美国高，敏感产品远较美国为多，加上小农生产结构，关税水平也比较高。因此在谈判策略上采取守势，即主张有限度的调降农产品进口关税，然而为了与美国抗衡，同意大幅削减农业补贴，至于在非农产品及服务业市场开放，则与美国同一阵线。

3. G10 的谈判诉求

G10 成员及其整体作为农产品进口方始终以贸易保护主义的身份出现在谈判桌上，经常受到其他成员特别是以出口为主导的凯恩斯集团成员的批评。在市场准入与国内支持问题上处于防守状态。

其具体立场如下：

对市场准入问题，G10 坚持乌拉圭回合公式，如果必须用混合公式，则要求乌拉圭回合的成分应作为主要因素；如采用线性公式削减，需要在公式内部附加灵活性；反对关税封顶和 TRQ 扩大。要求适当数量的敏感产品，敏感产品单独处理，不参加公式削减。对出口竞争问题，G10 表示如果在市场准入领域得到可以接受的结果，可以支持确定取消出口补贴的最后期限以及平行性等问题。对国内支持，G10 仍然强调农业的特殊性和多功能性，强调非贸易关注，原则上应将重点放在解决最为扭曲贸易的措施上，反对采用相对量为基础分层削减总体扭曲贸易的国内支持，同意实质性削减黄箱措施，加强蓝箱纪律。G10 强调国内支持削减要考虑非贸易关注，出口国与进口国要有所区别，同意取消出口补贴，前提是市场准入和国内支持方面要有灵活性。

4. G20 的谈判诉求和策略

G20 为出口型发展中国家代表集团，以巴西和印度为首，其在农业谈判是采取攻势，要求发达国家必须大幅开放市场与实质削减补贴，但在非农产品及服务业方面则反之，为保护其国内产业之发展，而不愿开放市场。

20 国寻求在农业上获得"友好发展"（"friendly development"）的目标，例如完全取消出口补贴，增加市场准入，减少扭曲贸易的国内支持。这个集团还力争为发展中国家获得一定的灵活性以追求农村发展和粮食安全政策。

（1）大幅度实质性削减扭曲贸易的国内支持。G20 主张发达国家大幅度减少对投放国际市场上的农产品的价格支持，取消世贸组织《农业协议》中第6.5款提到的政府的直接支付；严格蓝箱和绿箱纪律，确保蓝箱扭曲贸易的作用小于黄箱，绿箱没有或者只有少量扭曲作用；对特定产品的 AMS 和蓝箱进行封顶。对低收入农民和最不发达的发展中国家，除应维持目前的国内支持水平外，还应扩大免除减少国内支持的范围；对于没有 AMS 的发展中成员，免于总体削减和微量允许削减。

（2）实质性改善发展中国家进入发达国家市场准入机会。G20 要求发达国家降低农产品关税水平，提高关税配额，在市场准入机会内的进口产品实施零关税，同时降低超过准入机会的进口产品的关税。取消发达国家提出的对实施保障措施的特定进口产品不执行减税的约定。对热带地区产品和与发展中国家利益攸关的产品应实施零关税。G20 提出发展中国家应采取与发达国家不同的边境措施，即应执行不同的减让表。

（3）取消所有产品、所有形式的出口补贴。G20 主张在协定达成并实施的 5 年内取消所有产品、所有形式的出口补贴，限制含有出口补贴因素的出口竞争措施，包括出口信贷、粮食援助等。

（4）实质性地改善发展中国家的特殊和差别待遇。G20 支持实质性地改善发展中国家的特殊和差别待遇（S&D），包括给予市场准入中的特殊产品（SP）、SSM 等特殊待遇，切实解决包括中国在内的新成员的特殊关切；在国内支持中对于发展中国家免于削减微量允许及其他发达成员需要削减的义务，保留第6.2条款；在出口竞争中，给予发展中成员在国营贸易企业等方面更大的灵活性，反对将出口差别税列为出口竞争措施等。

G20、G33 强调要消除贸易扭曲和不平衡，发展中成员在市场准入方面享有的特殊差别待遇（S&D）应足以消除其在其他两大支柱方面遭遇的不平衡和不公平，并能确保其有效解决农村发展、粮食安全和生计安全方面的关注；G20 特别强调要明确出口补贴取消的日期和步骤，同时支持削减方式要避免各个箱子之间的转移，保证扭曲支持总水平的大幅度下降。G33 特别强调给予发展中成员特殊产品（简称 SP）待遇。

5. G33 的谈判诉求

G33 成员包括大部分非洲、亚洲和西半球的不是 G20 成员的发展中国家，对贸易改革态度矛盾，有限地出口利益集团，比较关心优惠权的丧失，对特殊与区别对待的政策比较关心。

关于 SP 产品的选择，G33 认为发展中成员农业部门差异很大，粮食安全、生计安全和农村发展的基本标准落实到每个发展中成员情况千差万别，因此对所有发展中成员选择 SP 适用同一套指标非常困难，而对每个指标确定统一的量化标准则更难。SP 的选择应充分考虑不同国家的具体情况和国内政策目标，从而真正满足不同发展中成员的发展需求。然而，面对其他 WTO 成员（如美国、凯恩斯集团等有出口利益的成员）进一步细化 SP 选择标准的要求，代表们认为有必要对基本标准进一步明确，但要避免过于具体或量化，以免限制发展中成员政策选择空间。会上提出了一些指标供成员进一步研究，也有代表表示 FAO 等组织的某些指标也是可以考虑的选择。关于 SP 产品的待遇，G33 成员坚持给予最大的灵活性，即 SP 产品免于关税削减，免于关税配额扩大，自动适用 SSM。

关于 SSM，代表们强调 SSM 应反映发展中成员的特殊情况和需求，SSM 的设计应考虑发展中成员在农业自由化和执行 WTO 条款过程中的经验，应符合发展中成员的能力和资源条件。代表们仍强调 SSM 的最大灵活性，但同时也承认，考虑到其他成员的反应，有必要进一步研究在 SSM 的产品范围、触发机制和补救措施方面 G33 成员能够接受的程度。

在市场准入方面，G33 认同关税削减公式与 SP、SSM 同等重要，强调公式的设计应充分考虑发达成员与发展中成员关税结构的差异，不应使发展中成员受到过度的削减。印度等代表还提出反对瑞士公式、反对协调化的观点。在国内支持方面，代表们一致强调微量许可是大多数发展中成员对大量生计型农民仅有的支持手段，要求发展中成员削减是极不合理的。出口竞争方面，代表们要求尽快确定取消出口补贴可信的终止日期。

6. G90 的谈判诉求

该集团强调 LDCs 削减例外、特惠安排以及侵蚀、SP 和 SSM 等问题，特别提出由于一些出口竞争和国内支持方面的措施而对非洲国家出口利益进一步准入形成的障碍应得到解决，部分成员 LDCs 的供给能力建设应得到有效解决。

特别强调棉花问题的重要性，主张棉花问题应先于模式得到全面解决，包括取消针对棉花的出口补贴和国内支持，给予棉花免关税、免配额的市场准入待遇，并呼吁建立应急基金，以援助因世界棉价下跌而遭受收入损失的非洲棉农。

7. ACP 和非洲集团的谈判诉求

ACP 集团是由非洲、加勒比、太平洋国家和其他欠发达国家组成的。农产品在非洲国家出口中所占比重超过四分之一。棉花、糖和烟草等基础农产品是一些非洲国家最主要的外汇收入来源，而发达国家的高额农业补贴却使非洲国家的农产品出口举步维艰。世贸组织统计显示，发达国家农业补贴高达日均10 亿美元，非洲国家每年因此蒙受 200 亿美元损失。此次多哈回合谈判无果而终不仅影响了多边贸易谈判，而且使发展中国家利益严重受损。一些发达国家贸易补贴政策使非洲丧失了推动农产品扩大生产的机遇，尤其是棉花出口，棉花国际市场出口补贴使非洲棉花产量急剧下降。发达国家和发展中国家对来自非洲农产品实施的低农业关税政策，将使非洲国家从中受益，尤其那些具有比较优势的农产品，包括谷物、蔬菜和园艺产品。

多哈回合谈判开始，各种分歧的主张即不断出现，谈判成员为了强化自己的主张乃与立场类似的成员相互结盟组团，因此谈判过程中出现了空前活跃的利益结盟。这样的结盟虽然使分歧的主张大幅度简化，但也强化了各种集团体坚持本身立场的力量，使得谈判在最后折中妥协阶段能够让步的空间缩小，要达成协议相对不易。

## 3.3　多哈回合农产品市场准入谈判议题和进程

### 3.3.1　市场准入议题内容

多哈回合农业谈判市场准入的主要内容包括关税减让、关税税制的简化、关税配额及特别保障条款等问题。在关税减让中所涉及的问题主要有高关税、关税高峰、关税升级、约束税率和实施税率之间的巨大差异等。

所谓关税高峰是指大幅度高于整体关税平均水平的关税，也可以称为峰值关税。在这方面谈判的焦点在于关税税率的削减和实际关税配额完成的效率，发达国家与发展中国家就此分歧较大，冲突激烈。发达国家认为不应设立双重标准，应该有同样的开放度。目前由于发展中国家农产品的平均税率普遍高于发达国家，因此，一些发达国家要求采取相等的削减比例。同时，发达国家还要求在配额管理中挤出关税配额的水分，完成配额量，保证市场准入的有效性。

WTO 新回合农业谈判对关税如何调降争议较大，涉及多个减税公式及其设计和减税效果。虽然各国对于以公式方式处理关税削减（tariff reductions）

有高度的共识，但由于每个公式都有其特性，无法满足各国不同的关税结构，在自由化模式阶段期间，瑞士公式（Swiss formula）或乌拉圭回合方式（Uruguay Round approach）都曾被提出讨论；而在 2003 年 9 月的部长级坎昆（Cancun）会议之前，欧美连手提出了混合公式（blended formula）；在坎昆会议期间，大会主席德贝兹（Luis Ernesto Derbez）及 WTO 总理事会主席卡斯提洛（Carlos Perez del Castillo）又提出另一版本：即卡斯提洛暨德贝兹草案（Castillo and Derbez drafts），基本上，此草案沿用欧美版本，并对敏感性产品（sensitive products）作额外弹性（additional flexibility）的处理，故所获得的支持程度较高。

### 3.3.2 农产品谈判进程

简单而言，多哈回合农业谈判的进展可以分为三阶段来看。第一阶段为各成员就其提交之谈判提案内容与立场轮流表达意见；第二阶段，主要是各成员就各项议题（包括技术上问题）进行讨论，以形成特定的谈判提案，并达成修正农业协议及承诺的共识；第三阶段，则是各成员达成谈判架构与削减模式的协议阶段。

1. 第一阶段：议题提案阶段

第一阶段谈判于 2000 年 3 月 23 日～24 日至 2001 年 3 月 26 日～27 日召开，在这一阶段 COA 共召开 6 次正式的特别会议，计有 126 个成员提出 45 个谈判提案（negotiation proposals）及 3 篇技术报告，WTO 秘书处亦针对重要议题提出 27 篇背景报告，供各成员进行谈判之参考。本阶段的提案内容涵括所有农业谈判议题，美国、欧盟、日本与瑞士等大部分会员的提案，是不分议题的综合的（comprehensive）提案，而也有少部分国家（集团）是以议题别方式提案，例如凯恩斯集团（Cairns Group）便对"市场进入"、"出口竞争"、"国内支持"分别提案。大体而言，本阶段各成员国皆积极地提出各自的初始谈判立场与关切，并在特别会议中轮流讨论所有成员的提案，以作为第二阶段谈判之参考。

2. 第二阶段：议题讨论阶段

第二阶段谈判于 2001 年 3 月 26 日～27 日至 2002 年 2 月 4 日～7 日召开，以召开非正式及正式会议方式进行，主要针对成员提案所涉及的各项政策改革议题进行深入研析。此阶段 COA 共召开了 5 次非正式会议及 4 次正式会议，每次会议讨论 3 至 6 个特定议题，包括关税配额管理、黄箱措施、粮食安全、乡村发展等 23 个议题，而成员可针对每个主题，提出不列入正式记录的"非正式纪录文件（non-papers）"，表达其对此议题看法、立场或是对其他成员的提案质疑，共约 110 份文件。透过各项议题深入的讨论，成员在此阶段已充分表达并了解各议题的重要立场与相关的技术细节，并将作为第三阶段讨论实质削减的谈判模式进行准备。

3. 第三阶段：谈判模式阶段

第三阶段谈判于 2002 年 3 月 26 日召开至今。

（1）2003 年坎昆部长会议

根据多哈发展会议决议，必须在 2003 年 3 月 31 日以前完成削减模式谈判或设定数量化削减标的，以达到多哈部长宣言所设定目标，包括有：改善市场进入、削减扭曲贸易之境内支持、削减出口补贴，并期望最后能完全取消出口补贴。本阶段进行了更多的讨论与协商，而各国家集团的利益与立场冲突加剧，最终导致 2003 年坎昆部长会议失败，使多哈原订时程破灭。

（2）2004 年七月框架

为了将谈判导回正轨，美国在 2004 年初以公开信方式表态愿意取消所有出口补贴，而后 3 月重启的 WTO 农业谈判，各成员虽展现积极沟通的态度与适度妥协的精神，然而在涉及实质议题时，农产品出口国与进口国再度分庭对峙，谈判再陷僵局。在美国、澳洲、巴西与印度等出口国的连续施压下，欧盟于 5 月提出在平行处理所有出口竞争议题的原则下同意取消所有出口补贴，得以使谈判能再度向前推进。而核心五国（Five Interested Parties，FIPs）的出现亦正式开启已开发与开发中国家间合作与咨商的管道，借由彼此政治上的妥协来达成谈判共识，并企图引导整个农业谈判达成具体协议，终于在 2004 年 8 月 1 日凌晨通过了七月框架农业架构（Framework agreements），为往后谈判模式奠定了基础与准则。

（3）七月减让模式雏形

随着 WTO 七月套案的通过，农业架构的完成更让谈判有了突破性的进展，然而在乐观的冀望下，仍必须踏实地解决由七月套案农业架构衍生而来的各项技术层面之难题。为此，农业谈判主席新西兰大使提姆格罗塞（Tim Groser）于 2004 年 10 月至 2005 年 6 月规划了七次特别会议，每次会期为一周五天（故农业特别会议又昵称为农业周），以就各项技术性议题作深入的探讨。期间重要成果除了原本就具共识的出口竞争议题外，则为确立非从价税换算从价税等值（Ad valorem equivalents，AVE）之换算公式。

然而 AVE 议题的延宕，却打乱了整个谈判时程，导致市场进入议题之分段降税公式（tiered formula）、敏感产品（sensitive product）处理等减让模式中最重要的议题拖延至 5 月后才开始谈判，由于剩余的谈判时间有限，原本预订在 7 月底完成农业减让模式雏形的计划，于 7 月 28 日的 TNC 会议上正式宣告失败。另一方面，农业谈判主席新西兰原任大使格罗塞之任期亦在七月底时结束，在 7 月 29 日的总理事会议上已决定由新西兰新任大使福尔克纳（Crawford Falconer）继任。

（4）香港部长会议

面对 2005 年 12 月香港部长会议召开的压力，新任农业谈判主席福尔克纳提前于 9 月初重启谈判，并将谈判转向以非正式小型咨商会议为主之谈判程序，亦即将仰赖 FIPs、扩大的核心五国（extended FIPs）之间多边或双边磋商，期望在美、欧、巴西、印度等贸易龙头与集团代表之施压与协商下，能有助于寻求共识。

从 9 月下旬至香港部长会议之召开，农业谈判进展相当快速，所有集团纷纷提出了包含具体削减数字之提案，一时间，谈判形势大为明朗，然而后续的协商在对于关税削减幅度、敏感产品待遇，以及境内支持补贴削减等议题方面歧见甚大，因而无法实时完成谈判减让模式，总理事会为了促使香港部长会议成功，不得不降低香港部长会议的雄心，改为对各谈判议题进行盘点，而非原本完成谈判减让模式的目标。

香港部长会议于 2005 年 12 月 13 日~18 日召开，会议仅就少数议题作出决议，包括确立出口补贴的取消期限为 2013 年、平行处理所有形式的出口补贴（包括出口国营贸易事业、粮食援助、出口信用等），并订定新的谈判时程，即于 2006 年 4 月 30 日前完成所有议题的减让模式谈判，并于 7 月 31 日提交多哈回合减让表的目标。

（5）谈判暂停

为了达成香港部长宣言所订定的谈判时间表，农业谈判主席福尔克纳于 2006 年 1 月起便规划了一连串会议，然而要在 4 月的期限内完成农业谈判减让模式，仍有很多技术性工作尚待处理，尤其是市场进入议题方面，除了必须决定分段降税公式的门槛值、各段削减公式与降幅外，敏感产品的项数与待遇、发展中成员的特别产品与特别保障机制，同样需要建立完整的架构。正因尚待讨论的议题众多，在如此有限的时间下，甚难消除成员歧见。福尔克纳为了响应拉米的要求，于 2006 年 6 月 22 日提出所谓主席版农业谈判减让模式草案（TN/AG/W/3），但其内容却充满着括号与许多不确定的文字。

随后于 2006 年 6 月 29 日至 7 月 3 日召开的 WTO 非正式部长会议,以及核心六国(G6,即美国、欧盟、巴西、印度、日本、澳大利亚)于 7 月 23 日至 24 日召开的部长会议,皆以失败告终。鉴于各成员谈判立场在短期间内似无转寰空间,WTO 总干事拉米在随后召开的 TNC 会议时,只能无奈地表示将全面暂停多哈回合各议题的谈判。拉米称,谈判被迫中止对所有成员都是一个失败,这使多边贸易体制受损,发展中国家失去发展经济和减少贫困的良机,对世界经济将产生负面影响,保护主义也会趁机抬头。拉米建议在谈判中止期间,各方认真反思谈判立场,待时机成熟时再考虑恢复谈判。

(6)谈判复谈

而后,为了寻求复谈的可能,包括 WTO 总干事拉米与美、欧、巴西、印度等重要成员的谈判代表皆积极奔走各国,进行拜访与会晤,以营建重新谈判的气氛。终于在美国国会 11 月期中选举结束后,总干事拉米于 2006 年 11 月 16 日召开的 TNC 会议中,表示复谈的迹象已隐约显示,因而宣布将由各谈判小组主席自行依议题及和会员的咨商结果、以适当的方式重新开启非正式谈判,于是包括农业与 NAMA 皆于 11 月中后旬由主席召集会员开始进行非正式技术性咨商。

2007 年 1 月 27 日,瑞士经济部长 Doris Leuthard,借由每年于瑞士达沃斯举行世界经济论坛年会之际,邀请 26 个重要 WTO 成员国部长与总干事拉米,共同召开非正式小型部长会议。拉米在会议上指出,虽然农产品关税、补贴削减与 NAMA 的三角议题的讨论仍无共识,但因美国国内《促进贸易授权法》即将到期,成员应积极把握今年初短暂的机会,尽快全面恢复谈判。拉米的建议受到与会部长们的支持。拉米随即于 1 月 31 日召开非正式贸易谈判委员会时提议正式恢复各议题谈判,并于 2 月 7 日经总理事会同意后正式宣布全面复谈。舆论普遍认为这次部长会议取得了积极成果,为多哈回合谈判提供了新的推动力。然而,从多哈回合谈判主要的分歧方美国、欧盟、印度等的表态来看,各方在农业和非农产品市场准入问题上的严重分歧依然没有解决。尽管各方在达沃斯会议后称对谈判感到乐观,但取得突破的前景实际上仍不明朗。

(7)谈判复谈至今

WTO 农业谈判自 2007 年 2 月复谈以来,主席福尔克纳先于 2007 年 8 月 1 日提出农业谈判减让模式修正草案(TN/AG/W/4),以作为成员继续谈判的协商基础。而后于 9 月起主席接连安排数次为期一周至三周的密集磋商,透过 30 多个重要成员参与的非正式小型磋商会议(简称 Room E 程序),根据技术性议题分别组成 8~9 个成员参与的工作小组（或称主席之友），以及基于维持谈判透明度的全体磋商会议，得以就各项待解议题逐一讨论，使得 2007 年下半年的谈判气氛相当良好。

基于 2007 年的磋商进展，包括在扭曲贸易境内总支持、敏感产品部分指定与国内消费量计算、热带产品与优惠流损，以及发展中国家的特殊产品与特别保障机制等争议议题皆有所突破，可以说已为解决农业市场进入、境内支持，以及非农产品市场进入等三角僵局创造出一个新契机。在 2008 年上半年，主席三次更新农业谈判减让模式修正草案内容，并且在总干事拉米的积极推动下，于 2008 年 7 月 21 日召开非正式小型部长暨贸易谈判委员会议，同时就农业与 NAMA 议题进行协商，期间拉米一度提出令人振奋的"725 草案"，终因美国与印度在 SSM 议题上立场差距过大，而使草案终告流产。

自 2008 年"725 草案"破局后，在金融危机与 2008 年底美国大选的冲击干扰下，WTO 似乎已陷入被动消极的困境，尽管总干事拉米积极奔走，且 20 国金融峰会（系指由 8 大工业国及 12 个新兴国家聚会，而非农业谈判的 20 国集团）共同呼吁尽速完成谈判，但仍因美印等咨商未果，在得不到美国支持的情况下，失去了 2008 年底召开部长会议的契机。

2009 年上半年的农业谈判就在等待美国新贸易代表的上任，以及处理农业谈判主席福尔克纳（Crawford Falconer）的续任、请辞与接任人选等事务中悄然度过，谈判可说几无进展可言。

在 2009 年举行的 G20 匹兹堡峰会上，各国一致认为，需要在 2010 年完成多哈回合谈判。但各国的政治承诺却一直未能转换成具体有效的行动，主要成员在关键问题上的立场仍没有任何松动。

2009 年 11 月 30 日至 12 月 2 日，在瑞士日内瓦举行了世界贸易组织（WTO）第七次部长会议，主要讨论多边贸易体系与世界经济。本次部长会议中，多数会员支持全球贸易应更自由化流通，不该让保护主义出现，与会部长都表达支持 2010 年底前完成多哈回合谈判。秘书长拉米也用中文说"众志成城"，呼吁成员们团结达到目标。拉米此前曾提议，在 2010 年 3 月或 4 月份召开一次评估会议，盘点各国在推动多哈谈判方面取得的进展，以评估能否如期在 2010 年达成协议。这一提议得到了印度、瑞士等国的支持。拉米敦促 WTO 的 153 个成员在 2010 年第一季度聚在一起进行一次"集中盘点"，以评估在 2010 年完成多哈谈判的目标是否依然可行。但是，美国方面却对此坚决反对。不难看出，发达国家和发展中国家的立场仍然存在严重分歧。

中国商务部长陈德铭呼吁尊重多哈回合使命，锁定已经取得的成果，同时把谈判建立在2008年12月前农产品和非农市场准入已经达成的共识，并把多边谈判作为主要渠道，认为在上述基础上，2010年完成谈判是有希望的。印度贸易部长沙玛表示，多哈回合的发展目标不能被忽视，也不能被稀释，把发展目标重新列入谈判议程将为发展中国家提供更多参与谈判的动力。

美国贸易代表柯克强调，谈判成功并非任何单个国家或者少数国家的集团可以主导或者决定。他说，随着世贸组织领导层的日益多元化，先进的发展中国家必须发挥更大作用。

### 3.3.3 谈判各方关税削减模拟方案

1. Harbinson 提出的分层的乌拉圭回合公式方案

2003年3月，农业特委会主席哈宾森（Harbinson，又译夏秉纯）首次提出分层的乌拉圭回合公式方案，其减让模式是把乌拉圭模式的线性削减特征和鸡尾酒模式的分段特点相结合，把不同水平的税率分成几段，对发达国家和发展中国家进行不同程度的削减。但这种减让模式受到各方的批评和反对。哈宾森已经两次向成员方提出农业谈判模式修改草案，主要内容是：在未来6年内，各成员将现在的农业出口补贴减少一半，在10年内全部减除；大幅度降低进口关税，平均减少40%~60%；普遍减少对农业的国内支持。这个方案既不同于美国，又不同于欧盟的谈判立场，其主旨是要减少直至取消对农业的补贴，降低关税，减少造成贸易扭曲的国内支持。方案的实施方式是渐进的，不同成员可以有不同的削减比率。

2. G20 提出的分层削减关税公式

2004年3月农业谈判重新恢复后，G20 提出了使用分层公式削减关税的概念。最终各方同意将分层公式作为关税削减模式纳入2004年7月框架协议，并于2005年7月 WTO 大连小型部长会议上确定为市场准入谈判的基础。

截至2005年11月初的各种非正式磋商为止，各主要谈判方在关税削减方面的思路越来越清晰，提出了更加具体的建议。

（1）美国提出了比较激进、削减幅度较大的削减方案，提议发展中成员和发达成员都分为相同的4个波段，分别为0~20%、20%~40%、40%~60%和60%以上。对发达成员进行累进性税率削减，每个波段分别削减55%~65%、65%~75%、75%~85%和85%~90%。美国还建议发达成员最高关税税率封顶为75%，发展中成员最高税率为100%。

（2）欧盟同意在 G20 建议案的基础上进行谈判，关税削减幅度可以 G20

建议为基础，进行直接线性削减，并对分 4 层的模式逐渐形成共识。对于发达成员的分界点，欧方倾向于选择 0~30%、30%~60%、60%~90% 和 90% 以上，发展中成员的分界点可以高于发达成员的 1/3，削减幅度低于发达成员的 1/3。

（3）G33、G20 和 ACP 国家强调多哈回合是发展回合，在关税削减公式的分层数量、分界点、削减幅度、敏感产品 TRQ 扩大等方面，均应体现发展中成员占发达成员的一定比例性；重申了谈判的透明度和包容性的重要性，且特别强调了不能接受公式中的渐进性因素。

（4）以瑞士为代表的 G10 对美国关税削减建议持批评态度，认为其实质上是瑞士公式，明确表示准备在 G20 建议的基础上谈判，可以接受四层分层法。

（5）凯恩斯集团成员国的澳大利亚总体上支持美方建议，认为包括分 4 层及其分界点等比较合适。

### 3.3.4 谈判各方关税削减模拟方案比较

1. 关税减让

（1）G20 主张发达成员的关税分为五级，其门槛分别为 20%、40%、60% 及 80%，且关税上限应为 100%；而发展中成员之关税则分为四级，其门槛分别为 30%、80% 及 130%，且关税上限应为 150%；另，发展中成员降税幅度应低于发达成员的 2/3。

（2）美国支持以 G20 提案为寻求折中方案（middle ground）的谈判起点，认为发达成员及发展中成员均应采相同之关税分段数目，但门坎可各有不同，且两者之降税幅度差距不应太大。美国主张应将成员之关税分为四段，各段门槛分别为 20%、40% 及 60%。为使最高分段的门坎不致太高亦可接受分段数目为五个，且该门槛最好为 60%，但亦可接受稍高于此数值。至于降税公式方面，美国表示可有三种选项，其一为混合公式，即最低分段采用乌拉圭回合公式，中间分段采用累进制公式，最高分段采用瑞士公式；其二为各分段均采用累进公式；其三为线性公式，但应考虑澳大利亚及加拿大主张的累进公式解决关税重叠（overlap）问题并确保累进制的实施。另美方亦支持设定更低的关税上限。

（3）欧盟表示 G20 提案中仅线性降税公式部分可作为谈判基础，且主张该线性降幅之上下应有若干弹性。欧盟主张成员关税均分为三段，发达成员临界门坎分别为 20% 及 100%，而发展中成员则为 30% 及 150%。欧盟进一步说明各分段均应采用单一线性降幅，且其上下各有 X% 之最高及最低降幅。

（4）G10 则认为无法接受 G20 设定关税上限提案，且该提案仅能作为朝向中间点之谈判起点之一，但是愿进一步考虑 G20 所提出的线性公式。

（5）澳大利亚等凯恩斯集团成员国主张以累进制公式削减，且不支持降税公式本身具弹性。

2. 敏感产品

各成员可自行选定敏感产品，但数目尚待进一步谈判决定。各项敏感产品应以增加关税配额承诺及调降配额外关税等两者组合方式，实质改善市场进入机会。

（1）欧盟及 G10 均主张各成员应可自行择定适当数目的敏感产品，且无论其关税高低，均以降税公式以外的方式（a separate box）开放市场，且开放幅度应小于其他产品（less than full compensation），并主张敏感产品以关税配额承诺与配额外关税调降的标准组合方式开放市场。

（2）美国、澳大利亚、新西兰及巴西（代表 G20）等成员均主张敏感产品数目应极为有限，且关税愈高，降税幅度应愈大，另外，如果敏感产品数目愈多，则降税幅度及关税配额承诺扩增幅度均应愈大。

（3）对于目前非属关税配额敏感产品，欧盟主张应允许新增配额，并应以目前进口数量作为决定配额数量基础，而非以国内消费量作为配额计算基础，另并应设定配额扩增上限。但澳大利亚及马来西亚均表示反对，并主张仅以较长执行期程作为弹性。

3. 关税配额（TRQ）

敏感产品的关税配额（TRQ）增加数量应采用最惠国待遇（MFN）方式核配；TRQ 管理应予检讨改进。

目前有 43 个成员实施农产品关税配额（TRQ）。以 HS 八位码计算，实行较多。TRQ 产品之成员包括美国 395 项、挪威 387 项、欧盟（EU－15）374 项，以及冰岛 233 项等。如同上述，各项敏感性产品均应增加关税配额承诺（包含配额扩增、配额内税率调降或配额管理改进），而配额扩增之方法有三，即扩增约束配额数量的若干比例、扩增基期消费量之若干比例或扩增至基期消费量的若干比例。至于应采何种方式，成员的立场分歧很大。此外，美国、澳大利亚、新西兰、巴西及中国均表示改进 TRQ 管理应另行处理，不得视为敏感产品 TRQ 承诺的一部分；而美国、澳大利亚及新西兰表示每一税号的敏感产品均须扩大 TRQ 配额，不同产品（例如牛肉及乳制品）间不得互相利益交换。

4. 特别保障措施（SSG）和特别保障机制（SSM）

特别保障措施（SSG）是否维持或修正应进一步讨论。美国、澳大利亚、新西兰与 G20 均主张应取消 SSG，但欧盟、G10 及加拿大则主张为利于敏感产品进一步开放市场，SSG 应继续维持。

原料与其加工品之间的关税级距应加以处理，关税简化需进一步谈判。

应给与发展中成员特殊与差别待遇（S&D），包括较低降税幅度及较长执行期程，另可指定若干特殊产品（SP），给与更多弹性，并可实施发展中成员特别保障机制（SSM）。

目前 G33 已针对 SP/SSM 提案，主张发展中成员可自行指定符合"粮食安全、生计安全及乡村发展"定义的 SP 产品，SP 产品数目应远多于敏感产品，且应豁免削减关税及扩增关税配额；另应设计一套较 SSG 简单易行的特别保障机制，且全部农产品均可适用。美国、澳大利亚和新西兰等成员均主张仅少数极为敏感产品可指定为 SP 产品，且仍应削减关税及扩大配额，但其幅度可小于敏感产品；另 SSM 应仅适用于进一步大幅开放的市场产品。

发达成员及有意愿的发展中成员，将提供最不发达发展成员免关税及免配额的优惠。成员长久以来所享有的优惠被侵蚀（preference erosion）的问题应予以解决。热带农产品自由化应予以有效解决。

哥斯达黎加等拉丁美洲成员主张，为鼓励其农民进行多样化生产或自烟草作物转作热带农产品，该类产品应予完全自由化，取消其原料及加工品的关税与配额，改善相关产品的市场进入机会，协助解决其贫穷问题。1986 年乌拉圭回合谈判时，成员提出热带农产品包括糖、稻米、花卉、蔬菜、水果及油料作物等温带地区亦可生产的产品。如果全面自由化，不同成员间之进口或出口的利益大相径庭，且将影响目前享有优惠差额（preference）成员的权益，以致本议题延宕至今迄未解决。由于 G10 成员均为农产品进口国，故主张热带农产品自由化，不应纳入成员的敏感性产品及发展中成员的特殊产品（SP），并应考虑发展中成员优惠差额减损及 S&D 待遇，此外，由丁部分发达成员也生产热带农产品，倘该类农产品全面自由化，受惠者将为较具竞争力的发达成员，故 G10 亦建议以扩大优惠关税（GSP）实施范围似较可行。

### 3.3.5 WTO 农业谈判特委会主席提出的农业谈判的草案框架

1. WTO 农业谈判特委会主席 2006 年 7 月提出的农业谈判的草案框架

2006 年 6 月 12 日，WTO 农业谈判特委会主席，新西兰驻世贸组织大使福尔克纳发表了具体的农业谈判的草案框架。WTO22 日公布的农业和非农产品市场准入协议草案，或许是各成员国对陷入困境的多哈回合全球贸易谈判作出的最认真、也是最后的努力。但不容乐观的是，在长达 72 页的协议草案中，仅农业补贴和农产品关税部分中就存有 760 处分歧。福尔克纳在谈到协议草案中农业补贴和农产品关税部分时说，这并不是一份很好的文件。不过，它反映了谈判的实际情况。因此 22 日公布的协议草案又可称为模式草案。按照去年 12 月香港部长级会议确定的目标，WTO 成员应在 2006 年 4 月 30 日之前就相关模式达成协议。但由于谈判进展缓慢，在 WTO 总干事拉米的督促下，成员们又确定了 2006 年 6 月底这个最后期限。如果这个期限再次错过，年底前就多哈回合谈判所有问题达成全面协议的目标恐怕将难以实现。就敏感产品方面，草案提出，发达国家可以拥有 1% 到 15% 的敏感产品的比例，发展中国家则可以拥有比发达国家多 50% 的敏感产品（绝对数）。除此以外，框架还对关税升级和关税配额的扩大进行规定。

2. WTO 农业谈判特委会主席 2007 年 4 月 ~ 5 月提出的"挑战性"文件和 7 月提出的农业谈判草案框架

福尔克纳于第一份"挑战性文件"前言中指出，他试图跳出成员原有立场，根据过去谈判进展与个人观察来建议出口竞争、境内支持与市场进入等三大议题下各个子议题（包括降税与补贴削减等重要数字）的可能结果的重心所在，以作为即将密集展开的炉边对谈（fireside chats）、全体咨商会议等谈判的基础，并强调除非成员提出更令人信服的论点，否则将不会改变文件中所提的数字或看法。而在主要争议议题上，首要目标是对于扭曲贸易境内总支持（Overall Trade-distorting domestic support，OTDS）的削减，他认为要解决目前的谈判争议是：美国必须削减补贴至 190 亿美元以下（美国先前的提案是削减至 220 亿美元），而考虑二十国集团（G20）提议的 120 亿美元，可能的结果应是接近 150 亿美元；对于发达国家一般产品分段降税公式的各段降幅，其建议可能结果的中心应落在欧盟提案（由低至高段之降幅分别为 35%、45%、50%、60%）与美国提案（55%、65%、75%、85%）之间；对于敏感产品之处理，则认为合理的项数应是 1% ~ 5% 的农产品总税项，降幅应为一般产品降幅的 1/3 ~ 2/3，且搭配的关税配额扩增量应为 x% 的国内总消费量。另外，对于印度等开发中国家最关切的 SP 议题，相较于 33 国集团（G33）所提出的，只要符合 SP 产品挑选指针就可视为 SP 产品的自由度，福尔克纳认为仍应将 SP 产品予以数量的限制，他建议应限缩为 5% ~ 8% 的总税项，且还需削减 10% ~20% 的关税。

对于主席提出的挑战文件，有成员评论，此文件是正式恢复多边谈判的第一步，多数成员会采取合作的态度，大力反对的声浪可能来自东京与新德里。事实上，在市场进入议题上，主席几乎忽略包括日本、瑞士、台湾在内的十国集团（G10）的立场，包括在发达国家降幅上排除 G10 主张的 27%、31%、37%、45%，以及在敏感产品项数上漠视 G10 要求的 15%。至于 G10 坚持反对的农产品关税设限议题，因为议题一直没有交集，福尔克纳表示没有任何建议可以补充。

福尔克纳于 2007 年 5 月 25 日提出第二份挑战文件（challenges paper），针对第一份文件未提及之议题再提出建议，全文长达 15 页，涉及 8 个议题。其中包括对中国等相当重要的新成员（Recently Acceded Members，RAMs）、关税级距（Tariff Escalation）与绿箱措施（Green Box）等议题，以及发展中国家关切的特别保障机制（Special Safeguard Mechanism，SSM）议题。

2007 年 7 月 17 日，福尔克纳在两次挑战声明的基础上，向世贸组织成员散发了关于农业谈判的妥协方案，希望各成员能在这个方案的基础上弥合分歧，最终达成一项全面的多哈回合全球贸易协议。就关税削减方面，它分别针对发展中国家和发达国家提出了不同的关税削减的方案。福尔克纳提议，美国将目前 190 亿美元/年的农业补贴上限降至 162 亿美元/年。目前美国仍坚持的补贴额度为 170 亿美元/年。同时，非农市场准入谈判委员会主席乔纳森也提出将巴西和印度等发展中成员的工业品进口关税从 27% 的上限税率降至 19% ~23% 的水平，同时给中国更长时间的宽限期。该建议还要求欧盟将其内部农业补贴的最高限额降低 75% ~85%，降至 165 亿 ~276 亿欧元/年。此外，欧盟还需将农产品进口关税降低 52% ~53.5%，基本在欧盟目前的让步范围内。

世贸组织总干事拉米表示，上述建议是"公平和合理"的，但各成员并非完全认同两位谈判委员会主席提出的建议，尽管如此，所产生的异议仍低于认同的比例。

2008 年 8 月 11 日，WTO 农业谈判主席福尔克纳（Crawford Falconer）于 7 月底的非正式小型部长暨贸易谈判委员（Trade Negotiation Committee，TNC）会议结果提出进展报告。

整体来说，主席肯定非正式小型部长会议的努力，认为其一度取得"几乎"所有议题的共识，但因只是"几乎"，而非"全部"，谈判最终仍卡在特别保障机制（Special Safeguard Mechanism，SSM）议题的歧见上，使会议只能宣告破局，不但先前努力付诸东流，而且也剥夺了其他争议议题（如棉花）协商可能共识的机会。对于会中曾提出的数字（即拉米提出的"725 草案"），主席认为那是与会部长们考虑当时谈判情势与利益交换下所做的政治妥协，但因 SSM 议题的僵局，已使整个谈判环境有所改变，因此无法保证后续协商仍会保留先前共识，但主席强调，那些文件仍旧会被保留，静待下次作政治决定的时机到来。

## 3.4　多哈回合非农产品市场准入谈判进程和议题

### 3.4.1　多哈回合非农产品谈判的进程

2001 年 11 月 WTO 多哈回合部长宣言授权各个成员进行非农产品市场准入谈判，目标是消除关税及非关税贸易壁垒，考虑到这个回合是发展回合，所以发展中国家削减程度较发达国家低。

2002 年 WTO 成立了贸易谈判委员会（TNC），负责所有谈判业务，并且在该委员会下设立了市场进入委员会，负责与市场进入相关的谈判事宜。由于 WTO 原来设有农业谈判小组，专门负责农产品的相关谈判事宜，所以为了区别两者，习惯于称这个谈判小组为非农产品市场准入谈判小组（Negotiation Group on Market Access for Non-agricultural Products，简称 NAMA）。

原定于 2003 年的世界贸易组织坎昆部长会议失败，导致各项谈判也不得不停止，非农产品谈判也随之搁浅。直到 2003 年下半年，谈判小组才重起谈判。冰岛籍大使 Johannesson 为新任 NAMA 谈判小组主席。

其后，在美国及欧盟积极推动下，2004 年 3 月重启谈判大门，2004 年 7 月通过各方努力，WTO 终于通过了本回合谈判的框架性协议（Framework agreement），该协议又被称为七月框架（July Package）。NAMA 谈判架构（NAMA Framework）即"七月框架附件 B"，与 Derbez text 大致相同，但首段增述成员须就降税公式、非约束税率处理、发展中成员的弹性、部门别参与与优惠措施等五个议题进行协商，获致协议。此谈判架构也成为未来继续推动多哈回合谈判的基础。在确立了谈判框架之后，各方也进入复杂的谈判阶段，并且于 2005 年的香港 WTO 部长会议上对各方的谈判进展情况进行了总结，最终各方就采用多系数瑞士公式以及同意会员可以推动非强制性部门减让方案等多项谈判议题基本达成共识。但在具体采用什么样的系数，以及具体怎么执行方面还没有实质性的进展。

此外，香港部长会议还设定了相关的谈判进程：2006 年 4 月 30 日之前完成谈判模式的谈判工作，并且希望在 7 月 31 日之前提出全面性的非农产品关税削减草案。但是，由于各方分歧严重，互不相让，这个时间表不得不再次延迟，多哈回合谈判也不得不再一次面临搁置，并且走向了失败的边缘。2006 年以来，在部分核心的 NAMA 谈判议题上，成员间仍存在很深的歧见，仅于小部份议题上可看到会员间的共识，谈判进展并不乐观。此时 NAMA 谈判小组主席已由加拿大大使斯蒂文森（Stephenson）担任，并于 2006 年 6 月 22 日归纳各议题的谈判进展及成员意见分歧的关键点，作为各成员后续讨论的引导。然而农业市场进入、农业补贴与工业市场进入等主要议题上，却未能如愿跨越歧见鸿沟，鉴于当时达成共识的可能性相当渺茫，2006 年 7 月底 WTO 秘书长 Lamy 只得宣布多哈回合暂停。

在美国、欧盟等主要成员与 WTO 秘书长拉米多方运作下，首先于 2006 年底展开软性复谈，于 2007 年 2 月 8 日正式复启多哈回合谈判，但前景仍不明朗，各项谈判议题几乎无进展。2007 年 6 月 21 日，美国、欧盟、巴西、印度会谈的再度决裂，给予多哈回合不小的冲击。唯成员国重回谈判桌企图仍然可见，如 APEC 即声言支持 WTO 市场自由化的谈判、美欧等国亦未曾放弃协商。

NAMA 谈判主席斯蒂文森（Stephenson）于 2007 年 7 月主席版草案（JOB（07）/126）在各国间引起广泛的讨论。不论是发达成员还是发展中成员，对主席版 NAMA 谈判模式草案均表示不满。多数成员能坚持原有立场，大体上来说发展中成员认为系数太小，如新兴市场国家南非、阿根廷、委内瑞拉、印度与巴西等国表示，相对于农业版本草案，工业产品降税明显具较不平衡性的缺点，且对开发中国家要求相当沉重；发达成员则认为发展中成员与发达成员试用的系数相差太大；美国、欧盟与日本等国均认为，工业产品降税的企图心明显不足。即使对主席版草案不甚满意，但多数成员仍愿意继续协商。

经过 2007 年年底前发达和发展中成员对于 NAMA 议题的角力之后，于 2008 年农业及 NAMA 谈判草案（draft text）分别提出三份修正版本（分别为 TN/MA/W/103，TN/MA/W/103. Rev. 1，TN/MA/W/103. Rev. 2），期间发展中成员的谈判力度日渐增强，草案对于开发中成员弹性的部份也不断扩张。

2008 年 7 月 21 日正式展开的 WTO 非正式小型部长暨贸易谈判委员（Trade Negotiation Committee，TNC）会议，总干事 Lamy 与美国、欧盟、印度、巴西、日本、澳大利亚和中国等核心七国（G7），针对 6 项农业议题与 3 项 NAMA 议题进行协商与讨论，最终将部分共识连结成一个框架，并于 7 月 25

日提出。因此该套案又被称为"725框架",次日又提交给非正式TNC会议中全体成员作参考,以作为"2008年七月框架(The July 2008 Package)"的讨论基础。然而,谈判进展仍然不顺,发达与发展中成员对立的状况依然层出不穷,最后因美国与中印对于特别保障机制(special safeguard mechanism,SSM)的争议,终使"2008年七月拉米框架"宣告破局,随后不久,斯蒂文森也卸任NAMA谈判主席。

新任的NAMA谈判主席为瑞士大使瓦榭沙(Luzius Wasescha),接任后他积极运作,寄望2008年年底前能将多哈回合大幅推进,于2008年12月6日协同农业谈判主席,提出主席版第四次修正草案。由于金融危机对各国所造成的影响迅猛,各国政府无不致力于振兴经济方案的推动,对于谈判的推动乏力。2009年开春后,全球景气依然低迷,各国在振兴国内经济的同时,为了排除他国产品攻占其国内市场,纷纷倾向于贸易保护主义。

多哈回合谈判破裂对全世界都有直接的影响,按照谈判前WTO的模拟,如果多哈回合达成协议,每年会为全球经济带来500亿~1000亿美元的收益,仅从关税来评估,多哈回合的成功将使成员国每年减少1300亿美元的关税支出。

对于中国来讲,由于中国总体关税水平普遍偏低,以及工业品已经依靠成本优势占据了很大的国际市场分额,所以谈判的失败对我国非农产品出口不会有太大的直接影响。但如果广泛的协议能够达成,我国的出口肯定会从中受益,且收益明显。

### 3.4.2 多哈回合非农谈判涉及的主要议题

1. 关税削减公式的选择问题

关于关税削减公式谈判的内容,主要是关于关税削减公式的形式,系数选择,以及不同发展程度的国家是否使用相同的系数,另外,发展中国家成员的差别待遇也是一个焦点问题。就公式的形式,各方目前还比较一致,倾向于使用瑞士公式,因为瑞士公式削减幅度随着初始税率的提高而加大,比较具有合理性。但至于使用什么样的具体系数,还有发达国家和发展中国家的系数差异应该有多大,至今仍存在很大的争议。这也是本文着重要讨论的问题。

2. 部门减让问题

部门减让谈判主要有两个方面的问题:一是确认各个部门所涵盖的税号,二是将该部门的税率降为零关税还是某一个特定税率水平。根据减让后结果的不同,部门减让可以分为零对零的部门减让方案(Zero-for-Zero Sectoral Elimination，减让至零关税）和部门调和减让方案（Sectoral Harmonization，减让至特定税率）。

　　然而，具体到是否某个部门应该进行部门减让，或者说哪些部门应该进行部门减让，这些问题才是部门减让谈判最重要的问题，也是最大的难点，到目前为止仍然没有较好的解决办法。但是，各方也进行了相关的尝试，为了达到目的，目前成员倾向于采用关键多数（Critical Mass）的方式来决定是否进行部门减让。比如以全球贸易量的90%为界，如果参与成员国的贸易量超过全球贸易量的90%，则参与各方有义务进行减让，这就是关键多数的减让方式（WTO，2001）。

　　目前谈判中的主要问题是产品部门的选择，参与方式的选择（自愿还是强制），产品部门覆盖的税号等。

　　3. 敏感产品的选择问题

　　与WTO农业谈判相似，非农谈判也会有类似的"敏感产品"，这些产品可以不受WTO减让表的约束，不进行减让，或者有权单方面决定该产品的关税税率。过去许多发展中国家因为经济发展的要求，在谈判中将部分产品列为"敏感产品"，维持较高的关税，这样就会造成其他成员的市场准入壁垒，影响贸易自由化进程。所以各方力求通过谈判来确定适当的敏感产品比例，确保公平。

　　4. 特殊和差别待遇问题

　　多哈回合本身就是一个发展回合，促进成员国经济发展是重要的谈判目标，所以倾向于发展中国家享有差别待遇（special and differential treatment）。也就是说在关税减让和市场准入方面发展中国家应该享有更多的优惠和比发达国家更小的削减幅度。谈判的重点就是关于差别待遇的具体内容以及可享受的具体减让幅度。另外，随着谈判的不断深入，也出现了新的问题：在平常的发达国家和发展中国家两个阵营之外，世界上还存在经济更为落后的"最不发达国家"以及"弱小和脆弱的经济体"，这部分国家经济更为落后，在谈判中会受到更大的保护和优惠待遇，因此对于这些国家的特殊待遇也是重要的谈判内容。

　　5. 非关税贸易壁垒的问题

　　WTO的原则中除了自由贸易原则，还有透明度原则。而非关税贸易壁垒的保护一个明显的特征就是具有隐蔽性，这一特性的存在是有悖于透明性原则的，因此世贸组织也一直致力于消除非关税贸易壁垒，增加贸易的透明度和公平性。就目前世界贸易的情况来看，发展中国家的关税水平与发达国家相比是要高出一些，然而，发达国家虽然关税水平较低，但有很多形式多样的非关税措施，这些措施的存在很大程度上影响了这些国家的市场准入水平，提高了进入门槛。这是不符合自由贸易的原则的。所以本回合也是以消除非关税贸易壁垒作为谈判的重点，争取创造更加公平、透明的国际贸易环境。

6. 优惠侵蚀问题

优惠侵蚀（Erosion of preference）是近几年出现的一个新的议题，也是在谈判不断深入过程中发现的新问题。目前许多发展中国家尤其是那些最不发达国家可以享受发达国家的普惠制税率待遇，获得更多的市场准入机会。但是如果本回合大幅度削减税率，发达国家的关税进一步下降，市场准入门槛降低，这样所有国家都会面临较低的关税，那些原本享受普惠制税率待遇的国家将会面临更大的竞争，自己原本所拥有的优势也化为乌有。这样将会严重损害这些国家的利益，所以这些国家要求采取措施来减少关税减让所带来的一些负面影响。谈判中这些国家提出对这些受影响产品使用较少的减让幅度或者延长执行期限来减少损失。

7. 非从价关税的从价化问题

这同样也是涉及到 WTO 透明度原则的一个问题，而且在农业谈判中也存在相同的问题。由于目前各个国家关税不但有从价关税还有从量税、混合税等，这些关税的存在增加了贸易保护的机会。因此如何实现非从价关税的从价化转变是保证透明度原则、实现公平贸易的重要措施，也是本次谈判的重要议题。

### 3.4.3　各方在非农产品市场准入谈判的立场分析

在 WTO 新一轮市场准入谈判中，各方在谈判中的立场各不相同。从基本上来看，我们可以从发达国家和发展中国家两个阵营进行分析。

首先，由于发达国家自身的关税税率水平比较低，因此在谈判过程中在市场准入方面，它们主张进行较大幅度的削减以降低平均关税水平，而且主张关税水平越高，削减幅度越大，因此多数发达国家支持使用瑞士公式作为削减方案。而在非关税壁垒方面，发达国家存在着比较多的非关税措施，而且手段隐蔽，因此，在非关税壁垒的消除议题上，发达国家态度并不明朗。在差别待遇的议题上，发达国家并不主张给发展中国家过多的差别待遇，尤其在瑞士关税系数的选择方面，发达国家主张两者的差别不能太大。在其他一些议题，如优惠侵蚀、新加入成员的待遇问题等，发达国家态度也都比较模糊。

其次，发展中国家的情况与发达国家大相径庭，发展中国家由于历史等原因，自身的关税水平比较高，因此在 WTO 谈判中，发展中国家的关税自然会比发达国家受到更多的削减，这是发展中国家面临的一个重要问题。因此，在削减关税方面，发展中国家希望在使用瑞士公式时使用更大的系数，而且希望发展中国家与发达国家在系数方面的差距保持在一定水平，以保证对发展中国家的优惠待遇。在非关税壁垒方面，由于发展中国家的保护主要通过关税来进行保护，所以希望能够在非关税壁垒削减方面有更大的突破，也就是能够较大幅度的减少非关税壁垒。在对发展中国家的差别待遇方面，发展中国家作为受益者，自然会希望能够获得较大的差别待遇，如在削减关税系数方面以及敏感产品的比例方面。在新成员的待遇问题上，由于绝大多数新成员是发展中国家成员，所以这些国家希望能给新成员一定的优惠措施和待遇。

我国作为发展中国家之一同时也是新加入成员之一，自然在很多议题上是与多数发展中国家一致的。但是由于我国的整体非关税水平并不高，所以在关税削减方面可以适当让步，但需要在其他方面争取利益。

以阿根廷、巴西、埃及、印度、印度尼西亚、南非、委内瑞拉、纳米尼亚、菲律宾、突尼斯等国家为主要成员的 NAMA11 集团，坚持降税幅度应以约束关税为基础，同时坚持发展中成员降税系数必须明显地不同于发达成员，以取得政策调整空间。南非是该集团牵头国。第 24 条就是针对特殊及差别待遇的，并称"该公式中为发展中国家设定的减让百分比只应当是为发达国家规定的百分比的一小部分"。

## 3.5 本章小结

通过以上对市场准入谈判议题和进程的回顾，不难发现，多哈回合谈判既是世界贸易组织（原关贸总协定）八次谈判的继续，更是对以往谈判的深度和广度的扩展，同时也带来了很多新的问题。多哈回合市场谈判艰难曲折，在发达国家和发展中国家之间，在利益集团之间，在进口国和出口国之间都形成了一系列的议题要求和利益冲突。几度失败，几度重启，在困难和逆境中蹒跚前行。

由于所处地位和对谈判的期望差异以及为了共同利益的需要，多哈回合谈判中，形成了多个利益集团，特别是以发展中国家形成的不同利益集团富有特色。各大利益集团之间既有共同利益，也存在巨大的分歧，正在向共同的目标前进。然而利益集团内部也非铁板一块，存在兴趣和利益的差别。而且利益集团之间，也存在一定的成员交叉。因此简单地用发达国家和发展中国家划分利益集团是不够充分也不大合适的，最终还是取决于当事成员方各自所处地位和利益的诉求需要。

多哈回合市场准入谈判是一揽子的谈判，即进行农业谈判如市场准入，出口补贴和国内支持其中的某一大议题，甚至某一大议题的某一子题就需要某几个利益集团作出努力甚至一定的让步。市场准入等三方面是相互关联的，农业与非农谈判领域议题也是关联的，不仅如此，农业谈判及非农谈判与其他领域谈判如服务贸易领域也是相互关联的。

# 第四章

# 基于 WTO 体制的市场准入协定谈判分析框架

作为多哈回合市场准入协定谈判，它是一个历史事件，进程其间经历过进展、中断、僵局和停滞等多种局面，至今仍然在继续中，尚未结束。由于我们讨论的市场准入谈判是一个基于WTO 体制的多边贸易协定的谈判，同时它是以互惠的关税减让为基础的，是一项具有广泛议题、涉及所有成员及其国家内部相关利益集团的谈判，有着国际政治经济意义和利益的交织。因此，我们的讨论需要体现这几个方面的特点。

本章主要研究在世界贸易体制下的多哈回合市场准入协定谈判问题，从而为本书的研究确立一个理论分析的框架。首先，介绍关税征收和关税减让效应的局部均衡分析；其次，介绍最优关税和关税减让效应的一般均衡分析；再次，分析单边行动下的结果；第四，分析互惠与发达国家和发展中国家之间的贸易协定谈判；第五，贸易协定谈判的政治经济分析；第六，冲突分析与贸易协定谈判。

## 4.1 关税和贸易政策效应的局部均衡分析

关税对进口国经济的多方面影响称之为关税的经济效应，关税的经济效应主要包括价格效应、贸易条件效应和进口国国内经济效应。与自由贸易相比，征收关税将减少双方贸易额，引起进口商品的国际价格和国内价格的变动，从而影响到进口国在生产和消费等方面的调整。关税在许多情况下都是一种"次佳"（Second Best）的选择。而削减关税，恰恰与征收关税的作用相反。

### 4.1.1 征收关税与关税减让的小国经济效应的局部均衡分析

为了便于分析和比较，我们拟先讨论在自由贸易下的两国局部均衡问题，然后讨论征收与减让关税条件下的两国局部均衡问题。

假定世界市场有两个国家：本国和外国。本国和外国都是小国，它们均不能通过改变贸易商品的交易量影响该商品在另一国的价格，它们都生产和消费一种同质的商品，生产该产品的产业在两国都是完全竞争的。因此的供给和需求曲线都是市场价格的函数。汇率固定不变，商品在两国之间运输是无成本的。

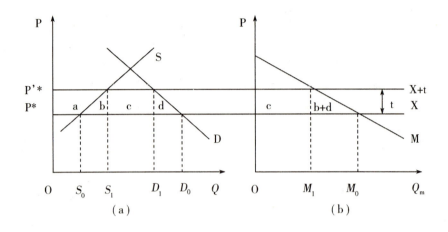

**图 4 - 1　小国自由贸易和关税效应的局部均衡分析**

1. 自由贸易下的两国均衡分析

小国自由贸易的效应分析

图 4 - 1（a）表示国内市场，横轴为商品 Y 的数量 Q，纵轴为商品价格 P。D、S 分别表示国内需求和供给曲线，世界价格为 $P^*$，在自由贸易条件下，国内需求量为 $D_0$，国内供给量为 S0。

图 4 - 1（b）表示进口市场。进口需求曲线为 M = D − S，我们可以认为固定的世界价格作为水平的出口供给曲线 X，它与 M 相交，均衡出口量点 $M_0$，$M_0 = D_0 − S_0$。

由于实行自由贸易本国的价格会下降，外国的价格会上升，在本国出口价格等于外国进口价格时达到均衡。这时本国的进口需求恰好等于外国的出口供给。从供需角度来看，一个进口小国面临的是一条由外国厂商所决定的、具完全弹性的水平的进口供给曲线；一个出口小国面临的是一条由消费者所决定的、具完全弹性的水平的出口需求曲线。下面来进一步观察实行关税政策情况。

2. 征收关税后的两国均衡分析

现在征收关税，税率为 t，在图 4 - 1（b）中，出口供给曲线向上移动，导致均衡国内价格 P'* = P*（1 + t），进口需求曲线不变。在图中国内价格增长恰好等于征收的关税总量，这又导致了国内需求量的减少和供给量的增加。

由于实施关税，国内价格上升，同时也导致需求量减少到 $D_1$，供给量增加到 $S_1$，进口量下降到 $M_1 = D_1 - S_1$，这样的结果使福利区域变化。其中 a 为生产者剩余获益，b + d 为消费者剩余损失，c 为政府收入增加。b + d 区域为关税福利总损失，这也可以反映在图中在进口需求曲线之下方的三角区域。其中区域（d）则可解释为由于价格提高不能购买的（$D_0 - D_1$）消费者剩余损失，区域（b）可解释为由于价格提高而超量生产的，伴随供给曲线而增加的边际成本，$S_0 - S_1$，即因额外增加生产的产品数量而导致的边际成本增加。

3. 关税减让后的两国均衡分析

现在如果实施减让关税，税率为 t，在图 4 - 1（b）中，出口供给曲线向下移动，导致均衡国内价格 P'* = P*，进口需求曲线不变。在图中国内价格下降水平恰好等于削减征收的关税水平，在图中又导致了国内需求量的增加和供给量的减少。

这样由于减让关税，国内价格下降，同时也导致需求量增加到 $D_0$，供给量减少到 $S_0$，进口量下降到 $M_1 = D_1 - S_1$，这样的结果使福利区域变化。其中 a 为生产者剩余获益，b + d 为消费者剩余损失，c 为政府收入增加。b + d 区域为关税福利总损失，这也可以反映在图中在进口需求曲线之下方的三角区域。其中区域（d）则可解释为由于价格提高不能购买的（$D_0 - D_1$）消费者剩余损失，区域（b）可解释为由于价格提高而超量生产的，伴随供给曲线而增加的边际成本，$S_0 - S_1$，即因额外增加生产的产品数量而导致的边际成本增加：

$$Ps = +（a）$$

消费者剩余减少：

$$Cs = -（a + b + c + d）$$

因征收关税政府收入增加：

$$\check{G}r = +（c）$$

关税的福利效应：

$$
\begin{aligned}
NEW &= Ps + Cs + Gr \\
&= +（a）-（a + b + c + d）+（c）\\
&= -（b + d）
\end{aligned}
$$

由于小国的贸易政策没有贸易条件的收益效应，因此实施关税政策后的关税福利效应是净损失。由此看来，对小国而言，自由贸易的选择优于实施关税。

### 4.1.2 征收关税与关税减让的大国经济效应的局部均衡分析

对于一个大国而言，我们假设进口的世界价格依赖所选择的关税，即进口价格是关税的函数，可写作 $p^{*(t)}$。通常我们定义贸易条件作为一个国家出口价格和进口价格之比，因此，进口价格的下降就意味着贸易条件的改善。在完全竞争条件下，关税将导致大国贸易条件的改善。

仍假定世界市场上只有两个国家：本国和外国。本国是大国，它能通过改变贸易商品的交易量影响该商品在另一国的价格。两国都生产和消费一种同质的商品，生产该产品的产业在两国都是完全竞争的，因此的供给和需求曲线都是市场价格的函数。汇率固定不变，商品在两国之间运输是无成本的。

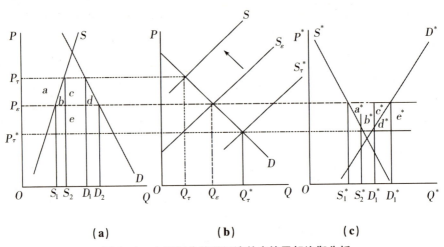

（a）　　　　　　（b）　　　　　　（c）

**图 4 - 2　大国征收关税经济效应的局部均衡分析**

如图 4 - 2（a）为本国（大国，进口国）的生产需求状况，（b）为本国的进口市场状况，（c）为外国（出口国）的生产需求状况。横轴为商品数量，纵轴为商品价格，本国对某商品的供给和需求曲线分别是 S 和 D，本国的生产供给量为 S，消费需求量为 D。进口量为二者之间的差额。

1. 实行征收关税后的两国均衡

假定此时该大国实施进口关税，国内价格会提高到 $P_T$，国内价格的提高使本国生产扩大，导致生产者剩余增加、价格提高和消费下降；又使需求减少，导致消费者剩余下降从而使进口需求下降。由于是大国，本国的进口下降必然影响外国的出口，客观上要求外国出口削减，同时还导致外国产品的价格下跌。由于外国产品价格下跌，在本图形中，假定本国产品价格上涨幅度要小于关税的幅度，两国价格的差额恰好等于关税。

图中 $P_E$ 是自由贸易时的价格，$P_T$ 是本国征收关税后的国内价格，$P_T^*$ 是外国在本国征收关税以后的价格，它既是外国的出口价格，也是本国的进口价格。由于价格上涨，本国供给量从 $S_1$ 到 $S_2$，需求从 $D_1$ 下降到 $D_2$。同时外国生产因价格下跌减少到 $S_1^*$，需求却扩大到 $D_2^*$，从而使出口从减少到 $Q_T$。

由于征收关税本国价格上升，生产者剩余收益为 a，消费者剩余损失为 $a+b+c+d+e$，本国政府因为征收关税增加收入为 $c+e$。进口国的关税净效应 $a+c+e-(a+b+c+d+e)$。如果 $e>b+d$，存在净福利收益；$e<b+d$，福利因关税而减少。b 为生产损失，d 为消费损失，$b+d$ 又被称为效率损失（Efficiency Loss）、无谓损失（Dead-Weight Loss）或贸易条件收益。

由于征收关税出口国价格下降，福利减少，生产者剩余损失为 $a^*+b^*+c^*+d^*+e^*$，消费者剩余收益为 $d^*+e^*$，出口国的净损失为 $a^*+b^*+c^*$。

如果这个大国由于征收关税而获益，出口国却因此而受损，那么这种关税对世界经济效率会产生何种影响，这是一个值得关心的问题。从图可看出，图中显示的唯一可获得收益来源是进口国的贸易条件收益 e。这块面积必然与 $e^*$ 的面积一样大，假定本国单位福利收益等于外国的单位福利损失，则 b 与 $b^*$ 抵消。这样世界经济遭受的损失等于（$a^*+c^*+a+c$），其原因在于资源的低效配置。

2. 实施关税减让时的两国均衡

实施关税减让后，本国的商品价格会下降，外国的商品价格会上升，在本国出口等于外国进口时达到均衡。在图中均衡价格是 $P_E$，因为是大国，在此价格水平上，在自由贸易时也是国内的价格。这时本国的进口需求恰好等于外国的出口供给，进口量是 $Q_E$。

从进口国来看，价格下降使本国消费增加，导致消费者剩余增加 Cs = $(d+e)$。价格下降使本国生产减少，导致生产者剩余损失，Ps = $-(d)$，与此同时，实行自由贸易产生转移效应，本来是本国消费者的一部分福利转移到了生产者。实行自由贸易后产生的转移效应，将本来是本国生产者的一部分福利转移到了消费者。这样进口国实施自由贸易政策后的效应为：

$$NEW = Cs - Ps$$
$$= (d+e) - (d)$$
$$= e$$

从出口国来看，价格上升使其生产扩大，导致生产者剩余增加，Ps = + $(a^* + b^* + c^*)$，与此同时，价格上升又使外国消费减少，导致消费者剩余下降 Cs = − $(b^* + c^*)$。实行自由贸易产生转移效应，本来是外国消费者的一部分福利转移到了外国生产者。这样出口国实施自由贸易政策后的效应为

$$NEW = Ps - Cs$$
$$= (a^* + b^* + c^*) - (b^* + c^*)$$
$$= a^*$$

## 4.2 最优关税和单边贸易政策效应的一般均衡分析

### 4.2.1 最优关税的概念

最优关税（The Optimum Tariff）是指国家应用市场支配力量，通过一定的关税税率使得一国贸易条件改善带来的利益超过贸易量减少所造成的福利损失，并使该国获得最大净利益的关税。能使一国净福利水平达到最大化的关税税率便是最优关税税率。

现代国际贸易理论已经证明了，任何国家征收关税，从绝对意义上讲都是一种净损失，也就是说完全的自由贸易是最优的。但是，在现实中，各国出于不同的目的都不愿率先实行贸易的完全自由化，特别是对于发展中国家，如果其仓促实行零关税，将会对其经济增长和产业结构升级产生十分不利的影响。那么，为了提高关税政策的效益，尽可能减小关税带来的损失，就需要考虑最优关税问题。在零关税和禁止性关税税率之间有一个使进口国福利增加的关税税率，这就是所谓的最优关税率。最优关税就是使贸易条件收益与效率损失之间达到最大时的关税，它是国家应用市场支配力量，根据进口品的供给状况获得最有利的贸易条件从而使社会经济福利最大化时的进口关税，也就是在静态条件下使国民经济净得益的关税。

在零关税与禁止性关税之间，寻找某一最佳点，在这一点，因贸易条件改善而额外获得的收益恰好抵消了因征收关税而产生的生产扭曲和消费扭曲所带来的额外损失。

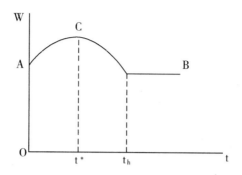

**图 4 - 3　最优关税和零关税和禁止性关税之间的关系分析**

图 4 - 3 中横坐标表示关税税率，纵坐标表示征收进口关税国的福利水平，曲线 AB 表示关税水平对本国福利的影响。A 点对应的关税为零，即 OA 代表自由贸易状态下的社会福利水平。$t_h$ 表示禁止性关税，对应于该关税水平，国内经济又回归到了封闭状态下，所以当关税水平大于或等于 $t_h$ 时，社会福利水平要低于自由贸易下的福利水平。如图所示，曲线 AB 在 C 点的切线斜率为零，即在这一点，进口国的福利达到最高，对应于这一点的关税税率为 $t^*$，该税率即为最佳关税。

大国对进口品征收关税可能会影响国内同类产品的价格，也会降低国外产品的价格。这样，该进口国就可以从自己征收的关税中获得收益。外国商品的供给弹性越低，最优关税税率就越高；相反，如果供给弹性无穷大，那么最优关税税率就等于零。然而，由于进口国因关税而获得的利益低于外国人因这种关税而受到的损失，因此，对于整个世界来说，国家的最优关税带来的是净损失。

### 4.2.2　大国的最优关税

小国由于无法支配市场以改变商品的供求，也就不能通过关税改善其贸易条件，所以对小国而言，只有零税率才是所谓的最优关税。大国征收关税一方面会减小贸易量，另一方面会改善其贸易条件。贸易量的减少是一种损失，而贸易条件的改善则是一种收益。这样的话，征收适度关税就有可能给一国带来净收益（虽然对世界来说仍是一种净损失）。因而，国际贸易理论认为，只有在"大国效应"下，才有调整关税税率使国民经济净得益达到最大值的可能。

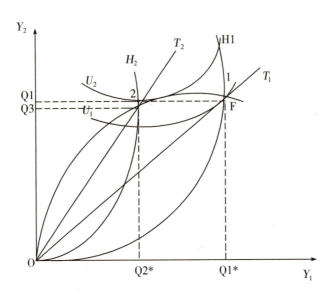

**图 4-4　大国最优关税的一般均衡分析**

如图 4-4，横轴表示商品 1（$Y_1$）的进出口，纵轴表示商品 2（$Y_2$）的进出口。其中本国出口 $Y_1$，进口 $Y_2$；外国恰好反之。

在自由贸易条件下，本国的提供曲线为 OH，外国的提供曲线为 OF，贸易条件为 $OT_1$，贸易无差异曲线为 $U_1$，自由贸易均衡点为 1。在该点本国的贸易无差异曲线与均衡的贸易条件线和外国的贸易无差异曲线相切。

本国的贸易可能性受到外国提供曲线的制约，同样外国的贸易可能性受到本国提供曲线的制约。因此本国可行的进出口商品的结合只能处于外国的提供曲线上，同样外国可行的进出口商品的结合只能处于本国的提供曲线上。

从图形上看，最优关税就是可以使一国达到其可能达到的、最高的贸易无差异曲线的关税税率时的关税。这一点恰好是本国的贸易无差异曲线 $U_2$ 与外国的提供曲线的切点 2。

本国征收关税后，会使本国的提供曲线向纵轴方向内移，税率越高移动幅度越大。当税率提高到使本国提供曲线与贸易无差异曲线和外国的提供曲线在点 2 相交时，本国福利最大，对于本国而言，其贸易无差异曲线无论处于该点的左方或处于右方，该国的福利水平都较其低。因此这时的关税率就是最优关税率。如果该国继续提高关税，本国提供曲线就会继续向左移动，直至在原点与外国提供曲线相交，贸易完全停止。这时的关税率就是禁止性关税率。

以上的分析也可以用到对外国征收关税的分析中。

如图 4-4，外国的贸易无差异曲线 $U_2$ 与本国的提供曲线 $H_1$ 相切，由于本国征收关税使外国受到损失，外国必须征收进口或出口关税以补偿损失。因为最优进口关税和最优出口关税是等价的。外国政府可以对商品 1 征收 100% 的进口关税，或者对商品 2 征收 100% 的出口关税来达到目的。

由于一国很可能在其出口方面具有的垄断力，超过了其在进口方面具有的垄断力，因此有的学者认为最优关税可能在出口方面较进口更相关。

本国征收关税后，本国的提供曲线内移至 OH'，均衡点从点 1 到点 2。由于本国是大国，征收关税后，贸易条件 OT 改变为 $OT_2$，本国的进口从 $OQ_1^*$ 降到 $OQ_2^*$，但是为了购买 $Q_2^*$ 的进口品 2，本国消费者必须放弃的产品 1 数量为 $Q_3$。因此征收关税后，本国国内的价格比例大于自由贸易的价格比例，即 $OQ_3/OQ_2^* > OQ_1/OQ_1^*$。

以上分析说明在通常情况下，大国征收关税会改善其贸易条件，但也会提高其进口品的国内相对价格。

此外，本国运用最优关税率时，必然使外国受到损失。一个国家由于征收了最优关税从而使贸易伙伴蒙受损失而获得的收益，很可能遭到报复。报复的过程可能持续到贸易双方都失去贸易收益时为止。如果报复引起反报复就会导致关税战，直至达到一种新的均衡。在这一均衡状态下，贸易虽然减少了，但不会完全消除。

大国对进口品征收关税可能会影响国内同类产品的价格，也会降低国外产品的价格。这样，该进口国就可以从自己征收的关税中获得收益。外国商品的供给弹性越低，最优关税税率就越高；相反，如果供给弹性无穷大，那么最优关税税率就等于零。然而，由于进口国因关税而获得的利益低于外国人因这种关税而受到的损失，因此，对于整个世界来说，国家的最优关税带来的是净损失。

有关最优关税的结构问题在两种商品的模型中得到回答（Kemp，1969）。在多种商品情况下，达到关税最优结构的条件包括对某些进口品和出口品征收负关税（Horwell and Pearce，1970；Dixit and Norman，1980）。Horwell 和 Pearce 给出了这种情况的一个例子，同时指出，这需要征收关税的国家存在着复杂的需求和供给弹性条件。

大国征收关税一方面会减小贸易量，另一方面会改善其贸易条件。贸易量的减少是一种损失，而贸易条件的改善则是一种收益，这样的话，征收适度关税就有可能给一国带来净收益（虽然对世界来说仍是一种净损失）。因而，国际贸易理论认为，只有在"大国效应"下，才有调整关税税率使国民经济净得益达到最大值的可能。下面我们将就最优关税问题的度量进行分析。

### 4.2.3　单边行动——大国的最优关税与关税报复

在不存在贸易协定时，在最优关税目标下，无论是削减或增加一国的关税都将导致该国的国民收入或福利下降。传统贸易理论认为大国能够利用在市场上的垄断影响力通过贸易限制改变贸易条件来增进自身的福利，但同时也将其负面影响强加于其他国家。这就是所谓一国单边贸易政策的"贸易条件外部效应"。

Johnson，Harry G.（1954）最早提出了有关最优关税和报复的构想。Findlay Ronald 和 J. Stanislaw Wellisz（1982）指出：由于最优关税取决于本国与外国的经济结构以及贸易政策，因此，最优关税并不是固定的，它在生产和贸易的过程中随时都在变化。众所周知，在国际市场上收集信息不仅成本很高，还存在不同程度的时间滞后。各种信息充斥着不确定性，真伪难辨，任何人都不可能拥有完全的信息集。因此，最优关税只在理论讨论中有意义，在现实中，如果能够把关税设定在接近最优关税的一个区间之内，就已经是非常理想的了。

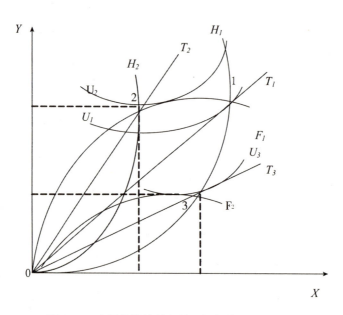

**图4-5　大国最优关税和关税报复的一般均衡分析**

假设 A 和 B 两个国家都能够单独地自主制定贸易政策，它们分别面临自由贸易政策和保护贸易政策两种选择，假设两国都实行自由贸易政策则都受益，而当本国实行自由贸易政策而他国实行保护贸易政策时本国利益受损而他国受益，当两国都实行保护贸易政策时两国均受损，两国各自选择贸易政策后的收益结局构成一个明显的"囚徒困境"模型。

如图 4 – 5，横轴表示商品 1 （$X$）的进出口，纵轴表示商品 2 （$Y$）的进出口。其中本国出口 $Y_1$，进口 $Y_2$；外国恰好反之。

在自由贸易条件下，本国的提供曲线为 OH，外国的提供曲线为 OF，贸易条件为 $OT_1$，$P_x/P_y = P_w = 1$；贸易无差异曲线为 $U_1$，自由贸易均衡点为 1。在该点本国的贸易无差异曲线与均衡的贸易条件线和外国的贸易无差异曲线相切。本国的贸易可能性受到外国提供曲线的制约，同样外国的贸易可能性受到本国提供曲线的制约。因此本国可行的进出口商品的结合只能处于外国的提供曲线上，同样外国可行的进出口商品的结合只能处于本国的提供曲线上。

从图形上看，最优关税就是可以使一国达到其可能达到的、最高的贸易无差异曲线的关税税率时的关税。这一点恰好是本国的贸易无差异曲线 $U_2$ 与外国的提供曲线 OF 的切点 2。此时的贸易条件为 $OT_2$，$P_x/P_y = P_w > 1$。在 2 点上，本国可能福利最大而且比自由贸易时更好。但由于导致外国福利减少，本国有可能遭到报复行动。

本国征收关税后，会使本国的提供曲线向纵轴方向内移，税率越高移动幅度越大。当税率提高到使本国提供曲线与贸易无差异曲线和外国的提供曲线在 2 点相交时，本国福利最大，对于本国而言，其贸易无差异曲线无论处于该点的左方或处于右方，该国的福利水平都较其低。因此这时的关税率就是最优关税率。如果该国继续提高关税，本国提供曲线就会继续向左移动，直至在原点与外国提供曲线相交，贸易完全停止。这时的关税率就是禁止性关税率。

以上的分析也可以用到对外国征收关税的分析中。

如图 4 – 5，由于遭到本国的最优关税，为达到平衡点，外国必须征收进口或出口关税进行报复。由如勒纳对称原理可知，最优进口关税和最优出口关税是等价的。

假定，外国政府对商品 1 征收 100% 的进口关税，或者外国政府也可对商品 2 征收 100% 的出口关税来达到目的。从图形上看，最优关税就是可以使一国达到其可能达到的、最高的贸易无差异曲线的关税税率时的关税。这一点恰好是外国的贸易无差异曲线 $U_3$ 与外国的提供曲线 OF 的切点 3。此时的贸易条件为 OT3，$P_x/P_y = P_w < 1$。

由于外国很可能在其出口方面具有的垄断力，超过了其在进口方面具有的垄断力，因此有的学者认为最优关税可能在出口方面较进口更相关。在 3 点上，外国可能福利最大而且比自由贸易时更好，而且降低了本国的福利，起到了贸易报复的作用。但是由于此举使得本国福利减少，导致它也有可能采取反报复行为，从而引发程度更深的关税战。

以上分析说明在通常情况下，大国征收关税会改善其贸易条件，但也会提高其进口品的国内相对价格。此外，本国运用最优关税率时，必然使外国受到损失。一个国家由于征收了最优关税从而使贸易伙伴蒙受损失而获得的收益，很可能遭到报复。报复的过程可能持续到贸易双方都失去贸易收益时为止。如果报复引起反报复就会导致关税战，直至达到一种新的均衡。在这一均衡状态下，贸易虽然减少了，但不会完全消除。

### 4.2.4　最优反应关税的博弈分析

假定世界上有 2 个国家，本国 H 和外国 F，本国国内需求和供给分别为：

$$H_D = H_D (p) \tag{4.1}$$

$$H_S = H_S (p) \tag{4.2}$$

这里根据需求和供给函数的特点可知：

$$dH_D/dp < 0; \quad dH_S/dp > 0$$

由假定本国是一个进口国，其进口需求函数是：

$$H_M (p) = H_D (p) - H_S (p) \tag{4.3}$$

而且 $dH_M/dp < 0$，同样地，可以定义外国出口供给函数为：

$$F_X (p^*) = F_S (p^*) - F_D (p^*) \tag{4.4}$$

这里 $dF_X/dp^* > 0$，自由贸易的均衡条件要求：

$$p = p^*$$

市场出清条件：

$$H_M (p) = F_X (p) \tag{4.5}$$

自由贸易均衡由超额需求和超额供给曲线的交点所决定。这时对应的均衡产量和均衡价格分别是：Q 和 P。

假设自由贸易只是体现现状，但还要考虑到本国具有改变现状的动机。因此本国的最优贸易政策要求：在自由贸易均衡条件下，进口的边际收益等于进口的平均成本，如同完全竞争市场均衡条件一样：

$$p = p^*$$

但从最佳的贸易政策角度，要求边际收益等于边际成本：

$$\mathrm{MC} = dC/dQ_X^* = p^* + F_X (dp^*/dF_X)$$

这里 $C = p^* F_X$                                               (4.6)

$$p = p^* \ (1 + 1/\varepsilon^*)$$

这里 $\varepsilon^*$ 是外国出口供给的弹性，表示本国在此有动机提出最优关税（作为一个垄断者）。这时需求曲线不变，但这时存在最优关税条件下的均衡，就由超额需求和边际成本曲线的交点所决定。这时对应的均衡产量和均衡价格分别是：Qt 和 Pi。同样的假定可适用于外国。

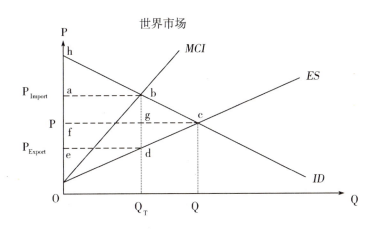

**图 4 - 6　进口大国的最优进口关税**

如图 4 - 6，横轴表示产品数量，纵轴表示价格。ID 表示进口需求曲线，ES 表示出口供给曲线，MCI 表示进口边际成本曲线。由于进口国起到了垄断作用，因此，结合图来看，在整个世界市场上其收益及表现是，从自由贸易获得的国内收益为 hcf；实施最优关税政策后，关税收入为 abde，贸易条件收益 gdef，生产与消费损失为 bcg：

$$净收益 = gdef - bcg$$

在不完全竞争条件下，对于一个大国来说，实施一定程度的关税保护是肯定得益的；大国由于其国内厂商具有垄断力量，因此其得益比小国更有保证。

接下来的问题，便是这个大国采取了最优进口关税政策之后，其贸易对手会有什么反应？

如图 4 -7，由于本国关税的存在，外国被假定在给定剩余需求情况下征收出口关税 $t^*$。

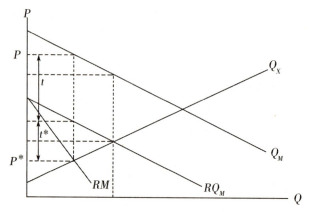

图 4-7 出口大国基于报复的最优出口关税

如图 4-7，横轴表示产品数量，纵轴表示价格。$Q_M$ 表示进口需求曲线，$Q_X$ 表示出口供给曲线，RQM 表示本国（A）的进口关税决定函数，RM 表示外国（B）的出口关税决定函数。

如果两国都是大国，当进口国实施最优进口关税，出口国则会以实施最优出口关税来报复。这两种政策推动世界价格趋向于原来相反的方向，两个函数的交点位于 P 和 $P^*$ 之间。这两种政策实施的结果与自由贸易相比都减少了贸易的数量。外国征收出口关税导致出口供给曲线向左平移，其结果使最优进口关税减少。

这场贸易战是否会最终导致两国重新回到封闭状态之中呢？我们看到在贸易战中，外国征收的出口关税导致进口国最优进口关税减少；同样，本国征收的进口关税会导致外国最优出口关税减少；但是贸易报复将不大可能导致国家间再也不进行贸易的情况。

图 4-8 说明大国关税报复和关税战的均衡。

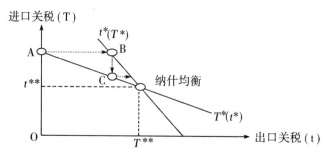

图 4-8 大国关税报复和关税战的均衡

图 4-8 中，横轴表示出口关税 t，纵轴表示进口关税 T，在此本国最优进口关税的决定函数可以由反应函数 1 来刻画，表示为 $T^*(t^*)$；外国最优出口关税决定函数可以由反应函数 2 来刻画，表示为 $t^*(T^*)$；两个反应函数相交处表示纳什均衡。

各国关税的反应曲线告诉我们给定竞争者关税策略时当事国会采取的优化策略。各国根据自己的反应曲线行动，两个曲线交点给出了均衡关税，称为古诺均衡。

贸易战这一过程将会交替下去，每个国家都会在每一阶段将干预其贸易对手作为其任务。这一战事直到没有任何一个国家有动机可以改变其贸易政策时为止。（达到纳什均衡）

在此，我们分析的理论基础是两国非合作博弈模型和合作博弈模型，即如果所有国家都独立和理性地制定贸易政策，就会陷入博弈论中常说的"囚徒困境"的僵局：各国都因为选择贸易限制的占优均衡而遭受福利损失。解决这种低效率的办法之一是根据"科斯定理"，在假定存在可以强制执行的产权（这里指制定贸易政策的国家主权）且没有交易成本的前提下，可以通过谈判消除外部效应而达到帕累托最优。

进口关税的单边设置固然有利于贸易政策的制定国，但它同时损害了其他实施自由贸易的伙伴，这必然会引起后者的关税报复（贸易战）。谋求本国自利的参与人之间以关税作为战略工具的互动，就形成一个非合作博弈结局。在给定对手战略（或行动）的信念下，每个国家均会选择自身利益最大化的战略，从而形成博弈的均衡点（即双方关税反应曲线的交点）。该博弈的纳什均衡解恰恰是正的关税组合，即博弈双方都会选择关税设置。进口关税的双边设置，不仅使博弈双方谁也不能取得贸易条件的有效改善，而且同时降低了彼此的贸易量，从而导致双方的福利状况甚至低于双边自由贸易的情形（Mayer，1981）。这种结局的无效率性质得到经济学家（Bagwell 和 Staiger，1999）严格的形式化证明。贸易伙伴之间的非合作博弈最终导致一个"关税的囚徒困境"，这正是国家之间需要走向合作的警示和开始。

## 4.3 贸易协定谈判中的互惠与特惠

### 4.3.1 互惠与互惠待遇

互惠是国际政策协调和交易的主要形式，是构成整个多边体制的基础。所谓互惠，就是一国为获取其贸易伙伴国的让步和优惠，同意削减自身的保护水平作为交换的前提，力图实现各方对等的减让，使各成员国能够在相同的水平上竞争。从更精确的角度来讲，互惠这一准则是指在进口数量方面导致相同变化的理想的政策交换状态，即希望实现贸易政策的互惠，不改变世界价格的相对水平。

互惠贸易是多边贸易谈判及成员贸易自由化过程中与其他成员实现经贸合作的主要工具。虽然 GATT 和 WTO 均没有明确强调互惠原则，但是不能否认互惠原则对于多边贸易体制的重要性。在多边贸易体制的博弈机制中，互惠原则的作用主要表现在两个方面：一是避免搭便车行为发生，二是平衡各成员政府双层次博弈谈判。

互惠待遇（reciprocal treatment）指缔约国双方相互给予对方国民以某种对等待遇或权利，又称互惠权利，是缔结贸易条约的一项原则。互惠待遇的特点在于它的对等性与双边性，对等意即双方平等享受，双边意即只限双方享受。所以互惠待遇是一种差别待遇，互惠协定是一种双边协定。最惠国待遇则不同，缔约国一方对任何第三国所给予的优惠或特权，另一方同样享受。它是一种无差别待遇，最惠国条约是一种多边条约。因而互惠待遇与最惠国待遇，在原则上是对立的。在贸易条约实践中，互惠待遇与最惠国待遇又是彼此联系的。缔约国双方给予的互惠待遇，通过最惠国条款，其他国家便可同样享受。在国际间普遍缔结有最惠国条款的情况下，互惠待遇在形式上是差别待遇，实际具有无差别待遇的性质。互惠协定形式上是双边协定，实际具有多边的性质。另外，缔约国彼此给予的互惠待遇，必须规定具体内容；而最惠国条款仅规定相互给予优惠待遇。

### 4.3.2 互惠的经济学分析

巴格威尔和斯泰格尔（Bagwell 和 Staiger，1999）分析了互惠原则下所实现的，对等的双边关税减让及其效率特性。他们认为，对等的双边关税减让旨在抑制各国（政府）的世界价格效应的激励，从而消除由世界价格传递的、能够产生无效率性质的关税政策的外部性。在对等的双边关税减让下，世界相对价格（贸易条件）基本保持不变。所以，各国政府只能将具体的关税率确定在使国内的局部价格最受政府偏爱的水平之上——政治最优关税，而不再指望凭借贸易条件的改善而牟取利益。他们同时证明：这种政治最优关税是富有效率的。这样，互惠原则的价值（在此场合下）就体现为，在公平分享谈判净利益的同时，能够医治与纠正由贸易条件激励所致的效率扭曲。从广泛的角度讲，这也是各国愿意加入 WTO 的一个重要原因。

对此，巴格威尔和斯泰格尔在他们的著作中提出了传统经济分析、政治—经济方法以及承诺方法等三种分析方法，在一个 $2 \times 2$ 模型中，两国分别为本国（不带 $*$ 号）和外国（带 $*$ 号），在完全竞争市场且机会成本递增的情况下生产两种商品 1 和 2（均为正常物品）。

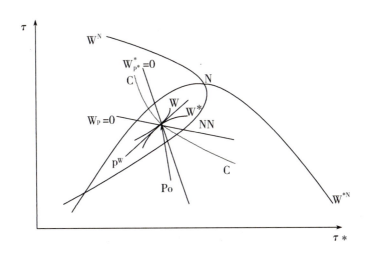

**图 4 - 9　互惠状态下的关税博弈模型图解**

假设本国（外国）在商品 1（2）的生产上具有比较优势，因而在世界市场上出口商品 1（2），进口商品 2（1），并且假设不论关税率如何变化，贸易模式都保持不变。p、$p^*$ 和 pw 分别表示本国、外国和世界的商品 2 和 1 的相对价格。每个国家都对进口商品征收 t 和 $t^*$ 的非禁止性从价关税。令 $\tau =$（1 +t），$\tau^* =$（$1 + t^*$），如对进口商品征收关税将提高本国商品相对价格，但使世界商品价格下降。接下来考虑贸易政策的政治经济问题，即政府在促进效率的同时还必须兼顾收入分配的影响，包括中间选民的偏好、出口部门和进口竞争部门的政治支持、利益集团的政治捐资和寻租行为等。

如图 4 - 9 所示，$W_{\tau}$ 表示征税对国内生产和消费造成的扭曲成本与政府获得的政治支持之间的净差。本国和外国都按照两种福利效果的边际原则制定最优关税，从而得到静态博弈的纳什均衡关税为（$\tau^N$，$\tau^{*N}$），即图中的点 N，它是两国等福利函数线在最高处的交点。由帕累托标准可知纳什均衡关税是缺乏效率的。

但是如果两国均能在此基础上相互削减关税，福利水平都将提高。这是由于单边情况下任何一国总是为寻求贸易条件效应而征收"过度"高的关税，造成双方的福利损失，而互惠贸易协议则能够帮助摆脱这种"以邻为壑"的战略选择。

再来考虑一种极端情况，两国通过有约束力的协议完全取消为获得贸易条件效应而征收的关税，贸易限制的外部性从而彻底消除。此时可得合作博弈情况下的关税均衡，将其称作"政治最优关税"，即图中的点 $P_0$（CC 为契约线）。$P_0$ 点有四个重要的特征：首先，它是两国等社会福利线的切点，反映了效率最优，因此政治最优关税下的福利水平与纳什关税相比有帕累托改进；其次，点 $P_0$ 在契约线上；再次，它是两条新的反应曲线 $W_p = 0$ 和 $W_{p*}^* = 0$ 的交点，反映了社会福利目标函数最大化；最后，它还是两国等福利线与世界价格的切点，反映了贸易条件外部性的消除。特别值得注意的是，点 $P_0$ 不一定是自由贸易点，这是由模型中考虑了收入分配和政治支持因素的目标函数的特性决定的。也就是说，在合作博弈下，政府只是放弃了利用市场垄断力量的优势，但仍要服从于政治经济目标，从这个意义上说互惠关税是"政治上最优的"。

上述分析证明了只有当两国能够通过贸易协议进行互惠性的关税削减，才能使博弈均衡从非合作、无效的纳什均衡点向合作、有效的政治最优点移动，消除贸易条件效应是帕累托式福利改进的关键。同时，只要存在政治经济目标，政府的政策就会偏离自由贸易。但相对于后者而言，政治上的最优关税在效率上也仍有改进的余地。

在此需要特别进一步说明，首先，如果两国分别是发达国家和最不发达的发展中国家，那么仅有互惠条件，尚难展开贸易协定谈判。这时只有对最不发达国家采取特惠政策，才可能达成贸易协定；其次，如果两国分别是发达国家和一般的发展中国家，在实际谈判中，也需要发达国家同意采取非对称互惠的做法，才能使谈判开始并达到最终目标；再次，即使两国分别是一般的发展中国家和最不发达的发展中国家，也需要采取双方认可的非对称互惠的作法。

## 4.4 "一揽子"协议的单一承诺和跨议题关联协调

在此次多哈回合多边贸易谈判中，强调最终的成果应当是达成"一揽子"（a single package or single undertaking）协议方式。所谓的"一揽子"协议，是指缔约各方就多个领域、多种议题展开谈判，并应同时全盘接受谈判达成的所有协议，不能只挑选接受其中的部分协议而拒受其他协议。乌拉圭回合首开这种谈判方式之先例，多哈回合谈判则继承并进一步强化了此项做法。讨价还价达到意见一致是多边贸易谈判和 WTO 体制核心。经过八年的谈判磨合、休会和重启，多哈回合谈判遗留的问题已经不多了，但尚未达成一致的问题都具有高度的政治敏感性。尽管拉米说多哈回合谈判的路程已走完百分之八十，但剩下的百分之二十的路程，看来更加艰巨。

通过"一揽子"协议方式有利于求得各方权利义务的综合平衡，首先，"要么全有，要么全无"（all or nothing）的谈判规则，有助于防止一些国家按照单方面的利益"搭便车"而逃避某些议题项下的国际经济法律义务；其次，可使谈判成果通过尽可能的交叉赢得多数参与方的支持，即谈判各方可以一些领域的妥协换取对方在其他领域的让步。然而，在这种方式下，只有达成待多数参与方全部接受形成的协议，谈判才告终结，这样无疑将会拉长谈判的进程。

多边贸易体制谈判以议题谈判为基础，各成员根据自身利益的需要选择自己偏好的议题，各个成员提出的议题交叉互错，最终形成议题群。为推动谈判进行，多边贸易谈判中往往在谈判开始和结束阶段尝试跨议题关联，在初始阶段的跨议题是为获得一个平衡的谈判议程，到谈判的最后阶段，由于各成员对于各个议题的立场已经彻底表达清楚，为达成整个协议则需要进行议题挂钩，它潜在地起到两个作用：可以用于获得互惠性，即满足了分配上的限制而达到利益和减让的平衡；可以用于提高自由贸易产生的潜在获利。因此，多边贸易谈判往往出现"在所有的事情达成协议前什么也达不成协议"，这也就是跨议题挂钩所起到的关联锁定作用。

如图 4－10，谈判双方都会选择在效用曲线上的一点来达成协议。假定初始点在 D，谈判使双方的现状从 D 向边界，在边界上的各点是可以形成协议的可行解。S 处于双方效用相等的位置上，而 Q 处于相对于对 1 有利的位置，R 则处于相对于对 2 有利的位置。具体到三种谈判模式，可以认为第一种谈判协议对谈判方 2 较为有利，第二种谈判协议对双方效用是一样的，而第三种谈判协议则是对谈判方 1 较为有利的，但是由于尚未达成协议，因此还只是在停留在初始点或分歧点上。

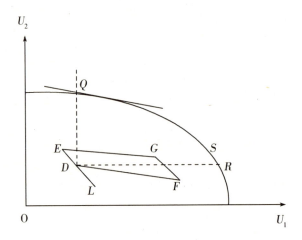

图 4 – 10　单一领域市场准入模式谈判协议的双方可行集分析

可见在单一议题达成的协议要达到双方相等效用有时是相当困难的。但由于多哈谈判是跨议题的谈判，市场准入谈判也包括了农产品和非农产品两大领域，因此谈判双方就可能通过跨议题谈判，以求达到某种新的平衡。但这也具有一定的难度，需要相互的信任来达成妥协。

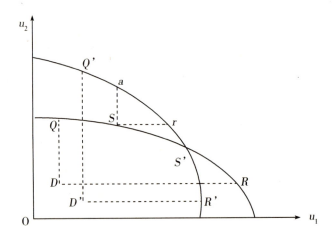

图 4 – 11　跨领域市场准入模式谈判协议的双方可行集分析

如图 4 – 11，假定单一议题的初始点在 D，谈判使双方的现状从 D 向有效边界移动，即 Q – S – R 上的 S 点，但假定 S 点处于相对于对 1 有利的位置，为了使双方谈判议题挂钩并达到平衡，有利于双方效用均衡的新谈判不是从新

分歧点 $D'$ 开始，而是从单一议题达成的协议点 S 开始。新谈判使双方的现状从 S 向有效边界移动，$a-r-S'$ 上的任一点。从而可取得双方在跨议题谈判中的效用相对均衡。具体到跨议题谈判协议中，双方还要考虑进一步谈判的成本、收益以及风险，来做出各自的交互决策。

## 4.5 贸易协定的政治经济分析

世界贸易组织及其推动的世界贸易体系是一种国际协调机制的制度安排。由于成员在各自发展经济和开展对外贸易活动中，趋于单方面改善贸易条件的动机，因此往往出现"囚徒困境"的局面。多边贸易谈判，特别是关税谈判则通过逐渐改变保护水平进行，贸易保护水平趋同是一个渐进过程。WTO 集体行动问题来源于自由化中对互惠的需求，在 WTO 成立之前，GATT 成员大约每隔 10 年就要在互惠基础上就降低货物关税问题进行一个回合的谈判，创建 WTO 的乌拉圭回合继续坚持了互惠的关税减让方针（麦金尼斯，2004）。互惠原则是建立行为准则过程中的一项基本要素，其制定也是为了缩小因最惠国待遇而引起的免费搭车的范围（霍克曼等，1999）。

许多国家不愿单边贸易自由化，因此国与国之间必须进行贸易妥协：一国如果期望从另一国获得某种特别自由化，则必须向另一国提供某种自由，否则贸易自由就无法成功。当需要互惠时，贸易谈判便具有了囚徒困境本质，在这种情况下，只有合作才会实现自由化（Anne O·Krueger）。通过互惠，各方可以把免费搭车现象降低到最少。在双边谈判中，通过适当选择某些商品减让避免搭便车，在产品关税减让大小和一个国家对其主要贸易伙伴谈判能力之间存在着一种联系（艾伦，1979）。

霍克曼等（1999）对 1995 年创建的世界贸易组织中所包含的世界贸易体制的组织机制、经济学和政治学问题做了综合性的介绍。作者采取了以政治经济学为基础的方法，来解释"真实"世界的这些基本方面，反过来，又能帮助解释国际合作中的成功与失败、谈判中的解决方法的首要问题，以及在未来几年中，为了扩展多边政策规则的适用范围而采取进一步努力时，世界贸易组织所面临的挑战。

### 4.5.1 利益集团与贸易政策

一国对外贸易政策制定往往受到利益集团的反对及其他外部干扰，行业协会、工会、地方当局、消费者、游说集团和其他政府部门都会影响政策的结果，例如农业特殊保障机制和工业品的部门降税谈判问题。事实说明，贸易政策的选择其实来源于经济与政治因素的相互作用，关税实为政治经济体系中的内生产物。

早在上世纪 30 年代，Schattschneider 便在《政治学、压力和关税》这部著作中，强调了利益集团在 1929 年~1930 年对美国关税法案的修订所产生的影响。进入 20 世纪五六十年代，随着公共选择理论的产生，利益集团对贸易政策影响的经济分析逐步发展完善。研究表明，由于政府与公众、个人与集体之间存在着利益分歧，利益集团便可以众多方式向政府决策者施加政治影响与压力，贸易政策实为利益集团游说政府的结果（Tullock Gordon，1967）。

通常赞成关税的集团是进口竞争部门、生产互补产品和向进口竞争企业提供原材料的企业；反对关税的集团是出口供应商、跨国公司、使用进口原材料生产的企业、消费者及其组织。无论赞成还是反对，哪个行业在国家中占上风，都取决于相应集团的政治势力以及在政治活动中想要提出他们的要求的强烈程度，决定的因素是组织和获得有效院外活动所需资金的能力和激发性。所以关于贸易保护的需求，有两种基本论点：

（1）赞成关税行业的院外活动是强大的，他们主要由（包括工人）进口竞争的生产者组成；

（2）反对关税行业的院外活动是薄弱的，因为消费者和出口商感到难以组织起来和有效地进行院外活动。

Brock 和 Magee（1978）、Feenstra 和 Bhagwati（1982）、Grossman 和 Helpman（1994）等还比较周密地集中研究利益集团对贸易保护措施的需求和政党（或政府）对贸易保护措施的供给两者的相互作用问题。

### 4.5.2 多哈回合谈判——国内外政治经济竞争关系：双层博弈的分析

国际协议的达成过程可分为谈判过程和批准过程。这两个过程是联系在一起的，国际层次的谈判过程必须要考虑国内的接受程度，批准过程是实现国际协议的重要部分，也就是说国际合作需要国内社会基础。

普特曼建立了双层博弈框架进行国际政治—经济分析。普特曼认为，有三方面的因素决定了国内支持程度：国内层次上支持者的权力分配、偏好以及可能形成的联盟，国内政治制度，国际层次谈判者的战略。普特曼因此而初步确立了理解国内与国际相互联系的框架。

国际谈判时，除了谈判过程中各方的立场与交集的可能性能影响谈判结果，进入谈判阶段前，谈判各方内部相关压力团体对于谈判立场歧异程度，是决定各自拥有的谈判底线及议价空间的指标，两者互动可做为分析能否达成国际协议的可能方向。以胜集（win set）的范围来分析国内结构对国际谈判的限制与机会，决定胜集的范围可从国内层次（the national level）及国际层次（the international level）来分析。

就国内层次而言，国内利益团体会对政府施加压力以说服政府采取符合本身利益的政策，政治家也会基于选区选票的政治考虑借此机会寻求本身的权力；就国际层次而言，透过谈判国家追求本身利益的最大化，减少在国际上发展的阻碍。这两层次亦影响一国对外谈判的胜集范围，是决策者不可忽视的。

基于上述内容，可将谈判过程分为两个阶段：第一层次（Level 1），各国谈判者之间议价后，达成的暂时性国际协议。第二层次（Level 2），针对第一层次的暂时性国际协议，与国内各相关团体进行的对于是否批准协议的不同意见的讨论。两个层次是相互影响，并产生交互行动的，具体表现是：

第一层次所达成的协议仍须经过第二层次国内相关机关对协议的承认或批准（ratification）才能生效，反之，若谈判者在第一层次所达成的协议，遭受第二层次反对也就是遭受国内否决，将形同具文，有损国家在国际上的公信力。这两个层次是反复不断（iterative）地进行着，因此，为了达成协议，谈判者也要同时兼顾国内对于此议题的立场取向。

而国内的立场取向也是决定第二层次胜集范围的行动指针，当第二层次所给予的胜集议价空间越大，第一层次的协议就越容易达成，与谈判对手的胜集相互交集（overlap）区域较大。若第二层次给予谈判代表的议价空间越小，与谈判对手两者胜集交集越少甚至没有，则很难有一致的协议出现。

双层博弈模式的特点在于，把决策者个人因素、国家内部因素和国际体系因素三个层次综合起来，从内政与外交互动的视角来进行分析，而不是国际、国内两个因素简单、机械的叠加。（钟龙彪、王俊，2007）

当国际上针对牵涉到国内利益的议题进行谈判时，利益团体会依据自己的利益要求决策者制订符合自己利益的政策与他国谈判，而在国际层次上，谈判者会以自身获得国内支持最大化的目的来作为谈判的目的①。因此，双层博弈是由两个博弈所组成，一个是国际上的贸易谈判过程，一个是国内的决策者与利益团体的谈判过程，而这两个过程相互牵引，影响各自的谈判策略。

---

① Robert Putnam. 1988. "Diplomacy and Domestic Politics：The Logic of Two-Level Games". International Organization 42（3），P. 434.

Putnam 认为国际贸易谈判政策制订的"胜集"① 大小取决于三个因素：一是国内各利益集团之间的利害与合作关系，二是国内的政治经济制度，三是参加国际谈判者的策略。胜集大小既取决于第二层谈判（国内博弈）中的权力分布、偏好结构与制度，同时，亦取决于第一层的谈判过程与结果。

Putnam 进而指出了四种政治家和国内行为体可采用的替代性"双层博弈"策略：重构国内"胜集"，重构国外谈判方的国内"胜集"，跨国联盟和国内团体，削弱外国领导人地位的努力等。

同时我们认为胜集也是一个集合概念，因此可用集合的相关概念来配合进一步解释。

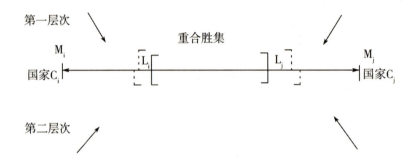

**图 4 - 12　双层博弈的两国重合胜集示意**

从图 4 - 12 来看，$C_i$ 的胜集大于 $C_j$ 的胜集，说明 $C_i$ 的议价空间大于 $C_j$。同时，二者的重合胜集表明双方可能达成协议的区间，即形成双方利益（国内外层次）的交集。

假定两国最终无法达成协议，则不存在重合胜集，即无胜集之交集。这就意味着无法达成任何协议，即无法形成利益的交集，从而导致形成空集。

在未能达成正式协议的前提下，所有的重合胜集——双方可能达成协议的区间，都只是虚集；即不确定的集合，其中不确定性的信息集合，主要是指随机的、暂时的、模糊的等等，可能会随时间、条件而发生变化。在图 4 - 12 中，是用虚线表示的集合部分。

只有在达成正式协议的前提下，所有的重合胜集——双方达成协议的区间，才是实集；即确定性的实数集合，在图 4 - 12 中，是用实线表示的集合

---

① 所谓的胜集是指所有谈判者皆可以接受结果的集合，也可认为是议价空间。

部分。

在这样的结构下，我们以双层博弈分析贸易谈判双方互动的模式如何与彼此国内的利益格局相互影响，并且得到以下命题：

对于横轴中间的任一国家而言，如果对于现状越不满意，越有动机改变现状，从而扩大胜集。

若只考虑单边行动，某国若选择国内胜集中两端最为极端的政策，对手国的反应也越激进。而从双边行动来看，两个国家的胜集离中间越近，说明离最小胜集越近，越没有动机去相互挑战谈判平衡。

两方中任一方决策者若以优先争取国内支持极大化为目标，则将胜集现状往国内的中间位置微调是最佳战略，从而构成国际对手的报复极小化战略。

单一国家单边政策所在的"胜集"范围越大，受到对手挑战或报复的可能性越大，其政策的稳定性越低。两国双边政策制订的门槛越高，现状被颠覆的难度也越高，双方都可接受的可能性越小。

透过双层博弈的分析可以发现，利益双方互动的模式受到国内政治竞争所影响，无法单独处理，必须在讨论决策者为了谋求在国内的权力稳定与效益极大化的前提下来讨论互动的谈判过程才能符合现实。然而，即使以双层博弈来分析双方互动模式，仍有所不足，因为双方互动并不是单纯的由双方的决策者或是在封闭的结构中所进行，而必须考虑国际政治因素的介入与影响，虽然这个层次也可以用双层博弈来分析，但更特殊的是，加入其他国家的因素后已经使得双边博弈结构转变成多边博弈结构。在具体分析中，还应把握各利益集团各自的胜集目标和策略安排，它们各自对其对手胜集目标和策略安排的信息了解，以及采取积极的松绑策略、退让妥协策略来换取对方达成协议，打破僵局的可能性。

### 4.5.3 基于条件概率——贝叶斯定理的双层互动博弈

贝叶斯定理也称贝叶斯推理，早在 18 世纪，英国学者贝叶斯（1702 ~ 1761）曾提出计算条件概率的公式用来解决如下一类问题：

若 $A_1$，$A_2$，…，$A_n$ 构成完备事件组，且 P（Ai）>0，（i = 1，2，…，n），则对任一事件 B（P（B）>0）有：

$$P\ (A_k \mid B) = \frac{P\ (A_k)\ P\ (B \mid A_k)}{\sum\limits_{l=1}^{n} P\ (A_l)\ P\ (B \mid A_l)} \qquad k = 1, 2, \cdots, n$$

上式称为贝叶斯公式。

在双层博弈中，设在第一层次，某国谈判者在进行国际谈判时提议能通过的概率为 P（A），在第二层次，该协议能在该谈判者国内通过的概率为 P（B），则该协议能被国际和国内两个层面均通过的概率为 P（A｜B），由贝叶斯公式可得，

$$P（A｜B）=P（A \cap B）/P（A）$$

也就是说，在国内通过的基础上，某项提议在国际协商中能通过的概率，是该项提议在国内和国际均获得通过的概率与该协议在国际上获得通过的概率之商。

反之，有时也有可能形成这样的局面，如果在双层博弈中，设在第一层次中，某国谈判者在谈判时所提议能通过的概率为 P（A），P（A）>0；在第二层次，该协议能在该谈判者国内通过的概率为 P（B），则该协议能在国际接受的条件下，被国际和国内两个层面均通过的概率为 P（B｜A），由贝叶斯公式可得：

$$P（B｜A）=P（B \cap A）/P（B）$$

如果与双层的胜集联系，那么可以说在第二层次胜集可能通过的概率越大，对于第一层次国际谈判协议的达成概率越大。这就可能引起两个层次的互动：即争取到足够的国内支持，有利于第一层次国际谈判协议的达成。而第一层次国际谈判协议的互利共赢程度越大，则越有利于第二层次国内各利益方的支持。

我们根据双层博弈的思想可以得出结论，国际谈判政策是受国内谈判和各种力量抗衡的影响而决定的。也就是说，对于本国的决策者来说，在双层博弈的谈判和最终协议的达成以致获得通过中，第一层，即国际谈判的通过的概率，是第二层，即国内谈判的通过率的条件函数。

## 4.6　冲突分析与贸易谈判

根据前面的分析可以发现，多哈谈判的进程是一个多层次、多阶段、多议题复杂博弈的进程。这不但包括大国与小国之间的主从博弈，也包括各个国家的双层博弈，还有谈判中协调博弈、威胁博弈和让步博弈等等。

为了更明确的说明这个问题，我们在双层博弈的基础上，通过引入冲突分析模型，进行进一步的具体说明。

### 4.6.1 冲突的涵义

关于冲突（Conflict）的涵义，不同的学科有不同的观点，归纳起来可将冲突现象的特点概括为：

（1）至少卷入了两个以上涉及冲突的客观实体，在对策论中通常称为局中人。

（2）各冲突实体均有影响所有其他各方利益的可行性方案集。

（3）冲突问题中的各方存在着彼此不相一致的利益倾向。

### 4.6.2 冲突分析的要素

冲突分析的要素（也叫冲突事件的要素）是使现实冲突问题模型化、分析正规化所需的基本信息，也是对原始资料处理的结果。主要有：

（1）时间点（time）：是说明"冲突"开始发生时刻的标志，对于建模而言，则是能够得到有用信息的终点。因为冲突总是一个动态的过程，各种要素都在变化，这样很容易使人认识不清，所以需要确定一个瞬间时刻，使问题明朗化。但时间点不直接进入分析模型。

（2）局中人（Players）：是指参与冲突的集团或个人（利益主体），他们必须有部分或完全的独立决策权（行为主体）。冲突分析要求局中人至少有两个或两个以上，局中人集合记作 N，$|N|=n\geq 2$。

（3）选择或行动（Options）：是各局中人在冲突事态中可能采取的行为动作。冲突局势正是由各方局中人各自采取某些行动而形成的，每个局中人一组行动的某种组合称为该局中人的一个策略（Strategy）。第 i 个局中人的行动集合记作 $O_i$，$|O_i|=k_i$。

（4）结局（Outcomes）。各局中人冲突策略的组合共同形成冲突事态的结局。全体策略的组合（笛卡尔乘积或直积）为基本结局集合，记作 T，结局是冲突分析问题的解。

（5）优先序或优先向量（Preference Vector）。各局中人按照自己的目标要求及好恶标准，对可能出现的结局（可行结局）排出优先次序，形成各自的优先序（向量）。

### 4.6.3 冲突分析的一般过程

（1）对冲突事件背景的认识与描述以对事件有关背景材料的收集和整理为基本内容。整理和恰当的描述是分析人员的主要工作。主要包括：

①冲突发生的原因（起因）及事件的主要发展过程；

②争论的问题及其焦点；

③可能的利益和行为主体及其在事件中的地位及相互关系；

④有关各方参与冲突的动机、目的和基本的价值判断；

⑤各方在冲突事态中可能独立采取的行动。

对背景的深刻了解和恰当描述，是对复杂的冲突问题进行正规分析的基础。

（2）冲突分析模型（建模）是在初步信息处理之后，对冲突事态进行稳定性分析用的冲突事件或冲突分析要素间相互关系及其变化情况的模拟模型，一般用表格形式比较方便。

（3）稳定性分析是使冲突问题得以"圆满"解决的关键，其目的是求得冲突事态的平稳结局（局势）。所谓平稳局势，是指对所有局中人都可接受的局势（结果），也即对任一局中人 i，更换其策略后得到新局势，而新局势的效用值或偏好度都较原局势为小，则称原来的局势为平稳局势。因在平稳状态下，没有一个局中人愿意离开他已经选定的策略，故平稳结局亦为最优结局（最优解）。稳定性分析必须考虑有关各方的优先选择和相互制约。

（4）结果分析与评价主要是对稳定性分析的结果（即各平稳局势）做进一步的逻辑分析和系统评价，以便向决策者提供有实用价值的决策参考信息。

如何计算稳定性的一个精确的数学描述，被称为解概念，国外学者曾提出了多种解概念的形式，详见表 4-1 所示。

表 4-1　多种解概念的特征与比较

| 解的概念 | 作者 | 预见力 | 改进性（退回性） |
| --- | --- | --- | --- |
| Nash 稳定 | Nash | 差 | 无 |
| 一般原理性稳定 | Howard | 中等 | 由对手定 |
| 对称理性稳定 | Howard | 中等 | 由对手定 |
| 有限移动稳定 | Kilgour, Zagare | 可变 | 具有战略性 |
| 连续性稳定 | Fraser, Hiper | 中等 | 无 |
| 非近视性稳定 | Kilgour | 高 | 具有战略性 |

图 4-13 给出了冲突分析的步骤：

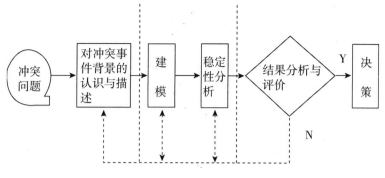

图 4 – 13　冲突分析的步骤

### 4.6.4　主从博弈分析

大国与小国之间的主从博弈，可以用序列博弈说明。序列博弈分为分别以产量和价格为决策变量的模型，具体用哪个模型由市场结构和企业在市场中的不同地位确定。价格领导模型应该是领导企业的垄断力量比较强的情况下适用，而产量领导模型则适用于在一个产业中有领导企业但也有许多小企业形成竞争型市场的情况。

我们可以将谈判的各方视作因为市场力量不同而形成的寡头竞争市场结构。分析此种竞争市场有 3 种典型的市场模型：Cournot 模型、Stackelberg 模型及 Forchheimer 模型。如果市场中只有少量几个大国家（公司），各大国（公司）占市场份额较大，其产量将直接影响市场结清价格，各大国（公司）独立制定产量策略，此时的市场则可用 Cournot 市场模型进行模拟。而实际的市场一般有若干大国（公司）及一批中小型国家（公司），大型国家（公司）在谈判市场中领导市场价格，称为价格领导者（leader），中小型国家（公司）根据不同的策略成为跟随者（follower）或者价格接受者（price-taker），此种情况下的市场分别对应于 Stackelberg 和 Forchheimer 模型市场。以往的文献中通常只考虑 1 个领导者（Stackelberg 模型和 Forchheimer 模型）或 2 个竞争者（Cournot 模型）。

### 4.6.5　冲突分析与双层博弈

1. 第一层次谈判中的冲突分析

在第一层次中，决策人为不同国家（或国际集团）的政府。其策略主要包括：坚持自己提出的市场准入条件；在保证本国利益的前提下接受部分对方的市场准入条件；向对方谈判主张做出较大幅度的让步，但在其他一些方面提高谈判门槛；完全接受对方提出的市场准入条件。

据此，我们可以在冲突模型中模拟谈判方的行为选择、对策和结局。同时，我们还要结合不同国家经济实力、贸易规模、在谈判中的话语权等指标综合考虑，得出决策人采取不同策略的概率，从而判断出决策者的选择概率分布。

2. 第二层次谈判中的冲突分析

第二层次中，决策人为某国国会、利益集团和党派。其策略包括：根据成本收益分析，由政府独立决定是否采纳某个议题；听取各部门的意见，协商表决来决定是否采纳某个议题；根据"标准操作步骤"，即政府决策的惯例来决定是否采纳某个议题。

然后根据以上策略，在冲突模型中模拟谈判方行为选择、对策和结局。我们还要根据该国政体特征、经济结构、主要议价集团实力对比和进出口结构等指标综合考虑，判断决策人采取不同策略的概率，从而得出决策者的策略分布。

## 4.7  本章小结

本章首先分别讨论了从无贸易协定规制条件下，基于小国和大国关税征收或减让的世界经济贸易效应；其次，对大国之间最优关税及报复行为及其结局进行分析，得出大国之间最优关税政策的推行必然导致"囚徒困境"的结论。在此基础上，进一步讨论互惠条件下的贸易协定谈判活动，特别是发达国家和发展中国家之间的贸易谈判活动既有互惠的共同行动，也有特惠的单边行动，但是又可以通过一揽子协议加以协调。并进一步讨论贸易协定谈判过程中的政治经济分析问题，包括各当事国国内的党派和利益集团偏好、分歧，国内外双层博弈、以及冲突分析等。

基于上述分析，本章认为贸易协定的谈判在发达国家之间应该是对等互惠的，而对那些最不发达国家而言，某些发展中国家有些是特惠的，对一般的发展中国家而言，有些则是局部特惠或非对称互惠的，否则无法进行发达国家和发展中国家之间的谈判。何况在称之为发展回合的多哈回合中，特惠和互惠更有着特殊意义。但是发展回合不是一帆风顺的，而是充满着方案的比较、争议，谈判议题的辨析，利益的争执、冲突、妥协、让步等曲折过程。加之国内党派、利益集团的干预及影响，谈判的复杂性进一步加大。

# 第五章

# 关税减让公式原理与基于公式的减让方案

关税减让公式的原理是研究多哈回合市场准入谈判关税减让方案的基础。以往的研究对此比较忽视，缺乏系统、深入的分析，同时也缺乏对方案的设计思路上的分析和把握，从而在理论和方法上难以辨析不同国家和利益集团方案的实质性区别所在。因此，本章对关税削减公式的原理的分析是要研究如何设置参数，如何将关税税率水平由低到高分为不同的层次，根据不同的减让方案如何在每层按不同的削减幅度和相应的削减方法进行削减，以及削减前后的状态如何等等。本章首先介绍了多哈回合前的主要关税减让公式；其次介绍分层减让公式及其基本特点，分析分层减让方式的参数设置及特征；再次介绍基于分层公式的多哈回合农产品主要谈判方的方案并进行比较分析；最后介绍基于瑞士公式的非农谈判各方关税削减模拟方案并进行比较分析。

## 5.1　多哈回合前的主要关税减让公式

自关税及贸易总协定成立以来的历次谈判中，有关国家的机构和专家提出了一些关税减让公式，这些公式与多哈回合谈判的分层关税减让公式也有着密切的联系，在此主要介绍以下几种：

### 5.1.1　直线减让法（Across—the—Board—Reduction）

直线减让法的减让幅度公式为：

$$x' = x_0 - zx_0$$
$$dx_i/x_i = a \qquad\qquad (5.1)$$

其中 $X_i$ 为原税率，$a$ 为减税幅度。

$$0 < a \leqslant 1$$

在此，说明是一种按比例的减让。在肯尼迪回合谈判中有些欧共体国家建议幅度值定为 50%。

在东京回合谈判中，该公式是由美国提出的一揽子减税公式，同时规定最大减税幅度60%。即：

$$a = 1.5X_0 + 50$$

$$0 \leqslant a \leqslant 60$$

根据定义：

$$X' = X_0(1-a)$$

代入，当 $a = 60$，

$$X' = X_0(1-60\%)$$
$$= 0.4X_0$$

其中，$X'$ 是新税率，说明当 $a = 60$ 时，新税率是原税率的40%。

该公式不能使高关税大幅度降低，有利于高关税国家和关税差别较大的国家。

从公式本身分析，我们可以看到公式的原理非常简单，也就是把原来税率削减一定的比例。公式的特点是对所有初始税率都是相同的削减幅度，没有做到高税高减，低税低减；公式的削减幅度为 $z$，削减幅度的大小非常容易控制，在谈判中只要决定了 $z$ 值，减让结果便非常明了，其中 $z$ 的值越大，削减幅度也越大。具体削减后的结果见图5－1。

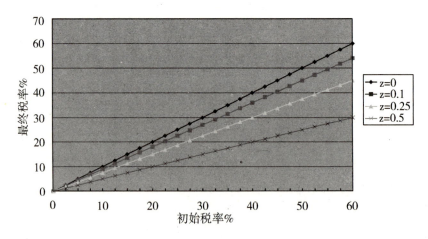

图5－1 比例削减公式削减情况比较图

可见，随着 $z$ 值的增加，削减后曲线越来越向下移动，也就是说削减幅度越大。

百分比削减，即定义一个削减比例 R，按照此比例进行削减，具体公式是：

$$R = \left| \frac{t_1 - t_0}{t_0} \right| \times 100\% \qquad (5.2)$$

其中，$t_1$ 为削减后的税率，$t_0$ 为初始税率，$R$ 是削减百分比。

从公式中我们可以看出，由于削减百分比是一定的，那么具体的削减幅度则是由初始税率的值来确定的。如果削减百分比为 50%，那么税率为 10% 的关税削减后为 5%，削减幅度为 5%，而 20% 的关税削减后为 10%，削减幅度为 10%。可见削减的百分比是确定的，但是随着初始税率的提高，削减幅度也不断增大。

### 5.1.2  协调减税法（Tariff Harmonitation）

协调减税法是由欧共体在东京回合多边贸易谈判（1975 年～1979 年）提出来的，按照协调关税公式，该方法是成员方对本国的原税率按其本身价值进行 4 次系列的减税，每次减税的幅度与原税率相同。

具体减税公式：

$$X_1 = X_0^* \ (1 - X_0)$$

$$X_2 = X_1^* \ (1 - X_1)$$

$$X_3 = X_2^* \ (1 - X_2)$$

$$X_4 = X_3^* \ (1 - X_3)$$

其中，$X_0$ 为原税率，$X_1$ 为第一次减让后的税率，$X_2$、$X_3$、$X_4$ 为第二、第三、第四次减让后的税率。则最后的新税率为：

$$\begin{aligned}X' &= X_0^* \ (1 - X_0) \ + X_1^* \ (1 - X_1) \ + X_2^* \ (1 - X_2) \ + X_3^* \ (1 - X_3)\\ &= X_1 + X_2 + X_3 + X_4\end{aligned} \qquad (5.3)$$

其中，$X$ 为原税率，$Y$ 为减税后的税率。按此公式，10% 的关税最后可降至 6.95%。

### 5.1.3  瑞士公式（Swiss formula）

瑞士公式是由瑞士于 1976 年提出的，具体公式为：

$$X' = \frac{aX_0}{a + X_0}$$

$$t_1 = \frac{at_0}{a + t_0} = \left( \frac{a}{a + t_0} \right) t_0 \qquad (5.4)$$

其中，$a$ 为系数，$a > 0$，$X_0$ 为原税率，$X'$ 为减税后的新税率。公式中的

系数 $a$ 对结果有着重要的作用。

从公式本身来分析，通过对（5.4）求导可得到：

$$\frac{dt_1}{dt_0} = \left(\frac{a}{a+t_0}\right)^2 \tag{5.5}$$

当 $t_0 = 0$ 时，导数为 1，$t_1 = t_0$，在其他情况下，导数均小于 1，则 $t_1 < t_0$。在削减的过程中，$t_1$ 会无限接近于 $a$，也就是说 $a$ 是最大关税。

进一步分析可看出瑞士公式有两个明显的特点：第一，初始税率越大，导数越小，削减的比例越大；第二，系数的值越小，削减的幅度越大。正是因为这种具体的特性，使得关税削减非常合理，而且有效的防止了关税高峰的存在。

在关税削减过程中我们会看到，瑞士公式的削减并不是线性削减（见图5-2）；随着 $a$ 值的不断减小，削减的幅度在不断增大；随着初始税率的不断升高，削减的百分比在不断增加，而且削减幅度也在增加；此外，如果初始税率相同，随着 $a$ 值的不断减小，削减的百分比也在不断增加。

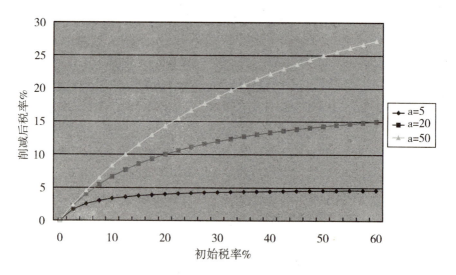

**图5-2 瑞士公式的削减情况**

在东京回合谈判中，欧共体、北欧国家和澳大利亚使用的系数是 16，而美国、日本和瑞士使用的是 14。所以系数为：

$$0.14 \leqslant a \leqslant 0.16$$

在系数一定的条件下，原税率越高，关税的降税幅度越大；原税率越低，关税的降税幅度越小。显然瑞士公式是非线性的累进减让公式。

例如：当设定 $a = 0.14$，

若原关税税率为6%，则关税应减少30%，

$$X' = X_0 (1 - X_0)$$

若原关税税率为36%，则应减少72%。

利用瑞士公式对关税进行减让，能够达到普遍减税，维持原税率的梯级和高税多减、低税少减的目的。

瑞士公式（Swiss formula）是多边贸易谈判关税减让公式之一，其源自东京回合。当时为保证谈判的顺利进行，GATT 在 1975 年至 1979 年广泛征求缔约国的意见后，所拟定并采纳由瑞士提出的一个大多数国家愿意接受且尽可能普遍适用的全面性关税减让公式。瑞士公式的主要特点是将线性关税削减（Linear tariff cut）与调和关税削减（Harmonised tariff reductions）结合起来，使高关税国家的减税比例高于低关税国家的减税比例，有助于缩小各国税则中税率间的差异。

### 5.1.4 乌拉圭回合方式（Uruguay Round approach）

乌拉圭回合方式是在 WTO 乌拉圭回合农业协议谈判中提出并达成的，直至现阶段，各国农产品关税减让的方法仍是乌拉圭模式。乌拉圭回合公式作为多边贸易谈判关税减让公式之一，是一种线性关税削减方式。在实施中，要同时设定整体（部门）平均削减比例，以及单项产品的最低削减比例，再按年度平均削减关税。此方式的优点在于可对敏感产品实施较具弹性的关税减让以及在低关税规定下，免于进一步的关税削减。乌拉圭回合当时所设定的削减比例为平均调降36%，单项产品最低调降15%。

该方式对一国总体（部门）关税的平均减让分为两个部分，第一部分是将总体（部门）所有的农产品的平均税率减让一个百分比，第二部分就是对每个税目的农产品也规定最低的削减比例。

$$X' = (1 - a_0) \times \sum_{i=1}^{n} t_i / \sum_{i=1}^{n} V_i \times 100\% + \sum_{i=1}^{n} (1 - a_1) t_{0i} \qquad (5.6)$$

因此乌拉圭回合方式体现了总体减让和个体减让相结合的原则。但是该方式主要削减总体水平，对关税高峰、关税升级的作用较小，因为各成员国在单个税目处理上有较大灵活性。

### 5.1.5 "鸡尾酒"减让方式（Cocktail approach）

该方式是由澳大利亚提出的，它针对不同层次的税率进行不同方式的削

减，公式中有较多参数，减让方法比较复杂。"鸡尾酒"减让公式对于削减关税高峰的效果显著，同时也可以很好的解决关税升级结构问题。

假定一国关税结构分为四个层次，各层次依次为 $T_1$、$T_2$、$T_3$、$T_4$。

设在各层次的税率临界值由低至高为 $A_1$、$A_2$、$A_3$、$A_4$、$A_5$，则各层次有相应的减让方式或公式，且对不同层次的减让采用不同公式进行削减后的新税率分别为：

$$A_1 < X_{01} \leqslant A_2 \quad X_{01}' = X_{01} \qquad （不需减让）$$

$$A_2 < X_{02} \leqslant A_3 \quad X_{02}' = (1 - a_0) \times \sum_{i=1}^{n} t_i / \sum_{i=1}^{n} V_i \times 100\% + (1 - a_1) \times t_{02}$$
$$（乌拉圭回合公式）$$

$$A_3 < X_{03} \leqslant A_4 \quad X_{03}' = aX / a + X \qquad （瑞士公式）$$

$$X_{04} > A_5 \quad X_{04}' = M \qquad （最高税率限制）$$

则对不同层次的减让采用不同公式进行削减后的总体（部门）新算术平均税率为：

$$X' = \sum_{i=1}^{n} x_{0i}' / \sum^{n} V_i \times 100\% \qquad (5.7)$$

### 5.1.6 关税封顶（tariff cap）

关税封顶也称最高税率限制，即设置一个最大关税，所有超过这一数值的关税一律削减到此最大关税。这种削减的方法就更为简单明了。规定最高税率也是一种兼容减让的补充方式，这种减让方式只是规定一个限制性的最高税率。它的实质是一个补充措施，它可以与其他的减税公式同时使用。它可以保证减让后的税率在一定的范围之内，不会超过最高限制。关税封顶本质是一种关税减让公式：

$$Max \ (T_1) \leqslant T_L \qquad (5.8)$$

其中，$T_1$ 是削减后的约束税率，$T_L$ 是成员议定的削减后税率上限。在关税封顶建议设定的一定上限下，基础税率越高，削减幅度也就越大。

假设一个国家的非农产品关税税率均高于 5%，而且关税封顶为 5%，那么经过削减以后关税全部变为 5%（见图 5 - 3）。

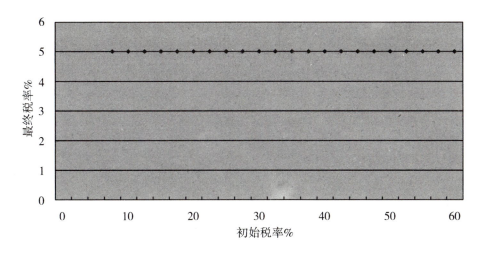

**图 5 - 3　关税封顶情况下的关税削减情况（封顶为 5%）**

这种削减方式优点是比较简单，执行起来比较容易，削减效果也比较明显，此外还能对关税高峰和高关税有很明显的作用。但是这种削减方式没有做到高关税高削减，而且在低于关税封顶的关税不会受到削减，虽然能够使平均关税下降很多，但是对关税结构会有很大影响，而且也并不合理。

## 5.2　多哈回合分层减让公式的演变及其原理

### 5.2.1　哈宾森分层公式方案（Harbinson formula）

2003 年 3 月，农业特会主席哈宾森（Harbinson）首次提出分层的乌拉圭回合公式方案，其减让模式是把乌拉圭模式的线性削减特征和鸡尾酒模式的分段特点相结合，把不同水平的税率分成几段，对发达国家和发展中国家进行不同程度的削减。

假定一国关税结构分为三个层次，各层次依次为 $T_1$、$T_2$、$T_3$。

若在各层次的税率临界值由低至高为 0、$A_1\%$、$A_2\%$、$A_3\%$、$A_4\%$（0—a%、a%—b%、b%—c%，c%—d%），各层的平均减让幅度分别为 $\alpha_1$、$\alpha_2$、$\alpha_3$，且 $\alpha_1 < \alpha_2 < \alpha_3$，若各层段都按照比例直线减让，则有：

$A_1 < X\% \leqslant A_2$，$A_1 = 0$，则削减后的新关税税率：

$$X_{01}' = X_{01}(1 - \alpha_1)$$

$A_2 < X\% \leqslant A_3$，则削减后的新关税税率：

$$X_{02}' = X_{02}(1-\alpha_2)$$

$A_3 < X\% \le A_4$，则削减后的新关税税率：

$$X_{03}' = X_{03}(1-\alpha_3)$$

将各层段减让加总，则可得总体减让后的新关税税率：

$$X' = X_{01}(1-\alpha_1) + X_{02}(1-\alpha_2) + X_{03}(1-\alpha_3)$$
$$= X'_{01} + X'_{02} + X'_{03} \tag{5.9}$$

### 5.2.2 混合公式（blended formula）

该公式是在 2003 年 9 月部长级的坎昆（Cancún）会议之前，欧美在 2003 年 8 月 13 日所发表的联合提案（JOB（03）/157）中，针对多哈回合（Doha round）农业市场进入（Market access）议题，所主张的削减关税模式。混合公式由零关税、瑞士公式和乌拉圭回合方式等三大部分所构成，分别占有不等的权重，其中有关各部分的权重组成、瑞士系数、乌拉圭整体平均及个别最低的降幅，都可再进一步谈判。但若某些产品仍维持高关税，则需另外有关税配额以提供市场进入，而对于发展中国家仍保有较低降幅及较长期限的特殊优惠待遇。

其主要特点是允许各国对部分特殊产品采用削减幅度较低的乌拉圭回合公式，其他则采用瑞士公式削减或直接设为零关税。然而混合公式中许多内容是相当模糊的，并充满不确定性，加上并没有对发展中成员重视的特殊和差别待遇问题给予关注，以及未设定取消出口补贴的最终期限。该公式的提出意味着当时欧美就农业谈判模式的架构已暂时达成妥协，即消除欧美在农业谈判上的差异，而后连手推动其他成员，特别是发展中成员进一步开放市场。

欧美联合提案混合公式如下：

（1）［ ］% 的关税税目按简单平均公式削减 ［ ］%，每一税目的最低削减幅度为 ［ ］%（适用乌拉圭回合公式）；敏感产品的市场准入扩大应结合税率削减和关税配额的扩大。

（2）［ ］% 税目适用瑞士公式，参数为 ［ ］。

（3）［ ］% 税目的税率应削减为零。

相对于区间方式（banded/tiered approach），混合公式的好处是可依需要创造模糊，不用所有的税目税则皆要全部一视同仁地调降或开放，更何况截至目前，也还没有其他方式可以具备混合公式的好处。混合公式的实质冲击仍要决定于税目税则的位码和数字，然而，如果将位码引进讨论，则会面临改革型式谈判（modalities-type negotiation）的风险，这又是目前谈判架构所应避免的主要目标。

### 5.2.3 分层减让方式的参数设置及特征

总体上看，分层削减公式按照"高税多减"的原则，层次越高，削减幅度越大，从而实现了关税削减的目的。但在实施过程中，要分别根据参数设置、削减方式来具体分析。

就分层削减公式本身来说，公式中主要的参数有：分层层数、分层宽度、分层削减公式的削减幅度等。这些参数的确定、及其各自在公式中的作用等是需要廓清并予以说明的。

在分层数与门槛值的讨论上，G10、加拿大、欧盟、美国等原先皆主张分3层，G10、加拿大还进一步主张将各国关税结构进行加总，以各税率之总和项数予以均分来设定门坎值，即20%、60%，然而后续遭到 G20 的反对。G20 于 2005 年 7 月 8 日提案，认为分段数越多越佳，主张发达成员分 5 段，发展中成员分 4 段，至于门槛值之设定则以直觉式认定，要求越低越佳。G20 提案为谈判中间点，并受到美国、欧盟等大多数成员认同作为谈判起点之一，经 FIPs 咨商后，已于香港部长宣言中确认为发达成员与发展中成员皆分 4 层。

1. 分层层数与宽度

从统计学上讲，分层层数是指组数，分层宽度是指组距。组距分组是将全部变量值依次划分为若干个两两不相交的小区间，并以每个区间的变量值作为一组的分组方法。

分组可采用等据分组和不等距分组，具体方式可以灵活：在关税税率标志值分布均匀时采用等距分组，在关税税率标志值分布不均匀时采用不等距分组。不等距分组更多地应根据事物性质变化的数量界限来确定组距。

各小区间的端点称为组限，每个小区间的左、右两个端点分别称为该组的下限和上限。

显然，第一组的下限应低于最小变量值，最后一组的上限应高于最大变量值。组限的表示法应保证每个数据属于且只属于一组，即"不重不漏"的原则。

组数和组距的关系是：

$$组数 = 全距/组距$$

从关税结构而言，层数越多，分组越细；有利于根据不同关税分布，采取不同的减让政策和减让方式。比较而言，在一定的关税结构下和减让幅度条件下，层数越少，分组越粗；减让力度相对平均，反之则相对集中。

总的关税税率变异范围。简称全距，用 R 来表示：

$$R = x_{max} - x_{min}$$

若将层数（组数）记为 k，分层宽度（组距）记为 d，如何确定 k，d 是变量分组的关键。组数、组距和全距之间有以下关系：

$$R = k \times d$$

从变量值低的组开始，将各组次数（频率）逐次向变量值高的组累计，说明某一组上限以下各组的累计次数（频率）。

2. 约束关税、约束税率和平均削减幅度

约束税率（Bound Rate）指经过谈判达成协议而固定下来的关税税率，按此税率征收的关税即约束关税。按世界贸易组织关贸总协定规定，缔约各国应该在互惠互利的基础上通过有选择的产品对产品的方式，或者为有关缔约国所接受的多边的程序进行谈判，谈判结果固定下来的各国税则商品的税率为约束税率，汇总起来形成减让表，作为总协定的一个附属部分付诸实施。乌拉圭回合在约束所有成员的关税方面取得了长足进步。所有成员——发达国家、发展中国家和转轨经济国家——全部约束了农业部门的税率。

平均削减幅度是指每一层次上的约束关税税率削减的水平。显而易见，削减幅度的大小会直接影响到削减的力度。削减幅度越大，削减的力度也会越大，最终削减后的约束关税税率也会越小。平均削减幅度是指每一层次上的约束关税税率削减的水平。用公式表示：

$$\alpha = \frac{X'_i - X_i}{X_i} \times 100\%$$

其中，$\alpha$ 为平均削减幅度，$X_i$ 为基期约束关税，$X'_i$ 为计算期约束关税水平。

计算期关税 $X'_i = X_i (1 - \alpha_i)$，其中 $X_i > X'_i$。显而易见，实际削减幅度的大小会直接影响到削减的力度。削减幅度越大，削减的力度也会越大，最终削减后的约束关税税率也会越小。

至于削减幅度的讨论，在 2005 年 9 月后，各主要国家集团所提出的建议中，以美国的所谓雄心最高，要求发达成员方的降幅在 55%～90%，其次是 G20 要求降幅在 45%～75%，欧盟与 G10 提出的降幅最低，仅 25%～60%。此外，美国与 G20 等一直主张关税上限需纳入降税公式中，经过数次 FIPs 咨商后，原本反对的欧盟亦同意让步，转而支持关税设限，而美国要求发达成员方的关税上限为 75%，而欧盟与 G20 则主张 100%。

3. 分层函数、新税率与分层宽度和减让幅度的关系

（1）分层公式的分段函数表示

分层公式可视为一种特殊的分段函数。在不同的原税率 $x_i$ 分布区间，根据各层的减让幅度，也就是各直线的不同斜率，这些直线的共同特点是经过原点的直线。通过减让公式得到不同层次（区间）的新税率 $x_i'$。

分段函数是自变量在不同的取值范围内，其对应法则也不同的函数。在表达形式上可表达如下：

$$f(x) = \begin{cases} g_1(x) \\ g_2(x) \\ \vdots \\ g_n(x) \end{cases}$$

其图象表现为若干段不一定连续的曲线。

$$x_i' = x_i(1 - \alpha_i), \quad x \in [0, \infty]$$

$$f(x) = \begin{cases} g_1(x), & x \in [0, A_1] \\ g_2(x), & x \in [A_1, A_2] \\ g_3(x), & x \in [A_2, A_3] \\ g_4(x), & x \in [A_4, \infty] \end{cases}$$

$A_i$ 为各层分段临界值（端点）。由低至高分别为为 0、$A_1\%$、$A_2\%$、$A_3\%$、$A_4\%$。

$$f'(x) = a_i$$

$$x_i' = x_i(1 - \alpha_i), \quad x \in [0, \infty]$$

可知为经过原点的直线方程，但因各层减让幅度 $a_i$ 不同，斜率 $k$ 也不相同。

若写成矩阵形式，则为：

$$X' = \begin{bmatrix} x_1 \\ r_2 \\ x_3 \\ x_4 \end{bmatrix} [b_1, b_2, b_3, b_4]$$

（2）对于各方提案，在同样分组宽度条件下，减让幅度的大小决定了新税率的大小。

在同样分组宽度条件下，减让幅度的大小决定了新税率的大小。

假定有五个方案，$P_i$（$i=1$，2，3，4，5）已知分组宽度相同，即 $W_1 = W_2 = W_3 = W_4 = W_5$

估计关税减让幅度：

$$dt_i / t_i = a_i \qquad\qquad (i = 1，2，3，4，5)$$

若 $a_i = a_2 = a_3 = a_4 = a_5$

且原税率相同，$X_i = X_2 = X_3 = X_4 = X_5$

可知新税率：

$$X'_i = X'_2 = X'_3 = X'_4 = X'_5$$

若 $a_i < a_2 < a_3 < a_4 < a_5$

可知新税率：

$$X'_i > X'_2 > X'_3 > X'_4 > X'_5$$
$$X'_1 = X_1 (1 - \alpha_i) \qquad\qquad X'_2 = X_2 (1 - \alpha'_i)$$

$X'_2 > X'_1$

显然在同样分组宽度条件下，减让幅度的大小决定了新税率的大小；可以推论，对于各方提案，在同样分组宽度条件下，减让幅度的大小决定了新税率的大小。发展中国家的新关税税率仍高于发达国家水平。

［例 5 - 1］G20 提出的对于发达国家的减让方案：分组为四层，宽度已定，即 0 ~ 20%、20% ~ 50%、50% ~ 75% 和 75% 以上；每层减让幅度由高到低分为 4 级，各分层减让幅度如下：

$$\begin{vmatrix} 25 & 35 & 45 & 60 \\ 30 & 45 & 55 & 70 \\ 35 & 50 & 65 & 80 \\ 40 & 60 & 75 & 85 \end{vmatrix}$$

由表中数据可知，对于第一层各方案的减让幅度分别为：25%，35%，45%，60%。

$$a_i < a_2 < a_3 < a_4$$

并且可知：

$$X_{11} = X_{21} = X_{31} = X_{41} = X_{51}$$

可得新税率：

$$X'_{11} = X_{11} \ (1 \sim 25\%)$$
$$X'_{21} = X_{21} \ (1 \sim 35\%)$$
$$X'_{31} = X_{31} \ (1 \sim 45\%)$$
$$X'_{41} = X_{41} \ (1 \sim 60\%)$$

可知：

$$X'_{11} > X'_{21} > X'_{31} > X'_{41}$$

（3）对于各方提案，在分组宽度不同条件下，减让幅度的大小决定了新税率的大小。

假定有五个方案，$P_i$（$i = 1, 2, 3, 4, 5$）；各方案分组宽度分别为：

$$W_1, W_2, W_3, W_4, W_5$$

且分组宽度不同，即：

$$W_1 > W_2 > W_3 > W_4 > W_5$$

估计关税减让幅度：

$$dt_i / t_i = a_i \qquad (i = 1, 2, 3, 4, 5)$$

若减让幅度不同，即：

$$a_1 < a_2 < a_3 < a_4 < a_5$$

又假定减让后不出现重叠，可知新税率之间应有：

$$X'_1 > X'_2 > X'_3 > X'_4 > X'_5$$

同理可以证明其他层次也同样能得出这样的结论。

在不同分组宽度条件下，减让幅度相同，跨度大的分组新税率较大，宽度小的分组新税率较小；减让幅度相同，减让幅度越小，宽度大的分组新税率越大，跨度小的分组新税率越大，且跨度大的分组新税率大于跨度小的分组新税率；减让幅度相同，减让幅度越大，宽度大的分组新税率趋小，跨度小的分组新税率亦小，但跨度大的分组新税率大于跨度小的分组新税率。

在不同分组宽度条件下，减让幅度不同，若跨度大的分组减让幅度相对小，则跨度大的分组新税率较大，跨度小的分组新税率较小；减让幅度不同，若跨度大的分组减让幅度相对大，则跨度大的分组新税率较小，跨度小的分组新税率较大。

### 5.2.4 分层减让方式的削减方法比较

1. 削减方法

削减方法是指针对已有的、具体的关税削减分层公式采取何种具体减让的方法，因此削减方法实际上也可以理解为是采取不同的削减公式。削减公式的不同将直接影响到最后的削减水平。

在多哈回合农产品谈判的当前各方建议的方案中，使用的削减方法主要有以下3种：

（1）线性削减公式

这是当前的方案中使用较多的削减方法，如欧盟、G20、G10都主张使用线性削减，前面已做介绍。线性削减是在GATT时期最普遍使用的关税削减方式之一。线性关税削减指对所有类型产品为相同程度的关税削减，通常以百分比表示。

（2）累进关税削减公式分析（Progressive tariff reduction formula）

该公式主要是在单一降幅公式上再加入累进的观念，设定各段必须达到的平均降幅。最具代表性的国家是美国和加拿大，美国方案中表明要实行累进性税率削减；由于具有非线性，因此有国家认为这是一种变相的瑞士公式。

（3）其他削减方法，可以直接用其他削减公式作为某一层的削减方法，如直线减让公式、瑞士公式等，此外欧盟提出类似乌拉圭回合公式的变形乌拉圭公式（pivot公式）。不过这时分层削减公式实际上已经成为了"鸡尾酒"公式。

相比较而言，线性削减操作起来较为简单，其他两种方法则比较复杂。

在各段内削减公式的讨论上，形成了两方面意见，一方为包括G10、欧盟、ACP等会员主张以乌拉圭回合公式进行降税，另一方为美国、澳大利亚及新西兰等成员主张采取瑞士公式。然而由于双方立场相差过大，有关成员同意相互退让以寻找中间点。于是加拿大提出加方的累进关税削减公式，而G20主张以单一降幅削减公式作为中间点。对于上述两种公式，美国认为都无法达到关税越高削减愈多的原则，仍主张须采用具调和性的削减公式，因而又提出累进关税削减公式，但是欧盟、G10等则反驳分段降税公式本身已具备调和性，故削减公式不需再具调和性，他们反而认为，削减公式应与敏感产品项数做链接。若只给予极少数的敏感产品，则必须同意采用可弹性调整降幅的削减公式。欧盟提出类似乌拉圭回合公式的变形乌拉圭公式（pivot公式），即设定平均降幅与最低降幅外，再设定最高降幅。对于欧盟的主张，G20认为已给予敏感产品的优惠，故不赞成削减公式还需有弹性，倘若后续欧盟能争取到弹性，亦可能仅只有最低段以 pivot 公式削减，其他段以单一降幅公式削减。

2. 线性削减公式与不同累进性关税税率削减公式的比较

（1）线性削减公式与加拿大累进性削减公式的比较

假设分段数为 n 段，n = 4，各层分段临界值由低至高分别为为 $A_1$、$A_2$、$A_3$、$A_4$，各段降幅由低至高分别为 $\alpha_1$、$\alpha_2$、$\alpha_3$ 和 $\alpha_4$。

根据线性减让过程分析可以得到各分层减让后的新税率，

$A_1 < X\% \leqslant A_2$，若 $A_1 = 0$，则削减后的新关税税率：

$$X'_1 = X_1 (1 - \alpha_1)$$

$A_2 < X\% \leqslant A_3$，则削减后的新关税税率为 $X'_2$：

$$X'_2 = A_2 (1 - \alpha_2) + X_2 (1 - \alpha_2)$$

$A_3 < X\% \leqslant A_4$，则削减后的新关税税率为 $X'_3$：

$$X'_3 = A_2 (1 - \alpha_2) + A_3 (1 - \alpha_3) + X_3 (1 - \alpha_3)$$

$A_4 < X\%$，则削减后的新关税税率为 $X'_4$：

$$X'_4 = A_4 (1 - \alpha_4) + X_4 (1 - \alpha_4)$$

加拿大的累进关税削减公式（Canada's progressive tariff reduction formula）是加拿大于 2005 年 5 月 31 日第 32 次特别会议期间所提出分段降税公式下各段的削减公式。该公式主要是将累进的观念导入各段削减公式中，试图以此作为瑞士公式与乌拉圭公式之间折衷的公式来调解出口国与进口国间的争议，并且主张透过此法一并解决税率重叠（overlap）等问题。

假设按加拿大累进公式削减后的新关税税率为 Xi"，分层数为 4 层，临界值由低至高分别为 $A_1$、$A_2$、$A_3$、$A_4$，各段降幅由低至高分别为 $\alpha_1$、$\alpha_2$、$\alpha_3$ 和 $\alpha_4$。

若第一层次关税税率为 X，若 $A_1 < X\% \leqslant A_2$，若 $A_1 = 0$，则削减后的新关税税率：

$$X_1" = X_1 (1 - \alpha_1)$$

$A_2 < X\% \leqslant A_3$，则削减后的新关税税率：

$$X_2" = A_2 (1 - \alpha_1) + (X_2 - A_2) \times (1 - \alpha_2)$$

$A_3 < X\% \leqslant A_4$，则削减后的新关税税率：

$$X_3" = A_1 (1 + \alpha_1) + (A_2 - A_1) \times (1 - \alpha_2) + (X_3 - A_2) \times (1 - \alpha_3)$$

$A_4 < X\%$，则削减后的新关税税率：

$$X_4" = A_2 (1 - \alpha_1) + (A_3 - A_2) \times (1 - \alpha_2) + (A_4 - A_3) \times (1 -$$

$\alpha_3$）＋（$X_4 - A_3$）×（$1 - \alpha_4$）。

［例 5-2］设某方案的分层层次是 $T_1$、$T_2$、$T_3$、$T_4$，各层次的税率临界值由低至高为 $A_1\%$、$A_2\%$、$A_3\%$、$A_4\%$。削减幅度从小到大依次是 $\alpha_1 < \alpha_2 < \alpha_3 < \alpha_4$。$X_1$ 代表 $T_1$ 层次的某关税税率，$X_2$ 代表 $T_2$ 层次的某关税税率，经过削减，$X_1$ 削减为 $X_1'$，而 $X_2$ 削减为 $X_2'$。结果有可能出现 $X_1' > X_2'$ 的情况，即关税重叠。具体图形可参见图 5-4。

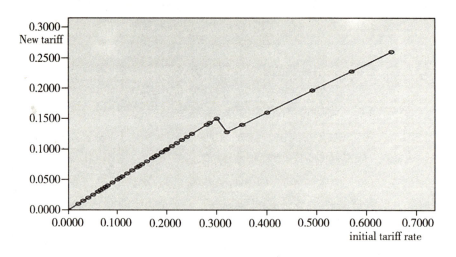

**图 5-4　关税重叠示意**

①若削减方式为线性削减，在上面的假设下，

$$X_1' = X_1 (1 - \alpha_1),\ X_2' = X_2 (1 - \alpha_2)$$

则：
$$X_1' - X_2' = X_1 (1 - \alpha_1) - X_2 (1 - \alpha_2)$$
$$= (X_2 \alpha_1 - X_1 \alpha_1) - (X_2 - X_1)$$

由于 $X_2 > X_1$，$\alpha_2 > \alpha_1$

在正常情况下，

$$X_1' - X_2' < 0$$

当有：

$$(X_2 - X_1) \leqslant (X_2 \alpha_2 - X_1 \alpha_1)$$

就存在着大于或等于零的可能性，即重叠现象；同理在其他层次之间也存在这种情况。

$$(X_{n-1} - X_n) \leqslant (X_2 \alpha_2 - X_1 \alpha_1)$$

②若削减方式为累进性削减，在上面的假设下，由加拿大累进关税削减方

法的第二层次可以看到，$(X_2 - A_2) \geqslant 0$，即使在 $(X_2 - A_2) = 0$ 的情况下，$X_2'' = A_2 (1 - \alpha_1)$

因此：

$$X_2'' > X_1''$$

这就排除了所谓关税减让后不同层次关税税率重叠的问题。

另外，与上述利用线性削减公式的结果比较后可知：

$$X_i' < X_i''$$

通过上述比较，说明在同样的分层和削减幅度条件下，除第一层次两个公式所得结果相同外，其他层次的减让模拟中，线性公式削减力度大于加拿大累进性削减公式；其削减的水平亦大于该累进性削减公式。说明利用加拿大累进性削减公式削减的水平较之线性公式削减力度更小些，而且避免了关税重叠。

（2）线性削减公式与美国累进削减公式的比较

美国的累进关税削减公式（US's progressive tariff reduction formula），是在 2005 年 9 月 22 日的巴黎新四国部长会议上提出的，这一公式属于调和公式之一。该公式主要是在单一降幅公式上再加入累进的观念，设定各段必须达到的平均降幅，并以上下加减 5% 作为最低与最高的削减幅度（除美国主张最高段之最大降幅即为所提的平均降幅），各产品的实际降幅则须视该产品关税与临界值的距离，关税越高的产品削减幅度越大。

根据美方的立场以及其提案，其分层数为 4，临界值由低至高分别为 $A_1$、$A_2$、$A_3$、$A_4$，削减幅度在 $A-B$、$B-C$、$C-D$ 和 $D-E$，各层减让幅度系数分别为 $b_1$、$b_2$、$b_3$、$b_4$、$b_5$，$c$ 为各层减让幅度固定系数。

$0 < X\% \leqslant A_1$，则削减后的新关税税率：

$$X_1'' = X_1 [1 - (b_1\% + (X_1 - A_1) / (A_2 - A_1) \times c\%]$$

$A_1 < X\% \leqslant A_2$，则削减后的新关税税率：

$$X_2'' = X_2 [1 - (b_2\% + (X_2 - A_2) / (A_3 - A_2) \times c\%]$$

$A_2 < X\% \leqslant A_3$，则削减后的新关税税率

$$X_3'' = X_3 [1 - (b_3\% + (X_3 - A_3) / (A_4 - A_3) \times c\%]$$

$A_3 < X\% \leqslant A_4$，则削减后的新关税税率：

$$X''_4 = X_4 [1 - (b_4\% + (X_4 - A_4) / (A_5 - A_4) \times 0.5c\%]$$

$X\% > A_6$，则：

$$X_5'' = X_5 \times (1 - A_6)$$

根据分析可以发现，美国提出的累进性关税税率削减公式呈现非线性形式。因此，其斜率在每层的各点是不同的。

若采取线性减让，假定分层数、临界值等都不变，则各层平均削减幅度为：

$\alpha_1 = （A\% + B\%）/2$；$\alpha_2 = （B\% + C\%）/2$；$\alpha_3 = （C\% + D\%）/2$；$\alpha_4 = （D\% + E\%）/2$

［例 5 - 3］已知美国方案对发达国家的累进性削减公式第一层临界值为

$0 < X \leq 20\%$，削减幅度在 $55\% \sim 65\%$、减让幅度浮动系数 $b_1 = 35\%$，减让幅度固定系数 $c = 10\%$。

代入公式：$X_1'' = X_1 [1 - （35\% + （X_1 - A_1）/（A_2 - A_1）\times 10\%]$

设 $X_1 = 20\%$，

$$\begin{aligned} X_1'' &= 20\% \times [1 - （35\% + （20\% - 0）/（20\% - 0）\times 10\%] \\ &= 20\% \times （1 - 45\%） \\ &= 11\% \end{aligned}$$

说明新税率是原税率的 $55\%$，下降幅度 $45\%$。

若按照线性减让，$a_1 = （55\% + 65\%）/2 = 60\%$；

$$\begin{aligned} X_1' &= X_1\alpha_1 \\ &= 20\% \times 60\% \\ &= 12\% \end{aligned}$$

说明新税率是原税率的 $60\%$，下降幅度 $40\%$。

通过上述比较，说明在同样的条件下，在第一层次，线性公式削减力度小于累进性削减公式，其削减的水平亦小于累进性削减公式。余可类推。也说明利用累进性削减公式削减的水平较之线性公式削减力度更大些。详见图 5 - 5。

与线性削减公式相比较，设线性削减后的新关税税率为 $X_i'$，设累进削减后的新关税税率为 $X_i''$：

$$X_i'' < X_i'$$

则说明在同样的条件下，利用累进性削减公式削减较之利用线性公式削减的水平更大些，且无关税重叠现象出现。

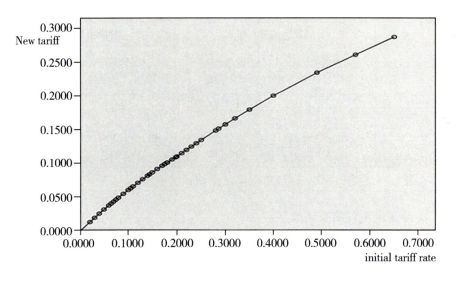

图 5 − 5　非线性累进削减示意

## 5.3　基于分层公式的农产品关税削减方案

2004 年 3 月农业谈判重新恢复后，G20 提出了使用分层公式削减关税的概念。最终各方同意将分层公式作为关税削减模式纳入 2004 年 7 月框架协议，并于 2005 年 7 月 WTO 大连小型部长会议上确定为市场准入谈判的基础。截至 2005 年 11 月初的各种非正式磋商，主要谈判各方在关税削减方面的思路越来越清晰，提出了更加具体的建议。

### 5.3.1　发达成员提出的分层削减方案

1. 美国的关税削减模拟方案

美国提出了比较激进、削减幅度较大的削减方案，提议发展中成员和发达成员都分为相同的 4 个波段，分别为 0 ~ 20%、20% ~ 40%、40% ~ 60% 和 60% 以上，要求对发达成员进行累进性税率削减，每个波段分别削减 55% ~ 65%、65% ~ 75%、75% ~ 85% 和 85% ~ 90%。美国还建议发达成员最高关税税率封顶为 75%，发展中成员最高关税税率为 100%。

表 5 - 1　美国的关税削减模拟方案

|  | 发达成员 | | 发展中成员 | |
|---|---|---|---|---|
|  | 分层区间<br>上下限（关税等值） | 累进性削<br>减幅度 | 分层区间<br>上下限（关税等值） | 累进性削<br>减幅度 |
| 上下限 | 0 < X ≤ 30<br>30 < X ≤ 60<br>60 > X ≤ 90<br>X > 90 | 55 ~ 65<br>65 ~ 75<br>75 ~ 85<br>85 ~ 90 | 0 < X ≤ 30<br>30 < X ≤ 80<br>80 < X ≤ 130<br>X > 130 | 25<br>30<br>35<br>40 |
| 封顶 | 75 | | 100 | |

**2. 欧盟的关税削减模拟方案**

欧盟同意在 G20 建议案的基础上进行谈判，关税削减幅度可以 G20 建议为基础，进行直接线性削减，并对分 4 层的模式逐渐形成共识。对于发达成员的分界点，欧方倾向于 0 ~ 30%、30% ~ 60%、60% ~ 90% 和 90% 以上，发展中成员可以高于发达成员的 1/3，削减幅度低于发达成员的 1/3。

表 5 - 2　欧盟的关税削减模拟方案

|  | 发达成员 | | 发展中成员 | |
|---|---|---|---|---|
|  | 分层区间<br>上下限（关税等值） | 线性削<br>减幅度 | 分层区间<br>上下限（关税等值） | 线性削<br>减幅度 |
| 上下限 | 0 < X ≤ 30<br>30 < X ≤ 60<br>60 > X ≤ 90<br>X > 90 | 35<br>45<br>50<br>60 | 0 < X ≤ 30<br>30 < X ≤ 80<br>80 < X ≤ 130<br>X > 130 | 25<br>30<br>35<br>40 |
| 封顶 | 100 | | 150 | |

**3. G10 的关税削减模拟方案**

以瑞士为代表的 G10 集团对美国关税削减建议持批评态度，认为其实质上是瑞士公式，明确表示准备在 G20 建议的基础上谈判，可以接受四层分层法。

表 5 – 3　G10 的关税削减模拟方案

| | 发达成员 | | 发展中成员 | |
|---|---|---|---|---|
| | 分层区间上下限（关税等值） | 线性削减幅度 | 分层区间上下限（关税等值） | 线性削减幅度 |
| 上下限 | 0 < X ≤ 20 | 27 | 0 < X ≤ 30 | 18 |
| | 20 < X ≤ 50 | 31 | 30 < X ≤ 70 | 20 |
| | 50 < X ≤ 70 | 37 | 70 < X ≤ 100 | 25 |
| | X > 70 | 45 | X > 100 | 30 |
| 封顶 | 100 | | 150 | |

### 5.3.2　发展中成员提出的分层削减方案

以 G20 为代表，提出的关税削减方案也将削减层次分为四层：

（1）对于发达国家：0～20%、20%～50%、50%～75%和75%以上；对于发展中国家：0～30%、30%～80%、80%～130%和130%以上。

（2）削减幅度方面还存在一些异议，对于发达成员，削减幅度为：25%～60%、30%～70%、35%～80%、40%～85%；对于发展中成员，削减幅度为：15%～50%、20%～60%、25%～70%、30%～75%。

（3）削减方法为线性削减。

（4）关税封顶：发达国家100%，发展中国家150%。

由此，可以模拟 4 个削减方案：

表 5 – 4　G20 关税削减方案（1）、（2）、（3）、（4）

| | 发达成员 | | 发展中成员 | |
|---|---|---|---|---|
| | 分层区间上下限（关税等值） | 线性削减幅度（1）（2）（3）（4） | 分层区间上下限（关税等值） | 线性削减幅度（1）（2）（3）（4） |
| 上下限 | 0 < X ≤ 20 | 25 35 45 60 | 0 < X ≤ 30 | 15 25 25 50 |
| | 20 < X ≤ 50 | 30 45 55 70 | 30 < X ≤ 80 | 20 30 30 60 |
| | 50 < X ≤ 75 | 35 50 65 80 | 80 < X ≤ 130 | 25 35 35 70 |
| | X > 75 | 40 60 75 85 | X > 130 | 30 40 40 75 |
| 封顶 | 100 | | 150 | |

G33 也称特殊产品/特殊保障机制联盟，它主要强调制定特殊产品和特殊保障机制方面的概念和规章制度。

G33、G20 和 ACP 国家强调多哈回合是发展回合，在关税削减公式的分层数量、分界点、削减幅度、敏感产品 TRQ 扩大等方面，均应体现发展中成员占发达成员的一定比例性；重申了谈判的透明度和包容性的重要性，且特别强调了不能接受公式中的渐进性因素。

### 5.3.3 WTO 农业谈判特委会主席福尔克纳提出的分层削减方案

在 WTO 多哈会谈判中形成了自下而上和自上而下的联动机制，特别是自 2007 年多哈回合谈判恢复以后，农委会和非农委会两主席选择采纳和修正各方方案以寻找各方可接受的共同点，积极地征询成员方意见，形成各自的主席方案，对谈判中的不同观点和诉求进行调和与平衡，为推动和引导谈判的前进起到了积极的作用。因此这时各方讨论的焦点，已不仅仅是各方的方案，而是更多地集中在两主席提出并不断修改的方案上面。当然，主席方案是前面所提到的各方方案的调和与集中，但同时又更加广泛和深入，并将市场准入议题与其他两大议题平行展开讨论。

2007 年 7 月 17 日，WTO 农业谈判特委会在任主席、新西兰驻 WTO 大使福尔克纳在两次挑战声明的基础上，向世贸组织成员散发了关于农业谈判的妥协方案，希望各成员能在这个方案的基础上弥合分歧，最终达成一项全面的多哈回合全球贸易协议。就关税削减方面，他分别针对发展中国家和发达国家提出了不同的关税削减的方案。

表 5 – 5 WTO 农业谈判特委会主席福尔克纳关税削减方案

| | 发达成员 | | 发展中成员 | |
|---|---|---|---|---|
| | 分层区间上下限（关税等值） | 线性削减幅度 | 分层区间上下限（关税等值） | 线性削减幅度 |
| 上下限 | $0 < X \leqslant 20$<br>$20 < X \leqslant 50$<br>$50 < X \leqslant 75$<br>$X > 75$ | $48 \sim 52$<br>$55 \sim 60$<br>$62 \sim 65$<br>$66 \sim 73$ | $0 < X \leqslant 30$<br>$30 < X \leqslant 80$<br>$80 < X \leqslant 130$<br>$X > 130$ | $(48 \sim 52)\ 2/3$<br>$(55 \sim 60)\ 2/3$<br>$(62 \sim 65)\ 2/3$<br>$(66 \sim 73)\ 2/3$ |
| 封顶 | 100 | | 150 | |

总体上看，分层削减公式按照"高税多减"的原则，层次越高，削减幅度越大，从而实现了关税削减的目的。但在实施过程中，要分别根据参数设置、削减方式来具体分析。

## 5.4 基于瑞士公式的主要非农产品关税削减方案

自从 2001 年 WTO 部长会议之后，各个国家在谈判中都提出了自己的关税减让的公式或者方案，其中多数是以瑞士公式为基础的。下面将就这些公式或方案展开分析，并加以比较。

### 5.4.1 各国提出的方案分析

在上面所分析的原理的基础上，多哈回合中各个成员方都提出了自己的非农产品减税方案。

1. OECD 国家提出的削减方案

（1）美国方案（TA/MA/W/18，2005）

美国作为一个发达国家，本身的非农产品税率也比较低，所以美国的方案非常激进，美国主张把关税税率分成两个层次，即 0~5% 和 5% 以上。在此基础上，美国主张 0~5% 的税率采用封顶的形式，即全部减为 0 关税；5% 以上的关税则采用系数为 8 的瑞士公式进行削减（具体见表 5-6）。

表 5-6　美国削减方案

| 关税区间 | 削减模式 | 削减公式 |
| --- | --- | --- |
| 0~5% | 关税封顶 | 0 关税 |
| 5% 以上 | 瑞士公式 | $t_1 = \left( \dfrac{8}{8 + t_0} \right) t_0$ |

在减让期限方面，各个国家的减让期均为 2005 年 ~ 2010 年的 5 年时间。而按照此方法进行削减以后，我们可以看到，削减后的关税水平较低，而且削减的幅度非常大（见图 5-6）。

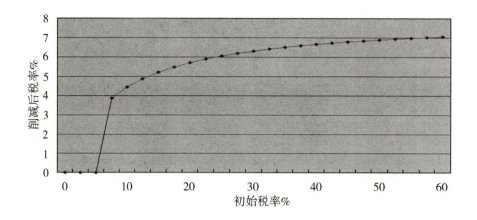

图 5 - 6　美国方案减让效果

（2）欧盟委员会方案（TN/MA/W/11）

欧盟委员会在研究非农产品关税削减公式时参考了农产品削减的办法，即首先把关税税率分成不同层次，在不同层次使用不同的减让方法。按照欧盟委员会的分层方法，关税税率可以分为四个不同的层级，分别是 0 ~ 2% 、2% ~ 15% 、15% ~ 30% 和 30% ~ 50% 以上，并且在不同层级采用不同的削减公式。同时，对于削减后仍然高于 15% 的税率，欧盟委员会建议使用 15% 的关税封顶（见表 5 - 7）。

表 5 - 7　欧盟委员会方案

| | 基础税率 | | 最终税率 | |
| --- | --- | --- | --- | --- |
| | $B_0^L$ | $B_0^U$ | $B_1^L$ | $B_1^U$ |
| 层次 1 | 0 | 到 <2 | 0 | 到 0 |
| 层次 2 | 2 | 到 15 | 1.6 | 到 7.5 |
| 层次 3 | 15 | 到 50 | 7.5 | 到 15 |
| 层次 4 | 50 | 到 50 以上 | 15 | 到 15 |

具体的削减公式可以写为：

$$t_1 = B_1^L + （t_0 - B_0^L）\times \left[ \frac{B_1^U - B_1^L}{B_0^U - B_0^L} \right] \qquad (5.9)$$

欧盟方案削减幅度同样很大（见图5－7），具有高税高减的特点（见图5－8），也比较合理，同时欧盟委员会方案可以很好的限制关税高峰和高关税，削减以后最高关税变为15%。

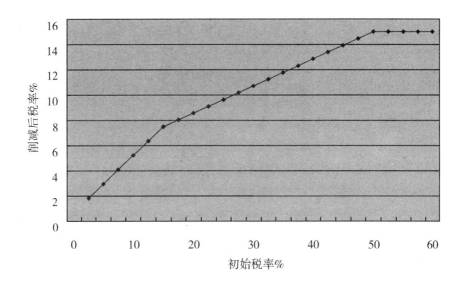

图5－7 欧盟委员会方案削减情况

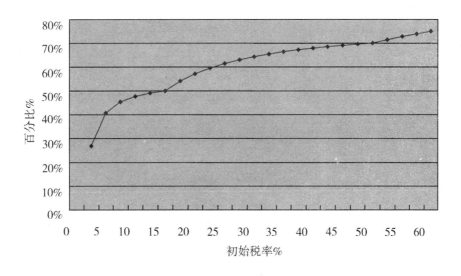

图5－8 欧盟委员会方案削减百分比

（3）韩国方案（TN/MA/W/6/Add.1）

韩国的削减方案稍显复杂，是分步骤来进行的：

第一步，所有初始关税税率进行20%的削减。

第二步，对税率进行分类处理：对大于国家平均税率两倍的关税税率，进一步削减该税率与国家平均税率之间差额的70%；对大于国家平均税率25%的税率，进一步削减该税率与25%之间差额的70%；如果前面两种情况同时存在，则选择削减后较低的税率作为最终税率。

韩国方案最终目标是使贸易量加权平均税率削减40%。

韩国方案具体到底有多大的削减幅度，我们可以通过假设来进行模拟分析。假设某国家的平均关税为35%，最高关税为60%，那么我们可以进行以下模拟：

第一步，按照公式进行削减20%，即 $t_1 = (1-20\%) t_0 = 0.8 t_0$。

第二步，显然削减后的关税不可能大于平均关税的2倍，所以我们根据削减步骤，进一步削减该税率与25%之间差额的70%，即 $t_1 = (1-20\%) t_0 - 0.7 (t_0 - 25\%) = 0.1 t_0 + 17.5$。

事实上，在这样的假设下，削减公式就是由上面两个公式共同组成的，据此我们可以得到图5-9。

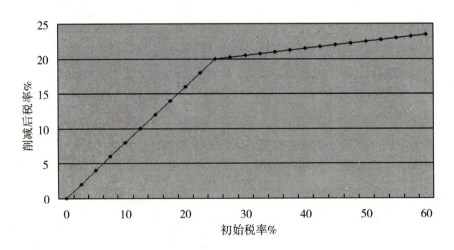

图5-9　韩国方案削减分析

从削减后的图形来看，韩国公式也具有高关税、高减让的特点，相对比较合理。该方案是线性减让，但是由于该方案的特殊处理，削减后的关税税率很难超过25%。

2. 主要发展中国家的相关提案

（1）印度方案（TN/MA/W/10/Add. 2）

印度提出的相关方案也是需要分步来进行削减，从原理上看是以线性削减为基础，然后进行简单变形得到的。具体的公式可以表述如下：

第一步，所有国家按照一个比例进行削减，公式为：

$$t_1 = (1 - z) \qquad t_0 = (1 - AY) t_0 \qquad (5.10)$$

其中，发达国家的系数 $A = 1$，发展中国家系数 $A = 0.67$。Y 则是通过谈判来确定。

第二步，削减后，如果还有超过国家平均税率三倍的税率存在，则把这些税率削减为国家平均税率的三倍。这说明经过削减以后，最大税率为国家平均税率的三倍。

印度提出的方案削减幅度以及削减以后的具体形态，我们不妨也通过一些简化方式进行模拟分析。

假设 1：某发达国家的平均税率为 5%，某发展中国家的平均税率也为 5%，同时假设 Y 的值为 40%，在采用印度公式进行削减时，发达国家的系数 =1，发展中国家系数 $A = 0.67$。那么根据印度提案的形式，公式的形式为：

发达国家：$t_1 = (1 - AY) \qquad t_0 = (1 - 0.4) t_0$

发展中国家：$t_1 = (1 - AY) \qquad t_0 = (1 - 0.268) t_0$

根据公式削减以后，我们可以看到如图 5 - 10 和图 5 - 11 所示的结果。

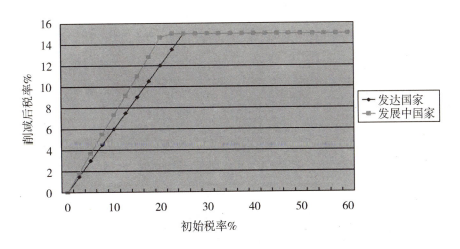

**图 5 - 10  印度公式削减情况（平均税率为 5%）**

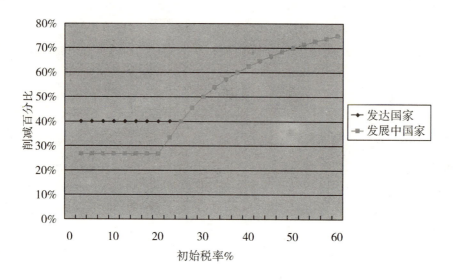

**图 5 - 11　印度公式削减百分比（平均税率为 5%）**

可见，印度提案的削减也是线性的削减，只是到了较高的税率时会出现非线性削减的情况，面对较高的税率，削减幅度也相对较大。在平均关税税率比较低的情况下，发达国家和发展中国家的削减幅度相当，发展中国家只是在税率较低时享有较低的削减百分比，到了较高税率时，削减的幅度则趋于一致。

假设 2：在其他假设条件都不变的情况下，假设发达国家和发展中国家的平均税率都为 20%。这里所使用的削减公式同样为：

发达国家：$t_1 = (1 - AY)$　　　　$t_0 = (1 - 0.4) t_0$

发展中国家：$t_1 = (1 - AY)$　　　　$t_0 = (1 - 0.268) t_0$

但是，由于平均税率增加到 20%，其三倍为 60%，削减后的税率不可能超过这一数值，所以削减后的结果是有很大区别的，见图 5 - 12。

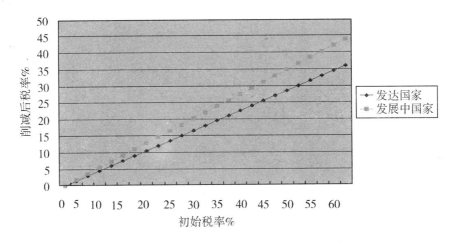

**图 5 – 12  印度提案的削减情况（平均关税税率为 20%）**

从图 5 – 12 中我们可以看到，印度提案在平均关税水平较高的条件下就是线性削减，发展中国家的削减幅度相对发达国家较小，但是幅度相差不是很大。关税高峰和高关税的问题也没办法解决。

（2）中国方案（TA/MA/W/20）

中国所提出的方案也是在瑞士公式的基础上进行简单变形而得来的，本质上讲，也属于瑞士公式。中国方案的具体形式是：

$$t_1 = \frac{(t_a + B \times P) \times t_0}{(t_a + P \times P) + t_0} \tag{5.10}$$

其中，$t_a$ 是基础税率的简单平均；$P$ 是一个峰值因素，$P = \dfrac{t_0}{t_a}$；$B$ 是一个执行年度的调整系数，如果执行年度为 2010，$B = 3$，如果执行年度为 2015，$B = 1$。

中国方案与瑞士公式非常相似，属于非线性削减，而且税率越高，削减幅度也会越大，比较合理。然而与瑞士公式不同，中国选取了一个可变因素来代替一个固定的系数，总体的削减结果就取决于各个国家自身的关税结构，这样就更为灵活。削减之后，随着初始税率的增加，最大关税为 $Bt_a$。

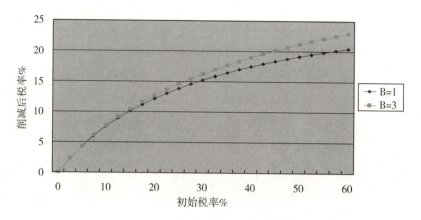

**图 5 – 13 中国方案的削减情况**

从图 5 – 13 中我们可以看出，曲线的形状与瑞士公式是一样的，但我们发现削减幅度比较小，当然这跟各个国家的关税结构是密切相关的。

（3）土耳其方案（TA/MA/W/41）

在土耳其方案中，以 15% 为界，关税税率被划分为两个档次，在两个不同的档次中，使用不同的削减方式。从本质上讲，土耳其公式也是瑞士公式。它的具体形式是：

当 $t_0 < 15\%$ 时，$t_1 = \dfrac{50 \times t_0}{50 + t_0}$ $\qquad\qquad$ (5.11)

当 $t_0 \geqslant 15\%$ 时，$t_1 = \dfrac{50 \times 15}{50 + 15} \cong 11.5\%$ $\qquad\qquad$ (5.12)

进而我们可以模拟土耳其方案的削减情况，具体如图 5 – 14 所示。

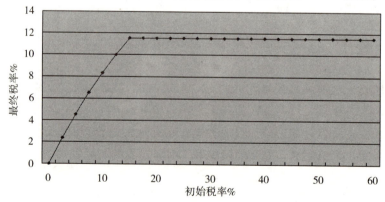

**图 5 – 14 土耳其模式削减效果**

从图 5 – 14 中我们看到，土耳其削减方案与一般的瑞士公式的削减曲线存在着一些差异，这主要是由土耳其公式中 15% 以上税率的特殊削减形式决定的，相当于大于 15% 的税率有一个关税封顶，即 11.5%，这样，该公式在控制关税高峰和高关税方面有着非常显著的效果。

### 5.4.2 吉拉德提案

在综合考虑了各个国家的立场之后，多哈回合非农产品市场准入谈判小组主席吉拉德（Pierre Luis Girard）也在 2003 年 8 月的《非农产品市场准入谈判模式的草案要素》的修订本（TA/MA/W/35/Rev.1）中提出了自己的削减方案，文章称其为吉拉德方案（或主席方案）。

该方案也是一个瑞士公式，具体表述为：

$$t_1 = \frac{(B \times t_\alpha) \times t_0}{(B \times t_\alpha) + t_0} \tag{5.14}$$

其中，$t_\alpha$ 是某国基本税率的简单平均值，$B$ 是需要通过谈判来确定的系数，$t_0$ 和 $t_1$ 所代表的含义与上文一致。从形式上看，该方案与中国公式有很大的相似性，都是把各个国家的税率的简单平均值作为决定系数的因素之一，但是其形式比中国公式更为简单，也更加容易计算。

吉拉德方案的特点也十分鲜明。首先，我们通过分析公式就可以看出，关税削减之后，最大的关税接近 $B \times t_\alpha$，但是，在这里系数是需要通过谈判来确定的，该数值不同，则各个国家削减后的最大关税会有很大的差别。其次，$t_\alpha$ 越小，公式的整体系数越小，则削减幅度也就越大。这也就是说，一个国家的平均税率越小，在削减过程中，被削减的幅度反而也会越大，反之亦然。这并不是非常合理。而且由于发展中国家的关税水平通常比较高，则意味着发展中国家的关税将会受到较小幅度的削减，而发达国家本身的较低税率还会受到较大幅度的削减。

为了衡量该公式的削减效果，可作如下假设：通过谈判，我们确定系数的值为 1，并且存在两个国家，两者国内非农产品平均税率分别为 5% 和 30%，具体的削减效果见图 5-15。

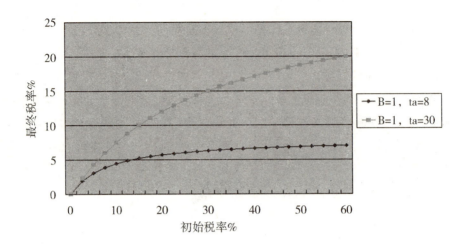

图 5-15　吉拉德方案的削减效果

### 5.4.3　主要非农产品削减方案比较

众多的削减模式，形式多样，五花八门，看似杂乱但实际上也是有章可循的。接下来的内容就是对以上提出的各个方案进行比较分析，更深入的了解这些方案。同时，对在比较凸显的各个方案的优点和缺陷进行评价。

1. 各个削减方案的原理比较

关于各个削减公式的原理已经在前文中有所交待，是为了一定的减税目标所设计的，其基本形式，包括一些简单变形的背后，都有深刻的针对性和经济意义所在。总体说来，这些公式在原理上基本可以归为两类，一类是以线性削减为基础的削减方式，另一类是以瑞士公式为理论基础的削减方式。

在上面所介绍的所有削减方案中，韩国方案、印度方案和欧盟委员会方案可以归为第一类，也就是这些方案基本上是在线性削减的基础上衍生出来的。其中印度方案在关税平均水平较高的情况下就是简单的线性削减；当一国关税水平较低的情况下，印度方案可以看作是线性削减和关税封顶的组合削减方式，也就是说当税率为平均税率三倍以内时是按照线性公式减让，而当税率大于平均税率三倍时就会有封顶的情况出现。韩国方案可以看成是两段式的线性削减方案，也就是说在某个界限前后所使用的削减公式有差异，但都是线性减让的方式。欧盟委员会方案与韩国方案类似，前者可以认为是一个三段式的线性削减方式。

其余的方案，包括美国方案、中国方案、土耳其方案以及吉拉德方案都是瑞士公式或者说是瑞士公式的变形形式。具体来讲，美国方案可以看成是一个瑞士公式和关税封顶的混合体，也就是说在税率低于5%的情况下采用关税封顶的形式，即全部削减为零，而高于5%部分的关税采用瑞士公式进行削减。中国方案和主席方案非常相似，都是瑞士公式的变形，而且系数在很大程度上取决于每个国家自身的关税平均水平。土耳其方案虽然是瑞士公式，也可以看成是瑞士公式和关税封顶的混合体，在关税税率低于15%时是瑞士公式，而当关税税率高于15%时相当于是一个关税封顶。

2. 各个削减方案的削减幅度比较

关税削减公式研究的一个很重要的方面就是关税削减公式的削减幅度问题，削减幅度也是各个国家在决定是否使用这一公式时最重要的考虑因素之一。因此，对削减幅度的比较对这些公式来说意义重大。

根据前面的方案分析内容，本文把上文各个国家提出的削减方案加以整合，放在一起加以比较，见图5-16。

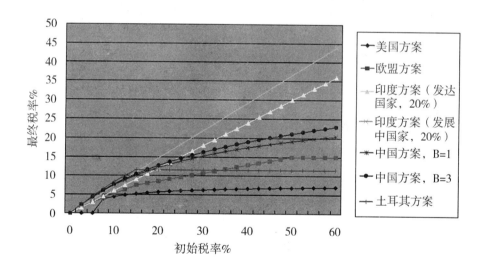

**图 5 - 16　各个国家削减方案的综合比较**

通过图5-16，我们可以看出，各个削减方案在各自假设下的关税削减幅度还是有很大区别的。从总体上来说，所有公式中，美国公式削减的幅度最大，这也是美国所积极倡导所谓雄心的体现。削减幅度最小的是印度方案对于发展中国家的削减方案（平均关税为20%）。此外的削减方案从大到小的排序为土耳其方案、欧盟方案、中国方案（B = 1）、中国方案（B = 3）、印度方案。

从直观的比较中，我们发现在高关税段，发达国家所提出的削减方案通常有较大的削减幅度，比如美国方案，土耳其方案和欧盟方案，而发展中国家的削减幅度通常比较小，最典型的要属印度方案和中国方案。而到了低关税段，各个削减方案的排序还是发生了一些变化，其中美国方案依然是最大削减幅度的方案，但是很明显，中国的方案在低关税段的削减幅度变化较大，甚至削减幅度要低于印度方案，这也从侧面反映了这些公式的一些特点。

此外，吉拉德方案、美国方案、中国方案同属于瑞士方案，因此我们可以再把这几个方案进行单独的比较。

从这个瑞士公式的结果对比来看，美国方案和中国方案占据了最大和最小两个极端，而吉拉德方案则处在中间的位置。

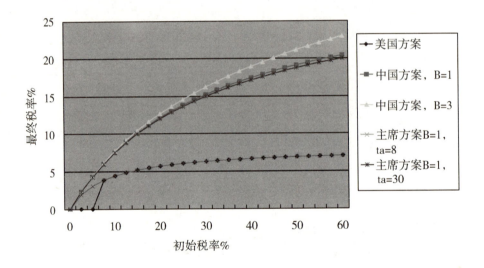

**图 5－17　瑞士公式系列的减让效果比较**

3. 各个削减方案的合理性比较

首先，分析是否这些方案都做到了高关税高削减的原则。由于瑞士公式本身具有这种特性，因此以瑞士公式为理论基础的中国方案、美国方案、土耳其方案和主席方案都符合这样的原则。然而，一般的线性削减是无法做到这一点的，但是前文提到的欧盟委员会方案、印度方案和韩国方案通过特殊的分段式结构设计，也达到了类似的效果。

其次，分析各个削减方案是否能够对关税高峰和高关税产生很好的抑制作用。在这方面，瑞士公式和关税封顶还是有自身的优势。瑞士公式对高关税和关税高峰能起到很好的抑制作用，基本上能消除关税高峰，只需通过系数调节即可。相反，线性削减在这方面恰好有其劣势，但是把线性削减和关税封顶相结合的方法可以取二者之长，达到控制关税高峰的目的。这些方案中，除了印度公式以外，都可以消除关税高峰，控制高关税。

关于对不同国家的差别待遇，瑞士公式、线性削减和关税封顶等方法都可以做到，改变削减公式的系数即可。在这些方案中明确提出的印度方案，而中国方案和主席方案本身添加了国家平均关税税率的因素，因此也可以在一定程度上体现出差别待遇。尤其是主席方案，对于平均税率较高的发展中国家，其削减的幅度较小，这对于发展中国家来说是很占优势的。

另外，从公式本身来考虑，中国方案和主席方案由于加入了新的影响因素，因此公式显得更复杂一些，操作起来也相对复杂。其他的方案中印度公式和欧盟委员会方案也涉及较多的系数，所以也比较复杂。剩余的方案则执行起来都比较容易。

通过以上比较，上述公式中美国方案算是比较合理的一种方案，但是其系数的选择方面还存在很大问题，而且过于激进、削减幅度过大，所以很难被其他国家接受。

## 5.5　本章小结

首先，本章对分层公式原理和基于分层公式的的农产品减让方案进行讨论。对分层层数、分层宽度、分层削减公式的削减幅度、削减方式等进行了深入讨论。

（1）分层公式可视为一种特殊的分段函数。在不同的原税率分布区间，根据各层的减让幅度，也就是各直线的不同斜率，这些直线方程的共同特点是经过原点的直线。通过减让公式得到不同层次（区间）的新税率。

（2）从统计学上讲，分层层数是指组数，分层宽度是指组距。分组可采用等据分组和不等距分组，具体方式可以灵活。从关税结构而言，层数越多，分组越细；有利于根据不同关税分布，采取不同的减让政策和减让方式。比较而言，在一定的关税结构下和减让幅度条件下，层数越少，分组越粗，减让力度相对平均；反之则相对集中。

（3）可以证明对于各方提案，在同样分组宽度条件下，减让幅度的大小决定了新税率的大小。对于各方提案，在分组宽度不同条件下，减让幅度的大小决定了新税率的大小。

（4）根据分析可以发现，美国提出的累进性关税税率削减公式呈现非线性形式。若与线性削减公式进行比较，可以证明在同样的条件下，利用累进性削减公式削减较之利用线性公式削减的水平至少相等或更大些。

其次，本章对瑞士公式原理和基于瑞士公式的的非农产品减让方案进行了讨论。由于瑞士公式的系数实际上是非农产品的上限关税，对于关税水平而言，系数越低，高关税水平越是要大幅度削减；反之，系数越高，则削减幅度就越小。因此高关税的发展中国家就受到了很大的压力。

（1）瑞士公式由于其自身的特点，很容易满足上述条件，因此瑞士公式是最合适的公式选择，至于不同国家究竟采用多大的系数则需要各个国家通过谈判来最终确定。

（2）瑞士公式本身具有高税高减这种特性，因此以瑞士公式为理论基础的中国方案、美国方案、土耳其方案和主席方案都符合这样的原则。然而，一般的线性削减是无法做到这一点的。

（3）双系数瑞士公式体现了对发达成员和发展中成员共同又区别的减让特点，因此是可行的。

# 第六章

# 关税减让方案模拟市场准入效果的评价

本章主要讨论对于农产品和非农产品的减让及其市场准入的效果评价。由于市场准入主要是以关税减让为主要依据的,为此,我们首先确定关税减让效果的评价准则;其次,建立相应的关税减让市场准入效果的评价指标或指标体系;再次,以中国的农产品和非农产品为例,分别对各方案市场准入程度和效果进行模拟比较。

## 6.1 关税减让结构效果的评价准则

关税结构亦称关税税率结构,一般是通过一国关税税则反映的各类商品关税税率高低的相互关系。世界各国因其国内经济和进出口商品不同,其关税结构也会各不相同。在一个国家的关税税率结构安排中,各种商品的关税水平分布往往并不是标准的正态分布(即钟形)。因此,简单的平均值不能充分反映不同水平关税的分布。经过多次谈判,目前大多数国家的关税安排多是呈左偏分布,即只有少数被重点保护的商品被赋予过高关税,多数商品被安排在较低关税水平。由于多哈回合的宗旨是发展回合,确定了其发展雄心,所以需要进一步削减关税。然而这并非易事,因为这关系到世界贸易结构的重大变革,同时也会对各国关税壁垒的调整产生重大影响。

各相关利益方分层削减公式的设计是对现有各国的关税结构的不合理性进行的调整。因此各个方案对各国相关利益方面的影响是显而易见的。首先对于利己还是利他,或是兼而有之的规则;其次,所谓雄心大小,即减让力度大小的目标;再次,对于各相关国家的关税结构的改变及其程度大小。关税水平降低会对消费者、生产者以及政府三个不同的利益集团产生不同的经济效应。关税税率减让幅度的大小取决于关税政策制定者在各方面的不同偏好,这种偏好因产业性质、国家经济发展水平等条件而变化。因此,关税减让的效果受到多种因素的影响，这些因素既包括客观因素，也包括一些需要主观判别的因素。例如，国家对各利益团体的重视程度以及国际规则中对关税减让的规定，以及其他一些因素诸如贸易规模、贸易竞争力、重点产品和近年来的贸易变化趋势等。

从 WTO 多哈回合发展回合和一项改革方案的评价原则角度出发，我们认为对各个减让方案的政策措施必须满足三个条件：effective（比原定目标要有更好的效果），efficient（高效率、以最少的成本达到目的、不造成其他非效率性的损失），equitable（公平、不加重贫困者的负担）。

## 6.2　各减让方案及其所产生的关税结构效果的评价指标

各国基于分层公式的关税减让方案对关税结构的直观和直接效果，可以从不同角度来评价。过去虽有一些研究，但只偏重于某一个具体方面，其结果往往是管中窥豹，未能从总体上把握。针对这一不足，基于评价准则，本章首先提出并采用一系列统计学的指标对分层减让公式的效果进行了结构分布的直观评价，主要采取的指标有均值、众数、中位数、方差、标准差、偏度和峰度等；其次，根据七月框架协议的要求结合关税税则，本章分别采用关税升级、关税高峰比例、关税水分、关税合理化、关税配额、敏感产品、特殊产品、特别保障以及特殊和差别待遇来分析整体关税减让结构对市场准入的综合效果。

我们试图用以下 17 个指标来衡量各个削减方案对各国农产品关税分布的影响，并通过比较这 17 个指标，对各个削减方案产生的关税结构变化进行综合评价。通过这些指标比较关税削减前后中国和相关国家农产品关税税率分布的变化，有助于我们进一步从直观上廓清各个减让方案对中国农产品进出口市场准入的直接影响。

1. 分层及其宽度

这里的分层就是分组，具体包括分层层数和组距，组距就是宽度。

2. 平均减让幅度，即：

$$\alpha = \frac{X - X'}{X} \times 100\% \tag{6.1}$$

其中，$\alpha$ 为平均削减幅度，$X$ 为基期约束关税，$X'$ 为计算期约束关税水平。

3. 平均值与中位值（mean value and middle）

根据统计学原理和对各国关税分布状态的观察，在经过关税减让后，各国的关税安排大多是呈右偏分布，只有少数被重点保护的商品被赋予高关税，多数商品被安排在较低关税水平。右偏分布下关税的简单平均值会高估关税税率真实的相对集中水平。因此，在进行关税结构分析时，需要在计算简单平均值的基础上，再计算中位值，以此来估计高关税率产品对平均关税水平的影响。不同水平的平均值与中位值的组合有着不同的经济含义。

4. 关税分布离散程度

采用方差、标准差和标准差系数可用来衡量各个模拟结果分布的离散程度。

5. 关税分布偏离程度

通过偏度系数（coefficient of skewness）和变异系数（coefficient of variation）以及变异度系数的测算可以分析各削减方案对各国的关税税率分布形状改变的大小、方向与程度，了解关税税率分布偏移和变异程度。

偏度系数反映单峰分布资料的偏斜程度和方向，与 g1 > 0、g1 = 0、g1 < 0 对应的分布分别称作正偏态、正态和负偏态。

$$g_1 = \frac{n}{(n-1)(n-2)} \sum \left(\frac{X-\bar{x}}{s}\right)^3 \quad \gamma_3 = \frac{\mu_3}{\sigma_3} \tag{6.2}$$

峰度系数（coefficient of kurtosis）反映单峰分布资料的峰态情况，$g_2 > 0$、$g_2 = 0$、$g_2 < 0$ 所对应的峰分别称作尖峭峰（leptokurtosis）、正态峰、平阔峰（plat kurtosis）。

$$g_2 = \frac{n(n+1)}{(n-1)(n-2)(n-3)} \sum \left(\frac{X-\bar{x}}{s}\right)^4 - \frac{3(n-1)^2}{(n-2)(n-3)}, \quad \gamma_4 = \frac{\mu_4}{\sigma_4} - 3 \tag{6.3}$$

变异系数简称 CV，是标准差与均数之比，可用百分数表示：

$$CV = \frac{s}{x} \times 100\% \tag{6.4}$$

比较度量衡单位不同资料的变异度和比较均数相差悬殊资料的变异度，在极端的情况下，关税分布也会出现完全左偏和完全右偏的情况。

6. 关税高峰比例指数（Tariff Peak index）

所谓关税高峰，是指高于整体关税平均水平的关税，亦可称为峰值关税（农业部农产品贸易办公室）。关税高峰指各国在大多数进口关税都较低，但对于少数敏感性产品（即希望保护国内生产者的产品）仍然设置高关税的情况。高关税的存在，往往导致外国竞争品的进入成为不可能（即实行禁止性关税）或市场准入量很小。因此，关税高峰现象会对外国竞争品的市场准入机会产生重要影响。根据农产品的特点，一种做法是将农产品的关税高峰定义为关税税率等于或高于100%；世界贸易组织定义某一税号产品的税率超过15%的关税为关税高峰，联合国粮农组织则定义某一税号产品的税率超过总体关税水平的15%的关税为关税高峰。关税高峰比例指数是指关税减让前后关税高峰比例的比值。

$$Th_i = \sum_{i=1}^{m} t_i / \sum_{i=1}^{n} V_i \times 100\% \qquad (6.5)$$

式中 $Th_i$ 为某类商品的高峰比例指数，分别为减让前后的关税高峰比例。如果关税高峰比例指数大于1，说明关税减让后仍然存在较多的关税高峰。由于关税必须逐年减让，所以，关税高峰比例指数取值不会出现大于1的情况，一般来讲，关税高峰比例指数都小于1。

7. 关税封顶（Tariff Cap）

关税封顶，就是对最高关税给出一定比例予以限制，关税封顶的主要作用是在分层公式无法处理敏感性农产品时提供另一种对关税进行削减的可行方式（WTO, 2004）。为了限制大量的关税高峰，特别是考虑到部分关税高峰产品将被列为敏感产品或特殊产品，应将关税上限制定在较低的关税水平上。

8. 关税税率分布重叠率（Ratio of Tariff overlap）

关税税率分布重叠率指削减后出现关税重叠现象的税目在总的税目中所占的比例，这个指标旨在观察各个削减方案削减后出现的重叠现象的程度。关税重叠现象（overlap）的存在是因为高关税多减的原则导致的。通常高关税的产品削减的幅度都比较大，这样原来较高的关税可能会因为较大的削减幅度而使削减后的高关税层次的税率小于原来较低关税层次经过削减后税率的现象，即关税重叠现象。如果关税重叠出现过多，会影响关税结构的阶梯和层次的稳定。此外它与削减方式也有一定的关系。如上一章所分析，线性削减的方式通常会产生临界点重叠的现象，累进性的削减方式则能很好的避免这一现象。

9. 关税水分（Binding overhang）

关税水分又称为约束突出或者约束关税差值，也称为估值或者水分，指约束税率和实际税率之差。通过该指标可以分析减让方案对于关税水分的缩小有无作用。约束税率（Bound Tariff），指经过 GATT/WTO 谈判而确立的关税税率，列在各成员的关税减让表中，可作为总协定的一部分而得到执行。《关贸总协定》第 2 条强制各成员实行约束关税。如果某一个 WTO 成员把税率提高到约束水平以上，受影响的出口成员有权对进口成员的等价值出口产品采取报复性措施或接受赔偿，其形式通常为要求该进口成员降低对受影响国的其他出口商品降低关税。实施关税（Applied Tariff）指 WTO 成员在实际进口中所使用的关税率。

关税水分 = 约束关税—实施关税，即：

$$Tw_i = X_i - Xp_i \qquad (6.6)$$

其中，$Tw_i$ 是基期关税水分，$X_{ii}$ 为基期约束关税，在计算中采用从价税等值的约束关税；$Xp_i$ 为基期实施关税，在计算中采用从价税等值的最惠国实施关税。

若 $Tw_i = 0$，则不存在关税水分，若 $Tw_i > 0$，则存在关税水分；差距越大，水分越多。

10. 关税升级（Tariff Escalation）

关税升级是指关税税率随产品加工程度逐步深化而不断提高的关税结构。世界各国的关税结构通常是制成品的关税税率高于中间产品的关税税率，中间产品的关税税率高于初级产品关税税率。形成了按产品的加工程度的提高而相应提高关税的一种关税阶梯，反映了一种限制加工品进口的保护主义倾向。在农产品中，既有原料到中间品、半成品之间的升级，也有半成品到制成品之间的升级。一般用实际保护率来衡量升级程度，但鉴于计算的复杂性，有时也可用名义升级税率来替代有效保护率。具体可用某种加工品和其初级投入品之间的关税差来说明。假设某种加工品的关税税率和其初级投入品的关税税率分别为 $t_i{}'$ 和 $t_i$，则二者之间的关税差为：

$$\Delta Tw = t_i{}' - t_i \qquad (6.7)$$

两者之间的关税差额越大，说明关税升级的程度越高。

根据有关研究，北美地区的动物与肉制品、新鲜蔬菜与蔬菜汁、甜菜与糖精、未加工烟草与香烟等产品，欧盟的油脂作物与油脂、动物与肉制品、新鲜水果与果汁、新鲜蔬菜与蔬菜汁、未加工烟草与香烟等产品，均存在关税升级的现象，而且上下游产品的关税级差还相当大。

11. 关税合理性（Tariff rationality）

判断关税降低后的效果如何，可以从关税减让后的货物名义税率和实际可征收的货物关税税率的比较来衡量，在实际测算中，可用减让后关税税率的算术平均值与加权平均值之比来衡量。假定减税后关税税率的算术平均值与加权平均值分别为 ATL 和 WATL，则其测度值公式为：

$$R_1 = ATL_1 / WATL_1 \tag{6.8}$$

其比较结果有三种可能，大于、小于或等于 1。一般认为当算术平均值与加权平均值之比大于 1 时，说明关税的财政作用和保护作用没有达到预期效果，关税政策不能适应实际需要，关税税则制定不合理。只有该比值小于 1 时，关税税则才能认为是比较合理的。该比值越小说明关税作用发挥得越充分。

所以，不存在绝对合理的关税减让模式，只有相对合理的减让模式，评价值应当在一个合理的取值区间内。

12. 关税简化（Tariff simplification）

关税简化主要是指简化复杂税则（所有关税将被转换为从价计税，即按产品价值的一定百分比例税）。复杂关税形式是 WTO 成员之间在农业贸易谈判中争议较大的一个问题，因为复杂的关税形式使得关税比较存在偏差，影响到关税减让的顺利实施。

美国、欧盟、日本等 WTO 成员（尤其是我国的一些重要贸易伙伴）使用非从价税的范围很广，其保护效果远远高出从价税，且具有隐蔽性。农产品关税税制中主要使用的非从价税形式包括：定量税、复合税、选择税（后两者也称为混合税），还有一小部分其他税种。目前，WTO 主要成员国大量地采用从量税、选择税、复合税、季节税等多种复杂的非从价关税形式，其目的是获得比从价税更好的保护效果。

从价税等值（Ad valorem equivalents，AVEs）指将从量税（Specific duty）等非从价税，通过某种公式以转换成相同课征水准的等值从价税税率，例如将原本进口一公斤牛肉课征关税 10 元，透过公式与数据，转换成课征进口牛肉总价值 3.5% 的关税。现有 34 个 WTO 会员（欧盟以 25 个成员计）使用非从价税。

通常有以下 2 种度量方法。

第一种是单位价值法（Unit value method）为非从价税转换从价税等值的公式之一，是以从量税税率除以进口产品的单位价值后乘以 100% 而得到的百分率。其公式如下：

$$AVE = SP/UV \cdot XR \tag{6.9}$$

其中，AVE 是从量税（specific duty）转换后的从价税等值，SP 是对每单

位进口品征收的从量关税的货币价值，V 是进口单位价值，且 UV = V／（Q ×
$C_o$），V 是进口值、Q 是进口量、$C_o$ 是适当的单位转换系数，XR 是适当的
汇率。

在多哈回合谈判中各个税则号列的进口单位价值为 1999 年至 2001 年的加
权平均，亦即以该 3 年加总的进口值除以该 3 年加总的进口量得到；倘若为季
节关税，则各季节适用的非从价税必须分别转换为从价税。

第二种是收入法（Cincome method），是将某一时期的全部税收收入与同
期进口品总价值进行比较：

$$AVE = SP\ Q/PQ \times ER \tag{6.10}$$

其中，AVE 是从量税转换后的从价税等值，SP 是对每单位进口品征收的
从量关税的货币价值，UV 是每单位进口品的价值，SPQ 是某一时期的全部 –
从量税收收入，PQ 是某一时期进口品总价值，ER 是适当的汇率。

这两种方法实际上是等价的，即：

$$AVE = \frac{SP}{UV \cdot XR} = \frac{SPQ}{UVQ \cdot XR} \tag{6.11}$$

13. 关税配额（Tariff-rate Quota，TRQ）

关税配额指对超过一定数量限制（配额）的进口产品采用较高的税率，
对配额以内的进口则采用较低的税率。例如当小麦进口数量小于最低市场准入
量（845.2 万吨）时关税率为 1％，当小麦进口量高于最低市场准入量时关税
率为 71％。农产品贸易中绝大多数的关税配额是在乌拉圭回合关税化过程中
产生的，也有部分配额是在部分国家在加入世贸组织或自由化的过程中的进口
政策的一部分，现行市场准入承诺是将配额分配给共同受益的所有国家，还有
一些国家同意将自愿出口限制转变为关税配额。具体分析中应考虑配额数量、
与正常公式削减的背离程度、关税配额扩大基础、关税削减背离程度与关税配
额扩大的幅度对应方式等。

目前 WTO 成员实行关税配额管理的 1425 个农产品及其加工品分属于 12
大类。这 12 大类包括：谷物类（CE）、油料类（OI）、糖类（SC）、奶类
（DA）、肉类（ME）、蛋类（EG）、饮料类（BV）、蔬菜水果类（FV）、烟草
类（TB）、纤维类（FI）、饮料类（CO）、其他（OA）。其中谷物类产品 226
个、油料类产品 129 个、糖类产品 59 个、奶类产品 183 个、肉类产品 258 个、
蛋类产品 21 个、饮料类产品 35 个、蔬菜水果类产品 370 个、烟草类产品 13
个、纤维类产品 20 个、饮料类产品 58 个以及其他产品 53 个。从产品数量来

看，12 大类产品中实行配额管理最多的是蔬菜水果类，多达 370 个，而烟草类产品最少，只有 13 个。

各世贸成员对于不同产品的配额内关税设置了不同的关税税率，且差距很大，即使是同一种产品各世贸成员所设置的配额内税率也不相同，有的成员某些产品配额内关税率高达 250%（如以色列的奶类），有的成员某些产品配额内关税率为零，但是大部分成员的产品配额内关税率基本处于 20% 到 60% 之间。

14. 敏感产品（Sensitive Product）

敏感性农产品是指对进口影响反应敏感的农产品，一般指基于土地等的资源密集型农产品，如粮食、棉花、油料、食糖等。

目前农业谈判在降税上采取弹性的做法，将产品分为一般产品与敏感产品，一般产品以分段降税公式进行削减，而敏感产品则可用特别弹性处理，包括以配额外降税、扩增配额量等组合方式来开放市场，然而细部的降税幅度与弹性待遇等至今仍未决定。

"敏感产品"是欧盟和 G10（瑞士等不愿意开放农产品市场的发达成员）等为使其部分维持高关税的敏感产品少做减让而提出的概念。目前敏感产品的概念被接受，这在一定程度上解决了上述成员的关注。而具体的产品范围、选择的标准及待遇仍将是下一阶段谈判的难点，美国、凯恩斯集团和 G20 要求限制产品的数量，同时为背离关税削减义务的行为做出补偿。

根据 WTO 规则的规定，一个成员可以选择一定数量的产品作为敏感产品，使这些产品仅受到较小幅度的关税削减（Anderson，1986）。敏感产品的选择能在一定程度上减弱分层公式的效果。而且农业框架协议并没有关于敏感产品的选择和数量的定论。但是为保证敏感产品不被滥用，敏感产品的数量占生产或贸易总量的比例非常的小。这使得敏感产品的选择面临不确定性，在谈判中就各国（或区域）敏感产品的确定也是一个有争议的议题。尽管如此，根据 Grossman-Helpman 政治经济福利函数推定各国可能设定的敏感性产品（Grossman，1994），即使有 2% 的产品被作为敏感产品，也能极大地减少市场准入协议的影响（Jean，2005）。如果高关税产品不被列为敏感产品意味着其削减比例就相对较大，由于存在敏感性农产品设定的数量限制，因此在敏感性产品设定时，应该放弃那些在贸易和生产中并不是很重要的产品。从政治经济学角度，政府往往愿意选择那些关税水平较高的产品作为敏感性产品。

15. 特殊产品（Special Product，SP）

特殊产品是由发展中国家提出来的一个保护性工具，其目的是为了保护本国产品和市场免受诸如产品倾销和大量进口等不良贸易行为的侵害。

多哈回合《七月框架协议》中的第 41 款①规定，发展中国家可以界定特殊产品（SPs），允许发展中国家根据粮食安全、生活水平和农村发展等原则将某些作物界定为特殊产品。这样，发展中国家就有机会通过适当的关税保护这些作物。

"特殊产品"是 G33（印尼等主张保护其特殊产品利益的发展中成员）为满足"农业发展、生计安全和粮食安全"的需要提出的概念。G33 要求，发展中成员可以自主确定一定比例的产品作为"特殊产品"，享受不削减关税、不扩大关税配额的待遇。印度坚持该国农产品关税税目至少 15% 要列入特殊产品范围。

特殊产品的设置与敏感产品具有异曲同工的作用。但是削减的幅度要求更低。在关税削减前，一些国家对农产品中需要重点保护的产品设置了比较高的关税（通常构成了一国的高峰税率）。在农产品市场准入的谈判中，按照任何一种关税削减公式，都必须按照"高税高减"的原则进行削减。就我们所研究的 5 种分层公式，都存在关税封顶。这无疑是消除关税高峰的有力武器。但是对于一国特别是发展中国家战略性的农产品而言非常不利。

界定特殊产品对发展中国家来说既是机遇又是挑战，不应仅仅理解为是纠正不良贸易做法的机制，这些做法如北半球国家连续使用的贸易高额补贴和产品倾销等。采用适当的标准将主要的农产品置于特殊的保护之下，应当看作是发展中国家为保护其经济利益和国内市场免受发达国家倾销及出口影响而采取的保护性工具。利用和实施这一工具也可以被看作是特殊与区别待遇（SDT）原则的具体体现。

16. 特别保障条款（Special Safeguard Provisions）

农业协议对需要进行关税化的农产品建立了一个特殊保障机制，当某种农产品某年度的进口数量超过前 3 年进口量的平均水平（"数量触发"），或当进口产品价格剧跌且低于 1986 年～1988 年进口参考价格平均水平的 10%（"价

---

① 《大会决定附录 A》中第 41 款规定："发展中国家可以根据粮食安全、生活安全和农村发展需要等标准任意地将某些产品界定为特殊产品。这些产品将享受特殊的待遇。标准和待遇要在谈判阶段确定下来，同时要说明这些特殊产品对发展中国家的重要性。"

格触发")时，允许进口国对该产品征收一定的附加税。但税额最高只能达到约束生产率的1/3，且加征期以当年为限。要使用特殊保障条款，必须满足以下三个条件：

（1）该产品必须已经经历了关税化过程；

（2）必须是一国关税减让表中注明可使用特殊保障措施的产品；

（3）必须达到以价格或数量为基础的触发标准。协议还规定，这些特殊保障措施可以采取征收附加关税的形式。

在多哈回合有待决定的条件下将建立仅由发展中国家使用的特殊保障机制（SSM），而现有的由发达国家使用的农产品特殊保障机制（SSG）是否继续运用仍然有待谈判。

17. 特殊和差别待遇（Special and differential treatment）

特殊和差别待遇的内涵指为实现建立世贸组织的宗旨，考虑到发展中国家的特殊情况和需要，发展中国家成员方可在一定的范围和条件下，背离各协定规定的一般权利和义务而享有更优惠的待遇。特殊产品和农产品特殊保障的设计将允许发展中国家给予粮食安全、生计安全和乡村发展足够的政策灵活性。由于发展中国家自由化的程度较低，特别是对于一些关系到粮食和生计安全以及乡村发展的特殊产品，许多发展中国家要求在特殊产品选择上具有足够的灵活性以满足他们的差异性需求。

我们将上述 17 个评估指标列于表 6 - 1。

表 6 - 1　关于对各减让方案的综合评估指标

| | 方案 1 | 方案 2 | 方案 3 | 方案 n - 1 | 方案 n | 说明 |
|---|---|---|---|---|---|---|
| 分层和宽度 | | | | | | |
| 平均减幅 | | | | | | |
| 平均值与中位值 | | | | | | |
| 关税分布离散率 | | | | | | |
| 关税分布偏移率 | | | | | | |
| 关税高峰比例指数 | | | | | | |
| 关税封顶 | | | | | | |
| 关税重叠率 | | | | | | |

续表

|  | 方案 1 | 方案 2 | 方案 3 | 方案 n - 1 | 方案 n | 说明 |
|---|---|---|---|---|---|---|
| 关税升级 |  |  |  |  |  |  |
| 关税合理化 |  |  |  |  |  |  |
| 关税水分 |  |  |  |  |  |  |
| 关税简化 |  |  |  |  |  |  |
| 关税配额 |  |  |  |  |  |  |
| 敏感产品 |  |  |  |  |  |  |
| 特殊产品 |  |  |  |  |  |  |
| 特别保障机制 |  |  |  |  |  |  |
| 特殊和差别待遇 |  |  |  |  |  |  |

## 6.3 不同减让方案模拟的关税结构变动和调整——以农产品为例

中国在新一轮的谈判中既是发展中成员，又是新加入成员，还是农产品的净进口国（如图 6-1 所示），所以在评价各个削减方案对中国的影响时，主要是从这个多重角度进行的。

在了解这些削减方案对我国的影响以前，首先需要了解我国农产品的基本税率分布，进而根据各减让方案的模拟计算关税结构的变动影响。

### 6.3.1 我国现阶段的农产品税率分布

图 6-1 中国入世承诺与其他成员乌拉圭回合农产品关税削减比较

作为新成员，我国在加入世界贸易组织时农产品减让的入世承诺（60%）已经大大超出了其他成员包括发达成员（小于40%）和发展中成员（25%）在乌拉圭回合的关税减让承诺水平。目前，我国平均关税水平仅为15.3%，远远低于62%的世界平均水平；同时，我国关税高峰少且峰值低，关税升级不明显，约束税率与实施税率基本一致。

根据2006年中华人民共和国进出口税则，可以算出2006年我国农产品关税的最高值为65%，平均税率为14.70%。加以整理，可以得到2006年我国税率的分布情况，见图6-2（a）。

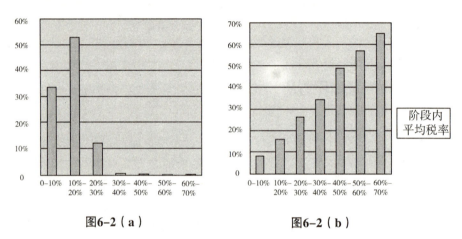

图6-2（a）　　　　　　　　图6-2（b）

从图形中可以看出，我国农产品进口关税绝大部分在0～30%这一阶段，占了全部税目的98.74%，0～20%阶段的农产品关税占了全部税目的86.76%（按8位税号计算，进口配额产品的关税和零关税除外）。可见我国农产品关税的分布是明显的左偏。

农产品各个阶段的平均税率如图6-2（b）所示，在0～10%阶段，平均税率为8.00%；10%～20%阶段，平均税率为15.57%；20%～30%阶段，平均税率为26.14%；30%～40%阶段，平均税率为34.33%；40%～50%阶段，只有一个税号的税率为49.10%；50%～60%阶段，平均税率为57.00%；在60%～70%阶段，有三个税号的农产品的税率达到了65%，即为最高税率。

### 6.3.2　各个模拟方案对我国农产品税率分布变动的影响

1. G20方案1对我国农产品关税税率分布的影响

按G20方案1削减后的税率分布与原来税率分布的比较见图6-3（a）。

按照这个方案减让后，我国农产品的平均关税降到了12.46%，平均减让幅度为 12.24%，最高税率降为 52%。从图中可以看出，与原分布相比，我国税率分布有些许的左移，但变化不是很明显。这说明这个方案的削减幅度比较小，对我国农产品关税结构影响也不是很大。

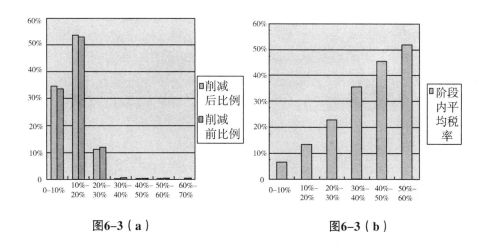

图6-3（a）                    图6-3（b）

按 G20 方案 1 削减后各阶段的平均税率见图 6 – 3（b）。与原方案的阶段平均税率相比，此方案少了一个阶段的税率，即最高税率下降到了 50% ~ 60% 的阶段。

2. G20 方案 2（3）对我国农产品关税税率分布的影响

由于 G20 方案 2 和 G20 方案 3 是完全相同的，因此，只需分析其中一个方案对我国关税税率分布的影响。

按此方案削减后，我国农产品的平均税率降为 11.0%，平均减让幅度为 25.17%，最高税率降为 45.5%，具体情况见图 6 – 4（a）。从图中也可以看出，此方案的削减效果是比较明显的，削减后，我国关税税率分布的形状有了明显的变化，向左移动的趋势也很明显，总体来说此方案的减让幅度是比较大的。

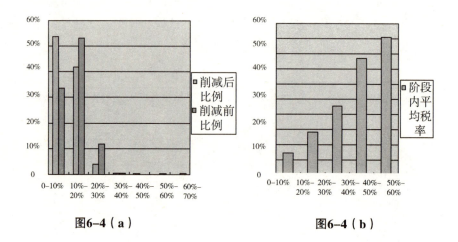

图6-4（a）　　　　　　　　　　　图6-4（b）

　　按G20方案2削减后各阶段平均税率见图6-4（b）。与原方案相比，经过G20方案2削减后，关税分布的阶段少了两层，最高关税落在了40%～50%的阶段。

　　3. G20方案4对我国农产品关税税率分布的影响

　　按此方案削减后，我国农产品的平均关税水平降为7.40%，平均减让幅度达到了49.66%，减让后我国农产品关税最高税率为26.00%，具体情况见图6-5（a）。

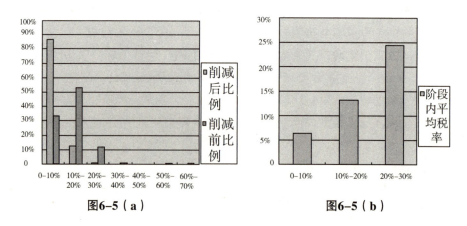

图6-5（a）　　　　　　　　　　　图6-5（b）

　　从图中可以看出，此方案的削减效果是十分明显的。削减后，我国关税税率分布的形状发生了很大变化，有多达86.76%的关税集中在了0～10%的层次，向左移动的现象十分明显。可见这个方案削减幅度很大，对我国可以产生十分重要的影响。

按 G20 方案 4 削减后的各阶段平均税率见图 6-5（b）。从图中可以清楚地看到，经过 G20 方案 4 削减后，平均税率发生了明显的变化，削减后的关税全部在 0~30% 的范围内，最高关税也落在了 20%~30% 的阶段。

4. G10 方案对我国农产品关税税率分布的影响

经此方案削减后，我国农产品关税平均税率降为 12.04%，平均削减幅度达到 18.10%，削减后我国农产品的最高税率降为 52%，具体削减情况见图 6-6（a）。

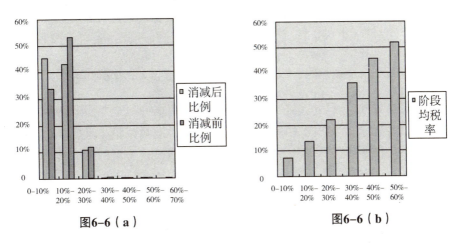

图6-6（a）                    图6-6（b）

从图中看出，这个方案的削减幅度也是比较小的，对我国影响不是很明显。削减后，我国税率分布有了一定的变化，也有一些左移的现象，但不明显。总体上说这个方案的削减效果与 G20 方案 1 相似，都不是很明显。

按 G10 方案削减后各阶段的平均税率如图 6-6（b），从图中可以看出，我国农产品关税经过 G10 方案削减后，最高税率落在了 50%~60% 的阶段，平均税率变化并不明显。

5. 美国方案对我国农产品关税税率分布的影响

按此方案削减后，我国农产品的平均关税降为 8.30%，平均减让幅度为 42.86%，减让后最高关税为 28.71%，具体削减情况见图 6-7（a）。

从图中可以看出，此方案使我国的关税税率分布有了很明显的变化，向左移动的现象很显著。可见，这个方案对我国关税的影响是很大的。

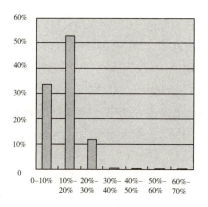

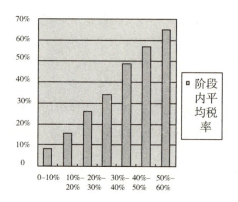

图6-7（a）　　　　　　　　　　图6-7（b）

按美国方案削减后的各阶段的平均税率如图6-7（b），从图中可以看出，按美国方案削减后，我国关税税率的阶段分布也明显减少，只剩0~30%三个阶段，最高税率落在了20%~30%的阶段。可见美国方案的影响是比较大的。

根据上述方案的模拟，整理后可得下表：

表6-2　根据各减让方案模拟的中国关税结构变动

| 减让方案 | 减让之前（2006） | | | 减让之后（模拟） | | | |
|---|---|---|---|---|---|---|---|
| | 平均关税 | 平均减幅 | 最高关税 | 平均关税 | 税差 | 平均减幅 | 最高关税 |
| 美国 | 14.70% | | 65% | 8.30% | 6.4% | 42.86% | 28.71% |
| 欧盟 | | | | 11.0% | 3.7% | 25.17% | 45.5% |
| G20（1） | | | | 12.46% | 1.24% | 12.24% | 52% |
| G20（2） | | | | 11.0% | 3.7% | 25.17% | 45.5% |
| G20（3） | | | | 11.0% | 3.7% | 25.17% | 45.5% |
| G20（4） | | | | 7.40% | 7.3% | 49.66% | 26% |
| G10 | | | | 12.04% | 1.66% | 18.10% | 52% |

显然，G20方案（4）的削减力度最大，美国方案次之，欧盟方案、G20方案（2）、G20（3）的削减力度居中，G10方案和G20方案（1）的削减力度最小。这也表明G20提出的提案，比美国的略微缓和，但要比欧盟的略微激进。美欧都承认G20提案是可以作为一个Middle Ground（中间地带）来讨论。

### 6.3.3 模拟不同减让方案削减后的中国关税结构变动和市场准入状况比较

1. 分层及其宽度比较

从分层层数来看,各国方案的分层层数均为 4 层。

从分层的宽度上来分析,对于发展中国家,G20 的三个方案都为 $0 < X \leqslant 30$,即:

$30 < X \leqslant 80$,$80 < X \leqslant 130$,$X > 130$。(由于我国最高税率为 65%,所以只考虑前两个梯度),欧盟方案与 G20 的方案相同,故不赘述。G10 方案为 $0 < X \leqslant 30$,$30 < X \leqslant 70$,$70 < X \leqslant 100$,$X > 100$。而美国方案则为 $0 < X \leqslant 20$,$20 < X \leqslant 40$,$40 < X \leqslant 60$,$X > 60$。因此从分层的宽度比较,G20 的三个方案 > G10 方案 > 美国方案。

从后来的主席方案可看出,对分层层数和区间采纳了 G20 的方案。

2. 平均减让幅度比较

如果采用 $(X_1 - X_0)/X_0$,其中,$X_1$ 是削减后的平均关税,$X_0$ 是削减前的平均关税,这个指标作为衡量削减幅度的指标,则削减幅度比较如下:

G20 方案(4) > 美国方案 > G20 方案(2)、(3) > G10 方案 > G20 方案(1)

由于 G20 方案的分层宽度较大,而且在同一层中采用相同的削减幅度进行削减,尽管较高的层级上有较大的削减幅度,但是对于同一层级来说还是不利于削减该层中的高税率,给一些国家留下了周旋的余地。G10 方案第一层划分和 G20 方案相同,第二层比 G20 方案稍微窄一些,而且层内削减幅度也是比较低的,属于保守型的方案,也不利于降低高税率。对于这两个方案来说,要想有效的削减高税率,要么就必须加大层内的削减幅度,例如 G20 方案(4)一样,要么就得降低分层宽度,这是我们应该注意的。

相对来说,美国方案的分层宽度较窄,每层只有 20% 的税率,而且还采用的是累进式的削减方式,高税高减,可以有效削减关税及关税高峰,是比较有效的削减公式。

从削减幅度来看,由于各方案的层次都是四层,所以这里就按每层的削减幅度进行对比。明显可以看出,对于发达国家,G20 方案(4)的削减幅度最大,接下来由大到小的次序是美国方案、G20 方案(3)、欧盟方案、G20 方案(2)、G10 方案和 G20 方案(1);对于发展中国家,G20 方案(4)的削减幅度仍然最大,接下来是美国方案,G20 方案(2)、G20 方案(3)和欧盟方案的削减幅度相同,接下来是 G10 方案、G20 方案(1)。

3. 平均值与中位值比较

通过模拟分析得出的关税分布图，我们可以看到任何削减公式都能使得关税分布图形左移，但是各方案之间在左移的幅度有很大的差距，除此之外图形的峰度和偏度也有很大的差别。

我们采用极大值、众数、中位数、均值来衡量各个方案削减幅度的大小。

4. 分布离散程度比较

我们采用方差、标准差和标准差系数来衡量各个模拟结果分布的离散程度。如果用标准差系数来衡量离散程度的话，结果如下：

G20 方案（1）＞G10 方案＞G20 方案（2）、（3）＞G20 方案（4）＞美国方案

5. 偏离程度比较

我们采用峰度系数指标来衡量各个模拟结果的右偏程度，得出以下结论：

G20 方案（1）＞G10 方案＞G20 方案（2）、（3）＞G20 方案（4）＞美国方案

综合上述五种减让方案，我们可以将它们分成三种类型：

①激进型：G20 方案（4）、美国方案

②稳健型：G20 方案（2）、（3）

③保守型：G10 方案、G20 方案（1）

直观图形可参见图

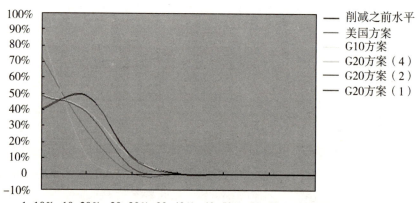

**图 6 - 8　模拟不同减让方案削减后的中国关税结构变动状况**

6. 关税减让与重叠

就我国目前的农产品关税种类，对于中国而言，关税重叠的商品较少，因此重叠率不高。按照 G20 方案（2）、（3）、（4）削减都会出现关税重叠的现象，其中 G20 方案（2）、（3）的关税重叠率为 0.089%，小于 0.1%，所以是轻微的关税重叠；G20 方案（4）的关税重叠率为 0.18%，大于 0.1%。

7. 关税高峰

2006 年，我国农产品的关税税率范围为 0～65%，表明我国农产品进口中不存在具有进口禁止性作用的关税高峰。因此根据分层模式进行减让将有递进的实质性减让。具体可参见表 6-2。

8. 关税封顶

美国方案提出关税封顶为 100，G20 方案关税封顶为 150，而 G10 方案则无限制。由于我国关税高峰低于 100，因此无论何种关税封顶对我国关税结构事实上无实际影响。发达成员中，挪威农产品税率在 75% 以上的税目有 334 个，占税目总数的 26.32%，100% 以上的税目 282 个，占税目总数的 22.22%，居第一位；瑞士农产品税率 75% 以上的税目有 494 个，占 22.74%，100% 以上的税目 425 个，占 19.57%；日本、欧盟、美国和加拿大农产品税率 75% 以上的税目占税目总数的比例分别为 10.52%、9.28%、4.25% 和 2.7%，100% 以上的税目占税目总数的比例分别为 9.57%、5.67%、2.87% 和 2.28%。发展中成员中，印度农产品税率在 100% 以上的税目有 241 个，占税目总数的 35.18%，150% 以上的税目有 26 个，占税目总数的 3.8%；墨西哥、泰国和印度尼西业农产品税率 100% 以上的税目占税目总数的比例分别为 5.07%、3.7% 和 3.5%，150% 以上的税目占税目总数的比例分别为 3.27%、0.26% 和 1.02%。如果规定最高税率为 75%，则对我国没有任何影响，这种削减对我国是十分有利的。

9. 关税升级

我国农产品的关税升级情况有以下两个特点：

（1）关税升级现象比较普遍，而且程度高。无论是 2000 年还是 2002 年的进口税率，我国农产品中的关税升级现象都是普遍的。2002 年，七组农产品中除了谷物和谷物制品外，其他六组均存在明显的关税升级现象，蔬菜制品与鲜菜相比、植物油与含油籽仁相比，加工品的关税水平均为初级产品的 2 倍左右。

（2）我国农产品关税升级现象突出的商品种类与国际一般情况有所不同。

我国主要在植物油、蔬菜、糖和烟草等商品中关税升级现象比较突出。但升级幅度不高。对于植物油和蔬菜来说，其制成品的最高税率只有25%，对于烟草类商品来说，所有的公式都可以在一定程度上削弱关税升级现象。而在国际市场上，关税升级现象一般在肉类、糖类、水果和皮革等商品中突出（世界粮食安全委员会，2004）。

10. 关税水分

中国农产品平均关税2006年为15.3%，实施关税与约束关税基本相同，所以任何形式的削减对中国来说都是实质性的，都会降低中国农产品的平均关税水平。

11. 关税简化

美国、欧盟、日本等WTO成员（尤其是我国的一些重要贸易伙伴）使用非从价税的范围很广，其保护效果远远高出从价税，且具有隐蔽性。农产品关税税制中主要使用的非从价税形式包括定量税、复合税、选择税（后两者也称为混合税），还有一小部分其他税种。目前，WTO主要成员国大量地采用从量税、选择税、复合税、季节税等多种复杂的非从价关税形式，其目的是获得比从价税更好的保护效果。

某种农产品的关税等值（使用了非关税措施的商品）为该产品的国内市场平均价格减去该产品或相近产品的国际市场平均价格。通过对各主要成员国非从价税的使用状况进行的分析中我们可以看出，发达国家使用非从价税的比例要比部分发展中国家大的多。如欧盟、美国的非从价税的税目数占到所有关税税目的一半左右。而且在各国使用的非从价税中，从量税是使用最普遍的复杂关税形式。由于减让基期即1986年～1988年我国的大部分农产品价格低于国际市场价格，关税化后的关税等值为负值，此外，我国使用的非从价税也很少，因此我国无需使用贸易规则规定的关税化的手段。

12. 关税合理化

此次关税减让前，中国关税合理性测度值明显大于1，说明中国农产品关税设置不大合理，具体表现为名义税率远大于实际税率。那么就此意义上来说，在假定实际税率一定的情况下，无论何种减税方案都能促进中国关税的合理化，无非是程度大小不同罢了。

13. 关税配额

用关税配额作为过渡性的工具，目的是使所有的关税配额管理最终转化为单纯的关税管理。

1996 年以来，我国对一些重要的大宗农产品实行了一般商品进口关税配额管理，包括粮食、植物油、油籽、羊毛等，后来又增加了糖和棉花。2000 年，我国实行关税配额管理的农产品共有 15 种，占我国农产品进口价值的 60% 以上。加入 WTO 后，2002 年，我国实行关税配额的商品减少到 10 种，并且配额内税率也进一步下降。2006 年我国棉花进口关税配额量为：小麦 963.6 万吨，国营贸易比例 90%；玉米 720 万吨，国营贸易比例 60%；大米 532 万吨（其中长粒米 266 万吨，中短粒米 266 万吨），国营贸易比例 50%；棉花 89.4 万吨，国营贸易比例 33%。

关税配额产品分别实施配额内和配额外的税率。

表 6-3　中国实施关税配额的主要农产品

| 产品 | 配额内税率 | 配额外税率 |
|---|---|---|
| 粮食（小麦、玉米、大米） | 1% | 65% |
| 食糖 | 15% | 50% |
| 棉花 | 1% | 6% ~40%（滑准税） |
| 羊毛、毛条 | 1% ~3% | 38% |

2007 年我国继续对小麦、玉米、稻谷和大米、糖、羊毛、毛条、棉花等 7 种农产品和尿素、磷酸二铵、三元复合肥等 3 种化肥实行关税配额管理。根据入世承诺，2005 年以后中国在棕榈油、豆油和菜籽油三种产品上放弃使用关税配额管理的权利，因此，这里将重点分析未来关税配额的扩大对小麦、玉米、大米、棉花、食糖和羊毛的进口可能产生的影响。

七月框架协议中对 TRQ 的具体表述很少，基本上是一种原则性的表达，即关税配额的扩大方法还有待进一步讨论和谈判，发展中成员要享受特殊差别待遇；关税配额管理办法的改进和配额内税率的降低或取消要通盘考虑，以便使发展中成员从中能够切实受益。需要指出的是，原来在 Derbez1s 案文中已表明的"被列入 SP 范围的产品不需要再扩大关税配额"这项并没有明确反映在框架协议中，这对发展中成员后面的谈判很不利。

关于扩大关税配额的估算基础，G10 主张以现有的约束配额为准，美国和 G20 坚持国内消费量为基础，而欧盟则建议以进口数量为基础。

中国在入世时承诺的小麦、玉米、大米、棉花、食糖和羊毛的最终配额量依次为963.3 万吨、720 万吨、532 万吨、89.4 万吨、194.5 万吨和28.7 万吨。从入世三年来的关税配额平均完成率来看，关税配额完成率急速增长，从 2002 年的 32.5% 上升到 2004 年的 66.4%，年均增长率高达 43%。这一方面反映了中国新一轮经济增长对重要农产品的需求扩大，另一方面也表明中国政府正在以更加开放的姿态履行入世时的农产品进口承诺。分别占 2002 年 ~ 2004 年平均国内消费量的 9.07%、6.05%、3.90%、13.79%、19.36% 和 72.47%。如果按照发展中成员 6.6% 的配额扩大标准，中国在小麦、棉花、食糖和羊毛方面已远远超过。对于粮食产品，如果能够以国内商品性消费量为计算关税配额扩大的基础，中国现有的小麦、玉米和大米最终配额量已远远超过按 6.6% 所要求的扩大水平。

中国农业部专家提出，对于发展中国家粮食进口配额的计算口径，应按商品粮来统计即减去农民自己消费部分。以中国为例，中国农民生产的农产品粮食至少 60% 以上用于自身的消费，只有 30% 进入流通领域，如果改用商品粮口径来计算我国的粮食进口配额，则配额数量只相当于原来计算方式的 1/3。这一建议如获通过，将非常有利于缓解国际市场对中国农产品的压力。

国内某农产品总消费量 = 某产品农业生产者自用消费量 + 某产品商品性消费量

现有谷物配额的成员共有 39 个，其中发展中成员 32 个，只有智利和立陶宛两个发展中成员没有对谷物产品实行关税配额管理。下表列出了 32 个发展中成员非农人口占总人口的比重，可以看出，有 14 个成员国的非农人口占总人口的比重都在 80% 以下，也就是说，在这些成员中，农业人口在总人口中还占相当大的比例。其中中国、危地马拉、泰国、印度尼西亚、菲律宾、摩洛哥、萨尔瓦多等成员国，它们的农业人口占总人口的比重更大，以商品消费量计算谷物关税配额量对于它们的公平和发展就显得更加重要。

表 6 - 4　拥有谷物类配额的发展中成员非农人口占总人口的比重（%）

| 中国 | 32 | 尼加拉瓜 | 79 | 拉脱维亚 | 88 |
| 危地马拉 | 50 | 哥斯达黎加 | 79 | 委内瑞拉 | 90 |
| 泰国 | 51 | 哥伦比亚 | 79 | 斯洛伐克 | 91 |
| 印度尼西亚 | 56 | 波兰 | 81 | 韩国 | 91 |
| 菲律宾 | 61 | 马来西亚 | 82 | 克罗地亚 | 92 |
| 摩洛哥 | 63 | 多米尼加 | 82 | 捷克共和国 | 92 |
| 萨尔瓦多 | 67 | 巴西 | 84 | 保加利亚 | 92 |
| 厄瓜多尔 | 72 | 中国台北 | 85 | 巴巴多斯 | 96 |
| 突尼斯 | 75 | 南非 | 86 | 以色列 | 97 |

| 墨西哥 | 76 | 罗马尼亚 | 86 | 斯洛文尼亚 | 98 |
| 巴拿马 | 77 | 匈牙利 | 88 | | |

资料来源：根据 FAO 数据计算，采用 1999 年~2001 年平均数。

**表 6-5　各利益集团提出的关税配额扩大方式**

| 谈判方 | 关税配额扩大基础 | 关税削减背离程度与关税配额扩大的幅度对应方式 | 新建关税配额 |
|---|---|---|---|
| G20 | 国内消费量 | 关税削减的背离程度与关税配额扩大幅度成正比，如果敏感产品的数量超过标准数量，则超出数量与关税配额扩大幅度成正比。 | 不允许新建，可享受更长的实施期。 |
| 美国 | 国内消费量 | TRQ 扩大比例 = 基期 TRQ% + （敏感产品削减后关税 - 一般产品削减后关税）× R，其中，基期 TRQ% 为国内消费量的比例，$0 < R < 1$。 | 不允许新建，可享受更长的实施期。 |
| 欧盟 | 综合考虑当前的配额承诺量与实际进口量 | TRQ 承诺量 = 当前进口量的一定比例 × $[(Cf - Cs)/(1 + Ti)] \times 0.8$（其中，Cf 为公式削减幅度，Cs 为敏感产品削减幅度，Ti 为关税水平）。 | 不允许新建，可享受更长的实施期。 |
| G10 | 综合考虑国内消费量与配额承诺量 | TRQ 承诺量的扩大幅度 = 标准对应比例 × 调整系数。<br>标准的对应比例是：<br><br>| 实际削减幅度占公式削减的比例 | TRQ 扩大幅度 |<br>| --- | --- |<br>| 1/2 | 20% |<br>| 1/5 | 35% |<br>| 4/5 | 5% |<br><br>调整系数：<br><br>| 当前 TRQ 承诺占国内消费量比例 | TRQ 承诺的调整系数 |<br>| --- | --- |<br>| $0 < b \leqslant 2.5\%$ | 3 |<br>| $2.5 < b \leqslant 5\%$ | 2 |<br>| $5 < b \leqslant 10\%$ | 1 |<br>| $10 < b \leqslant 30\%$ | 1/3 |<br>| $30\% < b$ | 1/5 | | 不允许新建，可享受更长的实施期。 |

14. 敏感性产品

"敏感产品"是欧盟和 G10（瑞士等不愿意开放农产品市场的发达成员）等为使其部分维持高关税的敏感产品少做减让而提出的概念。目前敏感产品的概念被接受，这在一定程度上解决了上述成员的关注。

敏感产品的处理包括敏感产品的选择基准与项数、敏感产品待遇，以及发展中国家的特殊与差别待遇。

多哈回合框架协议对敏感产品的选择的原则是，在不损害分层方式的总体目标的情况下，成员们可以指定有待谈判的适当数量的税目作为敏感产品处理，同时考虑这些产品的现有承诺。同时也提出了关于敏感产品的待遇原则，即"实质性改善"原则将适用于每一产品，"实质性改善"将通过适用于每一产品的关税配额承诺和关税削减相结合加以实现。为避免损害分层方式的目标，对于所有此类产品，将根据有待谈判的特定规则并考虑对关税公式的背离，在最惠国待遇基础上增加关税配额。而具体的产品范围、选择的标准及待遇仍将是下一阶段谈判的难点。

关于敏感产品的选择基准与项数，美国、凯恩斯集团和 G20 要求限制产品的数量，同时为背离关税削减义务的行为做出补偿。许多发展中国家并不支持以 TRQ 产品项数作为敏感项数的选择基准，而是主张以各国总产品项数的 X% 来挑选，而出口国则主张应以扣除零税率税项后的 X% 来决定。G10 主张 10% ~ 15% 的农产品关税项目应列为敏感性产品，美国和 G20 则主张 1%，农业谈判主席福尔克纳在他的参考文件中形容，这两个极端的主张之间存在鸿沟。然而目前各方预期敏感产品项数不会超过欧盟提出的 8%。

在敏感产品待遇上，由于敏感性产品的关税减让低于一般产品根据公式进行的削减，这将产生所谓的关税背离，以及采取何种形式补偿的问题。目前几乎所有成员皆已同意敏感产品必须以降税与 TRQ 扩增的组合方式来开放市场。然而美国、G20 与欧盟则认为敏感产品仍须以分段降税公式削减，可适用最小的降幅，但仍应就敏感产品享有优惠降税偏离原本分段降税公式应有降幅的程度，以 TRQ 扩增作补偿，且偏离越大需补偿的越多，最好达到完全补偿的效果。美国和凯恩斯集团主张完全补偿，即扩大关税配额应能完全补偿低于公式的关税减让；G10 与欧盟则坚持"低于完全补偿"原则，也就是扩大关税配额只能部分补偿低于公式的关税减让。但是在实际中，必须关注敏感产品的覆盖比例。如在一个发达国家中，15% 的敏感性产品涵盖了 88.1% 的农产品贸易，另一国则涵盖了 84.3%；同样的 1% 可能太低，如某国的糖类产品就包括 44 个关税项目，1% 根本不够。

目前主席减让模式提案建议敏感产品合理项数为农产品非零税率总税项的 4%～6%。而敏感产品待遇则采用 G10 提案中降税偏离与配额扩增量的标准组合概念及加拿大、美国等主张的国内消费量作为扩增基准，加上挑战文件中所采用的配额外 MFN 税率是否具保护效果等元素，而于草案中提出的配额扩增公式已综合各成员意见。根据农业谈判小组主席、新西兰驻世贸组织大使福尔克纳起草的农业谈判妥协方案，敏感产品数量为 4%～6%，特殊产品留待成员在谈判中解决。对于福尔克纳提出的 1%～5% 的农产品可定为敏感性产品这一建议，各利益方的感受和相应差别很大，G10 认为是无法接受的。G10 在过去的提案中建议，敏感性产品应是 10%～15%，欧盟为 8%～10%，美国则仅赞成 1%。

据中国农业资源禀赋特征，执行 WTO 承诺对敏感性农产品将带来不利影响，但有利于竞争性农产品的出口。从具体的敏感农产品来看，我国一般敏感农产品主要是：咖啡、胡椒、小麦、碎米、菠萝罐头、龙眼罐头、椰子汁、烤烟及烟草、未梳羊毛。我国高度敏感农产品主要是：玉米、稻谷、籼米及其细粉、小麦粒及粉、豆油、棕榈油、糖、卷烟、已梳棉花等。

G10 在市场准入上仍坚持防守，认为其在关税削减方式上已做出了很大让步，在市场开放中只有损失，没有获益；坚持在关税削减上要有更高的灵活性，包括关税不封顶、敏感产品单独置于一层以及敏感产品数量扩大（占关税税目的 10%～15%）等，并表示除 G10 自己的提案外，无法再接受其他成员提出的市场准入提案。

表6-6 各利益集团提出的敏感产品方案

| 谈判方 | 选 择 | 待 遇 |
|---|---|---|
| G10 | 敏感产品单独置于一层以及敏感产品数量扩大（占关税税目的 10%～15%）等。 | 列入敏感清单的产品应扩大关税配额，扩大的比例为各产品国内年均消费量的 6%；敏感产品数量有限并须通过关税削减与最惠国待遇（MFN）基础上的关税配额扩大相结合的补偿；发展中成员可以享受特殊和差别待遇。 |
| G20 | 敏感产品数量应限制在所有税号产品的 1% 以内。 | |

续表

| 谈判方 | 选　择 | 待　遇 |
|---|---|---|
| 凯恩斯集团 | 根据敏感产品与关税削减公式背离情况，将扩大关税配额的产品分层，即背离越大，产品所在层数越高，关税配额扩大比例越高（从7.5%到10.5%不等）。 | |
| 欧盟 | 敏感产品数量应限制在所有税号产品的8%。 | |

15. 特殊产品（Special Product，SP）

在特殊产品问题上，框架协议的文字相当模糊，几乎所有的实质性问题都被留到下一阶段解决。由于担心缺乏 SP 产品的明确标准而造成 SP 产品数量过多、待遇过于宽松，美国、澳大利亚和泰国等不同意 G33 要求的不削减关税、不扩大关税配额的待遇，G33 中的少数成员则持相当强硬的立场，坚决要求"两免"待遇。因此关于 SP 产品的标准的谈判是一大难点。

农业架构第 41 段中明示特别产品是基于粮食安全、乡村发展、环境保护所需，应由成员自行选择，并且可以是不同的。因此考虑成员地理环境的差异以及市场进入条件的不同，选择应在符合上述因素的基础上，根据国内市场的需要而定。因此 G33 认为发展中国家在敏感产品外，有权再指定最多可能项数之 SP，以享有最低降税及豁免配额扩增等弹性待遇。对此，虽有许多发展中国家表示支持，但以出口为主的发展中国家则主张应限制 SP 项数，且有出口实绩及属于热带产品者，不应列为 SP。美国表示 SP 亦应提供相当程度的市场进入机会，欧盟则主张 SP 之项数应较敏感产品少，而 G10 则主张成员对于敏感产品与 SP 之需要，应顾及弹性及成员间不同生产情况的现实。

表6-7 各利益集团提出的特殊产品方案

| 谈判方 | 选 择 | 待 遇 |
|---|---|---|
| G33 | 1. 农产品总税目数的 20% 以上。如果使用 G20 公式，则特殊产品数量可以为总税目 20%；如果使用美国的公式，则要超过 20%。<br>2. 根据粮食安全、生计安全和农村发展三大标准自主指定。<br>3. 不能使用否定式方式预先排除哪些产品不能指定为特殊产品。 | 1. 50% ~65% 的特殊产品可以获得免于减让。<br>2. 25% 的产品进行 5% 的关税削减。<br>3. 其余税目进行 10% 的削减。 |
| 美国 | 1. 5 个税目（在最详细的税目位数下）。<br>2. 必须在国内生产或存在相近替代产品。<br>3. 在最惠国待遇下有出口的产品不能指定为特殊产品。<br>4. 成员净出口产品不能指定为特殊产品。 | 特殊产品也要进行一定幅度的关税削减和关税配额扩大，但关税削减和关税配额扩大的幅度都低于敏感产品。 |
| 凯恩斯集团 | 1. 应限制特殊产品的数量。<br>2. 发展中国家的出口量在全球贸易量中的比重超过 50%，或从发展中国家的进口量超过总进口量 50% 的产品不能被指定为特殊产品。<br>3. 特殊产品的自给率应超过一定比例。<br>4. 产值要达到农业 GDP 的一定比例。<br>5. 应达到营养构成的一定比例。 | 特殊产品也要进行一定幅度的关税削减和关税配额扩大，但关税削减和关税配额扩大的幅度都低于敏感产品。特殊产品也应该接受关税封顶，但封顶水平可以稍高于发展中成员的一般封顶水平。 |
| 欧盟 | 未提具体建议。 | 支持给予 G33 灵活性，但认为特殊产品也应进行一定幅度的关税削减。 |
| G10 | 未提具体建议。 | 希望通过支持 G33 关于特殊产品的关注，换取 G33 对其在敏感产品问题上的支持。 |

特殊产品的确定不能按照比例的确定方法。各个国家税则总数目各不相同，不同基数必然会导致各个国家的不公平待遇；比例相同，结构可以千差万

别。当然也必须注意如果过分强调特殊产品，市场准入的承诺会如同虚设。

16. 特别保障机制

要考虑到发展中成员的特殊情况以及发展的需要，给予他们特殊差别待遇；考虑到中国不仅仅是发展中成员，还是 WTO 的新成员，要给予发展中成员特殊差别待遇以及新成员具体的灵活性条款。

对于 SSM，农业架构第 42 段承诺应制订发展中国家专用的防御保障机制，故 G33 主张所有发展中国家均享有权利，可针对所有农产品实施 SSM，且 SSM 应同时实行数量基准与价格基准。而发动 SSM 后，可加征额外关税或采取数量限制措施，且该项机制必须简单容易执行，并确实具有保护效果。G33 已提出修改 URAA 第 5 条条文之建议案，将其改为专属于发展中国家使用的更简单便利的保障措施。然而欧盟、加拿大与 G10 等则坚持在考虑 NTCs 下必须维持 SSG，以协助农产业防范进口产品大量涌入之冲击。

目前美国、欧盟、凯恩斯集团与 G10 等都已承诺给予发展中国家 SP 与 SSM，但对于发展中国家可有多少产品列入 SP 或如何选择 SP 等，还认为应进一步谈判，美国希望将此类产品限制在极小的范围，而凯恩斯集团则将 SSM 视为暂时性与有限制的过渡性措施。

在 2008 年 7 月多哈会议上，美国和印度、中国以及 G33 在此问题上发生激烈争执，最终未能达成一致。争执的焦点是所谓农产品特殊保障机制的触发水平，指的是一个国家的农产品进口激增率到某一百分点（触发水平）时该国就可以取用保护措施。"拉米 725 草案" 拟定的触发水平为 140%。

发达国家对于这种情形下特殊保障机制的实施提出了四个方面的限制：

（1）只有进口产品的数量增加达到前三年（滚动基期）平均的 140% 时以上时，才可以启动特殊保障机制，并将关税水平提高到现有的约束水平之上；所加征关税为现行约束税率才可以超过乌拉圭回合约束税率，且最多只能额外课征现行约束税率的 15% 或加征 15% 的绝对关税（两者取其高），并可一年最多只能有 2.5% 的农产品总税项项数可启动 SSM。

（2）对于超出现有约束关税水平的补偿设置最高限度，即只能在现有的约束关税的基础上增加 15 个百分点，不管这种约束关税水平多高。

（3）即便是进口数量增长了 140%，但如果进口国国内该农产品的价格水平实际上没有下跌的话，由特殊保障机制所确定的补偿性关税也不能实施。

（4）在任何一年中，在约束关税水平之上采取特殊保障机制的农产品关税税则数量不能超过 2.5%。

发展中国家认为，"拉米草案"中有关发展中国家在农产品上采取特殊保障机制的约束太严格，条件太苛刻，大大消减了发展中国家保护本国农业、保障食品和粮食安全的政策空间。他们要求发达成员做出让步，遭到美国的断然反对。

印度、中国等G33成员认为只有进口量超过平均的110%，所课征的总关税才可超过乌拉圭回合约束税率。而美国贸易代表施瓦布则坚决反对。其后由欧盟牵头，G7再次磋商。这次的结果是将触发水平分成两段，一个是115%，另一个是135%。这样的分段印度勉强可以接受，但对于中国在实际实施中难以执行，缺乏操作性。这主要是因为两国关税结构不同，中国农产品的约束关税（平均名义关税）为15%，欧盟为22%，日本为48%，印度是115%；而现在两国的实施关税，中国为15%，印度为20%。这就是说，印度的关税水分很大，其实际关税再增长95%，达到115%时仍是合法的，中国的关税几乎没有水分，也就没有任何合法的上涨空间，如果上涨就是违背入世承诺，除非赋予弹性和特权。显然，如果不超过承诺的关税约束水平去实施SSM，保障机制则无法起到实际作用，因此这个条款对中国来说是不适用的，是难以接受的。

农业谈判在9月复谈后，继续就此议题咨商，至今仍未取得共识，且争议点亦由原本的何种门槛下所加征额外关税后的总课征关税可以高于乌拉圭回合约束税率，衍生出新的技术性问题。美、澳等出口国认为贸易自由化势必会带动进口量的正常成长，故在计算基期进口量时，应将正常的贸易成长趋势（Growth Trends）纳入考虑。对此，目前共有三个提案，包括将基期延长为前10年平均进口量、采用5年期的奥林匹克平均（"Olympic"average）进口量，以及原本最新版减让模式草案的方法减去前三年平均进口量。中国与印度反对将成长趋势纳入基期进口量的计算，而支持原本的基期计算法。

各减让方案对中国关税削减结构模拟效果的综合评估，参见表6-8。

表6-8 各减让方案对中国关税削减结构模拟效果的综合评估

| 评估指标 | 削减前 | 美国方案 | G20方案（1） | G20方案（2）、（3） | G20方案（4） | G10方案 | 说明 |
|---|---|---|---|---|---|---|---|
| 组距 | – | 20/20/20/∞ | 30/50/50/∞ | 30/50/50/∞ | 30/50/50/∞ | 30/40/30/∞ | |

续表

| 评估指标 | 削减前 | 美国方案 | G20 方案 (1) | G20 方案 (2)、(3) | G20 方案 (4) | G10 方案 | 说明 |
|---|---|---|---|---|---|---|---|
| 平均减幅 (%) | – | 43.58 | 15.07 | 25.17 | 50.40 | 18.04 | |
| 偏度系数 | 1.2284 | 0.5447 | 1.8242 | 1.0101 | 0.6316 | 1.1450 | 三阶中心距 |
| 峰度系数 | 8.4435 | 5.1748 | 8.9353 | 6.9163 | 4.6606 | 7.8626 | 四阶中心距 |
| 关税重叠率 (%) | 0 | 0 | 0.089 | 0.18 | 0 | 0 | |
| 关税升级 (%) | 163.66 | 129.52 | 157.77 | 156.94 | 143.75 | 161.44 | |
| 关税高峰比例 (%) | 65 | 28.71 | 52 | 45.5 | 26 | 52 | |
| 关税封顶 | | 100 | 150 | 150 | 150 | 无封顶 | |
| | 0 | 0 | 0 | 0 | 0 | 0 | |
| 关税简化 | 8/1080 | 8/1080 | 8/1080 | 8/1080 | 8/1080 | 8/1080 | 从量税/总税目 |
| 关税水分 | 0 | 0 | 0 | 0 | 0 | 0 | |
| 关税配额 | 0 | 以国内消费量为基础 | 以国内消费量为基础 | 欧盟建议以进口数量为基础 | 以国内消费量为基础 | 以现有的约束配额为准 | |
| 敏感产品 | 0 | 农产品总税目数的 1% | 农产品总税目数的 1%～4% | 农产品总税目数的 1%～4% | 农产品总税目数的 1%～4% | 农产品总税目数的 10%～15% | |

续表

| 评估指标 | 削减前 | 美国方案 | G20方案（1） | G20方案（2）、（3） | G20方案（4） | G10方案 | 说明 |
|---|---|---|---|---|---|---|---|
| 特殊产品 | 0 | 一定幅度的关税削减和关税配额扩大，但都低于敏感产品。 | 透明和可证实 | 欧盟支持给予G33灵活性，也应进行一定幅度的关税削减 | 透明和可证实 | 支持G33关于特殊产品的关注 | G33要求增加 |
| 特殊保障机制 | 0 | 触发门槛值40% | 门槛值10% | 门槛值10% | 门槛值10% | 门槛值不定 | G33要求降低 |
| 特殊和差别待遇 | 0 | 发表中国家新成员待遇 | 发表中国家新成员待遇 | 发表中国家新成员待遇 | 新成员待遇 | 新成员待遇 | |

说明：触发机制门槛是指，如果进口产品数量上涨幅度超过或等于一定的额度规定，则可对此产品加征关税。如进口数量超过15%～20%，就可征30%关税；而进口数量上升35%～40%，就可加征50%关税等等。

此外，各减让方案都涉及市场准入中的关税简化问题、关税配额、敏感性产品、特殊产品等，这些也都与方案的减让力度有关，但有些问题还在谈判中，没有最终的结果，因此在本文中暂不讨论。

## 6.4  不同减让方案模拟的关税结构变动和调整——以非农产品为例

### 6.4.1  非农产品关税模拟减让公式与系数说明

根据第4章中所述非农产品关税模拟减让方案，在此模拟公式的形式是双系数瑞士公式。即发达成员适用较低系数，发展中成员适用较高系数。

$$t_1 = \frac{a \times t_0}{a + t_0}$$

其中，$t_1$ 为减让后的关税税率，$t_0$ 为基础税率，$a$ 为发达或发展中成员系数，且发展中成员系数大于发达成员系数。

为进一步区别发达成员和发展中成员所适用公式的不同，公式又可写为：

$$t_1 = \frac{\{a \ or \ (x \ or \ y \ or \ z)\} \times t_0}{\{a \ or \ (x \ or \ y \ or \ z)\} + t_0}$$

其中，$t_1$ 为减让后的关税税率，$t_0$ 为基础税率，a 为发达成员系数，（x、y、z）为发展中成员系数，且发展中成员系数大于发达成员系数。

2007 年 7 月 17 日 NAMA 主席版草案中，建议发达成员系数 8~9，发展中成员系数 19~23，两者系数差距在 10~15 之间。2008 年 2 月 8 日的 NAMA 主席版第一次修正草案并未对系数作任何修正，2008 年 5 月 20 日及 2008 年 7 月 10 日的 NAMA 主席第二次修正与第三次修正草案中，发展中成员系数修正为 8~9，发达成员系数在配合弹性（flexibility）采用滑动尺度（sliding scale）的概念下，分为 19~21、21~23 与 23~26 等三个区间。同年 7 月 25 日于小型部长会议期间，由核心七成员（G7）将农业与 NAMA 的部分共识汇集，提出 2008 年"725 架构"，则将发达成员系数定在 8 以下，发展中成员系数分别为 20、22 与 25。而 2008 年 12 月的 NAMA 主席版第四次修正草案，仍沿用"725 草案"的数字。

为了研究需要和方便，本文拟采用以下三种双系数瑞士公式的方案进行模拟分析。

方案 1：发达国家的系数为 9，发展中国家的系数为 19；

方案 2：发达国家的系数为 8，发展中国家的系数为 23；

方案 3：发达国家的系数为 8，发展中国家的系数为 32。

在这三种方案中，关税减让都是从 2007 年开始，发达国家的削减期限是 5 年，发展中国家的削减期限为 9 年。具体可以用表 6-9 来表示。

表 6-9　模拟削减方案

| 方案 | 系数 | | 减让期限 | | 开始减让年度 |
|---|---|---|---|---|---|
| | 发达国家 | 发展中国家 | 发达国家 | 发展中国家 | |
| 1 | 9 | 19 | 5 | 9 | 2007 |
| 2 | 8 | 23 | 5 | 9 | 2007 |
| 3 | 8 | 32 | 5 | 9 | 2007 |

在本章的模拟中，发达国家的系数为 8~9，而发展中国家的系数则为 19~32 之间。发达国家的减让期限是 5 年，而发展中国家的减让期限为 9 年，由于方案早在 2007 年就已经提出，所以本章选择 2007 年的进口关税税率作为

依据进行分析。

### 6.4.2  中国非农产品关税税率分布的统计分析

本章按照如下规则进行统计：第一，以8位税号产品为基础进行统计；第二，税率中除了从价税以外，还有从量关税、复合税和混合税等税率的方式，但由于数量比较少，所以文章没有考虑在内；第三，涉及到有关税配额的产品则按照配额内税率进行计算，如化肥，税号31021000，配额外税率为50%，而配额内税率暂定为1%，则化肥的税率就按照1%来进行计算；第四，涉及到同一税号下产品在不同情况下有不同的税率时，两种税率各取其一按照两个税号来进行处理。

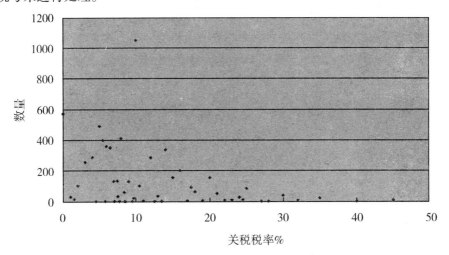

**图6-9  2007年中国关税税率分布散点图**

从图中可以明确看出，我国非农产品税率绝大部分分布在20%以内，而且主要分布在10%以内，超过30%的税率数量非常少，这就说明我国关税税率的平均水平还比较低，而且税率分布也相对比较集中。

我们可以把我国非农产品的关税税率进行一个比较详细的统计分析，以便对我国的关税税率分布作进一步了解。

按照我们上文所提出的统计方法，使用SPSS软件进行统计描述。经过计算，我国2007年海关则上非农产品总类为6594个，所有非农产品关税税率的简单平均水平为8.84%，可以看出关税水平已经非常低了；众数为10%，为1052个，占税率总数的16%；中位数为8%；全距为45；四分位差（Quartiles）为（10.5-5）/2=2.75；峰度（Kurtosis）为3.390；偏度为1.3230。

见表6-10。

表6-10　2007年非农产品关税税率统计指标汇总

| 指标 | 总量 | 平均数 | 众数 | 中位数 | 全距 | 四分位差 | 峰度 | 偏度 |
|---|---|---|---|---|---|---|---|---|
| | 6594 | 8.84% | 10% | 8% | 45 | 2.75 | 3.390 | 1.323 |

数据来源：根据《中华人民共和国海关进出口税则.2007》税率计算得来。

### 6.4.3　我国非农产品现行关税税率分布的特点

本章将从我国非农产品税率的整体分布特点和产业分布特点两个大的方面进行分析。首先来看我国非农产品关税税率整体分布特点。

第一，我国非农关税整体的水平较低，平均税率水平只有8.84%。而且大部分税率集中在20%以内，占到95.7%，10%以内的税率也占到73.6%。具体见表6-11。

表6-11　我国非农关税税率分布情况

| 税率% | 0 | 5 | 10 | 15 | 20 | 30 | 45 |
|---|---|---|---|---|---|---|---|
| 累计数量 | 573 | 1756 | 4854 | 5781 | 6310 | 6552 | 6594 |
| 累计百分比% | 8.7 | 26.6 | 73.6 | 87.8 | 95.7 | 99.4 | 100 |

数据来源：同上表。

第二，关税高峰所占比重不高。所谓关税高峰，目前在非农产品市场进入讨论中有两种定义，一为国际关税高峰（international peaks），是指税率高于15%的税项；另一为国家关税高峰（national peaks），是指税率高于该成员国内简单平均税率3倍的税项。以国际关税高峰而言，中国2007年非农产品税项高于15%者共计813项，占总税项的12.3%；至于国家关税高峰，中国高于简单平均税率3倍的税项则有184项，占2.8%。

第三，从非农关税税率分布形状来看，呈现出如下特点：首先，关税的分布类似正态分布，但是由于四分位差数值比较小，因此中间的数据比较集中；从峰值数据来看，峰值大于0表示比正态分布高峰要更加陡峭，为尖顶峰，而从偏度值来看，偏度大于0表示正偏差数值比较大，呈现正偏或者说右偏的状态。

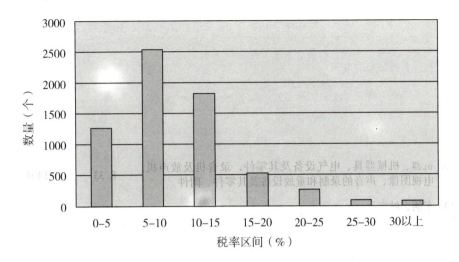

图 6 – 10　2007 年我国税率分布情况柱状图

　　其次，从部门或者产业的角度来分析我国非农关税税率分布的特点，具体参见表 6 – 12。

表 6 – 12　我国各个部门关税税率分布情况

| 商品种类 | 平均税率 | 税号数量 |
|---|---|---|
| 1. 鱼、甲壳动物、软体动物及其他水生无脊椎动物 | 10.77 | 166 |
| 2. 矿产品 | 3.76 | 197 |
| 3. 化学工业及其相关工业的产品 | 6.46 | 1149 |
| 4. 塑料及其制品，橡胶极其制品 | 9.6 | 262 |
| 5. 生皮、皮革、毛皮及其制品，鞍具及挽具，旅行用品、手提包及类似容器，动物肠线（蚕胶丝除外）制品 | 12.32 | 104 |
| 6. 木及木制品，木炭，软木及软木制品，稻草、秸秆、针茅或其他编结材料制品，篮筐及柳条编结品 | 4.26 | 189 |
| 7. 木浆及其他纤维状纤维素浆，回收（废碎）纸或纸板，纸、纸板及其制品 | 5.26 | 160 |
| 8. 纺织原料及纺织制品 | 11.21 | 1079 |
| 9. 鞋、帽、伞、杖、鞭及其零件，已加工的羽毛及其制品，人造花，人发制品 | 18.39 | 56 |

续表

| 商品种类 | 平均税率 | 税号数量 |
|---|---|---|
| 10. 石料、石膏、水泥、石棉、云母及类似材料的制品，陶瓷产品，玻璃及其制品 | 13.34 | 182 |
| 11. 天然或养殖珍珠、宝石或半宝石、贵金属、包贵金属及其制品，仿首饰，硬币 | 10.02 | 84 |
| 12. 贱金属及其制品 | 7.4 | 714 |
| 13. 机器、机械器具、电气设备及其零件，录音机及放声机、电视图像、声音的录制和重放设备及其零件、附件 | 8.33 | 1404 |
| 14. 车辆、航空器、船舶及有关运输设备 | 12.25 | 320 |
| 15. 光学、照相、电影、计量、检验、医疗或外科用仪器设备、精密仪器及设备，钟表，乐器，上述物品的零件、附件 | 10.2 | 312 |
| 16. 武器、弹药及其零件、附件 | 13 | 21 |
| 17. 杂项制品 | 11.64 | 178 |
| 18. 艺术品、收藏品及古物 | 9.6 | 10 |
| 19. 特殊交易品及未分类商品 | 0 | 7 |

数据来源：同上表。

中国非农部门类别与关税税率分布可参见图 6-11。

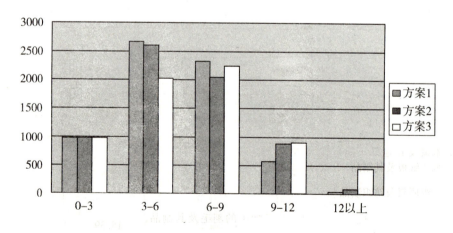

图 6-11 三个削减方案的削减结果对比

由表 6-12 和图 6-11 可知，税率最高的是"鞋、帽、伞、杖、鞭及其零件，已加工的羽毛及其制品，人造花，人发制品"，简单平均税率为18.9%，税率最低的是"特殊交易品及未分类商品"以及"矿产品"，关税税率分别为0和3.76%。

### 6.4.4 非农产品关税减让模拟方案对我国进口关税变动的影响

非农产品关税减让的方案必定会对我国非农税率分布产生影响，到底是怎样影响的以及影响有多大是这一部分所要研究的问题。

1. 模拟方案及其对我国进口关税税率分布的整体影响

经过各方案模拟减让之后的详细结果见表6－13。

表6－13　2007年中国非农产品关税税率经三方案模拟削减后的统计指标

| 指标 | 总量 | 平均数 | 众数 | 中位数 | 全距 | 四分位差 | 峰度 | 偏度 |
|---|---|---|---|---|---|---|---|---|
| 方案1 | 6594 | 5.48% | 6.15% | 5.63% | 45 | 1.40 | －0.025 | －0.185 |
| 方案2 | 6594 | 5.84% | 6.97% | 5.94% | 45 | 1.55 | －0.005 | －0.033 |
| 方案3 | 6594 | 6.43% | 7.62% | 6.4% | 45 | 1.79 | 0.154 | 0.207 |

2. 关税减让模拟之后的非农产品税率的分布状况

（1）关税模拟削减后的整体水平变化

经过方案1模拟削减之后，我国平均关税被削减为5.4763%，大部分关税集中在9%以内，占到总数的90.8%；而且6%以内的关税就占到总数的55.3%，达到一个相当高的比例。按照国际关税高峰标准，由于最高关税已在14%，我国国际关税高峰将不存在。按照国家关税标准，由于模拟后平均关税税率为5.4763%，高于简单平均税率3倍的税项亦不存在，因而国家关税高峰也将不存在。

经过方案2模拟削减之后，平均关税降为5.84%，大部分关税集中在10%以内，占到总数的92.2%；而且6%以内的关税就占到总数的54.3%。按照国际关税高峰标准，由于最高关税未超过15%，我国关税高峰将不存在。按照国家关税高峰标准，由于模拟后平均关税税率为5.84%，高于简单平均税率3倍的税项亦不存在，因而国家关税高峰也将不存在。

经过方案3模拟削减之后，关税水平也会明显变低但高于前面两个方案，平均关税降为6.43%，大部分关税集中在11%以内，占到总数的90.7%；而且7%以内的关税就占到总数的55.3%。按照国际关税高峰标准，由于非农产品税项高于15%者共计82项，仅占总税项的1.2%，大大低于模拟削减前的实际水平，表明我国关税高峰几乎不存在。按照国家关税高峰标准，由于模拟后平均关税税率为6.43%，高于简单平均税率3倍的税项所剩不到82项，因而国家关税高峰低于1.24%，也将几乎不存在。

关税经过削减后，形状仍然类似偏正态分布。其中全距为18.7%，说明削减后的税率更为集中；四分位差越来越小，说明数据越来越向中间集中，但该值大于方案1和2削减后的数值，说明不如前者集中；峰度值为正，与方案1和2削减后的情况完全不同，属于尖顶的形状；偏度值为正，与方案1和2削减后的情况也不同，说明分布有右偏的趋势，同样程度较削减前要弱一些。

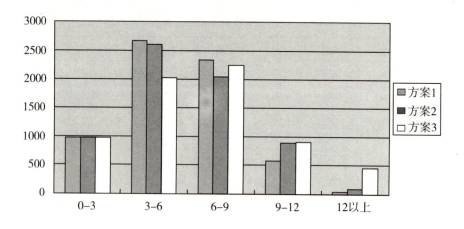

**图6-12 三个削减方案的削减结果对比**

（2）三个模拟方案减让效果的综合比较

从平均削减幅度来看，从公式本身就可以看出三个方案的削减幅度是从大到小排列的。对于我国非农关税结构来说，平均削减幅度分别为：38%、33.9%、27.3%，参见图6-12。

从税率分布形状来看，三个模拟削减方案的影响不尽相同，其中模拟削减方案3对税率分布的影响最小，而方案1的影响是最大的。

从部门角度来考察各个方案的影响：在我国非农产品税率分布中，"鞋、帽、伞、杖、鞭及其零件，已加工的羽毛及其制品，人造花，人发制品"这类产品的税率是最高的，为18.39%；税率最低的是"特殊交易品及未分类商品"以及"矿产品"，关税税率分别为0和3.76%。而经过不同模拟方案削减以后，"鞋、帽、伞、杖、鞭及其零件，已加工的羽毛及其制品，人造花，人发制品"的税率会分别降至9.35%、10.22%和11.68%；而"矿产品"的税率经过削减后税率分别会变为 3.14%、3.23% 和 3.36%。可见税率较高的产品削减幅度也会越大。具体见图 6 – 13。

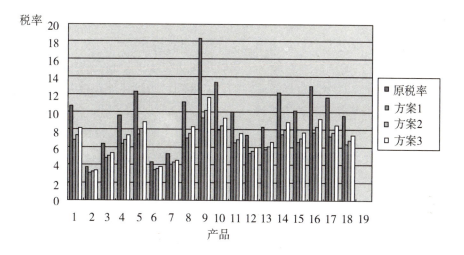

**图 6 – 13　经过削减后各部门产品的税率分布**

从图 6 – 13，减让后的税率分布证明，从削减幅度上看，三个方案的削减幅度是逐渐减小的，这三个方案都具有税率越高，削减幅度越大的特点。

## 6.5　本章小结

本章首先针对以分层公式和瑞士公式为基础的各主要利益方的减让和市场准入方案，确定了减让效果评价的准则。

其次，针对基于分层公式的农产品减让方案，建立并采用了一系列的统计指标和结构参数，对按照不同的关税削减公式削减后关税分布图进行透彻和全面的分析。考虑到分层公式的效果不能仅仅用平均削减幅度进行衡量，它对于一国关税分布的影响是多方面和综合性的。鉴于直接的关税削减仅仅是市场准入的一部分，因此除了关税削减以外还考虑包括敏感产品、关税封顶、特殊产品、SSG 和 SSM、关税配额内税率削减及配额管理、关税升级、关税简化等相关指标的测度。这些都和关税结构有密切的关系，而且和分层公式紧密连在一起，它们要求在关税削减公式的大框架下，拥有不同的差别待遇，所以又结合了关税水分、关税高峰、关税配额等指标的测度。以上指标的使用，为我们更加全面地评价基于分层公式的各个减让方案的市场准入效果奠定基础。

再次，根据上述指标结合各减让方案对中国 2006 年关税结构及其变动进行模拟比较分析，从中可以看到采用不同减税方案对中国农产品关税结构变动的影响。显然，对于中国关税结构而言，G20 方案（4）的削减力度最大，美国方案次之，欧盟方案、G20 方案（2）和（3）的削减力度居中；G10 方案和 G20 方案（1）的削减力度最小。我们看到此次减让所形成的市场准入即使按照最低方案计算对中国也是实质性的，有些项目指标还处在模糊的区间，有待明确。因此，应当有清醒的认识。

又次，根据相关指标结合各减让方案对中国 2006 年关税结构及其变动进行模拟比较分析，从中可以看到采用不同减税方案对中国非农产品关税结构变动的影响。显然，对于中国关税结构而言，从平均削减幅度来看，三个方案的削减幅度是依次从大到小排列的。但是此次减让所形成的市场准入影响即使按照最低方案 3 计算对中国也是实质性的。

# 第七章

# 各减让方案对进口产品的市场准入影响分析

本章基于各主要减让模拟方案，首先，从进口角度，进行市场准入及其对国内价格的影响因素分析，并结合关税税率、汇率、国际价格以及进口弹性进行深入讨论和分析；其次，为便于分析，应用 AIDS 模型计算进口需求点弹性作为技术参数以供参考，同时引入 Kee，Hiau Looi 等人的研究作比较分析；再次，分析了关税下调与进口变动的关系；又次，重点研究了主要进口农产品小麦和食糖的市场准入。

## 7.1 国内关税价格及其变动和市场准入的影响因素分析

### 7.1.1 影响关税减让经济效应的进口市场相关因素

如前所述，本书研究涉及的市场准入主要以关税减让为基础，表现为含税价格的变化。进口含税价格的变化取决于多种因素：

1. 关税税率

所谓关税税率是指各国按其本国海关税则规定的对课征对象征税时计算税额的比例，税率越低，表示市场准入程度越高，反之，则表示市场准入程度越低。税率包括：

（1）法定税率（根据新的《关税条例》规定，我国进口关税的法定税率包括最惠率、协定税率、特惠税率和普通税率），（2）暂定税率，（3）配额税率，（4）信息技术产品税率（下称 ITA 税率），（5）特别关税税率。

2. 汇率

汇率指一国货币兑换另一国货币的比率，是以一种货币表示的另一种货币的价格。由于世界各国货币的名称不同，币值不一，所以一国货币对其他国家的货币要规定一个兑换率，即汇率。外汇汇率有两种标价方法：直接标价法（Direct Quotation）和间接标价法（Indirect Quotation）。

### 3. 国际市场价格

国际市场价格亦称国际价格或世界市场价格。国际价格是商品国际价值的货币表现，是指国际市场上在一定时期内客观形成的具有代表性的成交价格。商品的国际市场价格通常以国际市场上占绝大多数的商品的成交价格为国际市场价格，商品的国际市场价格是由国际市场上的供求关系决定的，影响供求关系的因素有竞争、垄断、经济发展周期、各国政府采取的政策和措施、商品的价格与非价格、战争、自然灾害等。

### 4. 进口弹性

弹性分析（Elasticity Analysis）是经济分析中的重要工具。进口品的弹性是指由于与该因变量相关的某一个自变量关税（或含税价格）的值变动1%时所引起的该因变量变化的百分比。最常见的弹性就是进口品的需求弹性（Elasticity of Demand）。

### 5. 进口农产品在我国市场的最终价格

根据前面的数据，根据汇率将世界市场价格转化为人民币表示的价格，在此基础上加上关税即为该进口品在我国市场上的最终价格。

综合上述，我们有：

$$P_d = \varepsilon P_w \ (1-t) \ /E$$

其中，$P_d$ 是进口品的国内价格，$\varepsilon$ 是进口需求弹性，$P_w$ 是进口品的国际价格，t 是进口品的关税，E 是汇率。

由上式可知，一国进口品的国内价格是由该产品的国际价格，进口关税和汇率综合决定的。如果国际价格不变，关税降低会导致进口品国内价格下降；如果本币汇率上升，则会导致进口品国内价格进一步下降。反之，如果本币汇率下降，则会阻遏进口品国内价格甚至导致其上升。

### 7.1.2 考虑关税税率等相关因素变动的进口品价格

1. 进口品关税价格：

$$P_t = \varepsilon e P \ (1+t)$$

其中，$P_t$ 为进口品含税价格，P 为进口品到岸国际价格，$\varepsilon$ 为进口需求弹性，t 为进口品关税，e 为间接标价法表示的汇率。为讨论方便，先假设 e = 1。

如果分为 0 和 1 两个时期考察，$t_0$ 为 0 时期的关税，$t_1$ 为 1 时期的关税，则 0 和 1 时期的进口品含税价格分别为：

$$P_t^0 = \varepsilon e_0 P^0 (1 + t_0) \qquad\qquad (7.1)$$

$$P_t^1 = \varepsilon e_1 P^0 (1 + t_1) \qquad\qquad (7.2)$$

进口品关税价格变动，假定关税削减：

$$\triangle e = t_1 - t_0 \qquad \triangle t < 0，则有 P_t^0 > P_t^1$$

2. 考虑税率不变、汇率、国际价格和进口弹性不变时的进口品关税价格

考虑汇率在 0 和 1 时期的变动，$\sigma$ 进口需求弹性若汇率 $e_0$ 为 0 时期的汇率，$e_1$ 为 1 时期的汇率，假定关税税率不变：$\triangle t = t_1 - t_0 \quad \triangle t = 0$，则有 $P_t^0 = P_t^1$，分析以下情况：

$\triangle e = e_1 - e_0 \quad \triangle e = 0$，则有 $P_t^1 = P_t^0$，表明汇率不变；代入（7.1）、（7.2）并进行比较可知：

$\triangle P = P_1 - P_0 = [e_1 P^0 (1 + t_1)] - [e_0 P^0 (1 + t_0)]$，$\triangle P = 0$，则 $e_1 P_t^1 = e_0 P_t^0$

3. 考虑税率上升、汇率、国际价格和进口弹性不变时的进口品关税价格

考虑汇率在 0 和 1 时期的变动，若汇率 $e_0$ 为 0 时期的汇率，$e_1$ 为 1 时期的汇率，假定关税税率上升：$\triangle t = t_1 - t_0 \quad \triangle t > 0$，则有 $P_t^0 > P_t^1$，分析以下种情况：

$\triangle e = e_1 - e_0 \quad \triangle e = 0$，则有 $P_t^0 = P_t^1$，表明汇率水平不变；代入（7.1）、（7.2）并进行比较可知：

$\triangle P = P_1 - P_0 = [e_1 P^0 (1 + t_1)] - [e_0 P^0 (1 + t_0)]$，$\triangle P > 0$，则 $e_0 P_t^0 > e_1 P_t^1$

4. 考虑税率下调、汇率、国际价格和进口弹性不变时的进口品关税价格

考虑汇率在 0 和 1 时期的变动，若汇率 $e_0$ 为 0 时期的汇率，$e_1$ 为 1 时期的汇率，假定关税税率下调：$\triangle t = t_1 - t_0 \quad \triangle t < 0$，则有 $P_t^0 > P_t^1$，分析以下情况：

$\triangle e = e_1 - e_0 \quad \triangle e = 0$，则有 $P_t^0 = P_t^1$，表明汇率水平不变，代入（7.1）、（7.2）并进行比较可知：

$\triangle P = P_1 - P_0 = [e_1 P^0 (1 + t_1)] - [e_0 P^0 (1 + t_0)]$，$\triangle P > 0$，则 $e_0 P_t^0 > e_1 P_t^1$

### 7.1.3 考虑汇率和关税税率变动的进口品价格

1. 考虑汇率变动，税率、国际价格和进口弹性均不变时的进口品关税

价格

考虑汇率在0和1时期的变动，若汇率 $e_0$ 为0时期的汇率，$e_1$ 为1时期的汇率，假定关税税率不变：$\triangle t = t_1 - t_0$ $\triangle t = 0$，则有 $P_t^0 = P_t^1$，分析以下三种情况：

（1）$\triangle e = e_1 - e_0$ $\triangle e = 0$，则有 $P_t^0 = P_t^1$，表明汇率水平不变；代入 (7.1)、(7.2) 并进行比较可知：

$\triangle P = P_1 - P_0 = [e_1 P^0 (1 + t_1)] - [e_0 P^0 (1 + t_0)]$，$\triangle P = 0$，则 $e_0 P_t^0 = e_1 P_t^1$

（2）$\triangle e = e_1 - e_0$ $\triangle e > 0$，则有 $P_t^1 > P_t^0$，表明汇率升值；代入 (7.1)、(7.2) 并进行比较可知：

$\triangle P = P_1 - P_0 = [e_1 P^0 (1 + t_1)] - [e_0 P^0 (1 + t_0)]$，$\triangle P > 0$，则 $e_1 P_t^1 > e_0 P_t^0$

（3）$\triangle e = e_1 - e_0$ $\triangle e < 0$，则有 $P_t^1 < P_t^0$，表明汇率贬值；代入 (1)、(2) 并进行比较可知：

$\triangle P = P_1 - P_0 = [e_1 P^0 (1 + t_1)] - [e_0 P^0 (1 + t_0)]$，$\triangle P < 0$，则 $e_1 P_t^1 < e_0 P_t^0$

2. 考虑汇率变动，税率上升，国际价格和进口弹性不变时的进口品关税价格

考虑汇率在0和1时期的变动，若汇率 $e_0$ 为0时期的汇率，$e_1$ 为1时期的汇率，假定关税税率上升：$\triangle t = t_1 - t_0$ $\triangle t > 0$，则有 $P_t^0 > P_t^1$，分析以下三种情况：

（1）$\triangle e = e_1 - e_0$ $\triangle e = 0$，则有 $P_t^0 = P_t^1$，表明汇率水平不变；代入 (7.1)、(7.2) 并进行比较可知：

$\triangle P = P_1 - P_0 = [e_1 P^0 (1 + t_1)] - [e_0 P^0 (1 + t_0)]$，$\triangle P > 0$，则 $e_0 P_t^0 > e_1 P_t^1$

（2）$\triangle e = e_1 - e_0$ $\triangle e > 0$，则有 $P_t^1 > P_t^0$，表明汇率升值；代入 (7.1)、(7.2) 并进行比较可知：

$\triangle P = P_1 - P_0 = [e_1 P^0 (1 + t_1)] - [e_0 P^0 (1 + t_0)]$，$\triangle P > 0$，则 $e_1 P_t^1 > e_0 P_t^0$

（3）$\triangle e = e_1 - e_0$ $\triangle e < 0$，则有 $P_t^1 < P_t^0$，表明汇率贬值；代入 (7.1)、(7.2) 并进行比较可知：

$\triangle P = P_1 - P_0 = [e_1 P^0 (1 + t_1)] - [e_0 P^0 (1 + t_0)]$

这时需要进一步比较和判断△e和△t的不同状况，已知△e<0，但△t>0，如果｜△e｜>｜△t｜，则△P<0，则$e_1 P_t^1 < e_0 P_t^0$；如果｜△e｜<｜△t｜，则△P>0，则$e_1 P_t^1 > e_0 P_t^0$

3. 考虑汇率变动，税率下调，国际价格和进口弹性不变时的进口品关税价格

考虑汇率在0和1时期的变动，若汇率$e_0$为0时期的汇率，$e_1$为1时期的汇率，假定关税税率下调：△t = $t_1 - t_0$　△t<0，则$P_t^0 > P_t^1$，分析以下三种情况：

（1）△e = $e_1 - e_0$　△e = 0，则有$P_t^0 = P_t^1$，表明汇率水平不变；代入（7.1）、（7.2）并进行比较可知：

△P = $P_1 - P_0$ = $[e_1 P^0 (1 + t_1)]$ － $[e_0 P^0 (1 + t_0)]$，△P>0，则$e_0 P_t^0 > e_1 P_t^1$

（2）△e = $e_1 - e_0$　△e>0，则有$P_t^1 > P_t^0$，表明汇率升值；代入（1）、（2）并进行比较可知：

△P = $P_1 - P_0$ = $[e_1 P^0 (1 + t_1)]$ － $[e_0 P^0 (1 + t_0)]$，△P>0，则$e_1 P_t^1 > e_0 P_t^0$

（3）△e = $e_1 - e_0$　△e<0，则有$P_t^1 < P_t^0$，表明汇率贬值；代入（7.1）、（7.2）并进行比较可知：

△P = $P_1 - P_0$ = $[e_1 P^0 (1 + t_1)]$ － $[e_0 P^0 (1 + t_0)]$，△P<0，则$e_1 P_t^1 < e_0 P_t^0$

### 7.1.4 进口需求点弹性与含税价格分析

进口需求点弹性是反映进口对关税价格敏感程度的指标，即含税价格每变动1%引起的进口额变化的百分比。

$$\varepsilon = dm/dp = \frac{(M_1 - M_0)/M_0}{(P_t^1 - P_t^0)/P_t^0} \qquad (7.3)$$

其中，$\varepsilon$代表进口需求点弹性（通常为负值），$M_1$代表削减后的进口量，$M_0$代表削减之前的进口量，$t_0$和$t_1$分别代表关税削减前后的税率。

$$\varepsilon = \frac{(M_1 - M_0)/M_0}{(P_t^1 - P_t^0)/P_t^0} \qquad M_1 = \varepsilon/P_t^0 (t_1 - t_0) + M_0 \qquad (7.4)$$

其中，$\varepsilon$代表进口需求点弹性（通常为负值），$M_1$代表削减后的进口量，

$M_0$ 代表削减之前的进口量，$P_t^0$ 和 $P_t^1$ 分别代表削减前后的含税价格。

根据弹性系数的绝对值的大小，需求的价格点弹性基本上可分为以下三种：

当 $\varepsilon > 1$ 时，进口需求是富于价格弹性的，或者说进口需求的关税价格弹性充足，因为这时需求量的变动幅度大于关税价格的变动幅度。如果 $\varepsilon = \infty$，则需求完全富于价格弹性，表明价格的任一微小变化会引起需求量的无穷大的变化，这显然是 $\varepsilon > 1$ 时的一种极端情况。

当 $\varepsilon < 1$ 时，进口需求是缺乏弹性的，或者说需求的关税价格弹性不足，即需求量的相对变化小于关税价格的相对变化。如果 $\varepsilon = 0$，则需求完全缺乏价格弹性，表明无论价格如何变动，需求量都保持不变，这是 $\varepsilon < 1$ 时的一种极端情况。

当 $\varepsilon = 1$ 时，称需求具有单元弹性或单一弹性，因为这时需求量的相对变化等于价格的相对变化。

从进口需求点弹性的概念不难看出，在关税削减过程中，该弹性的变动会直接影响某国的进口量变化。在同样的关税削减幅度下，进口需求点弹性越大，某国的进口量增加也会越大，同理，如果弹性越小，进口量的增加也会越小。

## 7.2 关税减让与进口数量的相关关系

国际贸易理论的研究表明，关税水平及其变动对进口量的影响是通过价格效应来实现的。而价格还会受到其他一些因素的影响，最直接的因素是需求价格弹性，在其他条件不变的情况下，如果一个国家的需求价格弹性很大，则关税减让会使进口量急剧增加，反之则不会有太大的变化。此外，一国国内的供给弹性、产业结构、收入水平、消费习惯等都会对进口量产生影响。如果这些值都很大，那么关税减让之后，进口量会受到很大的影响而大量增加。反之，进口量则不会发生明显变化。

### 7.2.1 关税减让与进口量变化的相关关系模型

关税减让对进口量变化是否存在相关关系可以通过线性回归模型来进行分析。本章从入世以来我国的关税变化情况和相关的进口额的变化情况出发，利用相关关系模型来分析两者之间的关系。

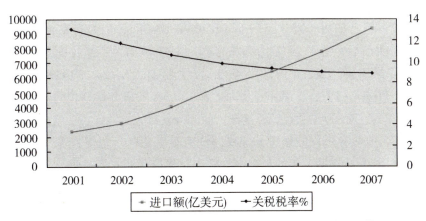

图 7 - 1　2001 年～2007 年以来我国进口额和关税税率变化趋势

由图 7 -1 可见, 我国入世以来关税税率稳步下降, 而进口额则稳步上升, 从表面上看, 二者存在相关关系。下面把我国 2001 年～2007 年的进口额和进口税率的数据进行相关分析和回归分析, 得到如下结果, 见表 7 -1。

表 7 -1　进口额和进口税率的相关系数矩阵

|  |  | 进口额 | 进口税率 |
|---|---|---|---|
| 进口额 | Pearson 相关系数 | 1 | - 0. 923** |
|  | 显著性（双侧检验） |  | 0. 003 |
|  | 样本 | 7 | 7 |
| 进口税率 | Pearson 相关系数 | - 0. 923** | 1 |
|  | 显著性（双侧检验） | 0. 003 |  |
|  | 样本 | 7 | 7 |

注：*相关系数在1%的显著性水平上显著（双侧检验）。

通过相关分析得到, 进口额与进口税率之间的相关系数为 -0.923, 说明两者之间存在着极强的负相关关系。P 值小于 0.01, 即检验结果在 1% 的水平下显著。此外, 从回归分析的结果来看, t 检验显著, 说明存在着强的负相关关系。那也就是说税率变化对进口量的影响大, 关税变动作用非常明显。

### 7.2.2　分组实证研究

分组研究法是分析关税减让对进口量影响的一个重要方法, 即把关税受到减让的税率分成一组，作为减让组（Reduced Group），关税没有受到减让税目分成一组，作为非减让组（Non-reduced Group），通过分析两组各税目产品在削减前后的进口量变化情况来判断是否因为关税减让而使进口量增加。使用分组研究法进行相关研究的主要有：Krause（1959），Kreinin（1961），Finger（1976）。其中，Krause 和 Kreinin 的研究结论相同：减让组和非减让组的进口行为并没有显著差异。而 Finger 对该方法作了一定的改进，结果得出了与前两者不同的结论：关税减让有显著影响。胡麦秀等（2004）利用 1992 年～2003 之间 7 年的数据作为样本，模拟了非农产品进口平均税率和进口额的变化趋势，并得出结论：关税税率和非农产品进口额之间存在着明显的负相关关系。

2000 年～2002 年间，我国非农产品税率的减让组和非减让组之间的差别是非常明显的，也就是说减让组的进口量的增长速度是明显高于非减让组的，可以说在此期间关税的效用非常明显。2002 年～2005 年，中国共进行了 4 次较大幅度的降税，关税总水平以每年 1 个百分点的速度从 15.3% 降至 9.9%，降幅高达 35%，这一期间中国大部分产品的降税承诺已履行完毕。此后，中国按入世承诺需降税的税目数大为减少。2008 年，中国关税总水平已降至 9.8%。本文以 2005 年～2007 年的相关数据为依据，在 2006 年和 2007 年中华人民共和国海关总署关于调整税率的文件的基础上，把所有的进口税目进行分组，来进行比较。比较的结果见表 7 - 2 和 7 - 3。

表 7 - 2　2005 年～2006 年减让组和非减让组比较

|  | 2005 | | 2006 | |
| --- | --- | --- | --- | --- |
|  | 进口额（亿美元） | 增长率% | 进口额（亿美元） | 增长率% |
| 减让组 | 360 | – | 511.4 | 42.06 |
| 非减让组 | 6105.8 | – | 7254.9 | 18.82 |

数据来源：根据商务部网站、海关总署网站相关数据整理计算得来。

表 7 - 3　2006 年～2007 年减让组和非减让组比较

|  | 2006 | | 2007 | |
| --- | --- | --- | --- | --- |
|  | 进口额（亿美元） | 增长率% | 进口额（亿美元） | 增长率% |
| 减让组 | 270.7 | – | 323.6 | 19.54 |
| 非减让组 | 7495.6 | – | 9032.2 | 20.50 |

数据来源：根据商务部网站、海关总署网站相关数据整理计算得来。

通过分组研究，我们发现 2006 年关税调整之后，减让组的增长率达到 42.06%，明显高于非减让组的 18.82%，可见，关税的作用还是十分明显的。而在 2007 年关税税率调整之后，我国非农产品关税减让只涉及到初级形状的塑料及制品，涉及的税目较少而且削减的幅度也比较小，减让组与非减让组之间的增长率相差很小，甚至还小于非减让组，也就是说此时关税的减让对进口量的促进已经不显著了。

综合上述的研究，基本可以得到如下结论：关税的作用在关税水平较高的时候是很明显的，如 2000 年～2002 年间，关税减让之后进口量大量增加。随着关税税率水平的不断下降，到了 2007 年，关税减让对进口量的影响已经不是很显著。从另一个方面看，关税减让幅度也是一个很大的影响因素，在关税减让幅度较大的年度，减让组和非减让组之间的差别非常显著。随着减让幅度的不断减小，关税的影响也呈现出不断减小的趋势。到了 2007 年，由于我国非农产品关税减让只涉及到初级形状的塑料及制品，涉及的税目较少而且削减的幅度也比较小，因此 2007 年的关税的作用并不明显。

## 7.3　产品弹性计算及其应用

### 7.3.1　需求弹性计算

国内外关于弹性参数估计的文献较多，也涉及较多模型。主要的模型包括扩展线性支出系统模型和准理想需求系统模型。

扩展线性支出系统 ELES 是从消费者角度出发，因此主要是用于消费者的基本消费需求、边际消费倾向、需求收入弹性等分析，而本研究主要希望站在更宏观的角度，全方位分析国产品和进口品的相关弹性系数。因此我们选用 AIDS 模型。

AIDS 模型是由 Angus Deaton 和 John Muellbauer 提出的"准理想需求系统"（Almost Ideal Demand System），简称 AIDS 模型。选用该模型的优点：

从模型本身出发，一方面，AIDS 可以一阶逼近任一种需求系统，充分满足选择公理，完好地对消费者进行加总，系统结构简单便于估计，并通过系数约束能方便地检验需求函数必须满足的 0 阶齐次性、对称性和加总性；另一方面，支出份额对于产品相对价格的变化敏感，比消费量更能全面反映产品的竞争效果，且 AIDS 模型由一系列预算或支出份额方程组成，因变量是无量纲的预算或支出份额，形式上便于消费品之间和时间上的比较。

从数据角度看，模型中有关各项消费支出的原始数据一律采用相对比重指标，这在我国数据统计工作尚有较大改进空间的前提下，非常实用和适合我国的研究需要，可以在一定程度上减少实际支出数据统计中的误差或虚报数据造成的影响。

AIDS 模型基本结构：

$$W_i = \alpha_i + \beta_i \log \frac{X}{P} + \sum_j \gamma_{ij} \log P_j$$

其中，$W_i$ 是商品 i 消费支出占总消费支出的份额，X 是总消费支出，$P_j$ 是商品价格，P 是 Stone 价格指数，$\log P = \sum_{i=1}^{n} W_i \log P_i$。

系统需求方程满足：

加总性：$\sum W_i = 1$，$\sum \alpha_i = 1$，$\sum \beta_i = 0$，$\sum_i \gamma_{ij} = 0$

齐次性：$\sum_{j=1}^{n} \gamma_{ij} = 0$

对称性：$\gamma_{ij} = \gamma_{ji}$

系统需求方程满足：

加总性：$\sum W_i = 1$，$\sum \alpha_i = 1$，$\sum \beta_i = 0$，$\sum_i \gamma_{ij} = 0$

支出弹性系数：$\varepsilon_i = 1 + \beta_i / W_i$

非补偿价格弹性系数：$\eta_{ij} = -\delta_{ij} + \gamma_{ij} / W_i - \beta_i W_j / W_i$

其中，$\delta_{ij}$ 为克罗内克符号（kronecker delta）：i = j 时，$\delta_{ij} = 1$；$i \neq j$ 时，$\delta_{ij} = 0$。

### 7.3.2 供给弹性计算

固定供给弹性的生产函数：

$Q_d = \left(\dfrac{Pd}{\beta}\right)^{\theta}$，也就是 $P_d = \beta * Q_d^{\frac{1}{\theta}}$

将该式线性化，有：

$$\ln P_d = \ln \beta + \frac{1}{\theta} \ln Q_d$$

### 7.3.3 数据来源

由于本文待计算的数据是进口农产品的自价格需求弹性，因此认为国内市场由进口品和国产品两部分组成，所以方程中的 i 值只取 1 和 2，$W_1$ 代表中国市场上进口农产品支出占该种产品总支出的份额，$W_2$ 代表中国市场上国产农产品支出占该种产品总支出的份额，则 $W_1 + W_2 = 1$，X 表示某种农产品进口总支出，$P_1$ 是进口品在国内市场的最终价格，$P_2$ 是国产品价格。此外，由于本文只计算自价格弹性，而在克罗内克符号中，i = j 时，$\delta_{ij} = 1$，表示自价格弹性，i ≠ j 时，$\delta_{ij} = 0$，表示交叉价格弹性，因此计算进口农产品的自价格弹性公式为：$\eta_{ij} = -\delta_{ij} + \gamma_{ij}/W_i - \beta_i W_j/W_i$，其中 i = j = 1，$\delta_{ij} = 0$。

数据来源主要包括《中国农业年鉴》、WTO 网站、商务部外贸司网站等。已收集到以下数据：进口数量和金额，该产品的国内产量，国内价格、汇率的变动、进口关税配额及配额内、配额外关税。由于收集的数据有限，因此模型使用数据为季度数据，选择的估计年份区间为 2000 年第一季度 ~ 2005 年第四季度。

通过似不相关回归（SUR）对由支出份额方程组成的系统方程计算求得待估参数。进口品支出份额的方程可决系数较高，参数估计结果显示系统方程的拟合度较好。具体到各产品：我国小麦进口价格自弹性为 - 0.702，这说明小麦国际市场价格上涨会使出口量下降，以人民币表示的国际价格每上升 1%，需求量将下降 0.702%；我国大豆进口价格自弹性为 - 0.705，这说明大豆的国际市场价格上涨会使出口量下降，以人民币表示的国际价格每上升 1%，需求量将下降 0.705%；我国糖进口价格自弹性为 - 0.82876，这说明糖国际市场价格上涨会使出口量下降，以人民币表示的国际价格每上升 1%，需求量将下降 0.82876%。由于棉花数据收集的困难，所以没有测算进口棉花的价格需求弹性，只是分析了不同削减方案下未来年份进口棉花国内价格的情况。下文将分析未来年份各农产业进口品的国内价格，并将此价格与价格需求弹性数据相结合，得出不同削减方案对各产品进口数量的影响。

### 7.3.4 全部产品进口需求点弹性

进口需求点弹性是反映进口对关税敏感程度的指标，即关税每变动 1% 引起的进口额变化的百分比。Kee，Hiau Looi，Alessanro Nicita 和 Marcelo Olarre-ga（2004）修改了 Kohli's（1991）的方法，对 117 个国家按照 6 位 HS 编码针对 4625 种产品共估计了 315451 个进口需求点弹性。他们使用的是 GDP 函数的半超越对数方法，从而导出进口需求及其弹性。他们工作的理论基础是在 Feenstra（1995）对 Anderson 和 Neary 的贸易限制性指数（trade restrictiveness index（TRI））研究的简化基础上形成的。该指数和加权关税的区别展示了它们对关税的变动以及关税和需求弹性之间的协方差的依赖。

Kee，Hiau Looi 等人的研究对于我们分析中国和相关国家和地区农产品的开放提供了有益的帮助。图 7-2 和图 7-3 分别给出了各国国内生产总值对数及人均国内生产总值对数和其相应产品弹性的关系。

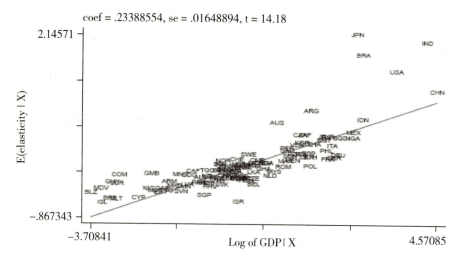

**图 7-2　各国国内生产总值对数和相应产品弹性的关系**

资料来源：世界银行，2005 年各国贸易壁垒指数项目。

由图 7-2 可以看出，横轴为各国国内生产总值的对数，纵轴为相应产品弹性。中国 GDP 的对数和弹性都处在较高的区域。

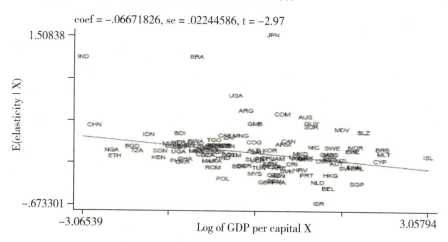

**图 7-3　各国人均国内生产总值对数和相应产品弹性的关系**

资料来源：世界银行，2005 年各国贸易壁垒指数项目。

由图 7 - 3 可以看出，横轴为各国人均国内生产总值的对数，纵轴为相应产品弹性。中国人均 GDP 的对数和弹性都处在较低的区域。

### 7.3.5  主要产品需求价格点弹性

根据世界银行 2005 年各国贸易壁垒指数项目，可以得到我国总体进口点弹性（简单平均和加权平均），以及总体农产品进口点弹性（简单平均和加权平均）的具体数值如下：

**表 7 - 4  我国总体进口商品点弹性及总体进口农产品点弹性**

|  | 总体点弹性<br>（算术平均） | 总体点弹性<br>（加权平均） | 农产品点弹性<br>（算术平均） | 农产品点弹性<br>（加权平均） |
|---|---|---|---|---|
| 中国 | - 2.54 | - 1.13 | - 5.03 | - 1.42 |

下面进一步分析主要农产品和非农产品的进口需求点弹性。

1. 农产品进口需求价格点弹性

具体到各产品：我国小麦进口价格自弹性为 - 0.702，这说明小麦国际市场价格上涨会使出口量下降，以人民币表示的国际价格每上升 1%，需求量将下降 0.702%；我国糖进口价格自弹性为 - 0.82876，这说明糖国际市场价格上涨会使出口量下降，以人民币表示的国际价格每上升 1%，需求量将下降 0.82876%。由于数据收集的困难，所以没有测算进口菜籽油的价格需求弹性，只是分析了不同减让方案下未来年份进口菜籽油国内价格的情况。下文将分析未来年份各农产业进口品的国内价格，并将此价格与价格需求弹性数据相结合，得出不同减让方案对各产品进口数量的影响。

从世界银行的测算数据来看，中国全部农产品进口需求点弹性简单平均值是 - 5.03，远高于发展中成员的平均值 - 3.15。在中国与样本国家进口需求点弹性的比较来看，中国所有农产品进口需求点弹性的简单平均要高于任何一个样本国家（如：日本 - 4.54，美国 - 4.81）。这意味着，在同样关税削减水平下，对中国进口额的影响要大于对其他国家的影响。此外，世界银行还测算了我国进口小麦的需求点弹性为 - 1.2466，我国进口糖的需求点弹性为 - 1.2923。据此，我们将进一步分析关税减让对我国商品进口额的影响。

表7-5　中国主要进口农产品需求价格弹性

| 产品 | 配额内税率（%） | 配额外关税（%） | 农产品点弹性 |
|---|---|---|---|
| 小麦 | 1 | 65 | -0.9164（-1.2466） |
| 玉米 | 1~10 | -65 | -1.0184 |
| 大米 | 1~9 | 65 | -0.9404（-1.1872） |
| 食糖 | 15 | 50 | -1.2932（-0.9981） |
| 棉花 | 1 | 40 | — |
| 羊毛 | 1 | 38 | -1左右 |
| 豆油 | 9 | 30.7（19.9）＊ | -1.063（-1.4865） |
| 棕榈油 | 9 | 30.7（19.9）＊ | -1.5556（-1.0519） |
| 菜籽油 | 9 | 30.7（19.9）＊ | -1.3314（-0.9981） |

说明：配额内关税列植物油括号数字为2005年的配额外关税。

资料来源：世界银行，2005年各国贸易壁垒指数项目。

2. 非农产品进口需求对关税变动的点弹性

进一步分析关税削减对中国的影响，需要估计非农产品进口需求对关税变化的反应或弹性。Kee，Hiau Looi，Alessandro Nicita 和 Marcelo Olarreaga（2004）对117个国家按照6位 HS 编码共估计了315451个进口需求点弹性。在此我们可采用其估计的各国弹性数据进行比较。表7-6显示了中国和部分成员货物进口需求的简单平均和加权平均点弹性。

表7-6　中国与部分发达和发展中成员全部产品进口需求点弹性

| 发达成员 | 简单平均点弹性 | 加权平均点弹性 | 发展中成员 | 简单平均点弹性 | 加权平均点弹性 |
|---|---|---|---|---|---|
| 美国 | -3.39 | -1.30 | 中国 | -2.54 | -1.13 |
| 日本 | -4.05 | -1.37 | 印度 | -3.26 | -1.33 |
| 德国 | -2.01 | -1.14 | 印尼 | -2.09 | -1.14 |
| 英国 | -1.91 | -1.12 | 南非 | -2.04 | -1.16 |
| 法国 | -1.93 | -1.14 | 巴西 | -3.38 | -1.34 |
| 意大利 | -2.10 | -1.14 | 墨西哥 | -2.08 | -1.16 |
| 荷兰 | -1.66 | -1.07 | 泰国 | -1.83 | -1.08 |
| 加拿大 | -2.29 | -1.13 | 马来西亚 | -1.45 | -1.05 |

注：部分发达和发展中成员参照各国重要性和WTO2008年全球主要国家商品贸易排名（2009年3月24日）。

表7-6显示，中国和15个成员相比，货物进口需求的简单平均和加权平均点弹性都处在相对较高的水平，特别考虑中国是一个成长性的进口大国，这意味着同样的关税削减幅度，对中国进口的影响更为敏感。

## 7.4  各减让方案对若干代表性产品进口价量的影响

### 7.4.1  主要进口农产品选择依据

2000年以来，我国主要进口的农产品为植物产品，进口占到农产品进口总额的30%以上，总体趋势呈波浪式起伏，2000年达38.55%，2003年经过起伏重新回到37.90%；进口农产品中，动物产品为第二大进口产品，但呈一定的下降趋势，2000年最高20.33%，2003年下降为17.47%；动植物油脂及分解产品、精制食用油脂、动植物类产品进口增长迅速，比重由2000年的9.13%增长为2003年的15.45%，从而取代了食品等制品第三的地位。

我国农产品的主要进口市场为北美地区，2000年～2004年我国进口的25%以上均来自该地区，在2002年由2001年的30%滑落到25.9%之后，目前又重新表现出较快的上升趋势，2004年又上升到32.7%；其次是亚洲地区，占我国农产品进口的19%以上，近几年对我国农产品出口保持着较稳定的份额；南美洲对我国的农产品出口也较强劲，由2000年的18.3%上升到23.6%；欧洲和大洋州对我国的农产品出口出现了下降趋势，从2000年到2004年分别下滑了6.3个百分点和3.6个百分点。近年来中国粮食进口结构如图7-4。

中国粮食贸易以大量进口小麦、大麦和稻米（主要是粳米）为主，其中小麦占据主要进口粮食的首位。

1. 小麦

小麦是全世界分布范围最广、种植面积最大、产量最高、贸易额最多的粮食作物，而中国则是全球小麦产量和消费量最大的国家。作为世界上唯一总产超过1亿吨的国家，中国小麦生产量和消费量均占世界小麦总量的15%～20%，国内小麦种植面积和产量仅次于水稻。可见作为中国重要的粮食作物，小麦在商品粮构成中占有十分重要的地位。尤其在以世界7%的土地养活世界22%甚至更多的人口的中国，小麦产业对社会稳定和经济发展更是发挥了举足轻重的作用。

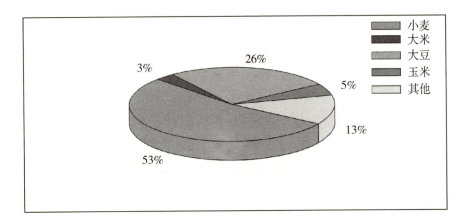

图7-4　近年来中国粮食进口结构

（1）贸易量

小麦是最重要的贸易粮食之一。从历史来看，在过去的几十年里，小麦始终是中国最主要的进口贸易粮品种。我国长期以来就是小麦的净进口国，在绝大多数年份里，中国小麦进口量能够占到三大粮食作物（小麦、大米和玉米）进口总量的2/3以上，甚至一些年份进口的基本都是小麦。尤其是20世纪90年代之前，我国是世界上主要的小麦进口国之一，常年进口小麦在1000万吨左右，约占世界小麦进口总量的10%，占全国小麦商品供应量的25%。

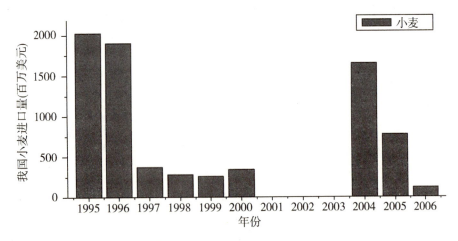

图7-5　我国小麦进口量变化

从未来看我国粮食的进口，主要产品还将是小麦。这主要是由于以下四方面原因：

首先，小麦作为主要的口粮，其本身需求的增长和对大米的口粮替代作用，将使得国内供求缺口趋于加大；其次，小麦国际贸易量较大，在 1.2 亿吨左右，我国增加进口的空间较大，此外配额数量的增加也会在一定程度上促进小麦的进口；再次，小麦进口可以填补国内优质麦的供给不足。国产小麦品质结构不合理，尤其是国产优质小麦品质不稳定，难以满足国内食品加工业的需求。随着中国城镇居民生活水平的提高，对优质加工专用小麦的需求将逐步增长，而进口小麦恰好能满足这种不断增长的需求。第四，自汇改以来，人民币一直呈现升值趋势，因此用本币表示的进口小麦的价格将下降，进口数量将随之上升。

因此，综上所述可以预计，中国小麦在未来将继续保持产销大国的地位，与此同时小麦也还将继续作为中国最主要的进口粮食品种，体现其在粮食贸易中的重要地位。

（2）市场角度

加入 WTO 后，我国小麦市场在企业、贸易、价格和政策等方面都逐步与国际接轨，尤其表现在贸易接轨和价格接轨。小麦实行进口配额管理，未来配额全部取消后，国内外市场将实现完全对接。价格方面，国际小麦的产销现状和价格所形成的价格信息，仍是国内小麦贸易的影子价格或是参照价格。

小麦的进口量和国际市场价格之间的相关系数也比较高，测算表明该系数是 0.536。这说明，在小麦市场上，我国小麦进口量的变动方向和国际市场价格的变动方向是一致的。相关研究表明，小麦市场上价格的传递方向是从国际市场价格传递到国内市场价格，即小麦市场上国际市场价格的变化领先于国内市场价格的变化。经测算表明，小麦的国内市场价格和国际市场价格间的相关系数高达 0.72。一般来说，若两个市场的相关程度超过 0.6，那么这两个市场的联系程度就比较高。因此可以看出，我国国内小麦市场和国际市场联动性很强，这也为本文研究提供了一定的依据。

（3）贸易大国效应

在对我国小麦贸易在世界贸易中的地位已有的研究中，姚令观（2001）、李炳坤（2002）等人都认为我国具有大国效应，也就是说：随着我国小麦进口量的增加，国际小麦市场价格也会上涨，在一定程度上会遏制我国小麦的进口。但由于我国粮食外贸依存度低，小麦自给率仍维持在较高水平，所以本文认为即使考虑了"大国效应"，中国小麦进口量仍然有较大上升空间。

综上，无论是回顾历史，还是展望未来，中国都是世界上重要的小麦进口国之一。从这个角度来讲，中国应该在小麦市场、贸易乃至整个产业方面具备举足轻重的发言权。中国是小麦生产和消费大国，它的生产既涉及到中国作为农业大国在国际贸易中的地位和在 WTO 农产品贸易谈判中的话语权，又关系到我国粮食供给安全问题，尤其中国以世界 7% 的土地养活世界 22% 甚至更多的人口，粮食安全问题至关重要。因此，研究不同关税削减方案对我国小麦进口的价格影响显得尤为重要。

2. 食糖

食糖是人类生活的必需品和重要的轻工业原料，在一国国民经济中占有特殊的地位，而食糖业则是农产品国际贸易中最敏感的产业之一，世界上几乎所有国家都对本国制糖业进行保护。中国是世界食糖市场的重要参与者，既是生产大国，也是主要的净进口国和最有潜力的消费国。统计数据显示，目前中国是继巴西和印度之后的第三大产糖国，同时又是继印度、欧盟和巴西之后的第四大消费国，从进口量上来看中国是世界第六大净进口国。

食糖是贸易程度较高的农产品之一，其国际贸易量接近世界总产出的 30%，国际市场价格十分重要。食糖国际贸易通常是在一定的特殊协议之下进行，真正意义上的自由贸易十分有限。因此国际食糖市场的扭曲十分严重，主要表现在市场价格长期以来一直低于世界平均生产成本。造成国际市场食糖价格扭曲的原因大致可分为两类：一是政策因素，各国特别是发达国家的糖业保护政策（如美国、欧盟和日本）。通过限制进口、补贴出口和国内支持等方式把国内市场价格维持在国际价格的水平之上，从而使本国相关产业在高成本的条件下不仅生存甚至获利。二是政策之外的因素也对国际市场食糖价格产生一定影响。例如食糖的库存消费比，食糖的世界供给总是处于供大于求的局面，库存消费比的提高直接导致食糖世界市场价格的下降；再比如需求弹性，发达国家食糖消费已达到一定水平，收入弹性很低，消费量增长十分缓慢，而发展中国家食糖需求的收入弹性相对较高，经济增长带来食糖消费需求增长较快，此外，食糖的需求价格弹性低也是造成其价格不稳定的原因；再如汇率，汇率波动对各国食糖生产成本计算和国际国内价格的转换也起重要作用。

中国作为一个食糖的净进口国，一直是世界糖业人士关注的焦点。可以说，中国进口量的多少及如何进口，对世界食糖市场影响很大。1993 年以来，除个别年份以外，我国食糖净进口都是与国内产量波动周期一致，互为反向涨跌。可以说，进口糖在一定程度上起到了平衡国内供求、填补国内需求缺口的作用。此外，食糖作为土地密集型产品，目前净进口的贸易现状也符合中国的比较优势，由于中国进口食糖主要是为了弥补国内产出不足，以满足相对较高的国内食糖消费需求，所以适量进口食糖是必要的。

我国加入 WTO 之后，按照承诺，食糖市场以关税配额的形式逐步对外开放，从 1999 年起发放 160 万吨进口食糖关税配额，5 年内配额数量每年增加 5%。在配额内，进口原糖关税起点为 30%，配额外进口关税为 76%，每年递减 3%，到 2004 年进口配额增长到 194.5 万吨，配额内关税降为 15%，配额外最惠国税率为 50%，其他国家为 125%。同时打破国家对食糖进口的垄断。

我国目前对食糖进口实行配额管理，关税配额内进口的食糖适用关税配额税率，配额外进口的食糖按照《中华人民共和国进出口关税条例》的有关规定执行。食糖进口关税配额分为国营贸易配额和非国营贸易配额。国营贸易配额须通过国营贸易企业进口，非国营贸易配额通过有贸易权的企业进口，有贸易权的最终用户也可以自行进口。进口关税配额和适用税率由商务部分配，商务部授权机构负责受理本地区内食糖进口关税配额的申请。食糖进口关税配额根据申请者的申请数量和以往进口实绩、生产能力、其他相关商业标准或根据先来先领的方式进行分配，分配的最小数量以食糖商业上可行的装运量确定。进口关税配额证自每年 1 月 1 日起至当年 12 月 31 日有效。

统计数据显示，近年来我国的食糖消费增长率为 3.2%，但自国家加强对化学合成甜味剂的监督管理以及推行食品质量市场准入制度以来，食糖消费出现了跳跃式增长。1997／1998 年至 2002／2003 年榨季，全国食糖消费量由 800 万吨增加到 1100 万吨。尤其是 2000 年后，年增长率都超过了 8%。目前我国人均消费水平已达到 8.5 千克左右，但跟世界平均水平 21 千克相比仍有很大的差距，因此可以预计，未来我国食糖消费还会有较大的增长潜力。近年来国内食糖消费高速增长是由三大因素造成的：第一，国民经济快速增长，食品加工业飞速发展带动食糖总体需求稳中有升。据测算，如饮料、糖果、罐头和糕点等食品工业用糖平均每年增长幅度约在 10%～12%。第二，居民消费结构急剧变化，导致食糖个体消费量增加。第三，人口持续增长及旅游事业的蓬勃发展将刺激食糖消费绝对量的增加。

此外，据预计，2010 年中国食糖消费量的增长将占全球食糖消费量增长量的 20% 以上，而且中国食糖消费量的增长速度将超过生产量的增长速度。届时，中国将成为亚洲乃至世界增长潜力最大的食糖市场，真正成为推动世界食糖市场发展的主力军。随着中国食糖消费量逐年增加、国内糖料种植和制糖产业的相对趋稳，中国将成为国际食糖进口大国。从贸易环境的角度来看，伴随着农产品关税削减和进口配额的增加，中国进口食糖的数量也会有所增加。因此，无论从哪个角度看，未来年份我国将继续进口食糖，并有望成为食糖的进口大国。

### 7.4.2 主要进口农产品影响因素

1. 关税

根据谈判方的计划关税减让自 2008 年开始，发达国家通过 6 年减让完毕，发展中国家 10 年内减让完毕。但限于数据关系，只有 2008 年～2016 年的粗糖价格数据，为此假设我国税率在 2008 年～2016 年将汇率减让完毕。

2. 汇率

研究中采用了四种汇率，极端汇率一是根据自 2005 年 7 月至今汇改进行一年的时间，计算出人民币兑美元汇率的下降速度为 2.484%。据此，我们根据这个下降速度可以预测 2008 年～2016 年的汇率，并作为减让过程中汇率的极端值之一。另一个极端可以假设汇改后汇率并没有发生改变，即为 1 美元兑换 8.2765 元人民币。另外，在两个极端之外，把两者取均值得到了第三个汇率值，作为一般情况。此外，我们还通过相关性分析证实了 OECD 预测汇率的科学性。

3. 国际市场价格

关于小麦价格，代表性的世界价格有多种，由于我国进口小麦多来自美国，因此在 FAPRI 预测的多种价格中，我们选择 U. S. FOB Gulf 作为世界市场价格，此外我们还用到了 OECD 关于未来几年小麦市场预测价格的数据。以上两种产品，关于食糖的价格，世界市场糖价有很多种类，我们采用的数据是比较有代表性的三种：FOB Caribbean Price（纽约 11 号合约价与伦敦日报价格的算术平均数）、New York Spot Price 及 OECD 预测的价格。本报告中我们只列出了 OECD 价格的相关图形。关于菜籽油的价格，只有 FAPRI 对此作出预测，OECD 没有相关数据，因此我们选择 FAPRI 预测的 FOB Hamburg 价格作为依据。

### 7.4.3 各减让方案对小麦进口量及其总额的影响

1. 各减让方案对对小麦进口量的影响

结合前文得出的各种减让方案下国内市场进口小麦的最终价格和小麦进口的价格自弹性，以 2006 年小麦进口量最为基期（全年进口小麦 612770.7 吨），分析在减让期内各年我国小麦进口数量的变化。这里只考虑平均汇率和 OECD

预测下各年进口小麦数量的变化，而忽略了两种极端汇率的情况。需要说明的是，在 LA - AIDS 模型中，交叉价格弹性是一个很重要的变量，但是由于在国内预测价格数据搜集方面的困难，因此在分析未来年份进口量变化时忽略交叉价格弹性，假设国产品价格不变，只考虑进口品价格需求自弹性。

OECD 预测价格和不同汇率下的多方案小麦进口量

我们分别给出在 OECD 价格和平均汇率、OECD 汇率等不同条件下未来各年各方案下小麦进口量的变化，参见表 7 - 7 和表 7 - 8。

表 7 - 7　OECD 价格、平均汇率条件下未来各年各方案下小麦进口量的变化（单位：吨）

|  | 美国方案 | G20 方案（1） | G20 方案（2） | G20 方案（4） | G10 方案 |
|---|---|---|---|---|---|
| 07/08 | 706.98 | 610.05 | 657.33 | 775.55 | 624.23 |
| 08/09 | -9719.01 | -9917.66 | -9820.76 | -9578.50 | -9888.59 |
| 09/10 | -6232.89 | -6528.63 | -6384.37 | -6023.71 | -6485.35 |
| 10/11 | 9603.03 | 9222.87 | 9408.31 | 9871.92 | 9278.50 |
| 11/12 | 18520.30 | 18054.99 | 18281.97 | 18849.42 | 18123.09 |
| 12/13 | 23862.43 | 23311.08 | 23580.03 | 24252.40 | 23391.77 |
| 13/14 | 28306.83 | 27670.38 | 27980.84 | 28757.00 | 27763.52 |
| 14/15 | 33398.32 | 32679.88 | 33030.34 | 33906.49 | 32785.02 |
| 15/16 | 42359.91 | 41569.59 | 41955.11 | 42918.91 | 41685.25 |

表 7 - 8　OECD 价格、OECD 汇率条件下未来各年各方案下小麦进口量的变化（单位：吨）

|  | 美国方案 | G20 方案（1） | G20 方案（2） | G20 方案（4） | G10 方案 |
|---|---|---|---|---|---|
| 07/08 | 19646.37 | 19553.71 | 19598.91 | 19598.91 | 19567.27 |
| 08/09 | 7935.04 | 7744.36 | 7837.38 | 7837.38 | 7772.26 |
| 09/10 | 8516.84 | 8231.10 | 8370.48 | 8370.48 | 8272.91 |
| 10/11 | 20666.43 | 20296.27 | 20476.84 | 20476.84 | 20350.44 |
| 11/12 | 26310.79 | 25854.28 | 26076.97 | 26076.97 | 25921.09 |
| 12/13 | 28599.63 | 28054.71 | 28320.52 | 28320.52 | 28134.45 |
| 13/14 | 30119.83 | 29486.24 | 29795.31 | 29795.31 | 29578.96 |
| 14/15 | 32400.49 | 31680.24 | 32031.58 | 32031.58 | 31785.64 |
| 15/16 | 38707.88 | 37910.13 | 38299.27 | 38299.27 | 38026.87 |

通过分析上表中进口数量在未来几年变化的数据，可以看出，除个别年份

外，我国进口小麦的数量都会增加且增幅较大。以 OECD 价格、平均汇率条件下的情况为例，按 G20 方案（4）削减后的小麦进口量将增加 42918.91 吨，G20 方案（1）将导致最小的增幅 41569.59 吨，与 2006 年全年我国小麦进口量 612770.7 吨相比，分别增加了 7% 和 6.8%。考虑到未来年份我国小麦消费量有所增加的预测，实际的进口占消费的比率将小一些，但从粮食安全的角度出发，大量的进口是否妥当，是否会给国内生产、农民收入和就业甚至国家安全带来负面作用，还是一个值得探讨的问题。只要横向比较某一年不同减让方案下进口量的变化值可以看出，不论在何种价格条件或汇率条件下，G20 方案（4）的增加幅度最大，其次是美国方案和 G20 方案（2），G20 方案（1）和 G10 方案的增加幅度最小。这也同样反映了不同方案的减税效果：G20 方案（4）削减幅度最大，美国方案和 G20 方案（2）次之，G20 方案（1）和 G10 方案的削减幅度则是最小的。这个结论和前文比较各种方案所得结论也是一致的。

2. 各方案下未来各年小麦进口总额的变化

具体计算中，以 2006 年作为基年，2006 年小麦全年进口额为 11931 万美元，计算数据见下表：

表 7-9　未来各年各方案下小麦进口额的变化（单位：万美元）

|  | 美国方案 | G20 方案（1） | G20 方案（2） | G20 方案（4） | G10 方案 |
|---|---|---|---|---|---|
| 07/08 | 586.66 | 247.89 | 413.14 | 826.29 | 297.46 |
| 08/09 | 1173.33 | 495.77 | 826.29 | 1652.58 | 594.93 |
| 09/10 | 1759.99 | 743.66 | 1239.43 | 2478.86 | 892.39 |
| 10/11 | 2346.66 | 991.55 | 1652.58 | 3305.15 | 1189.85 |
| 11/12 | 2933.32 | 1239.43 | 2065.72 | 4131.44 | 1487.32 |
| 12/13 | 3519.99 | 1487.32 | 2478.86 | 4957.73 | 1784.78 |
| 13/14 | 4106.65 | 1735.20 | 2892.01 | 5784.02 | 2082.25 |
| 14/15 | 4693.32 | 1983.09 | 3305.15 | 6610.30 | 2379.71 |
| 15/16 | 5279.98 | 2230.98 | 3718.30 | 7436.59 | 2677.17 |

从上表可以看出，由于关税不同程度的削减，各种方案下未来年份中国小麦的进口额都会有不同程度的增加，但 G20 方案（4）下进口额增加幅度最大，美国方案和 G20 方案（2）次之，G20 方案（1）和 G10 方案下进口额增

加幅度最小。具体来看，减让结束时，G20 方案（4）将导致 7436.59 万美元的贸易逆差，G20 方案（1）则导致 2230.98 万美元的贸易逆差，可以看到这两个数据相差很大，与 2006 年全年小麦进口额相比，G20 方案（4）将会使进口额增加 62.33%。这个数据与前文所得 G20 方案（4）减让后小麦进口量增加幅度数据不同且相差较大，这主要是由于数据计算的依据不同，前者是从价格弹性角度出发而这里是从关税弹性角度出发，但考虑到未来年份国际市场小麦价格上升的原因，这两个增加比率都具有科学性。横向比较不同减让方案下每年进口额的变化值可以看出，G20 方案（4）下进口额增加幅度最大，美国方案和 G20 方案（2）其次，G20 方案（1）和 G10 方案下进口额增加幅度最小。这也同样反映了不同方案的减税效果：G20 方案（4）最大，美国方案和 G20 方案（2）次之，G20 方案（1）和 G10 方案减税幅度最小。这和前文比较进口品国内市场价格和进口量变化的结论是一致的。

### 7.4.4　各减让方案对原糖进口量及其总额的影响

1. 各减让方案对对原糖进口量的影响

以 2006 年原糖进口量最为基期（全年进口糖 1365406.5 吨），分析在减让期内各年我国原糖进口数量的变化。由于在前文的价格分析中，已经考虑了汇率、世界市场价格、关税减让等因素，为了更能靠近实际情况和所得数据更具有代表性，这里只考虑平均汇率和 OECD 预测下各年进口原糖数量的变化，而忽略了两种极端汇率的情况。需要说明的是，类似于小麦的分析过程，在这里假设国产品价格不变，只考虑进口品价格需求自弹性。

OECD 预测价格和不同汇率下的多方案原糖进口量

我们分别给出在 OECD 价格和平均汇率、OECD 汇率等不同条件下未来各年各方案下原糖进口量的变化，参见表 7-10 和表 7-11。

表 7-10　在 OECD 价格和平均汇率条件下未来各年各方案下原糖进口量的变化（单位：吨）

|  | 美国方案 | G20 方案（1） | G20 方案（2） | G20 方案（4） | G10 方案 |
|---|---|---|---|---|---|
| 07/08 | 231565.82 | 227956.76 | 229269.50 | 232550.18 | 228350.50 |
| 08/09 | 310837.92 | 304213.77 | 306622.22 | 312644.44 | 304936.38 |
| 09/10 | 334858.04 | 325152.43 | 328681.74 | 337505.02 | 326211.23 |
| 10/11 | 358188.74 | 345547.79 | 350144.81 | 361636.34 | 346926.83 |
| 11/12 | 380853.09 | 365416.95 | 371029.79 | 385062.89 | 367100.87 |

|  | 美国方案 | G20 方案（1） | G20 方案（2） | G20 方案（4） | G10 方案 |
| --- | --- | --- | --- | --- | --- |
| 12/13 | 402871. 34 | 384776. 50 | 391356. 44 | 407806. 29 | 386750. 48 |
| 13/14 | 424265. 05 | 403642. 49 | 411141. 90 | 429889. 45 | 405892. 25 |
| 14/15 | 445055. 05 | 422030. 47 | 430402. 76 | 451334. 43 | 424542. 22 |
| 15/16 | 465259. 55 | 439955. 50 | 449156. 97 | 472160. 66 | 442715. 94 |

以表 7 - 10 中的情况为例，按 G20 方案（4）削减后的原糖进口量将增加
472160. 66 吨，G20 方案（1）将导致最小的增幅 439955. 50 吨，与 2006 年全
年我国糖进口量 1365406. 5 吨相比，分别增加了 34. 58% 和 32. 22% 。

表 7 - 11　在 OECD 价格和 OECD 汇率条件下
未来各年各方案下原糖进口量的变化　　　（单位：吨）

|  | 美国方案 | G20 方案（1） | G20 方案（2） | G20 方案（4） | G10 方案 |
| --- | --- | --- | --- | --- | --- |
| 07/08 | 269450. 74 | 265993. 60 | 267251. 09 | 270393. 67 | 266370. 77 |
| 08/09 | 342125. 01 | 335753. 38 | 338070. 02 | 343862. 67 | 336448. 44 |
| 09/10 | 360174. 15 | 350776. 94 | 354194. 10 | 362737. 02 | 351802. 09 |
| 10/11 | 376958. 96 | 364624. 79 | 369110. 25 | 380322. 88 | 365970. 36 |
| 11/12 | 393522. 98 | 378347. 34 | 383865. 45 | 397661. 72 | 380002. 84 |
| 12/13 | 409866. 21 | 391945. 07 | 398461. 85 | 414753. 80 | 393900. 10 |
| 13/14 | 425990. 69 | 405418. 44 | 412899. 55 | 431601. 36 | 407662. 71 |
| 14/15 | 441898. 37 | 418767. 93 | 427178. 71 | 448206. 62 | 421291. 23 |
| 15/16 | 457589. 35 | 431994. 02 | 441301. 42 | 464569. 89 | 434786. 24 |

通过分析上表中进口数量在未来几年变化的数据可以看出，未来各年各方
案下糖的进口量都会增加且增幅较大。此外，不论在何种价格条件或汇率条件
下，只要横向比较某一年不同减让方案下进口量的变化值都可以看出，G20 方
案（4）的增加幅度最大，其次是美国方案和 G20 方案（2），G20 方案（1）
和 G10 方案的增加幅度最小。这也同样反映了不同方案的减税效果：G20 方
案（4）削减幅度最大，美国方案和 G20 方案（2）次之，G20 方案（1）和
G10 方案的削减幅度则是最小的。这个结论和前文比较各种方案所得结论也是

一致的。

2. 未来各年各方案下食糖进口额的变化

具体计算中，以 2006 年作为基年，该年原糖全年进口额为 54867.2 万美元，计算数据见表 7－12：

表 7－12　未来各年各方案下原糖进口额的变化（单位：万美元）

| | 美国方案 | G20 方案（1） | G20 方案（2） | G20 方案（4） | G10 方案 |
|---|---|---|---|---|---|
| 07/08 | 3348.13 | 1181.75 | 1969.74 | 3939.00 | 1418.10 |
| 08/09 | 6696.73 | 2363.50 | 3939.00 | 7878.48 | 2836.20 |
| 09/10 | 10044.86 | 3545.24 | 5908.74 | 11817.48 | 4254.29 |
| 10/11 | 13392.99 | 4726.99 | 7878.48 | 15756.48 | 5672.39 |
| 11/12 | 16741.59 | 5908.74 | 9847.74 | 19695.96 | 7090.49 |
| 12/13 | 20089.72 | 7090.49 | 11817.48 | 23634.96 | 8508.59 |
| 13/14 | 23437.85 | 8272.24 | 13787.22 | 27573.96 | 9926.68 |
| 14/15 | 26786.45 | 9453.98 | 15756.48 | 31513.44 | 11344.78 |
| 15/16 | 30134.58 | 10635.73 | 17726.22 | 35452.44 | 12762.88 |

从表 7－12 可以看出，由于各方案下关税不同程度的削减，未来年份中国糖的进口额都会有不同程度的增加，G20 方案（4）下进口额增加幅度最大，美国方案和 G20 方案（2）次之，G20 方案（1）和 G10 方案下进口额增加幅度最小。具体来看，减让结束时，五种方案将分别导致 30134.58、10635.73、17726.22、35452.44 和 12762.88 万美元的贸易逆差。以 G20 方案（4）为例，与 2006 年全年糖进口额相比，该方案将会使进口额增加 64.62%，增幅最小的 G20 方案（1）也会使进口额增加 19.38%。横向比较不同减让方案下每年进口额的变化值可以看出，G20 方案（4）下进口额增加幅度最大，美国方案和 G20 方案（2）其次，G20 方案（1）和 G10 方案下进口额增加幅度最小。这也同样反映了不同方案的减税效果：G20 方案（4）最大，美国方案和 G20 方案（2）次之，G20 方案（1）和 G10 方案减税幅度最小。这和前文比较进口品国内市场价格和进口量变化的结论是一致的。

## 7.5　本章小结

本章首先从进口产品价格的市场准入影响因素分析着手，分析了关税税率、汇率变动以及进口点弹性存在条件下，进口品价格变动的趋势及其对国内竞争的影响；通过相关分析得到，进口额与进口税率之间的相关系数为 −0.923，说明两者之间存在着极强的负相关关系。在关税减让幅度较大的年度，减让组和非减让组之间的差别非常显著。

其次，重点分析了进口点弹性对进口产品关税减让的影响，介绍了世界银行所做的进口点弹性分析研究，可作为国际比较分析中采用。

再次，分析了各减让方案对若干代表性产品进口数量的影响，分析了各减让方案对我国若干农产品如小麦（代表大宗进口品）、食糖（表示配额产品）进口的影响，并得出各减让方案对我国若干农产品进口量和进口额的影响。从各减让方案对我国若干农产品进口量来看：不论在何种价格条件或汇率条件下，只要横向比较某一年不同减让方案下进口量的变化值都可以看出，G20 方案（4）的增加幅度最大，其次是美国方案和 G20 方案（2），G20 方案（1）和 G10 方案的增加幅度最小。这也同样反映在不同方案的减税效果：G20 方案（4）削减幅度最大，美国方案和 G20 方案（2）次之，G20 方案（1）和 G10 方案的削减幅度则是最小的。从各减让方案对我国若干农产品进口额来看：由于各方案下关税不同程度的削减，G20 方案（4）进口额增加幅度最大，美国方案和 G20 方案（2）次之，G20 方案（1）和 G10 方案进口额增加幅度最小。反映在不同方案的减税效果：G20 方案（4）最大，美国方案和 G20 方案（2）次之，G20 方案（1）和 G10 方案减税幅度最小。

# 第八章

## 关税减让对出口市场准入的影响因素和减让方案模拟

本章基于各主要减让模拟方案，首先从出口角度，提出市场准入及其对出口国价格的影响因素分析，并结合关税税率、汇率、国际价格以及出口弹性和马歇尔—勒纳条件、毕肯戴克—罗宾逊—梅茨勒条件进行递进的讨论，从而从理论上确立分析框架；其次，讨论中国产品出口市场结构；再次，对主要贸易伙伴国家市场准入的减让方案模拟，以便了解其可能的准入开放程度；第四，对基于减让方案的中国主要农产品出口影响模拟，重点研究三种主要农产品的主要出口国市场准入。

### 8.1 出口市场准入影响因素和贸易收支条件分析

#### 8.1.1 出口市场准入影响因素分析

出口市场准入影响因素与进口因素相仿，但意义不同。因为本国在此作为出口国，出口对象国是外国，而出口市场准入影响因素，也就是考虑出口对象国在降低其本国关税前提下，在其进口点弹性、汇率等共同作用下的价格。

1. 汇率，即外币兑换人民币的价格。

2. 关税减让实施，根据谈判方的计划关税减让自 2008 年开始，发达国家通过 6 年减让完毕，平均减让；发展中国家 10 年内减让完毕，平均减让。

3. 出口价格，出口产品在外国市场的到岸价格。根据前面的数据，文章可以根据汇率将世界市场价格转化为人民币表示的价格，在此基础上加上关税即为在外国市场上的最终价格。

4. 进口价格需求点弹性。与在第 6 章分析方法相同，只不过这里的进口国不是本国，而是将出口对象国作为进口国。

其他，包括出口需求弹性、出口供给弹性和进口需求弹性等。

### 8.1.2 汇率变动与出口市场准入影响因素分析

1. 汇率变动与马歇尔—勒纳条件

马歇尔—勒纳条件是说明一国的进口产品、出口产品的需求以及供给弹性对一国贸易条件的影响。其基本原理：汇率变动通过国内外商品之间本国生产的贸易品和非贸易品之间的相对价格变动，来影响一国的供给和需求，从而影响国际收支。

该理论假定出口商品和进口商品的供给弹性无限大。当本国货币贬值后，本国出口数量随出口的增加而增加，出口本币价格不变，出口收入升；而本国进口数量随进口需求减少而减少，进口的本币价格上升，进口的本币可能上升也可能下降。

该理论认为，只有出口商品的需求弹性与进口商品的需求弹性之和大于1，贸易收支条件才能改善，这是贬值取得成功的条件即马歇尔—勒纳条件。该理论假定进出口商品的供给弹性无限大是不符和实际的，实际经济生活中，汇率变化后进出口的实际变化还取决于供给对价格的反映程度。

在实际贸易活动中，还要观察一国进出口多是高弹性的商品，抑或是低弹性的商品。在一般情况下，对于前者，货币贬值的作用较大，而对于后者，货币贬值的作用不大。设出口商品的外币价格为 Px，出口数量为 $X_q$，进口商品的外币价格为 Pm，进口数量为 $M_q$，因此以外币计算的出口贸易额为：

$$Vx = Px\ Xq \tag{8.1}$$

以外币计算的出口贸易额为：

$$Vm = Pm\ Mq \tag{8.2}$$

以外币计价的贸易差额为：

$$TB = Vx - Vm = Px\ Xq - Pm\ Mq \tag{8.3}$$

设间接标价法计算的汇率为 e，即 1 单位本币值表示的 e 单位外币，因此 e 变大表示本币升值，e 变小表示本币贬值。再设出口商品的本币价格为 $p_x$，进口商品的本币价格为 pm。于是，我们有：

$$P_x = ep_x \tag{8.4}$$

$$Pm = ep_m \tag{8.5}$$

假定外国对本国出口商品的需求量是本国出口商品外币价格的减函数，出口需求函数为：

$$X_Q = X_Q\ (P_x) \tag{8.6}$$

而本国对进口商品的需求量则是进口商品本币价格的减函数，进口需求函

数为:

$$M_Q = M_Q\ (Pm)\ =\ (Pm/e) \tag{8.7}$$

根据弹性的定义,一方面由于出口外币价格下降1%,出口的数量就会增加 $\eta_x\%$($\eta_x$ 为出口需求价格弹性的绝对值),这样,以本币表示的出口收入由于出口本币价格不变,会随出口数量的增加而等幅增加。另一方面,进口外币价格不变,进口本币价格上升1%,进口数量就会减少 $\eta_m\%$($\eta_m$ 为进口需求价格弹性的绝对值),这样因进口数量下降而引起的进口支出变动为 $-\eta_m\%$ $\times rP_mM$,而因本币价格上而引起的进口本币支出变动为 $1\% \times rP_mM$。综合进出口收支的变动,可得到下式:

$$\Delta TB = \frac{\eta_x P_x X}{100} - \frac{(1 - \eta_m)\ rP_m M}{100} \tag{8.8}$$

显然,如果 $\eta_x P_x X > (1 - \eta_m) rP_m M$,那么国际收支就会由于汇率的贬值而改善;反之,则会恶化。

通常假定贬值前国际收支是均衡的,即 $P_x X = rP_m M$,则:

$$\varepsilon_\chi + \varepsilon_m > 1 \tag{8.9}$$

称为马歇尔—勒纳条件(Marshall Lerner Condition),是本国货币贬值能够改善国际收支的必要条件。也就是说,在进出口供给弹性无限大的情况下,只要一国进出口需求弹性的绝对值之和大于1,本国货币贬值就能改善国际收支状况。当然用外币来表示进出口收支,也同样可获得马歇尔—勒纳条件。

令 E 表示外汇汇率,X 表示以本币表示的出口额,M 表示以外币表示的进口额,B 表示以外币表示的经常帐户差额,则有:

$$TB = \frac{X}{E} - M \tag{8.10}$$

对外汇汇率 E 求导,得: $\dfrac{dB}{dE} = -\dfrac{1}{E^2}X + \dfrac{1}{E} \times \dfrac{dX}{dE} - \dfrac{dM}{dE}$ \hfill (8.11)

经过变形整理: $\dfrac{dB}{dE} = -\dfrac{X}{E^2}\left(1 - \dfrac{dX}{X}\Big/\dfrac{dE}{E} + \dfrac{ME}{X} \times \dfrac{dM}{M}\Big/\dfrac{dE}{E}\right)$ \hfill (8.12)

设 ex、em 分别表示贬值国出口商品和进口商品需求价格弹性的绝对值,则(7.12)式可表为: $\dfrac{dB}{dE} = -\dfrac{X}{E^2}\left(1 - \varepsilon_x - \dfrac{ME}{X}\varepsilon_m\right)$ \hfill (8.13)

本币贬值是否能改善一国贸易收支状况,取决于 $\dfrac{dB}{dE}$ 的符号,显然,当 $\dfrac{dB}{dE}$ $>0$,即 $\varepsilon_x = \varepsilon_m > 1$ 时,本币贬值能改善其贸易收支状况。

进一步分析，就是在本币对外币处于升值状态时，马歇尔—勒纳条件是否依然成立，或是发生异向改变。由于人民币目前和将来一段时期都处于较强的升值阶段，此外，我国是一个贸易大国，出口导向型经济特征明显，因此，即使在出口对象国降低关税税率的条件下，如果汇率升值，则可能在一定程度上抵消我国进入外国市场的价格优势。

特殊地，假设一国贸易收支在升值前的汇率水平上处于均衡状态，即 M E = X，则问题可简化为以下判断：

① 如 $\varepsilon_\chi + \varepsilon_m > 1$，$\dfrac{dB}{dE} > 0$，国际收支因本币升值而改善。

② 如 $\varepsilon_\chi + \varepsilon_m = 1$，$\dfrac{dB}{dE} = 0$，国际收支状况保持不变。

③ 如 $\varepsilon_\chi + \varepsilon_m < 1$，$\dfrac{dB}{dE} < 0$，国际收支因本币升值而恶化。

2. 对马歇尔—勒纳条件的进一步考察

马歇尔—勒纳条件的一个假设前提是进出口供给弹性无穷大，即进口和出口的供给曲线为水平线。但实际上供给弹性不一定无穷大。一国的出口产品通常是有限数值的供给价格弹性。在进出口供给弹性不是无穷大的一般情况下，马歇尔—勒纳条件不再适用。

出口供给受到供给能力的限制，当出口品需求量增加时，出口品的本币价格会提高，摒弃这一假设后，本币贬值改善经常项目收支状况的条件变为：

$$\frac{\varepsilon_x \varepsilon_m (\eta_\chi + \eta_m + 1) + \eta_x \eta_m (\varepsilon_x + \varepsilon_m - 1)}{(\eta_x + \varepsilon_x)(\eta_m + \varepsilon_m)} > 0 \tag{8.14}$$

上式中，$\eta_x$ 和 $\eta_m$ 分别为出口供给弹性和进口供给弹性，$\varepsilon_x$ 和 $\varepsilon_m$ 表示出口需求弹性和进口需求弹性（此处不是以绝对值表示）。

式中，如果 $\eta_x$ 和 $\eta_m$ 为无穷大，则（$\varepsilon_x + \varepsilon_m + 1$）必须为负数，即：$\varepsilon_x + \varepsilon_m + 1 < 0$，或 $\varepsilon_x + \varepsilon_m < -1$。由于需求弹性通常均为负值，所以 $|\varepsilon_x| + |\varepsilon_m| > 1$。

$$\lim_{\substack{\eta_x \to \infty \\ \eta_m \to \infty}} \frac{\varepsilon_x \varepsilon_m (\eta_x + \eta_m + 1) + \eta_x \eta_m (\varepsilon_x + \varepsilon_m - 1)}{(\eta_x + \varepsilon_x)(\eta_m + \varepsilon_m)} = \varepsilon_x + \varepsilon_m - 1 > 0 \tag{8.15}$$

由此可见，马歇尔—勒纳条件不过是在毕肯戴克—罗宾逊—梅茨勒条件中进出口商品的供给弹性 $\eta_x$ 和 $\eta_m$ 趋于无穷大时的一个特例。

进一步分析，贬值或升值能否扩大出口或减少出口取决于出口供给与出口需求弹性和进口供给与进口需求弹性的比较。

当 $\eta_x\eta_m > \varepsilon_x\varepsilon_m$ 时，本币贬值或升值会使贸易净差额减少。

当 $\eta_x\eta_m < \varepsilon_x\varepsilon_m$ 时，本币贬值或升值会使贸易净差额增加。

当 $\eta_x\eta_m = \varepsilon_x\varepsilon_m$ 时，本币贬值或升值都不会使贸易净差额发生变化。

3. 对马歇尔—勒纳条件和毕肯戴克—罗宾逊—梅茨勒条件的进一步考察

马歇尔—勒纳条件假定进出口供给具有完全弹性，那么贬值的效果取决于进出口需求的弹性。只有在进口商品需求弹性和出口商品需求弹性的绝对值之和大于 1 时，贬值才能改善国际收支状况，反之国际收支则会恶化。但是毕肯戴克—罗宾逊—梅茨勒条件则认为即使这一前提不存在，也可能出现贬值改善国际收支的状况。根据上述研究的结论和条件：

（1）在假定进出口供给具有完全弹性的前提下，可以推论汇率升值的效果取决于进出口需求的弹性。只有在进口商品需求弹性和出口商品需求弹性的绝对值之和大于 1 时，升值才可能恶化国际收支状况，否则国际收支则维持现状甚至继续改善。当然，我们也不能忽视汇率变动过程中的滞后效应。J 曲线效应认为，货币贬值对国际收支的影响具有时滞效应，贬值后一国出口商品的外币价格虽然下跌，但外国对其出口商品的需求不会立即加大，该国的出口商品数量也不会迅速增加；与此同时，该国进口商品的数量也不会因贬值造成进口价格提高而立即减少。因此，货币贬值对扩大出口、抑制进口的作用要过若干时间后才能明显发挥出来。同样货币升值对国际收支的影响也具有时滞效应，升值后一国出口商品的外币价格虽然上升，但外国对其出口商品的需求不会立即减少，该国的出口商品数量也不会迅速减少；与此同时，该国进口商品的数量也不会因升值造成进口价格提高而立即减少。因此，货币升值和贬值一样，对缩小出口、扩大进口的作用要过若干时间后才能明显发挥出来。此外，如同汇率贬值幅度有一定区间一样，汇率升值幅度同样有一定区间；贬值或升值可能在这一区间内不会产生明显的效果，只有达到某一幅度阈值后才能起到明显的预期效果。

（2）在假定进出口供给不具有完全弹性的前提下，根据毕肯戴克—罗宾逊—梅茨勒条件，贬值能否扩大出口取决于出口供给与出口需求弹性和进口供给与进口需求弹性的比较。可以推论：升值能否限制或缩小出口同样取决于出口供给与出口需求弹性和进口供给与进口需求弹性的比较。只有当出口供给与出口需求弹性之乘积大于进口供给与进口需求弹性之乘积时，本币升值才会使贸易净差额减少；当然，我们也不能忽视汇率变动过程中的滞后效应。同样货币升值对国际收支的影响也具有时滞效应，升值后一国出口商品的外币价格虽然上升，但外国对其出口商品的需求不会立即减少，该国的出口商品数量也不会迅速减少；与此同时，该国进口商品的数量也不会因升值造成进口价格提高而立即减少。因此，货币升值和贬值一样，对缩小出口、扩大进口的作用要过若干时间后才能明显发挥出来。至于滞后期限和效应，经济学家们对贬值后时滞期限长短争议颇大，从六个月到五年不等，通常认为是一年。对货币升值的效应分析也可依此类推。

因此根据上述讨论，即使在本国汇率升值的情况下，本国出口规模也不一定缩小，更不一定必然导致国际收支恶化。具体到产业部门、个别产品，是否因汇率升值而造成出口规模缩小，也是不确定的，需要结合具体的产品出口供给需求特点来具体分析，不应一概而论。一般而言，假定其他情况不变，如果该产品进口需求点弹性较高，汇率升值与之产生的同向影响作用比较大，从而会抵消因关税税率降低而导致的含税价格降低程度；反之，如果该产品进口需求点弹性较低，汇率升值与之产生的同向影响作用比较小，从而对因关税税率降低而导致的含税价格降低的抵消程度也较轻。

此外，还应结合马歇尔—勒纳条件和毕肯戴克—罗宾逊—梅茨勒条件做进一步实证考察。

## 8.2　中国产品出口市场结构

本章主要研究我国农产品和非农产品出口在关税减让情况下所受的影响。我们知道，当前国际贸易中农产品的贸易量不足 10%，也就是说非农产品贸易占据绝对主要地位。农产品出口所占比例要小于 2.86%，可见比例是非常小的。

### 8.2.1　中国产品出口地理方向分析

从上述分析可知，在我国出口中起主导作用的是非农产品，所以我国对外贸易主要出口市场也就是我国非农产品出口的主要市场。所以，下文将主要对我国主要的出口市场进行分析。

根据中华人民共和国商务部统计信息网站的统计数据，我国 2007 年 10 大出口贸易伙伴分别是：欧盟、美国、中国香港、日本、东盟、韩国、俄罗斯、印度、中国台湾、加拿大。我国对这前十位国家或地区出口总额达到了 10100.8 亿美元，我国 2007 年总出口额为 12180.1 亿美元，前十位的出口市场占据了其中的 82.93%。第一位的欧盟总额为 2451.9 亿美元，占出口 20.1%。前三位的出口地区欧盟、美国和香港的总额达到 6623.2 亿美元，占出口总量的 54.3%。可见我国的出口区域还是比较集中的。

表 8 - 1　2007 年中国前十位的出口对象国　　（金额单位：亿美元）

| 排序 | 国别（地区） | 1 ~ 12 月 | 同比% | 占比% | 占比变化 |
|---|---|---|---|---|---|
| | 总值 | 12，180.1 | 25.7 | 100 | 0 |
| 1 | 欧盟 | 2451.9 | 29.2 | 20.1 | 0.5 |
| 2 | 美国 | 2327 | 14.4 | 19.1 | - 1.9 |
| 3 | 香港 | 1844.3 | 18.8 | 15.1 | - 0.9 |
| 4 | 日本 | 1020.7 | 11.4 | 8.4 | - 1.1 |
| 5 | 东盟 | 941.8 | 32.1 | 7.7 | 0.4 |
| 6 | 韩国 | 561.4 | 26.1 | 4.6 | 0 |

续表

| 排序 | 国别（地区） | 1～12月 | 同比% | 占比% | 占比<br>变化 |
|---|---|---|---|---|---|
| 7 | 俄罗斯 | 284.9 | 79.9 | 2.3 | 0.7 |
| 8 | 印度 | 240.2 | 64.7 | 2 | 0.5 |
| 9 | 台湾省 | 234.6 | 13.1 | 1.9 | −0.2 |
| 10 | 加拿大 | 194 | 25 | 1.6 | 0 |

*数据来源：商务部网站 http：//zhs. mofcom. gov. cn/tongji. shtml。*

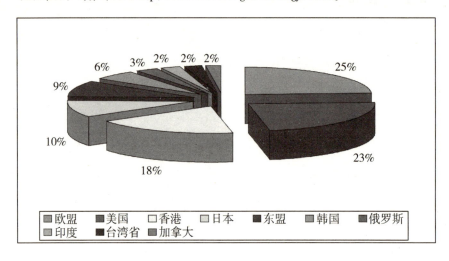

**图 8 – 1　2007 年我国前十位的出口对象国（地区）市场**

通过上面的分析，我国的非农产品的主要出口市场依次是欧盟、美国、中国香港、东盟、日本、韩国、印度、中国台湾、俄罗斯和加拿大。

### 8.2.2　出口产品结构分析

研究我国产品的出口结构主要是为了弄清我国目前出口的产品构成，从而更好的明确在削减过程中，我国主要出口市场商品关税水平的变化对我国的具体影响。

2007 年全年，我国出口总量达到 12180.1 亿美元，这些商品中农产品只占不到 2.64% 的比例，工业产品出口比例则达到了 97% 以上，占据绝对主导地位。其中初级工业品出口总量为 293.9 亿美元，占总量的 2.41%，工业制成品的出口总量为 11546.7 亿美元，约占总量的 95%。可见我国非农产品的出口还是以工业制成品为主的。

在出口的工业品中，所占比例最大的是机械及运输设备，总额达到5771.9亿美元，超过工业制成品出口总额的一半，地位非常重要。另外杂项制品和按原料分类的制成品所占的比例也很大。具体见表8－2。

表8－2　2007年中国进出口商品构成　　　（金额单位：亿美元）

| 商品构成（按 SITC 分类） | 出口 | | 进口 | |
|---|---|---|---|---|
| | 金额 | 增减% | 金额 | 增减% |
| 总　值 | 12，180.1 | 25.7 | 9，558.2 | 20.8 |
| 一、初级产品 | 615.5 | 16.3 | 2，429.8 | 29.8 |
| 0 类食品及活动物 | 307.5 | 19.5 | 115.0 | 15.0 |
| 1 类饮料及烟类 | 14.0 | 17.0 | 14.0 | 34.7 |
| 2 类非食用原料（燃料除外） | 91.5 | 16.5 | 1，179.1 | 41.8 |
| 3 类矿物燃料、润滑油及有关原料 | 199.4 | 12.2 | 1，048.3 | 17.8 |
| 4 类动植物油、脂及蜡 | 3.0 | -18.8 | 73.4 | 86.6 |
| 二、工业制品 | 11，564.7 | 26.2 | 7，128.4 | 18.0 |
| 5 类化学成品及有关产品 | 603.6 | 35.5 | 1，075.0 | 23.5 |
| 6 类按原料分类的制成品 | 2，198.9 | 25.8 | 1，028.7 | 18.3 |
| 7 类机械及运输设备 | 5，771.9 | 26.5 | 4，125.1 | 15.5 |
| 8 类杂项制品 | 2，968.5 | 24.7 | 875.0 | 22.7 |
| 9 类未分类的商品 | 21.8 | -6.0 | 24.6 | 21.4 |

数据来源：商务部网站 http：//zhs. mofcom. gov. cn/tongji. shtml。

### 8.2.3　中国农产品出口市场结构

中国农产品的出口市场主要集中在亚洲、欧洲和北美洲，农产品出口地理方向趋于集中的形势未曾改变。2004 年、2005 年我国对亚洲出口分别为159.6亿美元和 181.5 亿美元，分别占我国农产品出口总额的 68.2% 和65.8%。详见表8－3。

表8－3　近年来年中国农产品出口去向地（占我国农产品出口的百分比%）

| 国家（地区） | 1999 | 2000 | 2001 | 2002 | 2003 | 2004 | 2005 | 2006 |
|---|---|---|---|---|---|---|---|---|
| 日本 | 34.9 | 34.6 | 35.7 | 31.5 | 28.2 | 31.6 | 29.2 | 26.5 |
| 韩国 | 7.8 | 10.7 | 10.2 | 11.3 | 12.0 | 9.1 | 10.5 | 9.3 |

| 国家（地区） | 1999 | 2000 | 2001 | 2002 | 2003 | 2004 | 2005 | 2006 |
|---|---|---|---|---|---|---|---|---|
| 美国 | 6.9 | 7.6 | 7.8 | 9.3 | 9.8 | 10.2 | 10.5 | 12.2 |
| 香港 | 13.9 | 12.3 | 11.8 | 11.5 | 10.6 | 11.6 | 9.7 | 8.6 |
| 德国 | 3.1 | 2.8 | 3.1 | 2.7 | 2.7 | 2.9 | 3.4 | 3.5 |
| 俄罗斯 | | | 2.0 | 2.4 | 2.7 | 2.6 | 2.7 | 2.9 |
| 马来西亚 | 2.6 | 2.9 | 2.3 | 3.1 | 3.1 | 2.3 | 2.5 | 2.7 |
| 印度尼西亚 | 3.0 | 2.6 | 1.8 | 2.9 | 2.5 | 1.9 | 4.2 | 2.0 |

由于地缘和饮食习惯的优势，我国新鲜蔬菜、水果以及肉类、水产品类在亚洲市场有较高的占有率，亚洲市场在今后很长一段时间内仍是我国农产品出口的主体目标市场。但值得关注的是，德国、韩国、马来西亚、荷兰、俄罗斯和美国从我国进口农产品逐年增加，2005年增长率均超过20%，这些国家所表现出的强劲的进口农产品发展潜力也为我国扩大出口提供了动力。在农产品贸易自由化的大趋势下，由于关税减让和非关税壁垒取消对出口所产生的积极作用，我国出口亚洲、欧洲和北美州的农产品数量均会增加。

入世以后，我国的农产品出口市场实际上已遍布全球大多数国家和地区，市场分布广，但主要集中在亚洲、欧洲和北美地区，其中，对亚洲的出口2002年占72%，2003年为69.3%。参见表8-4。

表8-4 中国主要农产品出口市场及出口农产品分布

| 出口主要市场 | 出口到该市场的主要农产品 |
|---|---|
| 日本 | 肉及食用杂碎，水产品，食用蔬菜、根及块茎 |
| 韩国 | 主要为水产品、谷物 |
| 美国 | 水产品，动物产品，食用蔬菜、根及块茎 |
| 加拿大 | 水果，食用蔬菜、根及块茎及水产品 |
| 德国 | 动物产品，食用蔬菜、根及块茎 |
| 英国 | 动物产品，食用水果及坚果，食用蔬菜、根及块茎 |
| 西班牙 | 水产品，食用蔬菜、根及块茎 |

从出口市场分布看，我国的主要农产品出口有很大比例集中在日本、韩

国、美国、加拿大和欧盟。我国农产品出口国别（地区）主要特征可归纳如下：

（1）日本是中国最大的农产品出口市场，占中国农产品总出口约 1/3 的比例。但近几年由于受日本对中国农产品出口实施紧急保障措施、日本食品安全标准提高和肯定列表制度等因素的影响，我国农产品对日本的出口有所下降。但海关统计数据显示，日本作为中国最大农产品市场的地位仍然是非常稳定的。

（2）香港地区在中国大陆农产品出口中所占的份额大幅下降。1995 年中国大陆 22% 的农产品出口到香港，而到 2006 年时，这个比例不到 10%，甚至低于韩国和美国。

（3）对韩国农产品出口的份额有大幅度提升。1995 年韩国在中国农产品出口份额中还不到 5%，近几年平均已超过 10%，并成为我国农产品出口最多的三大国家之一。

（4）美国在中国农产品出口市场中的份额逐年稳步提高，从 1995 年的 5% 提高到近几年的 12% 左右，在某些年份已达到甚至超过出口韩国的水平。

（5）欧盟在中国农产品出口市场中的地位近年有所波动，尤其是 2002 年和 2003 年，市场份额有较明显的下降，但 2005 年中国对欧盟出口比例已回升至 11.8%。

## 8.3   对主要贸易伙伴国家市场准入的减让方案模拟

本章研究中涉及的主要削减方案有美国方案、G20 方案、欧盟方案和 G10 方案。对于发展中国家来说，前面模拟的 G20 方案（2）、G20 方案（3）和欧盟方案是完全一样的，所以三个方案可用其中一个方案代表。

### 8.3.1   各减让方案对贸易伙伴国家农产品关税削减结构模拟效果的综合评估

1. 各减让方案对发达国家农产品关税削减结构模拟效果的综合评估

各减让方案对美国、欧盟和日本等发达国家农产品关税削减结构模拟效果的综合评估结果见表 8 – 5。

表 8 - 5　各减让方案对美国、欧盟和日本关税削减结构模拟效果的综合评估

| 评估指标 | 削减前 | 美国方案 | 欧盟方案 | G20 方案（3） | G10 方案 | 说明 |
|---|---|---|---|---|---|---|
| 组距 | N/A | 20/20/20/∞ | 30/50/50/∞ | 30/50/50/∞ | 30/40/30/∞ | |
| 平均减幅（%） | N/A | 66.63（美国） | 49.42 | 61.99 | 40.84 | |
| | | 66.72（欧盟） | 48.85 | 63.76 | 39.31 | |
| | | 80.08（日本） | 69.86 | 75.97 | 67.16 | |
| 关税封顶 | N/A | 75 | 100 | 100 | 100 | |
| 关税简化非从价税目占比例（%） | 747/1765（美国） | 747/1765 | 747/1765 | 747/1765 | 747/1765 | 从量税/总税目 |
| | 1010/2205（欧盟） | 1010/2205 | 1010/2205 | 1010/2205 | 1010/2205 | |
| | 246/1340（日本） | 246/1340 | 246/1340 | 246/1340 | 246/1340 | |
| 关税水分 | 7.97（美国） | 0 | 0 | 0 | 0 | |
| | 1.70（欧盟） | 0 | 0 | 0 | 0 | |
| | 49.25（日本） | 0 | 0 | 0 | 0 | |
| 敏感产品 | 0 | 农产品总税目数的1% | 农产品总税目数的1%～4% | 农产品总税目数的1%～4% | 农产品总税目数的10%～15% | |
| 特殊产品 | 0 | 一定幅度的关税削减和关税配额扩大，但都低于敏感产品 | 透明和可证实 | 透明和可证实 | 未提具体建议 | |

　　由表 8 - 5 可以看出，在各方案中，美国方案的削减幅度最大，其次是 G20 方案（3），G10 方案削减幅度最小，在我们分析的三个发达国家中，无论任何方案对日本的削减幅度都是最大的，均高于美国和欧盟，说明关税削减效果对日本来说较为明显，作为 G10 的主导成员，日本对市场准入的关切程度由此可知。但总的来说，各种谈判方案都将对约束税率进行较大幅度的削减，

发达成员将平均削减 57% ~ 76%，能有效的压缩关税水分。经过以上模拟方案削减后，美国，日本和欧盟的关税水分均被压缩到 0，具有实质性的削减作用。

2. 各减让方案对发展中国家的关税削减结构模拟效果的综合评估

在此选取的发展中国家为巴西、印度和印度尼西亚三国，它们分别代表 G20 和 G33 两大利益集团。各减让方案对巴西、印度和印尼等发展中国家农产品关税削减结构模拟效果的综合评估结果见表 8-6。

表 8-6　各减让方案对巴西、印度和印尼的关税削减结构模拟效果的综合评估

| 评估指标 | 削减前 | 美国方案 | 欧盟 G20方案（2）、（3） | G10 方案 | 说明 |
|---|---|---|---|---|---|
| 组距 | N/A | 20/20/20/∞ | 30/50/50/∞ | 30/40/30/∞ | |
| 平均减幅（%） | N/A | 40.11（巴西） | 29.67 | 20.49 | |
| | | 51.05（印度） | 38.10 | 29.10 | |
| | | 42.09（印尼） | 31.09 | 21.78 | |
| 关税封顶 | N/A | 100 | 150 | 无封顶 | |
| 关税简化 | 0/1182（巴西） | 0/1182 | 0/1182 | 0/1182 | 从量税/总税目 |
| | 2/694（印度） | 2/694 | 2/694 | 2/694 | |
| | 0/1003（印尼） | 0/1003 | 0/1003 | 0/1003 | |
| 关税水分 | 66.92（巴西） | 26.81 | 37.25 | 46.43 | |
| | 66.41（印度） | 15.36 | 28.31 | 37.31 | |
| | 82.15（印尼） | 40.06 | 51.06 | 60.37 | |
| 敏感产品 | N/A | 农产品总税目数的1% | 农产品总税目数的1% ~ 4% | 农产品总税目数的10% ~ 15% | |
| 特殊产品 | N/A | 一定幅度的关税削减和关税配额扩大，但都低于敏感产品 | 透明和可证实 | 未提具体建议 | |

通过表 8-6，我们可以看到同对发达国家的影响类似，在各方案的比较中，仍然是美国方案的平均削减幅度最大，接下来是欧盟及 G20 方案（2）、（3），削减幅度最小的仍是 G10 方案。美国提案将使发达成员关税平均削减 76%，发展中成员平均削减 43.4%。G10 提案将使发达成员关税平均削减

56.8%，发展中成员22.6%。但是同发达国家不同的是，由于发展中成员削减前关税水分较多，任何模拟方案无法完全消除发展中成员的关税水分，只能起到挤掉水分的作用。

### 8.3.2 主要贸易伙伴国内非农产品关税情况

我国产品在对外出口贸易过程中，其他国家的关税水平的高低及其变动对出口的影响非常明显，因此有必要分析其他国家的关税水平以及这些国家在模拟方案的削减下将会出现怎样的变化，以便分析我国出口将会受到的影响。

本书前面已经分析了我国非农产品出口的主要市场，我们把这些国家分为发达国家和发展中国家两组来进行分析。

首先，我国主要出口市场中的发达国家组，主要有欧盟、美国和日本。欧盟是我国第一大出口市场，2007年和2008年，我国对欧盟的出口量都超过我国总出口量的20%，可见欧盟对我国出口来说非常重要。2007年，欧盟非农产品的约束关税税率的简单平均水平为3.9%，税率水平已经比较低，其关税高峰为26%，也不算高。由于中国与欧盟贸易量的不断增加，目前美国在中国的出口市场中位次已经退居次席，但总量仍然十分可观，2007年占了我国出口总量的19%，2008年前十个月达到17.7%的水平。美国的税率水平也同样不高，2007年美国的简单平均约束税率仅为3.2%，关税高峰为48%。欧盟和美国是中国主要的顺差来源国。日本是中国重要的出口贸易伙伴，但是由于中国对日本的出口量通常要小于进口量，因此日本是中国主要的逆差来源国之一。在中国的出口总量中，对日本的出口也超过了8%，地位也是相当重要的。2007年，日本的简单平均约束税率与欧盟一样，也是3.9%，关税高峰为26%，但两者的关税结构上还是存在着很大区别。

从这三大发达国家贸易伙伴的税率水平来看，三者非常相似，它们的整体的税率水平都不高，而且简单平均约束税率都在4%以内。

其次，我国主要的发展中国家贸易伙伴组。从2007和2008两年的出口贸易伙伴排名来看，东盟是最主要的发展中国家贸易伙伴，2007年东盟在我国的出口市场中排名第五，占出口总额的7.7%，2008年排名上升一位，比例也达到了8%，上升势头还是比较明显。东盟国家中，菲律宾的简单平均约束税率水平为23.4%，最惠国税率的平均水平为6.3%，两者差距较大；印度尼西亚的简单平均约束税率为35.6%，最惠国税率的平均水平为6.6%。除了东盟以外，印度也是我国重要的发展中国家出口市场，2007年，印度在我国的出口市场中占第8位，在出口总量中所占比例为2%，2008年前十个月，印度的排名为第七，所占比例为 2.2%，可见对印度的出口量增长也是比较明显。2007 年印度的简单平均约束税率为 34.3%，最惠国税率的平均水平为 28.7%。

发展中国家的税率水平呈现如下特点：第一，发展中国家的平均约束税率较高，比发达国家的关税水平高出很多；第二，发展中国家的平均约束税率与最惠国税率之间存在着比较大的差距，以致不同的贸易伙伴的市场准入水平会有很大差异。

### 8.3.3 各减让方案对主要伙伴国家非农产品关税削减结构的模拟

1. 对发达国家贸易伙伴削减的影响模拟分析

结合前文提出的关税削减的模拟方案，对于发达国家的削减模拟方案设置了 8 和 9 两种系数；而对发展中国家的削减，则设置了 19、23 和 32 三种系数。因此，本章将分别对上述主要贸易伙伴的税率进行分析，来分析不同减让方案对这些国家和地区的影响程度。

发达国家在削减过程种使用的系数为 8 和 9，那么这些国家在削减之后，关税究竟会受到多大削减，我们来进行一些具体的分析。

（1）欧盟

假定经过系数为 8 的瑞士公式（方案 1 和方案 3）削减模拟之后，欧盟的简单平均约束税率水平变为 2.62%，削减幅度为 32.77%，关税高峰由 26% 削减为 6.12%；经过系数为 9 的瑞士公式（方案 2）削减后，简单平均税率变为 2.72%，削减幅度为 30.23%，关税高峰削减为 6.69%。

（2）美国

美国的税率经过系数为 8 的瑞士公式（方案 1 和方案 3）削减模拟之后，美国的简单平均约束税率水平变为 2.29%，削减幅度为 28.57%，关税高峰由 48% 削减为 6.68%；经过系数为 9 的瑞士公式（方案 2）削减之后，简单平均约束税率水平削减为 2.36%，削减幅度为 26.23%，关税高峰变为 7.58%。

（3）日本

日本的情况与欧盟类似。经过系数为 8 的瑞士公式（方案 1 和方案 3）削减模拟之后，简单平均约束税率水平变为 1.79%，削减幅度为 22.33%，关税高峰由 26% 削减为 6.32%；经过系数为 9 的瑞士公式（方案 2）削减后，简单平均税率变为 1.83%，削减幅度为 20.35%，关税高峰削减为 6.92%。

各主要发达国家经过削减模拟后的具体情况见表 8-7。

表 8 - 7    发达国家非农产品模拟减让的情况

| | 约束税率 | 削减后税率（系数 8） | 平均减让幅度 | 削减后税率（系数 9） | 平均减让幅度 |
|---|---|---|---|---|---|
| 欧盟税率 | | | | | |
| 简单平均 | 3.9% | 2.62% | 32.77% | 2.72% | 30.23% |
| 关税高峰 | 26% | 6.12% | 76.47% | 6.69% | 74.29% |
| 美国税率 | | | | | |
| 简单平均 | 3.2% | 2.29% | 28.57% | 2.36% | 26.23% |
| 关税高峰 | 48% | 6.68% | 85.71% | 7.58% | 84.21% |
| 日本税率 | | | | | |
| 简单平均 | 3.9% | 1.79% | 22.33% | 1.83% | 20.35% |
| 关税高峰 | 26% | 6.32% | 78.95% | 6.92% | 76.92% |

数据来源：SC/AN/TDP/MA/8。

由于发达国家本身的税率水平不是很高，经过削减后，税率水平有了明显的减低，但与削减前税率相比较，税率降低的幅度并不大，只降低了 1% ~ 2%。所以，对实际的影响并不是十分明显。但对关税高峰的减让效果还是十分明显的，可以比较有效地削减高关税。

2. 对发展中国家贸易伙伴削减的影响分析

（1）东盟国家

以印度尼西亚和菲律宾为东盟国家的代表进行分析。

印度尼西亚的关税税率经过系数为 19 的瑞士公式削减后，平均约束税率变为 12.39%，平均削减幅度为 65.2%，关税高峰由 60% 削减为 14.43%；经过系数为 23 的瑞士公式削减后，平均约束税率削减为 13.97%，平均削减幅度为 60.75%，关税高峰削减为 16.63%；经过系数为 32 的瑞士公式的削减效果，经过简单估算，可以得到削减后的平均约束税率为 16.85%，削减幅度为 52.67%。

印度尼西亚的最惠国税率为 6.6%，以此来估算，经过系数为 19、23、32 的瑞士公式削减之后，最惠国税率将分别削减为 4.9%、5.13%、5.47%。

菲律宾的约束税率经过系数为 19 的瑞士公式削减后，平均税率将被削减为 10.49%，平均削减幅度为 55.19%；经过系数为 23 的瑞士公式削减之后，平均税率将被削减到 11.63%，平均削减幅度为 50.43%；经过系数为 32 的公式削减后，税率将变为13.52%，削减幅度为42.23%。而菲律宾的最惠国关税在经过三个模拟方案削减后将会分别变为4.73%、4.95%和5.26%。

（2）印度

印度的平均约束税率为34.3%，按照三个模拟方案削减，经过估算，印度的平均约束税率将分别被削减至12.23%、13.77%和16.56%；而印度的最惠国税率为28.7%，经过估算，削减后的税率将会变成11.43%、12.77%和15.13%。

这三个发展中国家经过削减后的具体情况见表8-8。

表8-8　发展中国家非农产品模拟减让的情况

|  | 约束税率 | 削减后税率（系数19） | 平均减让幅度 | 削减后税率（系数23） | 平均减让幅度 | 削减后税率（系数32） | 平均减让幅度 |
|---|---|---|---|---|---|---|---|
| 印度尼西亚 | | | | | | | |
| 平均 | 35.6% | 12.39% | 65.20% | 13.97% | 60.75% | 16.85% | 52.67% |
| 最惠国 | 6.6% | 4.9% | 25.76% | 5.13% | 22.27% | 5.47% | 17.12% |
| 菲律宾 | | | | | | | |
| 平均 | 23.4% | 10.49% | 55.19% | 11.63% | 50.43% | 13.52% | 42.23% |
| 最惠国 | 6.3% | 4.73% | 24.92% | 4.95% | 21.43% | 5.26% | 16.51% |
| 印度 | | | | | | | |
| 平均 | 34.3% | 12.23% | 64.34% | 13.77% | 59.85% | 16.56% | 51.72% |
| 最惠国 | 28.7% | 11.43% | 60.17% | 12.77% | 55.50% | 15.13% | 47.28% |

数据来源：SC/AN/TDP/MA/8，最惠国税率的削减为估算得来。

由于发展中国家的非农产品税率比较高的，因此相应也将会受到比较大幅度的削减，但是因系数较大，削减后税率仍然高于发达国家，但差距在逐渐减小。从三个方案比较看，差距还是比较明显，削减幅度由大到小分别是方案1、2、3。但是发展中国家还可以通过争取弹性空间来减少削减水平。

由于我国是世界制造大国，各国进口关税的削减，特别是主要贸易伙伴进口关税的削减，客观上对中国扩大出口都是十分有利的。

## 8.4　基于减让方案的中国主要农产品出口影响模拟

在此，本文将从产品的角度对我国农产品和非农产品的出口形势进行分析，并对按各个削减方案削减后的形势进行分析，进而分析各个削减方案对我国主要农产品出口的具体影响。在出口研究中，对于出口主要市场国家，若是发达国家，我们将分析全部的七种方案。

### 8.4.1　农产品出口贸易模型

出口贸易总是与一个国家的国民经济体系有机地联系在一起，并且受其影响和制约，同时，出口贸易也不能孤立于国际环境独立进行，要受到国际市场中供求关系、世界经济增长率、汇率、价格、关税等的多重影响。根据传统的进出口理论和方法，可以将中国农产品出口贸易模型表示为：

$$QX_{ij} = f\left(GDP_i, \ PX_{ij}, \ t_{ij}, \ E, \ \varepsilon\right)$$

其中，$QX_{ij}$表示我国农产品 j 出口到国家 i 的数量，$GDP_i$表示进口国 i 的国内生产总值，$PX_{ij}$表示我国农产品 j 的出口价格，$t_{ij}$表示进口国 i 对产品 j 征收的关税税率，E 表示汇率，$\varepsilon$ 为残差项，表示其他因素对出口量的影响。由于农产品进口关税的存在，因此可以认为农产品在进口国的价格等于出口国的出口价格与关税之和，即：$P_{ij} = PX_{ij}\left(1 + t_{ij}\right)E$。需要说明的是这里忽略了如运输费用及其他由出口所引发的费用和非关税壁垒的影响，只单纯地考虑关税对价格的影响。

由于对各影响因素做线性回归的结果不理想，因此对出口贸易模型取指数形式，以我国农产品 j 的出口量 $QX_{ij}$ 作为被解释变量，以我国农产品 j 出口至 i 国的价格 $PX_{ij}$、i 国 GDP 作为和汇率作为解释变量，模型为：

$$QX_{ij} = a \times P_{ij}^b \times GDP_i^0 E^d \times \varepsilon^u$$

对上述函数进行变形，该函数采取对数形式的线性函数如下：

$$\ln QX_{ij} = \ln a + b \ln P_{ij} + c \ln GDP_i + d \ln E + \mu \ln \varepsilon$$

以下我们选择三种主要的出口农产品进行分析，它们分别包括粮食（大米、玉米），水产品（虾）和果类产品（柑橘）。

本国在此作为出口国，出口对象国是外国，而出口市场准入影响因素，也就是考虑出口对象国在降低其本国关税前提下，在其进口点弹性、汇率等共同作用下的价格。

（1）汇率，研究中采用了四种汇率，极端汇率一是根据自 2005 年 7 月至今汇改进行一年的时间，计算出人民币兑美元汇率的下降速度为 2.484%。据此，我们根据这个下降速度可以预测 2008 年～2016 年的汇率，并作为减让过程中汇率的极端值之一。另一个极端可以假设汇改后汇率并没有发生改变，即为 1 美元兑换 8.2765 元人民币。另外，在两个极端之外，把两者取均值得到了第三个汇率值，作为一般情况。此外，我们还通过相关性分析证实了 OECD 预测汇率的科学性。

（2）关税减让实施，根据谈判方的计划关税减让自 2008 年开始，发达国家通过 6 年减让完毕，平均减让；发展中国家 10 年内减让完毕，平均减让。

（3）出口价格，即出口产品在外国市场的到岸价格。根据前面的数据，文章可以根据汇率将世界市场价格转化为人民币表示的价格，在此基础上加上关税即为在外国市场上的最终价格。

（4）进口价格需求点弹性。与在第 6 章分析方法相同，只不过这里的进口国不是本国，而是将出口对象国作为进口国。

### 8.4.2　中日大米出口贸易模型

中国是世界上大米总产量最高的国家，约占世界总量的 30%。此外，由于具有单产水平高、成本低的优势，因此中国大米在国际市场具有一定的价格优势。仅从贸易量来看，中国是一个大米出口国。入世后，伴随着国际市场准入水平的降低，我国大米充分发挥价格比较优势，出口数量经历了一个先增后减的过程。2004 年中国大米出口的大幅缩减主要是由国内供应紧张和国家限制出口等因素造成的，和国际市场没有直接的联系。从我国大米的出口去向来看，出口国家集中且所占份额较大。统计数据表明，我国大米主要出口至科特迪瓦、俄罗斯、日本。以 03 年为例，出口至这三国的数量占大米出口总量的 54%。此外，近年来，韩国进口中国大米的数量也逐年增长，06 年已成为中国大米的第二大出口国。2006 年中国大米出口最多的国家是日本。

从表 8 - 9 可以看出，虽然 06 年出口日本大米的数量和金额较 05 年都有所下降，但从大的趋势来看，出口日本大米呈上升势头。由于所收集的数据有限，本书只研究中国大米出口日本的情况。此外，从我国大米出口的主要市场来看，只有日本是在国际谈判中的主要国家，而其他国家如科特迪瓦、印尼等在 WTO 谈判中分量很小。因此虽然我国大米出口日本数量要少于出口科特迪瓦等国家，但鉴于上述原因，日本对于贸易方案的选择对我国大米出口贸易的发展将起很重要的作用。

表8-9 我国出口日本大米的数量、金额及所占份额及其在所有出口国家中的排名

|  | 数量（吨） | 份额 | 金额（万美元） | 份额 | 排名 |
|---|---|---|---|---|---|
| 2002年 | 96500.1 | 5.1% | 2860.6 | 7.5% | 3 |
| 2003年 | 121720.8 | 5.0% | 3724.6 | 7.5% | 3 |
| 2004年 | 87110.6 | 9.7% | 5099.1 | 21.9% | 1 |
| 2005年 | 98966.3 | 14.7% | 5350.1 | 23.8% | 1 |
| 2006年 | 79917.6 | 6.5% | 5637.2 | 13.8% | 1 |

总体而言，日本大米政策是阻止国外大米进口。大米是日本人的主食，因此国内政治需要和保证粮食安全的考虑，日本始终把发展大米生产作为制定粮食政策的立足点，采取了多种指标措施，如技术壁垒、绿色壁垒和关税配额等非关税壁垒，这些措施都有效地阻止了国外大米的进入。2003年日本对大米的配额内关税为20.4%，配额外关税为644.6%，由于可以获得的数据有限，本文只考虑配额内的情况。本文使用农产品贸易模型从量化的角度对日本进口中国大米的需求弹性进行测算，并模拟不同减让方案下对我国出口日本大米数量产生的不同影响。

本书研究所用价格数据资料主要根据商务部外贸司网站相关数据计算而来，其他数据来源于《中国统计年鉴》、《世界经济年鉴》、韩国中央银行网站和日本中央银行网站。由于收集的数据有限，因此选择的估计年份区间为2003年第一季度至2006年第三季度。

关于各国GDP的数据，本章以2002年第四季度某进口国的GDP作为基年（基年＝100），将样本区间所有GDP数据均折算成指数的形式。由于所得汇率数据均是月度数据，因此将其简单平均得到计算所需季度的汇率。参见表8-10。

表8-10 日本进口中国大米价格数量及日本GDP、日元汇率

|  | 价格（美元/吨） | 数量（吨） | 汇率（yen/dollar） | GDP（亿日元） |
|---|---|---|---|---|
| 2003年第1季度 | 266.0 | 61095.1 | 118.7 | 1178481 |
| 2003年第2季度 | 258.6 | 23209.3 | 119.3 | 1221096 |
| 2003年第3季度 | 557.7 | 8154.4 | 115.9 | 1201649 |

| | 价格（美元/吨） | 数量（吨） | 汇率（yen/dollar） | GDP（亿日元） |
|---|---|---|---|---|
| 2003 年第 4 季度 | 616.6 | 29262 | 108.4 | 1301714 |
| 2004 年第 1 季度 | 734.7 | 55799.5 | 106.3 | 1213016 |
| 2004 年第 2 季度 | 430.2 | 7163.9 | 109.6 | 1240517 |
| 2004 年第 3 季度 | 741.2 | 13459.1 | 110.8 | 1221159 |
| 2004 年第 4 季度 | 686.6 | 10688.1 | 104.3 | 1308592 |
| 2005 年第 1 季度 | 690.2 | 31953.9 | 105.0 | 1212535 |
| 2005 年第 2 季度 | 541.1 | 33050.2 | 108.1 | 1249831 |
| 2005 年第 3 季度 | 696.3 | 22161.7 | 112.3 | 1229841 |
| 2005 年第 4 季度 | 766.5 | 11800.5 | 117.5 | 1321819 |
| 2006 年第 1 季度 | 849.7 | 34344.4 | 117.0 | 1232177 |
| 2006 年第 2 季度 | 864.5 | 14695.3 | 113.6 | 1262580 |
| 2006 年第 3 季度 | 837.0 | 17550.6 | 116.6 | 1241719 |

利用上述数据，应用 eviews 统计软件，通过对模型进行逐步回归估计，得到中国大米出口日本的贸易模型如下：

$$\ln QX_{ij} = 55.23 - 0.1118\ln P_{ij} - 7.77\ln GDP_i - 9.71\ln E$$

从变量的估计值来看，我国对日本出口大米价格弹性系数为负值且绝对值小于1，表明在其他变量不变的前提下，其出口与相对价格的变化方向相反，并且当价格提高 1%，其出口减少 0.1118%。

上文得出的我国出口日本大米价格弹性表明价格 $P_{ij}$ 每提高 1%，中国出口日本大米的数量将减少 0.1118%。本文将利用该价格弹性分析关税减让对我国大米出口日本数量的总体影响（不逐一分析减让期内各年的情况，只分析减让结束的最终结果）。由于价格 $P_{ij} = PX_{ij}(1 + t_{ij})$，因此假设价格不变，只考虑税率变化引起的出口数量的变化，则该弹性系数是表明 $(1 + t_{ij})$ 每提高 1%，中国出口日本大米的数量将减少 0.1118%。根据多哈回合农业谈判的计划，新一轮农产品关税减让自 2008 年开始，发达国家通过 6 年减让完毕，采取平均减让的方式。日本对大米的配额内关税为 20.4%，配额外关税为 644.6%，暂只考虑配额内的情况。表 8 - 11 所示为按照不同方案减让后的大米关税。

表 8 - 11　按照不同方案减让后的日本大米关税税率及减让率

|  | 美国<br>方案 | 欧盟<br>方案 | G20<br>方案（1） | G20<br>方案（2） | G20<br>方案（3） | G20<br>方案（4） | G10<br>方案 |
|---|---|---|---|---|---|---|---|
| 税率 | 11.1792% | 13.26% | 14.28% | 11.22% | 9.18% | 6.12% | 14.076% |
| 减让率 | 45.2% | 35% | 30% | 45% | 55% | 70% | 31% |

以 2006 年中国出口日本大米数量作为基期，可以得到在出口价格保持不变的假设下，减让结束后我国出口日本的大米数量。（注：2006 年中国向日本出口大米 79917.6 吨）参见表 8 - 12。

表 8 - 12　不同减让方案下大米出口数量的变化 ΔQ 及出口量 Q　　　（单位：吨）

|  | 美国<br>方案 | 欧盟<br>方案 | G20<br>方案（1） | G20<br>方案（2） | G20<br>方案（3） | G20<br>方案（4） | G10<br>方案 |
|---|---|---|---|---|---|---|---|
| ΔQ | 684.39 | 529.95 | 454.24 | 681.36 | 832.78 | 1059.9 | 469.38 |
| Q | 80601.99 | 80447.55 | 80371.84 | 80598.96 | 80750.38 | 80977.5 | 80386.98 |

上表所列数据反映了不同减让方案对我国向日本出口大米的影响，横向比较这些数据可以看到，在减让期结束时，各方案下出口量从大到小依次为：G20 方案（4）> G20 方案（3）> 美国方案 > G20 方案（2）> 欧盟方案 > G10 方案 > G20 方案（1），这也说明了各种方案下削减幅度从大到小依次为：G20 方案（4）> G20 方案（3）> 美国方案 > G20 方案（2）> 欧盟方案 > G10 方案 > G20 方案（1），其中 G20 方案（4）削减幅度远远大于其他各方案，G20 方案（3）次之，美国方案和 G20 方案（2）削减幅度相当，欧盟方案、G10 方案和 G20 方案（1）削减幅度相当且幅度最小。

### 8.4.3　中日虾产品出口贸易模型

如前文所述，近年来我国新鲜及冷冻水产品出口快速增长，目前已以 28.9% 的出口份额成为我国出口最多的农产品，且出口年增长 27%，具有极大的发展空间。虾产品作为国家贸易中最大的水产品，其贸易量约占世界水产品贸易量的 20% 左右，因此本文以虾产品作为水产品的代表，分析在不同关税减让方案下我国虾产品的出口情况。

我国是世界上最大的虾产品生产国，也是主要的虾产品出口国之一。由于世界虾产品产量的增长，特别是养殖虾的迅速发展，国际虾产品贸易不断增长。此外，虾产品的国际市场价格逐年走低，虾产品从"贵族食品"逐步走上普通消费者的餐桌，虾产品价格的降低也带动了需求的不断增长。这些都为中国扩大虾产品出口提供了很好的契机。近年来，我国虾产品出口保持较高速的增长，如图 7 - 2 所示。

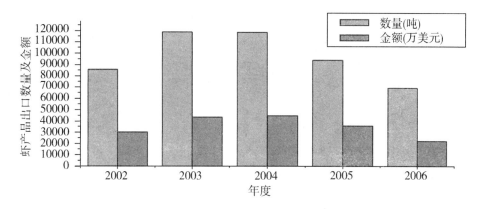

图 8 - 2　近年来我国虾产品出口数量及金额

从出口市场角度来看，发达国家是虾产品的主要进口市场，美国、日本、欧盟进口的虾产品占了全部进口量的 87% 以上。2000 年以前，日本是我国虾产品最大的出口市场，对日出口占全部出口的 36.19%，其次是美国和欧盟，分别占 29.42% 和 23.06%，对三大市场的出口占全部出口的 88.67%。2001 年以来，由于美国对虾产品需求强劲，成为世界上最大的虾产品进口国，我国对美虾产品出口增长迅速，2001 年对美出口超过 1.7 亿美元，美国成为我国最大的虾产品出口市场。2003 年对美出口更是占我国全部虾产品出口的 43.59%。但由于数据收集的困难，本章暂不分析虾产品出口美国的情况。目前，日本已成为第二大进口国，占世界虾产品进口额的 20% 左右。因此，本章将分析不同减让方案对我国虾产品出口日本的影响。

表 8 - 13　我国虾出口至日本和美国所占总出口的比例

|  | 2000 年 | 2001 年 | 2002 年 | 2003 年 | 2004 年 | 2005 年 | 2006 年 | 平均 |
|---|---|---|---|---|---|---|---|---|
| 美国 | 29% | 43.59% | 19.6% | 26.6% | 16.9% | 8.7% | 9.2% | 19.2% |
| 日本 | 36% | – | 24.4% | 19.1% | 20.6% | 23.4% | 21.4% | 20.7% |

日本是全球最大的水产品进口国，也是人均虾产品消费量最高的国家之一。2004 年日本水产品进口额达 157.5 亿美元，约占全球水产品贸易额的四分之一。虾产品是日本进口金额最大的水产品，2004 年占日本全部水产品进

口的 16.62% 。日本国产虾的数量有限，因此日本市场的虾产品 90% 依靠进口。统计数据显示，近年来中国出口日本虾数量略有下降，但目前日本仍是我国第二大虾产品进口国。由于日本水产品市场对价格比较敏感，价格对消费者消费虾和其他高价水产品的需求影响很大，因此本章研究日本对我国进口虾产品的需求价格弹性显得尤为重要。

此外，本章将在得出的需求价格弹性基础上分析不同减让方案对我国向日本出口虾产品数量的影响。需要说明的是，首先，日本虾产品进口关税为新鲜虾 1.8% ，熟虾 4.8% ，冻虾和罐装虾 6% 。由于所收集的关于虾产品出口价格数据是进口的新鲜虾、熟虾等各种虾产品的简单平均值，因此在计算日本进口关税时，税率也选取各种虾产品税率的简单平均值。其次，进口的虾产品进入市场，还需征收5%的消费税，即：最终价格 =（到岸价 + 进口税）×105% 。

具体计算中的数据来源与样本选择同于大米出口日本贸易模型中的数据来源和样本区间，指标数据的处理也和大米出口日本贸易模型中的处理方法相同。有关数据见表 8 – 14。

表 8 – 14　日本进口中国虾价格数量及日本 GDP 、日元汇率

| | 价格（美元/吨） | 数量（吨） | 汇率（yen/dollar） | GDP（亿日元） |
|---|---|---|---|---|
| 2003 年第 1 季度 | 2905. 2 | 5100. 17 | 118. 7 | 1178481 |
| 2003 年第 2 季度 | 5449. 5 | 3888. 43 | 119. 3 | 1221096 |
| 2003 年第 3 季度 | 7864. 6 | 5149. 79 | 115. 9 | 1201649 |
| 2003 年第 4 季度 | 6491. 4 | 6538. 65 | 108. 4 | 1301714 |
| 2004 年第 1 季度 | 4129. 8 | 5512. 62 | 106. 3 | 1213016 |
| 2004 年第 2 季度 | 5647. 6 | 3913. 70 | 109. 6 | 1240517 |
| 2004 年第 3 季度 | 7282. 3 | 5921. 76 | 110. 8 | 1221159 |
| 2004 年第 4 季度 | 7412. 1 | 7106. 08 | 104. 3 | 1308592 |
| 2005 年第 1 季度 | 3395. 3 | 5961. 18 | 105. 0 | 1212535 |
| 2005 年第 2 季度 | 3580. 1 | 5975. 25 | 108. 1 | 1249831 |
| 2005 年第 3 季度 | 7721. 2 | 5786. 41 | 112. 3 | 1229841 |
| 2005 年第 4 季度 | 7379. 5 | 6869. 30 | 117. 5 | 1321819 |
| 2006 年第 1 季度 | 2780. 4 | 6824. 92 | 117. 0 | 1232177 |
| 2006 年第 2 季度 | 4850. 5 | 3839. 81 | 113. 6 | 1262580 |
| 2006 年第 3 季度 | 3836. 0 | 5509. 38 | 116. 6 | 1241719 |

利用上述数据，应用 eviews 统计软件，通过对模型进行逐步回归估计，得到中国虾出口日本的贸易模型如下：

$$\ln QX_{ij} = -40.44 - 0.2922821\ln P_{ij} + 5.651\ln GDP_i + 5.371\ln E$$

从变量的估计值来看，我国对日本出口虾价格弹性系数为负值且绝对值小于1，表明在其他变量不变的前提下，其出口与相对价格的变化方向相反，并且当价格提高 1%，其出口减少 0.292282%。本文将利用该价格弹性分析关税减让对我国虾出口日本数量的总体影响（不逐一分析减让期内各年的情况，只分析减让结束的最终结果）。由于价格 $P_{ij} = PX_{ij}(1 + t_{ij})$，因此假设价格不变，只考虑税率变化引起的出口数量的变化。日本虾产品进口关税为新鲜虾1.8%，熟虾 4.8%，冻虾和罐装虾 6%，取其简单平均所得税率为 4.2%。表8-15 所示为按照不同方案减让后的虾关税。

表 8-15　按照不同方案减让后的日本虾关税税率及减让率

|  | 美国方案 | 欧盟方案 | G20方案（1） | G20方案（2） | G20方案（3） | G20方案（4） | G10方案 |
|---|---|---|---|---|---|---|---|
| 税率 | 2.6418% | 2.73% | 3.15% | 2.73% | 2.31% | 1.68% | 3.066% |
| 减让率 | 37.1% | 35% | 25% | 35% | 45% | 60% | 27% |

以 2006 年中国出口日本虾数量作为基期，可以得到在出口价格保持不变的假设下，减让结束后我国出口虾的数量。（注：2006 年中国向日本出口虾14808.1 吨），见表 8-16。

表 8-16　不同减让方案下中国虾对日出口数量的变化 △Q 及出口量 Q　（单位：吨）

|  | 美国方案 | 欧盟方案 | G20方案（1） | G20方案（2） | G20方案（3） | G20方案（4） | G10方案 |
|---|---|---|---|---|---|---|---|
| △Q | 64.72 | 61.06 | 43.61 | 61.06 | 78.50 | 104.67 | 47.10 |
| Q | 14872.82 | 14869.16 | 14851.71 | 14869.16 | 14886.60 | 14912.77 | 14855.20 |

上表所列数据反映了不同减让方案对我国向日本出口虾的影响，横向比较这些数据可以看到，在减让期结束时，各方案下出口量从大到小依次为：G20方案（4）＞G20 方案（3）＞美国方案＞G20 方案（2）＝欧盟方案＞G10方案＞G20 方案（1），这也说明了各种方案下削减幅度从大到小依次为：G20 方案（4）＞G20 方案（3）＞美国方案＞G20 方案（2）＝欧盟方案＞G10 方案＞G20 方案（1），其中 G20 方案（4）削减幅度远远大于其他各方案，G20 方案（3）次之。值得注意的是，与大米出口贸易不同的是，欧盟方案和 G20 方

案 (2) 对此虾出口日本带来的影响是相同的，这主要是由方案本身参数设置和虾进口关税税率引起。如果单从日本保护其国内产业这点考虑出发，日本将选择 G20 方案 (1)，但该方案将不利于我国虾进入日本市场，因此日方如选择美国方案或 G20 方案 (2)，将是一个折中选择。

### 8.4.4 中韩玉米出口贸易模型

玉米是我国主要粮食作物之一，是最主要的饲料来源和重要工业原料，也是我国主要的粮食出口品种。一直以来，玉米都是我国传统的出口农产品，1980 年～2006 年的 27 年间，只有 5 年为净进口，1 年既无进口也为无出口，其余 21 年均为净出口。人们普遍认为我国玉米不具备国际竞争优势，加入世贸组织将会导致大量进口玉米，冲击国内市场。但入世以来，不但大量进口玉米的情况并未出现，玉米出口反而呈现出强劲势头，跻身世界主要出口国行列。尤其是近年来，我国玉米出口量屡创新高，2000 年、2002 年、2003 年出口量均超过 1000 万吨，特别是 2002 年和 2003 年连续两年创历史新高。但值得注意的是 2004 年玉米出口量大幅度减少，仅为 232 万吨，这主要是由于 2000 年后国内粮食总产量下降、连续多年产不足需和库存减少所致，与市场无关。随着玉米出口的增加，我国在世界玉米贸易中的地位也日益提高。入世后的几年，我国玉米出口占世界贸易量的比重都在 10% 以上，其中 2002 / 2003 年度，我国玉米出口占世界贸易量的比重达到 19.2%，紧随美国之后，列世界第二位。见表 8 - 17。

表 8 - 17　近年来我国玉米出口量和出口额

|  | 出口量（单位：吨） | 出口额（单位：万美元） |
| --- | --- | --- |
| 2002 年 | 11673508.3 | 116684.7 |
| 2003 年 | 16389542.2 | 176683.0 |
| 2004 年 | 2318174.1 | 32426.0 |
| 2005 年 | 8610991.7 | 109654.7 |
| 2006 年 | 3070484.7 | 41216.3 |

从出口目的地来看，我国玉米出口主要集中在韩国、日本及东南亚等周边国家和地区，近年来我国对这些国家和地区的出口占玉米出口总量的 85% 以上。其中韩国是我国最重要的玉米贸易伙伴，我国出口到韩国的玉米占出口总量的比例都在 50% 左右。原因是世界主要玉米进口国大多分布在我国周边地

区，如日本、韩国年进口玉米分别达到 1680 万吨和 950 万吨，分列为世界第一和第二位，其他如印度尼西亚、马来西亚等地进口量也较大，这些国家或地区与我国距离较近，我国玉米出口到这些国家或地区具有运费少、运输时间短的优势。入世后我国玉米出口增加，很重要的一个原因就是充分发挥了这些地缘优势。从近 10 多年的变化来看，韩国作为我国主要玉米贸易伙伴的地位得到巩固并不断上升，2004 年占我国出口分额达到近 57%；我国对日本的玉米出口在 90 年代初期数量也很大，年出口近 200 万吨。但自 90 年代后期到加入WTO 前，我国对日本的出口逐步萎缩。入世后日本作为我国重要玉米贸易伙伴的地位得到一定程度的恢复，2003 年对日本出口达到 130 多万吨，2004 年在我国出口玉米中的比重达到 26%。此外，马来西亚、印度尼西亚也已成为我国重要的贸易对象，而俄罗斯、朝鲜则逐渐从我国传统出口对象中淡出。所以本文暂只研究玉米出口韩国和马来西亚的情况，见表 8 - 18。

表 8 - 18　近年来我国玉米出口至韩国和马来西亚的数量及所占比例

|  | 出口至韩国的数量 | 所占总出口量的比例 | 出口至马来西亚的数量 | 所占总出口量的比例 |
|---|---|---|---|---|
| 2002 年 | 6137594.7 | 52.58% | 2485874.7 | 21.3% |
| 2003 年 | 8026892.8 | 48.98% | 2464254.7 | 15.03% |
| 2004 年 | 1318339.5 | 56.87% | 251685.3 | 10.86% |
| 2005 年 | 5897295.3 | 68.49% | 476929.0 | 5.54% |
| 2006 年 | 1974649.7 | 64.31% | 363636.2 | 11.84% |

韩国玉米自给率很低，近 7 年来都不足 1%，大部份玉米消费都需要从国外进口。中国向韩国出口最多的是鱼和谷物产品、饲料，并在这个市场具有一定的竞争力。到目前为止，玉米在谷物类产品出口中占有绝对优势，统计数据表明，韩国在谷物进口中，玉米进口数量近 25 年来一直远远高于其他谷物类产品，而在我国向韩国出口的农产品中，玉米也占有很大的比例，以 2005 年为例，我国向韩国出口玉米金额为 7.5 亿美元，占出口总额的 26.3%。2004 年韩国对玉米的配额内关税为 2.5%，配额外关税为 316%，由于可以获得的数据有限，在此只考虑配额内的情况。本章使用农产品贸易模型从量化的角度对韩国进口中国玉米的需求弹性进行测算，并模拟不同减让方案下对我国出口日本大米数量产生的不同影响。

计算中所使用数据的来源同大米出口日本贸易模型中的数据来源，样本区间选择为 2003 年第一季度至 2006 年第四季度。需要说明的是，由于 2006 年第三季度数据和其他季度相比相差甚远，数据略显异常，因此在样本中去掉该季度。指标数据的处理方法同于大米出口日本贸易模型中的处理方法。见表8 – 19。

表 8 – 19　韩国进口中国玉米价格数量及韩国 GDP 、韩元汇率

|  | 价格（美元/吨） | 数量（吨） | 汇率 | GDP |
|---|---|---|---|---|
| 2003 年第 1 季度 | 104. 24 | 1789195. 40 | 1203. 40 | 152625. 00 |
| 2003 年第 2 季度 | 104. 98 | 1231131. 70 | 1204. 27 | 163536. 10 |
| 2003 年第 3 季度 | 108. 19 | 1852619. 10 | 1170. 03 | 163003. 90 |
| 2003 年第 4 季度 | 111. 32 | 3163946. 60 | 1192. 57 | 183489. 90 |
| 2004 年第 1 季度 | 112. 69 | 738966. 90 | 1167. 23 | 160896. 70 |
| 2004 年第 2 季度 | 171. 87 | 219977. 60 | 1161. 97 | 172921. 50 |
| 2004 年第 3 季度 | 169. 25 | 104037. 30 | 1156. 67 | 170593. 40 |
| 2004 年第 4 季度 | 130. 17 | 255357. 70 | 1072. 57 | 189584. 00 |
| 2005 年第 1 季度 | 127. 50 | 1189721. 30 | 1019. 60 | 165258. 00 |
| 2005 年第 2 季度 | 125. 97 | 2009365. 80 | 1009. 80 | 178396. 40 |
| 2005 年第 3 季度 | 126. 72 | 1597565. 00 | 1032. 43 | 178266. 30 |
| 2005 年第 4 季度 | 129. 23 | 1100643. 20 | 1030. 67 | 199570. 60 |
| 2006 年第 1 季度 | 125. 76 | 1535707. 70 | 971. 97 | 175368. 60 |
| 2006 年第 2 季度 | 123. 27 | 20896. 90 | 951. 13 | 187783. 50 |
| 2006 年第 4 季度 | 155. 96 | 417263. 00 | 933. 57 | 207571. 10 |

利用上述数据，应用 eviews 统计软件，通过对模型进行逐步回归估计，得到中国玉米出口韩国的贸易模型如下：

$$\ln QX_{ij} = 18.91 - 4.25\ln P_{ij} + 0.31\ln GDP_i + 1.96\ln E$$

从变量的估计值来看，我国对韩国出口玉米价格弹性系数为负值且绝对值大于1，表明在其它变量不变的前提下，其出口与相对价格的变化方向相反，并且当价格提高 1% ，其出口减少 4. 254233% 。

本章将利用该价格弹性分析关税减让对我国出口韩国玉米数量的总体影

响。由于价格 $P_{ij} = PX_{ij} (1 + t_{ij})$，因此假设价格不变，只考虑税率变化引起的出口数量的变化。韩国对玉米的配额内关税为 2.5%，配额外关税为 316%。暂只考虑配额内的情况。对于韩国这个发展中国家来说，前面模拟的 G20 方案（2）、G20 方案（3）和欧盟方案是完全一样的，所以三个方案用其中一个方案代表。表 8 - 20 所示为按照不同方案减让后的玉米关税情况。

**表 8 - 20　按照不同方案减让后的韩国玉米关税税率及减让率**

|  | 美国方案 | G20 方案（1） | G20 方案（2） | G20 方案（4） | G10 方案 |
|---|---|---|---|---|---|
| 税率 | 1.5938% | 2.125% | 1.875% | 1.25% | 2.05% |
| 减让率 | 36.25% | 15% | 25% | 50% | 12% |

以 2006 年中国出口韩国玉米数量作为基期，可以得到在出口价格保持不变的假设下，减让结束后我国出口韩国的玉米数量。（注：2006 年中国向韩国出口玉米 1974649.7 吨）见表 8 - 21。

**表 8 - 21　不同减让方案下玉米出口韩国数量的变化 ΔQ 及出口量 Q　（单位：吨）**

|  | 美国方案 | G20 方案（1） | G20 方案（2） | G20 方案（4） | G10 方案 |
|---|---|---|---|---|---|
| ΔQ | 74269.68 | 30733.98 | 51223.29 | 102446.58 | 36880.77 |
| Q | 2048919.38 | 2005383.68 | 2025872.99 | 2077096.28 | 2011530.47 |

从表 8 - 21 所列数据可以看出，由于关税削减带来的市场准入的降低，在其他贸易限制手段不变和中国国内供给充分的情况下，使得韩国对中国玉米的需求旺盛。各种方案关税削减的最终效果使得韩国进口中国玉米分别增加 3.8%、1.6%、2.6%、5.2% 和 1.9%，如果韩国按照 G20 方案（4）进行削减，那么将是最大限度地扩大了中国玉米的出口。而 G20 方案（1）则是最大限度地抑制了中国玉米的出口。这其实也反映了不同方案的减税效果：G20 方案（4）＞美国方案＞G20 方案（2）＞G10 方案＞G20 方案（1）。如果单从扩大中国出口的角度出发，则可以认为韩国选择 G20 方案（4）对我国最为有利，但 WTO 市场准入的谈判是一个博弈的过程，对我国绝对有利的 G20 方案（4）却会对韩国国内玉米市场带来很大的冲击，此外，如果只考虑扩大中国出口，则可以认为中国支持 G20 方案（4）最为有利，但这个方案也同时意味着国内市场最大限度的开放，从保护国内农产品市场的角度来看这个方案又是难度最大的，因此需要考虑多方面因素在各方案中做出正确的选择。

### 8.4.5 中马柑橘出口贸易模型

近年来，中国水果出口快速增长。据 FAO 统计，2000 年世界产量最高的水果——柑桔年产量达 10674 万吨，国际贸易量占其总产量的 13% 以上，是仅次于小麦和玉米的世界第三大国际贸易农产品。因此，本章以柑橘属水果为例，分析不同削减公式对中国水果出口带来的影响。

加入 WTO 对中国农产品影响相关研究表明，中国柑橘具有比较优势。从 1995 年到 2006 年间，我国柑橘出口大幅增长，从 16 万多吨增加到 43 万多吨，增长了 1.69 倍，出口额则从 6870 万美元增加到 16151 万美元，增长了 1.35 倍。对比数量幅度增长和金额增长幅度的数据可以看出，近年来我国出口柑橘的价格呈下跌趋势，贸易条件有所恶化。相关研究也同样表明，中国各种柑桔鲜果的出口价格相对于世界平均价格总体上均呈下降趋势，且在多数年份其价格水平低于世界平均水平。近年近年来中国柑橘属水果出口数量及金额见表 8 – 22。

表 8 – 22　近年来中国柑橘属水果出口数量及金额

|  | 出口数量（单位：吨） | 出口金额（单位：万美元） |
|---|---|---|
| 1995 年 | 162850 | 6870.8 |
| 1996 年 | 183509 | 7364.3 |
| 1997 年 | 209127 | 7111.0 |
| 1998 年 | 175458 | 4888.6 |
| 1999 年 | 176290 | 4163.7 |
| 2000 年 | 200271 | 4651.0 |
| 2002 年 | 216846.5 | 5567.3 |
| 2003 年 | 292032.6 | 7557.7 |
| 2004 年 | 361362.7 | 10501.2 |
| 2005 年 | 465623.0 | 14320.3 |
| 2006 年 | 435126.9 | 16151.0 |

从我国柑橘出口的目的地来看，主要是东南亚国家和地区，出口到中国香港、新加坡、菲律宾、马来西亚、越南、印度尼西亚、俄罗斯和加拿大的数量占中国柑橘出口的 95% 以上。由于所收集数据有限，本文只研究柑橘属水果出口马来西亚的情况。马来西亚本国因为气候和地理条件的原因无法种植生产

温带水果，因此柑桔属水果需要大量进口。从下表所列数据可以看出，我国出口至马来西亚的柑橘属水果数量上一致呈上升趋势，所占我国出口同种产品的比例虽然有所下降，但一直稳定在 20% 左右。目前马来西亚对柑橘属水果征收高达 44.7% 的进口关税。具体数据参见表 8-23、表 8-24。

表 8-23　中国出口至马来西亚柑橘属水果数量、金额及份额

| | 出口数量（单位：吨） | 出口金额（单位：万美元） | 份额（%） |
|---|---|---|---|
| 2002 年 | 46358.9 | 1135.1 | 21.38 |
| 2003 年 | 55989.4 | 1543.9 | 19.17 |
| 2004 年 | 47961.4 | 1455.5 | 13.27 |
| 2005 年 | 80983.3 | 2868.1 | 17.39 |
| 2006 年 | 76876.9 | 3439.7 | 17.67 |

表 8-24　马来西亚进口中国柑橘属水果价格数量

| | 价格（美元/吨） | 数量（吨） |
|---|---|---|
| 2003 年第 3 季度 | 325.90 | 58.30 |
| 2003 年第 4 季度 | 292.33 | 22,673.00 |
| 2004 年第 1 季度 | 290.09 | 36,926.80 |
| 2004 年第 2 季度 | 252.29 | 547.00 |
| 2004 年第 3 季度 | 452.78 | 282.70 |
| 2004 年第 4 季度 | 195.61 | 18,275.90 |
| 2005 年第 1 季度 | 332.82 | 53,350.90 |
| 2005 年第 2 季度 | 249.91 | 2,925.00 |
| 2005 年第 3 季度 | 453.37 | 154.40 |
| 2005 年第 4 季度 | 412.33 | 24,553.30 |
| 2006 年第 1 季度 | 408.84 | 58,387.80 |
| 2006 年第 2 季度 | 282.57 | 399.90 |
| 2006 年第 3 季度 | 540.32 | 124.00 |
| 2006 年第 4 季度 | 57.59 | 179,652.20 |

本章拟通过农产品进出口贸易模型，估算马来西亚对中国柑橘属水果的进

口需求弹性，再结合关税减让，分析不同削减公式对中国柑橘属水果出口马来西亚的影响。数据来源与样本选择同于大米出口日本贸易模型中的数据来源和样本区间。指标数据的处理方法也同于大米出口日本贸易模型中的处理方法。

需要说明的是，由于柑橘属水果具有明显的季节性，中国柑橘产量80%都集中在10月中旬到12月成熟，因此从10月到次年4月以前供给较充足，在对出口数据的分析中也可以看出，每年第四季度和次年第一季度是中国柑橘属水果出口至马来西亚最多的时节，基于水果出口季节性特征明显的原因，在逐步回归分析中，马来西亚经济增长率和汇率的解释变量被剔除。利用上述数据，应用eviews统计软件，通过对模型进行逐步回归估计，得到中国柑橘属水果出口马来西亚的贸易模型如下：

$$\ln QX_{ij} = 22.41 - 2.51\ln P_{ij}$$

从变量的估计值来看，我国对马来西亚出口柑橘属水果价格弹性系数为负值且绝对值大于1，表明在其他变量不变的前提下，其出口与相对价格的变化方向相反，并且当价格提高1%，其出口减少2.508555%。

本章利用该价格弹性分析关税减让对我国柑橘属水果出口马来西亚数量的总体影响。由于价格 $P_{ij} = PX_{ij} (1 + t_{ij})$，因此假设价格不变，只考虑税率变化引起的出口数量的变化。马来西亚对柑橘属水果进口关税税率为44.7%，表8-25所示为按照不同方案减让后的最终税率。

**表8-25 按照不同方案减让后的马来西亚柑橘属水果关税税率及减让率**

|  | 美国方案 | G20方案（1） | G20方案（2） | G20方案（4） | G10方案 |
|---|---|---|---|---|---|
| 税率 | 21.824775% | 35.76% | 31.29% | 17.88% | 35.76% |
| 减让率 | 51.175% | 20% | 35% | 60% | 20% |

以2006年中国出口马来西亚柑橘属水果数量作为基期，可以得到在出口价格保持不变的假设下，减让结束后我国出口柑橘属水果的数量。（注：2006年中国向马来西亚出口柑橘属水果76876.9吨）见表8-26。

**表8-26 不同减让方案下柑橘属水果出口数量及其变化 （单位：吨）**

|  | 美国方案 | G20方案（1） | G20方案（2） | G20方案（4） | G10方案 |
|---|---|---|---|---|---|
| ΔQ | 30487.12 | 11914.85 | 17872.27 | 35744.54 | 11914.85 |
| Q | 107364.02 | 88791.75 | 94749.17 | 112621.44 | 88791.75 |

从表 8 – 26 所列数据可以看出，在其他贸易限制手段不变的假设下，由于关税削减带来的市场准入的降低，使得马来西亚对中国柑橘属水果的需求旺盛。各种方案关税削减的最终效果使中国对马来西亚出口的柑橘属水果数量分别增加 39. 66%、15. 5%、23. 25%、46. 5% 和 15. 5%，G20 方案（4）的增加幅度最大，已将近 50%，即使是增加幅度最小的 G20 方案（1）和 G10 方案下，中国向马来西亚出口的柑橘属水果也会增加 15. 5%。出口数量增加的幅度也反映了各方案的削减效果：G20 方案（4）＞美国方案＞G20 方案（2）＞G10 方案 = G20 方案（1）。因此可以认为，如果马来西亚选择 G20 方案（4）进行削减，则会最大限度地扩大中国柑橘属水果的出口。但由于在分析过程中没有考虑非关税壁垒，但柑橘属水果出口面临最大的障碍是非关税壁垒，尤其是技术壁垒和一些卫生检验检疫手段，因此在分析实际情况时，出口数量的实际增加幅度会小一些，但如果这些非关税壁垒保持现有状况，则可以认为关税削减会使中国出口马来西亚的柑橘属水果大幅增加，其中 G20 方案（4）增幅最大，G10 方案和 G20 方案（1）增幅最小。

## 8.5 本章小结

本章首先从关税减让引发出口农产品价格的市场准入影响因素分析着手，结合马歇尔—勒纳条件，讨论了在出口国关税减让前提下，人民币汇率变动等条件的变化所可能带来的国际收支和贸易条件的变化。

其次，分析了我国出口地理方向和出口国别及市场结构，分析了研究对象的选择依据。

再次，对主要贸易伙伴非农产品关税削减进行了方案模拟。结果表明，无论是发达国家还是发展中国家的进口关税，都相应地得到不同幅度的削减，但因原税率大小和系数大小，而有所差别。从三个方案比较看，削减幅度由大到小分别是方案（1）、（2）、（3）。但是发展中国家还可以通过争取弹性空间来减少削减水平。由于我国是出口大国，各国进口关税的削减，特别是主要贸易伙伴进口关税的削减，客观上对中国扩大出口都是十分有利的。

第四，模拟分析了各减让方案对我国若干农产品如大米、茶叶、柑橘、虾等出口的影响，得出各减让方案对我国若干农产品出口量和出口额的模拟影响结论：

（1）减让期结束时，各方案下中国大米对日出口量从大到小依次为：G20

方案（4）＞G20方案（3）＞美国方案＞G20方案（2）＞欧盟方案＞G10方案＞G20方案（1）。

（2）在减让期结束时，各方案下中国虾产品对日出口量从大到小依次为：G20方案（4）＞G20方案（3）＞美国方案＞G20方案（2）＝欧盟方案＞G10方案＞G20方案（1）。

（3）由于关税削减带来的市场准入的降低，在其他贸易限制手段不变和中国国内供给充分的情况下，使得韩国对中国玉米的需求旺盛。各种方案关税削减的最终效果使得韩国进口中国玉米分别增加3.8%、1.6%、2.6%、5.2%和1.9%，如果韩国按照G20方案（4）进行削减，那么将是较大程度地扩大了中国玉米的出口。而G20方案（1）则是在较低程度地扩大了中国玉米的出口。

（4）假设其他贸易限制手段不变，由于关税削减带来的最终效果使中国对马来西亚出口的柑橘属水果数量增加，其中G20方案（4）的增加幅度最大，接近50%，即使是增加幅度最小的G20方案（1）和G10方案下，中国向马来西亚出口的柑橘属水果也会增加15.5%。

# 第九章

# 对市场准入影响的一般均衡和局部均衡的方案模拟

本章主要包括两部分内容，第一部分是基于减让方案对全球产品市场准入影响的一般均衡模拟分析，第二部分是对全球谷物等九大类农产品市场准入影响的局部均衡模拟分析，二者有一定的联系，一般均衡模拟分析侧重对全球各地区的影响，局部均衡模拟首先侧重对发达国家和发展中国家的影响分析，其次是基于第六、七两章针对中国主要进出口农产品的影响所做的递进分析。

## 9.1 GTAP 模拟计算说明和数据预处理

### 9.1.1 GTAP 模型说明

本章所采用的 CGE 模型为全球贸易分析模型，Global Trade Analysis Project，简称为 GTAP。文中模型求解所需的数据来源于 GTAP 第六版资料库，本文对 GTAP 模型的求解则采用 RunGTAP 软件。运用该模型，对不同的农产品减让方案进行模拟，并横向对比，探讨各方案的经济效果。

GTAP 第 6 版数据库已经包含有 87 个国家和地区以及 57 种商品的数据。模型架构上，首先根据商品生产上的投入产出技术关系和消费上的替代关系，对每个国家或地区建立包含生产、消费、政府支出等行为的子模型，再通过双边或多边的国际商品贸易流动将各个子模型加以连结，建立不同国家和地区之间的联系，从而形成一个全球性的一般均衡模型。由此，即可分析不同的政策对各国各部门生产、进出口、商品价格、生产需求数量、要素报酬、国内生产总值的影响，同时，该模型对于关税及农业补贴等有设计详细的经济指标，用来作为政策分析的参考依据，从而使研究者进一步了解全球及各国国内福利水准及贸易条件等的变动情况。

本章研究所用的为 GTAP6.0 数据库，该数据库是以 2001 年为基期，根据各方案导入不同的关税削减值作为外部冲击，引起经济状态发生变化，从而可以得到该冲击所引起的未来某时期的世界及各国经济状况。

GTAP 第六版资料库包含 87 个区域、57 种商品（部门）类别的相关资料。本文根据模拟的需要，对区域和部门进行了特殊的加总（Aggregation）。

1. 地区分类

GTAP 第 6 版资料库把世界划分为 87 个区域。结合本书的研究目的，根据各国之间贸易情况以及该国家及地区在全球农业中的重要性，本文运用 GTAPAgg 软件将 87 个国家和地区进行了进一步的整理合并，将这 87 个国家和地区合并为 9 个区域，包括 CHN（中国），NAFTA（北美自由贸易区），EU（欧盟），OCA（大洋洲地区），HKT（中国香港及中国台湾），JKA（日本及韩国），ABA（巴西及阿根廷），ASEAN（东盟），ROW（世界其他地区）。

2. 部门分类

GTAP 第 6 版资料库共有 57 个部门，本章将 57 个部门进行了再次加总，重新分类，共分为 8 类。

### 9.1.2　方案模拟和产品分类

本章拟对前面提出的几种方案进行一般均衡分析。但是由于受到模拟软件的限制，无法对累进税率的削减方式进行模拟，因而在具体模拟中，不考虑美国方案，共模拟六种削减方案的政策后果，包括欧盟方案、G20 的四个方案以及 G10 方案。由于在各方案中，预先设定发达国家分 6 年完成削减，而发展中国家分 8 年完成削减，本研究进行的模拟针对到 2015 年时最终需要完成的关税削减所产生的综合影响，不反映动态过程。

由于本书主要讨论农产品和非农产品关税削减，因而首先是将农产品进行细分，而对第二产业（即工业）和第三产业服务业分别为两个大类，并未进行详细分类。在农产品划分部分，将我国的大宗重要农产品进行了细分，包括谷物、小麦、食用油脂和糖，这四类农产品分别为一类，另外将其他农产品分为初级农产品和加工类食品两类。合并之后的生产部门分类为 Cer（谷物）、Wht（小麦）、Oil（食用油脂）、Sug（糖）、Orig（其他初级农产品）、Mach（其他加工类食品）、Mnfcs（工业）、Svces（服务业）。

## 9.2　GTAP 模拟结果及其分析

在具体模拟过程中，本章将数据库中各地区的进口关税税率进行整理，按照各国的进口税率所处的关税区间进行不同幅度的削减，且所有方案均考虑发达国家 100% 和发展中国家 150% 的农产品关税封顶。

### 9.2.1 进口情况

各区域农业进口量均有所增加，增加量的绝对值从高到低依次是：世界其他地区、日本韩国地区、欧盟、北美自由贸易区、中国大陆、东盟地区、巴西阿根廷地区、大洋洲地区、中国台湾、中国香港。

表 9 - 1 各个区域在各种方案下的农业进口量变动情况

| 农业进口量变动情况 | 欧盟方案 | G20方案（1） | G20方案（2） | G20方案（3） | G20方案（4） | G10方案 |
|---|---|---|---|---|---|---|
| 中国 | 2410.0 | 1386.6 | 2216.2 | 2333.3 | 5134.9 | 1731.7 |
| 北美自由贸易区 | 3459.8 | 2378.8 | 3406.2 | 4240.7 | 5966.1 | 2526.7 |
| 欧盟 | 4292.2 | 2669.5 | 4319.8 | 5871.1 | 8615.8 | 2974.5 |
| 大洋洲地区 | 314.2 | 219.9 | 298.0 | 373.3 | 510.4 | 230.0 |
| 香港台湾地区 | 219.7 | 142.5 | 207.9 | - 1.5 | 427.4 | 156.4 |
| 日本韩国地区 | 5539.1 | 2935.7 | 5712.9 | 8371.0 | 12692.7 | 3154.1 |
| 巴西阿根廷地区 | 351.4 | 229.3 | 406.7 | 523.8 | 896.9 | 307.3 |
| 东盟 | 1337.5 | 809.0 | 1368.8 | 1376.0 | 3015.3 | 950.2 |
| 其他地区 | 8566.7 | 5187.9 | 8524.0 | 8683.0 | 17969.6 | 6079.8 |

整体来看，中国大陆、北美自由贸易区和日本韩国地区农业进口量的增加是其进口量增加的主要原因，而欧盟农业进口量增加较大，但同时，其工业和服务业进口有所下降，导致其总进口量少于农业进口量。日本韩国地区是进口量增加最多的地区，其中，主要是农产品的进口增加。由于欧盟工业和服务业的进口量降低，因而其总进口量变化并不明显。另外，中国、大洋洲地区、巴西阿根廷、东盟的进口变动绝对值较小。但从变动率情况看，进口量部分，台湾香港地区、欧盟、北美自由贸易区、东盟的进口量变动都不大。巴西、阿根廷和日本、韩国地区的进口量变动最大，但巴西、阿根廷地区进口增加值中农产品进口的增加贡献并不大，大部分都是第二和第三产业的进口。

表9-2　各个区域在各种方案下的进口量变动情况

| 方案 \ 地区 | | 中国 | 北美自由贸易区 | 欧盟 | 大洋洲地区 | 香港台湾地区 | 日本韩国地区 | 巴西阿根廷地区 | 东盟 | 其他地区 | 合计 |
|---|---|---|---|---|---|---|---|---|---|---|---|
| 欧盟方案 | 变动率（%） | 0.97 | 0.22 | 0.11 | 0.65 | 0.08 | 1.19 | 1.18 | 0.31 | 0.66 | 27249.8 |
| | 变动量（百万美元） | 2723 | 3686 | 2824 | 626.2 | 182.9 | 6839 | 1190 | 1191 | 7988 | |
| G20方案（1） | 变动率（%） | 0.55 | 0.13 | 0.07 | 0.44 | 0.06 | 0.8 | 0.82 | 0.2 | 0.41 | 17213.5 |
| | 变动量（百万美元） | 1542 | 2235 | 1765 | 423.5 | 132.9 | 4616 | 826.1 | 765.8 | 4906 | |
| G20方案（2） | 变动率（%） | 0.88 | 0.2 | 0.11 | 0.58 | 0.07 | 1.23 | 1.48 | 0.31 | 0.66 | 27005.5 |
| | 变动量（百万美元） | 2467 | 3366 | 2773 | 555.5 | 159.6 | 7098 | 1490 | 1178 | 7917 | |
| G20方案（3） | 变动率（%） | 0.91 | 0.24 | 0.15 | 0.7 | -0.03 | 1.65 | 2.1 | 0.29 | 0.68 | 31858.4 |
| | 变动量（百万美元） | 2566 | 4029 | 3772 | 668.3 | -72.9 | 9484 | 2123 | 1126 | 8164 | |
| G20方案（4） | 变动率（%） | 2.01 | 0.36 | 0.21 | 0.96 | 0.13 | 2.28 | 3.21 | 0.59 | 1.36 | 53397.3 |
| | 变动量（百万美元） | 5645 | 6059 | 5421 | 919.4 | 289.9 | 13142 | 3242 | 2269 | 16410 | |
| G10方案 | 变动率（%） | 0.7 | 0.13 | 0.08 | 0.44 | 0.06 | 0.84 | 1.15 | 0.24 | 0.47 | 19338.3 |
| | 变动量（百万美元） | 1982 | 2233 | 1955 | 418.5 | 142.4 | 4823 | 1166 | 909.8 | 57099 | |

### 9.2.2　出口情况

表 9-3 和 9-4 分别反映了农产品贸易自由化改革之后，各国的农产品出口量和总出口量的表现。

表 9-3　各个区域在各种方案下的农业出口量变动情况

| 农业出口量变动情况 | 欧盟方案 | G20方案（1） | G20方案（2） | G20方案（3） | G20方案（4） | G10方案 |
|---|---|---|---|---|---|---|
| 中国 | 5004.7 | 3835.2 | 5023.2 | 6154.2 | 8510.4 | 4064.9 |
| 北美自由贸易区 | 7181.6 | 3876.0 | 6459.0 | 7388.3 | 12530.0 | 3906.7 |
| 欧盟 | -836.2 | -1415.4 | -917.8 | -1485.6 | 529.2 | -1182.2 |
| 大洋洲地区 | 1224.8 | 787.0 | 1066.0 | 1246.7 | 1827.8 | 751.9 |
| 香港台湾地区 | -88.7 | -99.7 | -138.0 | -192.0 | 1.3 | -104.3 |
| 日本韩国地区 | 2446.7 | 2253.1 | 2479.6 | 2558.0 | 3161.1 | 2298.2 |
| 巴西阿根廷地区 | 2986.6 | 2096.8 | 3758.6 | 5368.5 | 7975.3 | 2952.7 |
| 东盟 | 2279.3 | 1458.8 | 2487.8 | 2569 | 6035.3 | 1568.4 |
| 其他地区 | 3791.6 | 1608.8 | 3827.4 | 5330.2 | 9834.2 | 2135.9 |

农业出口量方面，北美自由贸易区、中国大陆、世界其他地区、巴西阿根廷地区、日本韩国地区、东盟地区和大洋洲地区是变动增加最大的几个区域。而欧盟和中国台湾、中国香港的农业出口量则有所下降。

表9-4　各个区域在各种方案下的出口量变动情况

| 方案 | 地区 | 中国 | 北美自由贸易区 | 欧盟 | 大洋洲地区 | 香港台湾地区 | 日本韩国地区 | 巴西阿根廷地区 | 东盟 | 其他地区 | 合计 |
|---|---|---|---|---|---|---|---|---|---|---|---|
| 欧盟方案 | 变动率（%） | 0.96 | 0.43 | 0.19 | 0.59 | 0.09 | 0.34 | 1.04 | 0.22 | 0.61 | 24804 |
| | 变动量（百万美元） | 3669.9 | 5593.9 | 4071.3 | 559.4 | 111.7 | 1874.1 | 1030.8 | 902.8 | 6989.9 | |
| G20方案（1） | 变动率（%） | 0.69 | 0.3 | 0.13 | 0.42 | 0.07 | 0.08 | 0.73 | 0.16 | 0.37 | 15668 |
| | 变动量（百万美元） | 2653.5 | 3817.5 | 2888.3 | 398.7 | 99 | 261.3 | 723.2 | 644 | 4182.9 | |
| G20方案（2） | 变动率（%） | 0.92 | 0.42 | 0.19 | 0.53 | 0.08 | 0.34 | 1.25 | 0.23 | 0.6 | 24671 |
| | 变动量（百万美元） | 3539.3 | 5399.6 | 4120.3 | 507.5 | 93.5 | 1858 | 1249.6 | 930.5 | 6972.9 | |
| G20方案（3） | 变动率（%） | 1.07 | 0.48 | 0.24 | 0.62 | 0 | 0.56 | 1.71 | 0.22 | 0.63 | 29209 |
| | 变动量（百万美元） | 4099.8 | 6231.4 | 5273.0 | 586.4 | -114.4 | 3282.8 | 1712.9 | 869.5 | 7267.6 | |
| G20方案（4） | 变动率（%） | 1.65 | 0.72 | 0.34 | 0.86 | 0.14 | 1.04 | 2.67 | 0.4 | 1.28 | 48837 |
| | 变动量（百万美元） | 6345.4 | 9167.6 | 7098.8 | 805.8 | 136.1 | 6188.8 | 2662.8 | 1641.5 | 14790 | |
| G10方案 | 变动率（%） | 0.75 | 0.31 | 0.15 | 0.41 | 0.07 | 0.1 | 0.98 | 0.18 | 0.43 | 17646 |
| | 变动量（百万美元） | 2897.9 | 4017.0 | 3168.8 | 393.7 | 104.0 | 393.1 | 979.8 | 755.2 | 4936.7 | |

总出口量方面，从变动率的角度考量，变动率由大到小依次是：巴西阿根廷地区、中国大陆、世界其他地区、大洋洲地区、北美自由贸易区、日本韩国地区、东盟地区、欧盟、台湾香港地区。从变动量绝对值的角度考量，变动量由大到小依次是：世界其他地区、北美自由贸易区、欧盟、中国大陆、日本韩国地区、东盟地区、大洋洲地区、巴西阿根廷地区、台湾香港地区。

通过对进出口情况的分析，可看到各国整体贸易情况有所改变，根据进出口贸易差额，即贸易平衡来看，中国、北美自由贸易区、欧盟地区的出口增幅大于进口增幅，表现为贸易顺差，而其他区域则多少表现为贸易逆差，其中，大洋洲地区、香港台湾地区等地逆差较小。而农业方面的整体贸易情况则是中国、北美自由贸易区、大洋洲地区、巴西阿根廷地区和东盟地区的改变出口增幅大于进口增幅，表现为贸易顺差，而其他区域则表现为贸易逆差。可见，欧盟地区尽管农业方面遭受了一定损失，但对其他产业的促进使得欧盟的整体贸易结构反而有所改善。而对一些农业较强的发展中国家，如巴西阿根廷、东盟地区等，其农业贸易状况得到改善，同时，其自身存在弱势的第二、第三产业，则表现为贸易逆差。

### 9.2.3 各国 GDP 变动情况

经过农产品关税削减，各个国家 GDP 有一定变化。其中，中国大陆、北美自由贸易区、大洋洲地区、巴西阿根廷地区以及东盟地区 GDP 均表现出一定幅度的增长，而欧盟、日本韩国地区、香港台湾地区以及世界其他地区的 GDP 则有所下降。

将各个方案综合考虑，按照变动的百分比来看，九个区域的增长幅度由大到小分别是：巴西阿根廷地区、中国大陆、大洋洲地区、东盟地区和北美自由贸易区、香港台湾地区、世界其他地区、欧盟、日本韩国地区。后三个区域是负增长。按变动的绝对值来看，巴西阿根廷地区、中国大陆、大洋洲地区、北美自由贸易区、东盟地区是变动量增大的几个区域。而台湾香港地区、欧盟、日本韩国地区、世界其他地区的变动则是负向变动。

可见，在 GDP 变动的部分，农业较发达地区及农业关税较低的地区都有好的表现，而对农业保护较高的地区，如欧盟、日本和韩国等，农业贸易自由化方案对其负面影响较大。

表9-5　各个区域在各种方案下的 GDP 变动情况

| 方案 | 地区 | 中国 | 北美自由贸易区 | 欧盟 | 大洋洲地区 | 香港台湾地区 | 日本韩国地区 | 巴西阿根廷地区 | 东盟 | 其他地区 |
|---|---|---|---|---|---|---|---|---|---|---|
| 欧盟方案 | 变动率（%） | 0.24 | 0.02 | -0.1 | 0.21 | -0.1 | -0.1 | 0.72 | 0.01 | -0.21 |
| | 变动量（百万美元） | 2814.1 | 2167.0 | -7903 | 899.7 | -440.0 | -4988 | 5517.9 | 38.3 | -8324 |
| G20方案（1） | 变动率（%） | 0.22 | 0.01 | -0.07 | 0.14 | -0.07 | -0.01 | 0.51 | 0.03 | -0.15 |
| | 变动量（百万美元） | 2497.2 | 578.0 | -5258 | 600.8 | -302.6 | -259.5 | 3950.5 | 166.6 | -5677 |
| G20方案（2） | 变动率（%） | 0.24 | 0.01 | -0.1 | 0.18 | -0.11 | -0.1 | 0.9 | 0.03 | -0.21 |
| | 变动量（百万美元） | 2725.1 | 813.0 | -8259 | 739.2 | -493.6 | -4657 | 7226.6 | 194.9 | -8333 |
| G20方案（3） | 变动率（%） | 0.29 | 0 | -0.15 | 0.18 | -0.07 | -0.19 | 1.39 | 0.03 | -0.19 |
| | 变动量（百万美元） | 34040. | -558.0 | -11671 | 778.7 | -330.4 | -8748 | 10707 | 202.8 | -7497 |
| G20方案（4） | 变动率（%） | 0.26 | 0.01 | -0.2 | 0.27 | -0.18 | -0.35 | 2.04 | 0.1 | -0.41 |
| | 变动量（百万美元） | 3006.1 | 739.0 | -16043 | 1130.3 | -819.2 | -15954 | 15725 | 632.9 | -15918 |
| G10方案 | 变动率（%） | 0.22 | 0 | -0.07 | 0.12 | -0.07 | -0.02 | 0.74 | 0.01 | -0.17 |
| | 变动量（百万美元） | 2566.1 | -198.0 | -5725 | 508.0 | -333.0 | -718.5 | 5728.9 | 67.1 | -6463 |

### 9.2.4 各国社会福利效应变动情况

本研究是用 Hicks 等价变量 EV 衡量社会福利。经过模拟发现，六种方案对社会福利的总增加都是增大的，其中，G20 方案（4）对社会福利的增加最为显著，社会福利净增加的绝对值达到 343.39 亿美元。其他几种方案差别不大。

表9-6 显示了各个区域的福利变化情况，可见，经过农业贸易自由化的改革，除了 G20 方案（1）和 G10 方案对 NAFTA 的福利有些许的负影响之外，各个区域的福利在各种自由化方案下均有所提升。特别是日本和韩国地区，受益最大。

各个区域社会福利变动由高到低分别是：日本韩国地区、中国大陆、世界其他地区、欧盟、巴西阿根廷地区、北美自由贸易区、东盟地区、大洋洲地区、台湾香港地区。

表9-6 各个区域在各种方案下的社会福利变动情况

| EV 百万美元 | 欧盟方案 | G20 方案（1） | G20 方案（2） | G20 方案（3） | G20 方案（4） | G10 方案 |
|---|---|---|---|---|---|---|
| 中国 | 1910.1 | 927.59 | 1453.7 | 1425.4 | 2814.3 | 1498.6 |
| 北美自由贸易区 | 422.9 | -9.54 | 267.3 | 267.5 | 842.6 | -49.2 |
| 欧盟 | 1330.1 | 978.71 | 1081.3 | 910.3 | 686.4 | 982.7 |
| 大洋洲地区 | 217.0 | 146.0 | 195.4 | 218.3 | 319.5 | 127.8 |
| 香港台湾地区 | 73.1 | 43.1 | 57.4 | 87.8 | 118.3 | 54.8 |
| 日本韩国地区 | 19776.4 | 19292.6 | 21027.5 | 22322.8 | 23272.4 | 19620.8 |
| 巴西阿根廷地区 | 855.7 | 601.2 | 1125.2 | 1681.1 | 2550.9 | 878.8 |
| 东盟 | 377.5 | 250.5 | 423.2 | 457.2 | 972.6 | 266.8 |

| EV 百万美元 | 欧盟方案 | G20 方案 (1) | G20 方案 (2) | G20 方案 (3) | G20 方案 (4) | G10 方案 |
|---|---|---|---|---|---|---|
| 其他 地区 | 1716.9 | 1145.3 | 1652.4 | 1795.1 | 2762.6 | 1205.5 |
| 合计 | 26679.6 | 23375.6 | 27283.3 | 29165.3 | 34339.6 | 24586.5 |

说明：收入等值（EV）是利用全社会总收入来表示的社会福利水平。

在对方案的横向对比中发现，相比其他方案，G20 方案（1）和 G10 方案，关税削减基准较低，而且每层内关税削减的幅度较小。G20 方案（4）和方案（3）的削减基准与其相同，但其每层内关税的削减幅度比其他大。可见，关税的削减幅度越大，对各个地区各指标的影响越大。

### 9.2.5　主要区域受益情况分析

北美自由贸易区：基本上，各个指标均有好的表现，即经过农产品的关税削减后，东盟地区整体受益。尽管与其他区域对比，其变动的幅度并不大，但由于其各指标的基数均较大，因而其变动的绝对量较大，整体受益较大。农产品和所有产品贸易均表现顺差状态，GDP 和社会福利有所提高。

欧盟：欧盟是农产品保护较高，且农产品竞争力较小的区域，模拟结果显示，该区域 GDP 有所下降，变动率平均为 0.1%，但由于其对扭曲的改变，分配效率有所提高，社会福利有所增加。农产品贸易逆差增大，但所有产品表现为贸易顺差。

G10 成员协调组：G10 集团是农业高保护地区，本研究中，G10 集团的代表主要是日本韩国地区，研究表明，这些地区的 GDP 有所下降，贸易结构有所恶化，但其社会福利有所提高。相比其他地区，实行农业市场准入政策，该地区的受益最小，谈判需从其他方面，如非农市场准入等方面进行协调，谈判较艰难。

G20：G20 是发展中国家集团，在本研究的地区分类中，包括巴西阿根廷地区和东盟部分地区，以这些地区来代表 G20 受益情况（中国将分别讨论）。整体而言，其整体贸易情况基本平衡，对非农产业有一定影响，需要各国内部进行非农产业的扶植。GDP 和社会福利表现均为正。同时，农业方面达到了预期收益，农业贸易表现为顺差，受益较大。

中国大陆：各指标表现良好。关税削减幅度大、农产品贸易自由化深入的方案对中国大陆经济的促进作用更大。我国整体仍表现为贸易顺差状态，顺差额仅次于欧盟和东盟地区。说明从整体来看，农产品贸易自由化对我国贸易有正向影响。但不可忽视的是，我国的第二、第三产业的进口量有少量增加，但出口量却减少。这说明，农产品贸易自由化使非农产品和服务的贸易状况相对变差，应当予以重视，农产品贸易自由化必须配合工业和服务业的贸易自由化同时进行。GDP 和福利增长的变动率和变动量相对而言均较高。

## 9.3　ATPSM 局部均衡模型模拟计算说明和结果分析

### 9.3.1　ATPSM 模型

ATPSM 是一个比较静态的局部均衡模型。它分析价格变化和贸易政策的变化所产生的供给和需求方面的效应。在模型中整合了用来模拟现实世界的数据和行为关系。模型的结果估计贸易量的变化，以及贸易政策经中的价格和社会福利等指标的变化。该模型的一个特征是它能处理双层的关税结构，即配额内的较低关税和配额外的较高关税。该模型中有明确的配额租的表示。

考虑到数据的局限性以及该类模型的抽象特征，用户需要仔细研究结果。但是，该模型有详细的商品和国家的覆盖程度以及各种方案的比较，它在显示政策变化在社会福利、贸易、价格方面的影响还是相当有用的。

它涵盖了 161 个国家和地区（160 个国家和欧盟 15 国集团），所有的国家被分成三类，即最不发达国家、其他的发展中国家和发达国家。这是根据世界银行统计的人均收入水平进行分类的。这 161 个国家中，42 个是欠发达的国家，99 个是其他的发展中国家，20 个发达国家。该模型在产品的种类上同样具有综合性，共涵盖了 36 种产品。模型中存在一个使用与所有国家的公式体系，在给定供给价格变化，价格转换机制和市场机构的情况下能够得出因为国际市场价格变化所产生的供给、需求、出口和进口的变化。ATPSM 模型能够用来估计关税收益以及关税配额收益的规模和在不同国家之间的分布。

该模型所输出的变量均用绝对变化量和相对变化量加以表示：

数量：生产量、消费量、进口和出口量（X，M，S，D）

贸易额：出口、进口、贸易收支

福利效应：生产者剩余、消费者剩余、政府收益、总福利效应

价格：世界市场价格、批发价格和农场出场价格

### 9.3.2 ATPSM 模型框架

1. 国内价格形成：

$$t_d = \frac{Xt_x + Mt_m}{M + X} \tag{9.1}$$

$$t_c = \frac{Mt_m + S_d t_d}{D} \tag{9.2}$$

$$t_s = \frac{Xt_x + S_d t_d}{S} + t_p \tag{9.3}$$

其中，X 是出口，M 是进口，$t_x$ 是出口关税，$t_m$ 是进口关税，$t_d$ 是国内市场关税，$t_c$ 是国内市场消费关税，$t_s$ 是国内市场供给关税，$s_d$ 是国内市场供给量。

2. 单个国家和单个商品的公式系统：

$$\hat{D}_{i,r} = \eta_{i,i,r} \big[ \hat{P}_{wi} + (1 + \hat{t}_{ci,r}) \big] + \sum_{j=1, i \neq j}^{J} \eta_{i,j,r} \big[ \hat{P}_{wj} + (1 + \hat{t}_{cj,r}) \big] \tag{9.5}$$

$$\hat{S}_{i,r} = \varepsilon_{i,i,r} \big[ \hat{P}_{wi} + (1 + \hat{t}_{pi,r}) \big] + \sum_{j=1, i \neq j}^{J} \varepsilon_{i,j,r} \big[ \hat{P}_{wj} + (1 + \hat{t}_{pj,r}) \big] \tag{9.6}$$

$$\Delta X_{i,r} = \gamma_{i,r} \Delta S_{i,r} \tag{9.7}$$

$$\Delta M_{i,r} = D_{i,r} \hat{D}_{i,r} - S_{i,r} \hat{S}_{i,r} + \Delta X_{i,r} \tag{9.8}$$

其中，D、S、X、M 分别表示需求、供给、出口和进口，$\wedge$ 是相对变化，v 是绝对变化，$P_w$ 是世界价格，$t_c$ 是国内消费关税，$t_p$ 是国内生产关税，$\varepsilon$ 是供给弹性，$\eta$ 是需求弹性，$\gamma$ 是出口对总产出的比率，i 和 j 分别代表商品，r 是国家。

3. 世界市场出清价格：

$$\sum_{n=1}^{N} \Delta X_n = T_1 \hat{P}_w + T_2 \tag{9.9}$$

$$\sum_{n=1}^{N} \Delta M_n = T_3 \hat{P}_w + T_4 \tag{9.10}$$

均衡的条件为：

$$\sum_{n=1}^{N} (\Delta X_n - \Delta M_n) = 0 \tag{9.11}$$

T 用来表示世界市场公式系。

4. 贸易收益和社会福利效应：

$$\Delta R = (P_w + \Delta P_w)\left[(X + \Delta X) - (M + \Delta M)\right] - P_w(X - M) \quad (9.12)$$

福利的变化主要有三部分。开始的两部分为生产者剩余和消费者剩余。这两者取决于国内市场价格变化和供给、需求随价格的变化量，生产者剩余还依靠获得的配额租的变化。第三部分是政府净收益的变化（$\Delta NGR$），包括政府税收收入、出口补贴的变化、国内支持的变化以及未被出口商获得的配额租。对每个国家和每个商品而言：

$$\Delta NGR = \Delta TR - \Delta ES - \Delta DS + (1 - c)\Delta U$$

$$= (t_w + \Delta t_w)(Q + \Delta Q) - t_w Q + (t_0 + \Delta t_0)\left[(M + \Delta M) - (Q + \Delta Q)\right] -$$

$$t_0(M - Q) - \left[(t_x + \Delta t_x)(X + \Delta X) - t_x X\right] -$$

$$\left[(t_d + \Delta t_d)(S + \Delta S) - t_d S\right] + (1 - c)\Delta U \quad (9.13)$$

$$\Delta W = \Delta PS + \Delta CS + \Delta NGR \quad (9.14)$$

## 9.4 不同减让方案的 ATPSM 局部均衡模拟与结果分析

本节模拟分析当所有的发达国家和发展中国家都按照削减公式对九大类农产品饮料（可可、茶叶、咖啡），谷物（小麦、大米、大麦、玉米和高粱），奶制品（牛奶浓缩物、黄油和奶酪），水果（苹果和梨、柑橘、香蕉和其他热带水果），肉类（家畜、牛肉、羊肉、猪肉和禽类），油籽（植物油和油籽），糖类（原糖和白糖），烟草和棉花，蔬菜（豆和根茎、块茎类、番茄）进行关税减让时，所产生的福利变动。分析只进行了关税减让的模拟，未考虑出口补贴和国内支持的削减，也没有考虑最不发达国家的关税减让。计算内容结果包括：总体的福利变动、发达国家的福利变动、发展中国家的福利变动、最不发达国家的福利变动。

### 9.4.1　各减让方案对世界经济、发达国家、发展中国家和 LDc 国家经济的影响

表 9－7　各减让方案对世界经济、发达国家、发展中国家和 LDc 国家经济的影响比较

| 农产品 | 消费者剩余变化（＋） | 生产者剩余变化（－） | 政府收益变化（－） | 净收益变化（＋） |
|---|---|---|---|---|
| 世界总计 | 美国方案＞G20 方案(4)＞G20 方案(3)＞G20 方案(2)＞欧盟方案＞G10 方案＞G20 方案(1) | 美国方案＞G20 方案(4)＞G20 方案(3)＞G20 方案(2)＞欧盟方案＞G10 方案＞G20 方案(1) | 美国方案＞G20 方案(4)＞G20 方案(3)＞G20 方案(2)＞欧盟方案＞G10 方案＞G20 方案(1) | G20 方案(4)＞美国方案＞G20 方案(3)＞G20 方案(2)＞欧盟方案＞G10 方案＞G20 方案(1) |
| 发达国家总计 | 美国方案＞G20 方案(4)＞G20 方案(3)＞G20 方案(2)＞欧盟方案＞G10 方案＞G20 方案(1) | G20 方案(3)＞美国方案＞G20 方案(4)＞G20 方案(2)＞欧盟方案＞G10 方案＞G20 方案(1) | 美国方案＞G20 方案(4)＞G20 方案(3)＞G20 方案(2)＞欧盟方案＞G10 方案＞G20 方案(1) | G20 方案(3)＞G20 方案(4)＞美国方案＞G20 方案(2)＞欧盟方案＞G10 方案＞G20 方案(1) |
| 发展中国家总计 | G20 方案(4)＞美国方案＞欧盟方案＞G20 方案(2)＞G10 方案＞G20 方案(1)＞G20 方案(3) | 生产者剩余(＋)G20 方案(3)＞G10 方案＞G20 方案(1)＞G20 方案(2)＞生产者剩余(－)欧盟方案＞G20 方案(4)＞美国方案 | G20 方案(4)＞美国方案＞欧盟方案＞G20 方案(3)＞G20 方案(2)＞G10 方案＞G20 方案(1) | G20 方案(4)＞美国方案＞欧盟方案＞G20 方案(2)＞G20 方案(3)＞G20 方案(1)＞G10 方案 |
| 欠发达国家总计 | 消费者剩余(－)美国方案＞G20 方案(4)＞G20 方案(3)＞G20 方案(2)＞欧盟方案＞G10 方案＞G20 方案(1) | G20 方案(4)＞美国方案＞G20 方案(3)＞G20 方案(2)＞欧盟方案＞G10 方案＞G20 方案(1) | 政府收益(＋)G20 方案(4)＞美国方案＞G20 方案(3)＞G20 方案(2)＞欧盟方案＞G10 方案＞G20 方案(1) | 净收益(－)G20 方案(4)＞美国方案＞G20 方案(3)＞G20 方案(2)＞欧盟方案＞G20 方案（1）＞G10 方案 |

　　从以上分析结果可以看出，进行关税减让后，全球的消费者剩余增加，政府收益减少，净收益增加。发达国家在饮料、奶制品、肉类、糖、蔬菜产品上获得的总体净收益大于发展中国家，而发展中国家则从谷类、水果、油籽、烟草和棉花产品中的获益超过发达国家。对于发达国家和发展中国家，大部分产品的消费者剩余增加，生产者剩余减少，政府收益降低，净收益增加。所以从分析结果来看，降低关税扩大市场准入能够提高社会福利，增进国际贸易。最不发达国家虽然没有进行关税减让，但由于受到全球世界价格上涨的影响，使

得生产者剩余增加，有利于提高生产者的积极性，但消费者剩余减少，使某些产品的社会福利有所下降，最终导致净收益下降。因此在谈判中应充分考虑最不发达国家的利益。

### 9.4.2 各减让方案对世界经济、发达国家、发展中国家和 LDc 国家主要农产品的影响

关于各减让方案对世界经济、发达国家、发展中国家和 LDc 国家产品的影响，因篇幅限制，在此，仅分析各方案对世界和不同类型国家谷类、植物油及种子类和糖类这三种主要产品的影响。分别参见表 9－8、表 9－9、表 9－10。

表 9－8　各减让方案对世界经济、发达国家、发展中国家和

LDc 国家谷类经济的影响比较

| 谷类 | 消费者剩余变化（＋） | 生产者剩余变化（－） | 政府收益变化（－） | 净收益变化（＋） |
|---|---|---|---|---|
| 世界总计 | 美国方案＞G20 方案（4）＞G20 方案（3）＞G20 方案（2）＞欧盟方案＞G10 方案＞G20 方案（1） | 美国方案＞G20 方案（4）＞G20 方案（3）＞G20 方案（2）＞欧盟方案＞G10 方案＞G20 方案（1） | G20 方案（4）＞美国方案＞G20 方案（3）＞G20 方案（2）＞欧盟方案＞G10 方案＞G20 方案（1） | G20 方案（4）＞美国方案＞G20 方案（3）＞G20 方案（2）＞欧盟方案＞G10 方案＞G20 方案（1） |
| 发达国家总计 | G20 方案（4）＞美国方案＞G20 方案（3）＞G20 方案（2）＞欧盟方案＞G10 方案＞G20 方案（1） | G20 方案（4）＞G20 方案（3）＞美国方案＞G20 方案（2）＞欧盟方案＞G10 方案＞G20 方案（1） | 美国方案＞G20 方案（4）＞G20 方案（3）＞G20 方案（2）＞欧盟方案＞G10 方案＞G20 方案（1） | G20 方案（3）＞G20 方案（4）＞美国方案＞G20 方案（2）＞欧盟方案＞G10 方案＞G20 方案（1） |
| 发展中国家总计 | 美国方案＞G20 方案（4）＞欧盟方案＞G20 方案（2）＞G20 方案（3）＞G20 方案（1）＞G10 方案 | 美国方案＞G20 方案（4）＞欧盟方案＞G20 方案（2）＞G20 方案（1）＞G10 方案＞G20 方案（3） | G20 方案（4）＞美国方案＞G20 方案（3）＞G20 方案（2）＞欧盟方案＞G10 方案＞G20 方案（1） | G20 方案（4）＞美国方案＞欧盟方案＞G20 方案（2）＞G20 方案（3）＞G20 方案（1）＞G10 方案 |
| 欠发达国家总计 | 消费者剩余（－）G20 方案（4）＞美国方案＞G20 方案（3）＞G20 方案（2）＞欧盟方案＞G10 方案＞G20 方案（1） | 生产者剩余（＋）G20 方案（4）＞美国方案＞G20 方案（3）＞G20 方案（2）＞欧盟方案＞G10 方案＞G20 方案（1） | 政府收益（＋）G20 方案（4）＞美国方案＞G20 方案（3）＞G20 方案（2）＞欧盟方案＞G10 方案＞G20 方案（1） | 净收益（－）G20 方案（4）＞美国方案＞G20 方案（3）＞G20 方案（2）＞欧盟方案＞G10 方案＞G20 方案（1） |

**表 9-9　各减让方案对世界经济、发达国家、发展中国家和 LDc 国家**
**植物油及种子类经济的影响比较**

| 植物油种子 | 消费者剩余变化（+） | 生产者剩余变化（-） | 政府收益变化（-） | 净收益变化（+） |
|---|---|---|---|---|
| 世界总计 | G20 方案(4) > 美国方案 > G20 方案(3) > G20 方案(2) > 欧盟方案 > G10 方案 > G20 方案(1) | 生产者剩余(+) G20 方案(4) > 欧盟方案 > G20 方案(3) > G20 方案(2) > G10 方案 > G20 方案(1) > 生产者剩余(-) 美国方案 | G20 方案(4) > 美国方案 > G20 方案(3) > G20 方案(2) > 欧盟方案 > G10 方案 > 政府收益(+) G20 方案(1) | 净收益(-) G20 方案(4) > 美国方案 > G20 方案(3) > G20 方案(2) > 欧盟方案 > G10 方案 > G20 方案(1) |
| 发达国家总计 | 消费者剩余(+) G20 方案(3) > G20 方案(2) > G20 方案(1) > G10 方案 > 欧盟方案 > 消费者剩余(-) 美国方案 > G20 方案(4) | 生产者剩余(+) G20 方案(4) > 美国方案 > 欧盟方案 > G20 方案(2) > G20 方案(3) > G10 方案 > G20 方案(1) | G20 方案(4) > 美国方案 > G20 方案(3) > G20 方案(2) > 欧盟方案 > G10 方案 > G20 方案(1) | G20 方案(4) > 美国方案 > 欧盟方案 > G20 方案(2) > G20 方案(3) > G10 方案 > G20 方案(1) |
| 发展中国家总计 | G20 方案(4) > 美国方案 > 欧盟方案 > G20 方案(2) > G20 方案(3) > G10 方案 > G20 方案(1) | 生产者剩余(+) G20 方案(3) > G10 方案 > G20 方案(2) > G20 方案(1) > 欧盟方案 > 生产者剩余(-) G20 方案(4) > 美国方案 | G20 方案(4) > 美国方案 > G20 方案(3) > 欧盟方案 > G20 方案(2) > G10 方案 > G20 方案(1) | G20 方案(4) > 美国方案 > G20 方案(2) > 欧盟方案 > G20 方案(3) > G10 方案 > G20 方案(1) |
| 欠发达国家总计 | 消费者剩余(-) G20 方案(4) > 美国方案 > G20 方案(3) > G20 方案(2) > 欧盟方案 > G10 方案 > G20 方案(1) | 生产者剩余(+) G20 方案(4) > 美国方案 > G20 方案(3) > G20 方案(2) > 欧盟方案 > G10 方案 > G20 方案(1) | 政府收益(+) G20 方案(4) > 美国方案 > G20 方案(3) > G20 方案(2) > 欧盟方案 > G10 方案 > G20 方案(1) | 净收益(-) G20 方案(4) > 美国方案 > G20 方案(3) > 欧盟方案 > G20 方案(2) > G10 方案 > G20 方案(1) |

**表 9 – 10　各减让方案对世界经济、发达国家、发展中国家和 LDc 国家糖类经济的影响比较**

| 糖类 | 消费者剩余变化<br>（＋） | 生产者剩余变化<br>（－） | 政府收益变化<br>（－） | 净收益变化<br>（＋） |
|---|---|---|---|---|
| 世界总计 | 美国方案 > G20 方案（4）> G20 方案（3）>G20 方案（2）> 欧盟方案 > G10 方案 > G20 方案（1） | 美国方案 > G20 方案（4）> G20 方案（3）> G20 方案（2）> 欧盟方案 > G10 方案 > G20 方案（1） | 政府收益（－）<br>美国方案 > G20 方案（4）> G20 方案（3）> 欧盟方案 ><br>政府收益（＋）<br>G20 方案（2）> G20 方案（1）> G10 方案 | G20 方案（4）> G20 方案（3）> 美国方案 > G20 方案（2）> 欧盟方案 > G10 方案 > G20 方案（1） |
| 发达国家总计 | 美国方案 > G20 方案（4）> G20 方案（3）>G20 方案（2）> 欧盟方案 > G10 方案 > G20 方案（1） | 美国方案 > G20 方案（4）> G20 方案（3）> 欧盟方案 > G10 方案 > G20 方案（1） | 政府收益（＋）<br>G20 方案（2）> G10 方案 > G20 方案（1）> 欧盟方案 ><br>政府收益（－）<br>G20 方案（3）> G20 方案（4）> 美国方案 | G20 方案（4）> G20 方案（3）> 美国方案 > G20 方案（2）> 欧盟方案 > G10 方案 > G20 方案（1） |
| 发展中国家总计 | 消费者剩余（－）<br>G20 方案（3）> G10 方案 > G20 方案（1）> G20 方案（2）> 欧盟方案 > 美国方案 ><br>消费者剩余（＋）<br>G20 方案（4） | 生产者剩余（＋）<br>美国方案 > G20 方案（3）> G20 方案（4）> G20 方案（2）> G10 方案 > 欧盟方案 > G20 方案（1） | 美国方案 > G20 方案（4）> G20 方案（3）> G20 方案（2）> 欧盟方案 > G10 方案 > G20 方案（1） | 净收益（＋）<br>G20 方案（4）> 美国方案 > 欧盟方案 > G20 方案（2）> G20 方案（1）> G10 方案 ><br>净收益（－）<br>G20 方案（3） |
| 欠发达国家总计 | 消费者剩余（－）<br>美国方案 > G20 方案（4）> G20 方案（3）> G20 方案（2）> 欧盟方案 > G10 方案 > G20 方案（1） | 生产者剩余（＋）<br>美国方案 > G20 方案（4）> G20 方案（3）> G20 方案（2）> 欧盟方案 > G10 方案 > G20 方案（1） | 政府收益（＋）<br>美国方案 > G20 方案（4）> G20 方案（3）> G20 方案（2）> 欧盟方案 > G10 方案 > G20 方案（1） | 净收益（－）<br>美国方案 > G20 方案（4）> G20 方案（3）> G20 方案（2）> 欧盟方案 > G10 方案 > G20 方案（1） |

## 9.5　不同减让方案对中国进出口农产品影响的局部均衡模拟分析

为便于比较，本研究中选用了 UNCTAD 和 FAO 合作开发的模型 ATPSM（Agricultural Trade Policy Simulation Model）。该模型建立在如下基本假设的基础上：第一，模型假设出口的变化是和初始的出口生产比率保持比例关系的，出口变动的比例等于生产变动的比例。第二，模型假设所有产品都是可以贸易的。第三，模型假设所有产品在不同国家之间都是同质的、完全替代的。第四，在国内支持政策中只考虑 AMS 的扭曲性影响。第五，模型假设配额租按照贸易流进行分配。第六，模型假设配额分配完，配额外关税或者实施关税是国内价格的决定因素，而配额内关税对国内价格没有影响。第七，模型假设其他非农业部门的改革对农业部门的改革没有影响。

我们在此研究的是配额外关税削减的影响。研究中计算了按照不同关税削减方案，即美国方案、欧盟方案、G20 方案（1）、G20 方案（2）、G20 方案（3）、G20 方案（4）、G10 方案，进行关税减让后，中国主要进出口农产品的关税水平、数量、价格、福利、政府收益等的变化。

1. 各不同减让方案模拟分析结果及其分析

各不同减让方案模拟分析结果如表 9 – 11、表 9 – 12 所示。

表 9 –11　各减让方案对小麦生产和进出口影响的分析结果　　（单位：%）

| 方案 | 世界 | 小麦进口国 | | 小麦出口国 | | | |
|---|---|---|---|---|---|---|---|
| | | 中国 | 巴西 | 加拿大 | 澳大利亚 | 欧盟 | 美国 |
| G10、G20 方案（1）出口量变化 | 0.65 | – 100 | 416 | 0.32 | 0.61 | 9.53 | 0.44 |
| 进口量变化 | 0.65 | 89.12 | – 0.15 | – 0.06 | – 0.08 | – 0.2 | – 0.06 |
| 生产量变化 | – 0.007 | – 0.81 | 0.20 | 0.19 | 0.18 | 0.19 | 0.16 |
| 美国 出口量变化 | 3.1 | – 100 | 1164 | 1 | 2 | 27 | 1 |
| 进口量变化 | 3.1 | 403.47 | – 0.43 | – 0.18 | – 0.23 | – 0.55 | – 0.17 |
| 生产量变化 | – 0.020 | – 2.28 | 0.57 | 0.52 | 0.51 | 0.54 | 0.45 |

| 方案 | 世界 | 小麦进口国 | | 小麦出口国 | | | |
|---|---|---|---|---|---|---|---|
| | | 中国 | 巴西 | 加拿大 | 澳大利亚 | 欧盟 | 美国 |
| 欧盟、G20 方案（2）、（3）出口量变化 | 1.33 | -100 | 624 | 0.474 | 0.921 | 14.30 | 0.655 |
| 进口量变化 | 1.33 | 176.44 | -0.23 | -0.094 | -0.122 | -0.293 | -0.092 |
| 生产量变化 | -0.011 | -1.219 | 0.30 | 0.278 | 0.271 | 0.292 | 0.240 |
| G20 方案（4）出口量变化 | 3.37 | -100 | 1248 | 0.95 | 1.84 | 28.59 | 1.31 |
| 进口量变化 | 3.37 | 438.4 | -0.46 | -0.19 | -0.24 | -0.59 | -0.18 |
| 生产量变化 | -0.022 | -2.44 | 0.61 | 0.56 | 0.54 | 0.58 | 0.48 |

表 9-12  各减让方案对小麦社会福利影响的分析结果  （单位：万美元）

| 方案 | 世界 | 小麦进口国 | | 小麦出口国 | | | |
|---|---|---|---|---|---|---|---|
| | | 中国 | 巴西 | 加拿大 | 澳大利亚 | 欧盟 | 美国 |
| G20 方案（4）消费者剩余变化 | 193900.8 | 253172.4 | -1074.4 | -889.2 | -1501.4 | -16861.1 | -3594.4 |
| 生产者剩余变化 | -185093.6 | -244627.5 | 275.3 | 2698.9 | 2574.6 | 18349.3 | 6346.1 |
| 政府收益变化 | 2541.0 | 7014.7 | 29.3 | 3.1 | 0 | -5303.6 | 4.1 |
| 净收益变化 | 11348.2 | 15559.6 | -769.8 | 1812.7 | 1073.2 | -3815.4 | 2755.7 |
| 美国消费者剩余变化 | 180712 | 236037.4 | -1002.9 | -830.0 | -1401.4 | -15739.7 | -3354.9 |
| 生产者剩余变化 | -172822.3 | -228379.8 | 256.9 | 2519.3 | 2404.5 | 17123.1 | 5922.7 |
| 政府收益变化 | 3206.3 | 7379.6 | 27.4 | 2.9 | 0 | -4948.0 | 3.8 |
| 净收益变化 | 11096.0 | 15037.2 | -718.7 | 1692.2 | 1003.1 | -3564.6 | 2571.7 |
| 欧盟、G20 方案（2）、（3）消费者剩余变化 | 95901.0 | 125557.7 | -537.7 | -444.8 | -751.0 | -8441.3 | -1797.6 |
| 生产者剩余变化 | -92820.3 | -122552.7 | 137.5 | 1353.2 | 1292.6 | 9162.9 | 3175.1 |

| 方案 | 世界 | 小麦进口国 | | 小麦出口国 | | | |
|---|---|---|---|---|---|---|---|
| | | 中国 | 巴西 | 加拿大 | 澳大利亚 | 欧盟 | 美国 |
| 政府收益变化 | 3423.7 | 5646.7 | 14.7 | 1.54 | 0 | -2643.9 | 2.03 |
| 净收益变化 | 6504.4 | 8651.5 | -385.5 | 909.97 | 541.6 | -1922.3 | 1379.6 |
| G10、<br>G20方案（1）<br>消费者剩余变化 | 63702.1 | 83477.8 | -358.6 | -296.6 | -500.8 | -5629.9 | -1198.5 |
| 生产者剩余变化 | -61944.4 | -81753.7 | 91.6 | 905.0 | 861.4 | 6106.0 | 2120.9 |
| 政府收益变化 | 1622.8 | 3096.2 | 9.8 | 1.03 | 0.0049 | -1760.8 | 1.35 |
| 净收益变化 | 3380.5 | 4820.2 | -257.2 | 609.5 | 360.6 | -1284.7 | 923.8 |

由上述结果可以看出，由于中国小麦进口关税下降，造成国内价格降低，需求量增加，从而使世界价格上涨，使得其他国家进口量下降，出口量和生产量增加，本国生产者剩余降低，消费者剩余增加。中国、加拿大、澳大利亚、美国的净收益增加，巴西作为小麦进口国，由于世界价格的上涨而净收益下降。欧盟的净收益为负则是因为国内支持和出口补贴的存在。世界的进出口增加，净收益增加。

2. 不同减让方案对食糖进口影响的局部均衡分析

中国食糖的配额外关税为50%（来源：ATPSM）。世界食糖的主要出口国为：澳大利亚、欧盟、泰国、巴西、古巴、美国等。我国食糖的主要进口国为：澳大利亚、欧盟、巴西、古巴、美国。由于古巴和我国签订了每年40万吨的长期食糖供货协议，因此在分析中不考虑古巴。研究分析了中国关税减让对4个食糖出口国（巴西、澳大利亚、欧盟、美国）和2个食糖进口国（中国和俄罗斯）的影响。

各不同减让方案模拟分析结果如表9-13、表9-14所示。

表9-13　各减让方案对食糖生产和进出口影响的分析结果　　（单位：%）

| 方案 | 世界 | 食糖进口国 | | 食糖出口国 | | | |
|---|---|---|---|---|---|---|---|
| | | 中国 | 俄罗斯 | 澳大利亚 | 欧盟 | 巴西 | 美国 |
| G20方案（4）<br>出口量变化 | 2.11 | -100 | 44 | 2 | 5 | 3 | 13 |

| 方案 | 世界 | 食糖进口国 | | 食糖出口国 | | | |
|---|---|---|---|---|---|---|---|
| | | 中国 | 俄罗斯 | 澳大利亚 | 欧盟 | 巴西 | 美国 |
| 进口量变化 | 2.11 | 92.54 | −0.38 | −0.15 | −0.31 | −0.38 | −0.15 |
| 生产量变化 | 0.034 | −9.29 | 0.40 | 0.32 | 0.32 | 0.40 | 0.32 |
| 美国<br>出口量变化 | 1.71 | −100 | 39 | 2 | 5 | 2 | 12 |
| 进口量变化 | 1.71 | 75.62 | −0.33 | −0.13 | −0.27 | −0.33 | −0.13 |
| 生产量变化 | 0.029 | −8.05 | 0.34 | 0.28 | 0.28 | 0.34 | 0.28 |
| 欧盟、G20方案<br>(2)、(3)<br>出口量变化 | 0.61 | −100 | 22 | 1 | 3 | 1 | 7 |
| 进口量变化 | 0.61 | 29.1 | −0.19 | −0.08 | −0.15 | −0.19 | −0.08 |
| 生产量变化 | 0.017 | −4.65 | 0.20 | 0.16 | 0.16 | 0.20 | 0.16 |
| G10、<br>G20方案(1)<br>出口量变化 | 0.104 | −100 | 15 | 1 | 2 | 1 | 4 |
| 进口量变化 | 0.104 | 7.96 | −0.13 | −0.05 | −0.1 | −0.13 | −0.05 |
| 生产量变化 | 0.011 | −3.10 | 0.13 | 0.11 | 0.11 | 0.13 | 0.11 |

表9-14 各减让方案对食糖社会福利影响的分析结果　　　（单位：万美元）

| 方案 | 世界 | 食糖进口国 | | 食糖出口国 | | | |
|---|---|---|---|---|---|---|---|
| | | 中国 | 俄罗斯 | 澳大利亚 | 欧盟 | 巴西 | 美国 |
| G20方案(4)<br>消费者剩余变化 | 11246.7 | 65324.7 | −2448.1 | −2096.2 | −7608.8 | −5466.4 | −2890.5 |
| 生产者剩余变化 | 4371.6 | −48484.1 | 1316.8 | 2768.4 | 7625.9 | 7499.5 | 3266.0 |
| 政府收益变化 | −7722.9 | −4382.2 | 0 | 0 | −3299.0 | 3 | −1069.1 |
| 净收益变化 | 7895.4 | 12458.4 | −1131.3 | 672.2 | −3281.9 | 2033.1 | −693.7 |
| 美国<br>消费者剩余变化 | 9338.3 | 56216.6 | −2122.2 | −1816.9 | −6595.6 | −4738.8 | −2505.4 |
| 生产者剩余变化 | 3540.9 | −42260.2 | 1141.0 | 2398.8 | 6607.7 | 6497.8 | 2829.9 |

续表

| 方案 | 世界 | 食糖进口国 | | 食糖出口国 | | | |
|---|---|---|---|---|---|---|---|
| | | 中国 | 俄罗斯 | 澳大利亚 | 欧盟 | 巴西 | 美国 |
| 政府收益变化 | -5862.5 | -2968.2 | 0 | 0 | -2856.1 | 2 | -929.6 |
| 净收益变化 | 7016.7 | 10988.2 | -981.3 | 581.9 | -2844.1 | 1759.1 | -605.1 |
| 欧盟、G20方案(2)、(3) 消费者剩余变化 | 4742.4 | 31804.6 | -1225.2 | -1048.5 | -3807.3 | -2735.8 | -1445.8 |
| 生产者剩余变化 | 1659.1 | -24762.4 | 657.8 | 1383.1 | 3809.9 | 3746.0 | 1631.7 |
| 政府收益变化 | -3494.1 | -1819.7 | 0 | 0 | -1641.7 | 1 | -549.0 |
| 净收益变化 | 2907.4 | 5222.5 | -567.5 | 334.6 | -1639.1 | 1010.2 | -363.1 |
| G10、G20方案(1) 消费者剩余变化 | 2967.3 | 21013.9 | -817.1 | -699.1 | -2538.9 | -1824.4 | -964.0 |
| 生产者剩余变化 | 983.5 | -16625.4 | 438.4 | 921.8 | 2539.3 | 2496.5 | 1087.5 |
| 政府收益变化 | -3730.6 | -2620.6 | 0 | 0 | -1091.4 | 1 | -363.8 |
| 净收益变化 | 220.2 | 1767.9 | -378.7 | 222.7 | -1091.0 | 672.1 | -240.3 |

由上述结果可以看出，由于中国食糖进口关税下降，造成国内价格降低，需求量增加，从而使世界价格上涨，使得其他国家进口量下降，出口量和生产量增加，本国消费者剩余增加，生产者剩余减少，政府收益下降。中国、巴西、澳大利亚的净收益增加，俄罗斯作为食糖进口国，由于世界价格的上涨，使得俄罗斯的净收益下降。而欧盟和美国的净收益为负则是因为国内支持和出口补贴的存在。世界的进出口增加，净收益增加。

3. 不同减让方案对棉花进口影响的局部均衡分析

中国棉花的配额外约束关税为40%，而应用关税为21%，在模型中按应用关税削减进行计算。棉花主要出口国为：美国、乌兹别克斯坦、澳大利亚、希腊、叙利亚。棉花主要进口国有中国、印度尼西亚。欧盟作为一个整体，也是棉花进口国。因此，选取三个棉花出口国（澳大利亚、乌兹别克斯坦、美国）和三个棉花进口国（欧盟、中国和印度尼西亚）作为分析对象。

各不同减让方案模拟分析结果如表9-15、表9-16所示。

表9-15 各减让方案对棉花生产和进出口影响的模拟分析结果 （单位:%）

| 方案 | 世界 | 棉花进口国 | | 棉花出口国 | | | |
|---|---|---|---|---|---|---|---|
| | | 中国 | 印度尼西亚 | 欧盟 | 澳大利亚 | 乌兹别克斯坦 | 美国 |
| G20方案（4）出口量变化 | 2.076 | -100 | 30.92 | 1.01 | 0.6 | 2.06 | 1.69 |
| 进口量变化 | 2.076 | 93.73 | -0.86 | -0.72 | 0 | 0 | 0 |
| 生产量变化 | 0.190 | -2.27 | 0.60 | 0.34 | 0.60 | 0.62 | 0.62 |
| 美国出口量变化 | 1.77 | -100 | 27.83 | 0.91 | 0.54 | 1.85 | 1.52 |
| 进口量变化 | 1.77 | 80.69 | -0.77 | -0.64 | 0 | 0 | 0 |
| 生产量变化 | 0.171 | -2.04 | 0.54 | 0.3 | 0.54 | 0.56 | 0.56 |
| 欧盟、G20方案（2）、（3）出口量变化 | 0.55 | -100 | 15.46 | 0.51 | 0.30 | 1.03 | 0.84 |
| 进口量变化 | 0.55 | 28.52 | -0.43 | -0.36 | 0 | 0 | 0 |
| 生产量变化 | 0.095 | -1.13 | 0.30 | 0.17 | 0.30 | 0.31 | 0.31 |
| G10出口量变化 | 0.118 | -100 | 11.13 | 0.36 | 0.22 | 0.74 | 0.61 |
| 进口量变化 | 0.118 | 10.26 | -0.31 | -0.26 | 0 | 0 | 0 |
| 生产量变化 | 0.068 | -0.82 | 0.22 | 0.12 | 0.22 | 0.22 | 0.22 |
| G20方案（1）出口量变化 | -0.065 | -100 | 9.58 | 0.30 | 0.18 | 0.62 | 0.51 |
| 进口量变化 | -0.065 | 2.44 | -0.26 | -0.21 | 0 | 0 | 0 |
| 生产量变化 | 0.057 | -0.68 | 0.18 | 0.10 | 0.18 | 0.19 | 0.19 |

表9-16 各减让方案对棉花社会福利影响的模拟分析结果 （单位：万美元）

| 方案 | 世界 | 棉花进口国 | | 棉花出口国 | | | |
|---|---|---|---|---|---|---|---|
| | | 中国 | 印度尼西亚 | 欧盟 | 澳大利亚 | 乌兹别克斯坦 | 美国 |
| G20方案（4）消费者剩余变化 | -17479.4 | 35844.0 | -2113.9 | -2297.8 | -1.3 | -2600.1 | -5899.9 |
| 生产者剩余变化 | 20722.7 | -32620.8 | 859.7 | 1164.4 | 1576.5 | 3727.3 | 9164.6 |
| 政府收益变化 | 174.3 | -88.4 | 16.0 | 0 | 0 | 0.02 | 6.6 |

| 方案 | 世界 | 棉花进口国 | | 棉花出口国 | | | |
|---|---|---|---|---|---|---|---|
| | | 中国 | 印度尼西亚 | 欧盟 | 澳大利亚 | 乌兹别克斯坦 | 美国 |
| 净收益变化 | 3417.7 | 3134.8 | -1238.2 | -1133.4 | 1575.2 | 1127.2 | 3271.2 |
| 美国 消费者剩余变化 | -15848.6 | 32149.2 | -1903.3 | -2068.8 | -1.2 | -2340.1 | -5310.0 |
| 生产者剩余变化 | 18653.8 | -29342.2 | 773.5 | 1047.8 | 1418.4 | 3353.5 | 8245.6 |
| 政府收益变化 | 268.1 | 31.5 | 14.5 | 0 | 0 | 0.02 | 6.0 |
| 净收益变化 | 3073.3 | 2838.5 | -1115.4 | -1021.0 | 1417.2 | 1013.4 | 2941.6 |
| 欧盟、G20方案(2)、(3) 消费者剩余变化 | -9063.1 | 17617.5 | -1059.2 | -1151.0 | -0.7 | -1300.1 | -2950.0 |
| 生产者剩余变化 | 10372.1 | -16263.2 | 429.2 | 581.7 | 787.1 | 1860.8 | 4575.2 |
| 政府收益变化 | -14.0 | -145.9 | 8.1 | 0 | 0 | 0.01 | 3.3 |
| 净收益变化 | 1295.0 | 1208.4 | -621.9 | -569.3 | 786.4 | 560.7 | 1628.6 |
| G10 消费者剩余变化 | -6589.9 | 12623.8 | -763.1 | -829.1 | -0.5 | -936.1 | -2121.0 |
| 生产者剩余变化 | 7470.5 | -11699.6 | 308.9 | 418.7 | 566.4 | 1339.2 | 3292.8 |
| 政府收益变化 | -358.9 | -454.0 | 5.9 | 0 | 0 | 0.008 | 2.4 |
| 净收益变化 | 521.7 | 470.3 | -448.4 | -410.4 | 566.0 | 403.1 | 1171.2 |
| G20方案(1) 消费者剩余变化 | -5514.6 | 10498.3 | -636.1 | -691.1 | -0.4 | -780.0 | -1770.0 |
| 生产者剩余变化 | 6226.4 | -9746.0 | 257.4 | 348.9 | 472.0 | 1115.8 | 2743.5 |
| 政府收益变化 | -545.5 | -624.8 | 4.9 | 0 | 0 | 0.007 | 2.0 |
| 净收益变化 | 166.3 | 127.5 | -373.8 | -342.2 | 471.6 | 335.7 | 975.5 |

由上述结果可以看出，由于棉花进口关税下降，造成国内价格降低，需求量增加，从而使世界价格上涨，使得其他国家进口量下降，出口量和生产量增加，本国生产者剩余降低，消费者剩余增加。中国及棉花出口国的净收益增

加，印度尼西亚和欧盟作为棉花进口国，由于世界价格的上涨，使其净收益下降。世界的进出口增加，净收益增加。

4. 不同减让方案对植物油进口影响的局部均衡模拟分析

植物油配额外关税为 8.2%（来源：ATPSM），植物油包括菜籽油、豆油、棕榈油等。植物油主要出口国为：加拿大、马来西亚、印度尼西亚。植物油主要进口国为：中国、美国、欧盟等。在此选取这六个国家作为研究对象。

各不同减让方案模拟分析结果如表 9 – 17、表 9 – 18 所示。

表 9 – 17　各减让方案对植物油生产和进出口影响的模拟分析结果　　（单位：%）

| | 世界 | 植物油进口国 | | | 植物油出口国 | | |
|---|---|---|---|---|---|---|---|
| | | 中国 | 美国 | 欧盟 | 马来西亚 | 印度尼西亚 | 加拿大 |
| G20 方案（4）出口量变化 | 0.273 | − 100 | 1.56 | 3.01 | 0.26 | 0.39 | 0.36 |
| 进口量变化 | 0.273 | 10.21 | − 0.13 | − 0.40 | − 0.33 | − 0.37 | − 0.11 |
| 生产量变化 | 0.049 | − 0.43 | 0.11 | 0.14 | 0.10 | 0.08 | 0.13 |
| 美国出口量变化 | 0.109 | − 100 | 1.21 | 2.35 | 0.20 | 0.30 | 0.28 |
| 进口量变化 | 0.109 | 6.20 | − 0.10 | − 0.31 | − 0.26 | − 0.29 | − 0.09 |
| 生产量变化 | 0.038 | − 0.33 | 0.09 | 0.11 | 0.07 | 0.06 | 0.10 |
| 欧盟、G20 方案（2）、（3）出口量变化 | − 0.067 | − 93.19 | 0.78 | 1.51 | 0.13 | 0.19 | 0.18 |
| 进口量变化 | − 0.067 | 1.66 | − 0.07 | − 0.2 | − 0.16 | − 0.19 | − 0.06 |
| 生产量变化 | 0.025 | − 0.21 | 0.06 | 0.07 | 0.05 | 0.04 | 0.06 |
| G10 出口量变化 | − 0.048 | − 67.12 | 0.56 | 1.08 | 0.09 | 0.14 | 0.13 |
| 进口量变化 | − 0.048 | 1.19 | − 0.05 | − 0.14 | − 0.12 | − 0.13 | − 0.04 |
| 生产量变化 | 0.018 | − 0.15 | 0.04 | 0.05 | 0.03 | 0.03 | 0.05 |
| G20 方案（1）出口量变化 | − 0.040 | − 55.94 | 0.47 | 0.90 | 0.08 | 0.12 | 0.11 |
| 进口量变化 | − 0.040 | 0.99 | − 0.04 | − 0.12 | − 0.10 | − 0.11 | − 0.03 |
| 生产量变化 | 0.015 | − 0.13 | 0.03 | 0.04 | 0.03 | 0.02 | 0.06 |

表9-18　各减让方案对植物油社会福利影响的模拟分析结果　（单位：万美元）

| | 世界 | 植物油进口国 | | | 植物油出口国 | | |
|---|---|---|---|---|---|---|---|
| | | 中国 | 美国 | 欧盟 | 马来西亚 | 印度尼西亚 | 加拿大 |
| G20方案（4）消费者剩余变化 | −503.7 | 10092.1 | −1087.5 | −1621.4 | −446.8 | −393.7 | −111.8 |
| 生产者剩余变化 | 1980.2 | −8049.0 | 1080.5 | 1186.3 | 1379.7 | 962.0 | 175.7 |
| 政府收益变化 | −1844.8 | −1875.2 | 3.7 | −27.2 | 0.3 | 0.02 | 1.1 |
| 净收益变化 | −368.4 | 167.8 | −3.3 | −462.3 | 933.1 | 568.4 | 64.9 |
| 美国消费者剩余变化 | −429.0 | 7839.0 | −848.4 | −1265.3 | −348.6 | −307.2 | −87.2 |
| 生产者剩余变化 | 1547.5 | −6274.4 | 842.7 | 925.1 | 1076.0 | 750.3 | 137.0 |
| 政府收益变化 | −1445.2 | −1469.5 | 2.9 | −21.1 | 0.2 | 0.01 | 0.8 |
| 净收益变化 | −326.7 | 95.1 | −2.8 | −361.3 | 727.6 | 443.1 | 50.6 |
| 欧盟、G20方案（2）、（3）消费者剩余变化 | −304.3 | 4998.3 | −543.9 | −811.5 | −223.6 | −197.0 | −55.9 |
| 生产者剩余变化 | 994.5 | −4018.8 | 540.1 | 592.9 | 689.7 | 480.9 | 87.8 |
| 政府收益变化 | −974.6 | −990.7 | 1.9 | −13.5 | 0.1 | 0.008 | 0.5 |
| 净收益变化 | −284.5 | −11.2 | −2.0 | −232.1 | 466.2 | 283.9 | 32.4 |
| G10消费者剩余变化 | −229.6 | 3589.2 | −391.7 | −584.5 | −161.0 | −141.9 | −40.3 |
| 生产者剩余变化 | 716.9 | −2892.4 | 388.9 | 426.9 | 496.5 | 346.2 | 63.2 |
| 政府收益变化 | −697.7 | −709.4 | 1.3 | −9.7 | 0.09 | 0.006 | 0.4 |
| 净收益变化 | −210.4 | −12.6 | −1.5 | −167.3 | 335.6 | 204.3 | 23.3 |
| G20方案（1）消费者剩余变化 | −195.1 | 2987.5 | −326.4 | −487.1 | −134.2 | −118.3 | −33.6 |
| 生产者剩余变化 | 597.8 | −2409.9 | 324.0 | 355.7 | 413.8 | 288.5 | 52.7 |
| 政府收益变化 | −580.0 | −589.8 | 1.1 | −8.1 | 0.08 | 0.005 | 0.3 |
| 净收益变化 | −177.3 | −12.2 | −1.3 | −139.5 | 279.6 | 170.3 | 19.4 |

由上述结果可以看出，由于植物油进口关税下降，造成国内价格降低，需求量增加，从而使世界价格上涨，使得其他国家进口量下降，出口量和生产量增加，本国生产者剩余降低，消费者剩余增加，政府收益下降。中国及植物油出口国的净收益增加，美国和欧盟作为植物油进口国，由于世界价格的上涨，使其净收益下降。世界的进出口增加，净收益减少。

## 9.6  本章小结

本章首先通过 GTAP 模型分析探究了多哈回合农产品贸易自由化各减让方案的经济效果，并进行了对比分析，得出了以下主要结论：

（1）各种减让方案的变动趋势一致，但变动幅度不同。关税削减幅度大、农产品贸易自由化深入的方案对各种指标的影响更大。各种指标都显示：G20方案（4）和 G20 方案（3）引起的变动幅度最大，而 G10 方案和 G20 方案（1）导致的变动幅度较小。这也与各国的立场基本较为吻合。模拟结果显示贸易自由化对其 G20 成员的促进作用最大。G10 集团为非贸易关切集团，模拟显示该方案引起的各指标变动小，符合渐进原则。

（2）农产品贸易自由化对各国均有正面影响，对农业保护较大的国家和地区的社会福利也起着不可忽视的促进作用，主要是因为其改善了该国的分配效率，使消费者受惠很高。

参与模拟的六种方案都引起了巴西阿根廷、中国大陆、澳大利亚地区、东盟、北美自由贸易区的 GDP 增长，贸易条件提高，对我国台湾和香港地区影响不大。

（3）各区域的进出口贸易结构均有所改变，变化最大的是农产品保护较大的区域，但并不是均朝着不利的方向发展。农产品贸易自由化引起的工业和服务业生产及贸易的改变导致了综合效果的改变。变化最大的区域为欧盟和日本、韩国地区。其中，欧盟地区表现为农产品进口增加、出口减少。其他产品和服务进口减少、出口增加，整体来看贸易平衡表现为贸易顺差，表明其在世界市场上竞争处于优势。而日本韩国地区则表现为农产品进口占到总进口的很大比例，但工业和服务业的出口同时降低，贸易逆差严重，可见在世界市场的竞争处于劣势。

（4）中国大陆各指标表现良好。关税削减幅度大、农产品贸易自由化深入的方案对中国大陆经济的促进作用更大。本章研究结论表明，我国农业及整体都是进口、出口双增加，且同时表现为贸易顺差，主要是稻谷等传统优势农业产业受益较大，但从总体经济指标观察，本章认为，农业贸易自由化对整体经济有促进作用，GDP、贸易条件、福利各指标均有所增加。其次，利用APTSM 模型模拟分析了当所有的发达国家和发展中国家都按照削减公式对九大类农产品进行关税减让时，所产生的福利变动。分析只进行了关税减让的模拟，未考虑出口补贴和国内支持的削减，也没有考虑最不发达国家的关税减让。计算内容结果包括：总体的福利变动、发达国家的福利变动、发展中国家的福利变动、最不发达国家的福利变动。并对谷物、植物油和糖等农产品进行关税减让后的效果进行了模拟评价。再次，从进出口角度，利用APTSM 模型模拟各方案对我国主要进出口农产品的影响。分析了我国谷物、糖、棉花和植物油等主要农产品关税减让后的效果，进行了评价，并由上述结果可以看出，由于上述产品进口关税下降，造成国内价格降低，需求量增加，从而使世界价格上涨，使得其他国家进口量下降，出口量和生产量增加，本国生产者剩余降低，消费者剩余增加，政府收益下降。出口国的净收益增加，进口国则由于世界价格的上涨而净收益下降。世界的进出口增加，净收益减少。

# 第十章

# 多哈回合市场准入谈判中的立场和策略分析

本章在多边谈判框架下，讨论多哈回合市场准入谈判中的政策和策略。首先在多边框架下，结合竞争力指标，讨论基于部门关税减让的市场准入与竞争态势分析，描述和分析了单边行动、双边行动等可能引起竞争力变化的情景；其次，进行利益集团在谈判中跨议题攻守策略分析；再次，引入双层博弈，进一步展开市场准入谈判的国际国内政治经济分析，利用冲突分析模型分析谈判前景；第四，具体分析中国在市场准入谈判中的立场，对中国可采取的攻守策略和跨议题谈判策略进行讨论，并提出相关建议。

## 10.1 基于部门关税减让的竞争态势与策略分析

### 10.1.1 部门关税减让与竞争力指数

1. 部门关税减让和关键多数模式

部门减让是关税减让之外的非强制性附加减让。部门减让谈判，是指部分成员特定范围的产品按议定规则将选定产品部门的关税约束在某一水平上的谈判，或称部门别降税（sectorial tariff reduction），从乌拉圭回合多边谈判开始采用，也是关税谈判方式中的三种方式之一。如果约束水平为零，亦称为零对零部门减让，如果约束水平不为零，则称为部门协调。部门减让的产品范围一般是按照 6 位《协调制度》目录确定。

在部门关税减让谈判的核心议题上，非农委员会主席以部门别在文件 JOB（06）/125 所建议的部门别文字为基础，拟定按部门别谈判模式草案的文字，重申部门别消除关税是另一项达成多哈宣言第 16 段目标的关键要素，香港部长宣言也指出部门别谈判的参与是非强制性（non-mandatory）的。所有部门别提案的目的是将关税调降、关税调和（tariff harmonization）或适度消除关税，包括降低或消除关税高峰（tariff peak）、高关税（high tariffs）及关税级距（tariff escalation），而部门关税减让的程度应大于公式减让的效果，此外必须考虑对发展中成员具有出口利益的产品。

美国提出了关键多数（Critical Mass），亦称"临界数量"的谈判模式，即自愿参加部门减让的成员在此部门贸易额达到该部门全球贸易总额的一定比例（如90%，视部门不同而不同），则这些成员可以在最惠国的基础上对部门实行自由化。为使更多发展中成员参与部门减让，美国等发达成员提出发展中成员可以以"零对 X"的方式参加部门自由化，即发达成员将某一部门产品关税降到 0，发展中成员将关税降到一个较低的水平（即 X）；此外发展中成员还可以将该部门的少部分产品排除在自由化之外。这是由美国、加拿大于WTO 文件 TN/MA/W/55 提出的。

部门别的谈判有几个关键要素需要决定：包括关键多数的门槛，产品涵盖范围，执行期程以及如何对参与的发展中成员提供弹性（如调整参与产品范围、给予较长执行期、或"零对 X"降税等）。

香港部长宣言已指示成员就所推动自由化部门，检视是否有达足够的参与程度，而至今已经提案的部门，有美国积极推动的化学产品，瑞士推动的药品及医疗器材，日本、韩国主推的机械、电子产品，日本的汽车及相关零组件，加拿大和新西兰的渔、林产品，泰国推动的珠宝产品，阿拉伯联合酋长国的原料部门，欧盟的纺织成衣及鞋类部门，以及台湾的自行车、运动器材及手工具部门。

一国部门的关税减让与否当然涉及诸多因素，会影响本国的比较优势和竞争力，但最重要的应该是本国的比较优势和竞争优势。

在关贸总协定的谈判史上，从第 1 个回合（日内瓦回合）到第 5 个回合（狄龙回合），关税减让一直采用的是"双边谈判，多边适用"的方式。在这种"产品对产品"的谈判方式下，谈判的任务主要由最大的出口国和进口国来承担。双方达成协议之后，再通过关贸总协定的最惠国待遇原则，将谈判结果扩大适用于全体缔约方。该方式把关税减让谈判集中于主要进出口方之间，虽然加快了谈判的进程，但是，一缔约方如果就某产品大幅度减让关税，而使所有的其他缔约方受益，在其他缔约方就另一些产品谈判减让关税幅度不大的情况下，那么，就会造成缔约各方之间利益的不平衡，以致最终形成各谈判国都不愿作出让步的僵局。部门关税减让和关键多数模式的最终结果也与"双边谈判，多边适用"的方式类似。

### 2. 贸易竞争力指数

贸易竞争力指数也称"贸易竞争优势指数"、"贸易专业化系（指）数"（Trade Specialization Coefficient，TSC），是指一国进出口贸易的差额占进出口贸易总额的比重，系数越大表明优势越大。贸易竞争优势指数是分析行业结构国际竞争力的有效工具，它能够反映相对于世界市场上由其他国家所供应的一种产品而言，本国生产的同种产品是否处于竞争优势及其程度。贸易竞争优势指数的计算公式：

$$TC_{ij} = \frac{X_{ij} - M_{ij}}{X_{ij} + M_{ij}}$$

其中，$TC_{ij}$ 是 i 国第 j 种商品的贸易竞争优势指数，$X_{ij}$ 是 i 国 j 种某产品的出口值，$M_{ij}$ 是 i 国 j 种产品的进口值。如果 $TC_{ij} > 0$，则说明 i 国家第 j 种产品具有竞争优势；如果 $TC_{ij} < 0$，则说明该国在 j 种商品的生产上没有竞争优势。其取值范围为（−1，1）。如果 TC 指数大于零，表明该类商品具有较强的国际竞争力，越接近于1，竞争力越强；TC 指数小于零，则表明该类商品不具国际竞争力；指数为零，表明此类商品为产业内贸易，竞争力与国际水平相当。

### 10.1.2 基于部门关税减让的产业竞争力变动态势与比较分析

引入贸易竞争力指数，是为了进行在部门关税减让条件下本国与外国的竞争力分析。进口需求弹性变动对竞争力的影响是通过进口量的变化来实现的，我们考虑以下两种简单情况，一是某国单方面的关税减让，二是两国双边的关税减让。

1. 一国单边关税减让的情形（或部门减让零关税模式）

在某国单方面关税减让情况下，假设其他因素不变，那么某国的出口量将不会有变化。则本国进口含税价格弹性为：

$$\varepsilon = \frac{(M_1 - M_0)/M_0}{(P_t^0 - P_t^1)/P_t^0} \qquad (10.1)$$

而此时，某国1时期的进口量可以表示为：

$$M_1 = \varepsilon(P_t^0 - P_t^1)\frac{M_0}{P_t^0} + M_0 \qquad (10.2)$$

可见，由于某国的关税减让，其国内进口量增加：

$$M_1 - M_0 = \varepsilon(P_t^0 - P_t^1)\frac{M_0}{P_t^0} \qquad (10.3)$$

而根据贸易竞争力的概念，此时可以把0、1时期的贸易竞争力分别表

示为:

$$TC_i^0 = \frac{X_i^0 - M_i^0}{X_i^0 + M_i^0}, TC_i^1 = \frac{X_i^1 - M_i^1}{X_i^1 + M_i^1}$$

若出口量不变,则考虑到税率降低和进口价格需求弹性时 0 期和 1 期时的贸易竞争力分别为:

$$TC_i^0 = \frac{X_i - M_i}{X_i + M_i} = \frac{X_i - \left[ \varepsilon(P_t^0) \dfrac{M_0}{P_t^0} \right]}{X_i + \left[ \varepsilon(P_t^0) \dfrac{M_0}{P_t^0} \right]} \quad (10.4)$$

$$TC_i^1 = \frac{X_i - M_i}{X_i + M_i} = \frac{X_i - \left[ \varepsilon(P_t^0 - P_t^1) \dfrac{M_0}{P_t^0} + M_0 \right]}{X_i + \left[ \varepsilon(P_t^0 - P_t^1) \dfrac{M_0}{P_t^0} + M_0 \right]} \quad (10.5)$$

若出口量不变,则国内进口量与相应的贸易竞争力可能会有三种情况:

$M_1 = M_0, TC_i^0 = TC_i^1$,贸易竞争力保持不变;

$M_1 > M_0, TC_i^0 < TC_i^1$,贸易竞争力下降;

$M_1 < M_0, TC_i^0 > TC_i^1$,贸易竞争力提高。

与原来相比,假定若出口量不变,进口量增加,竞争力指数会有大幅度的下降。说明由于关税下调,进口价格弹性作用导致进口增加,可能使本国产品的比较优势减弱或者比较劣势增强。

目前,在非农产业谈判中,已有美国向中国提出化工品部门减让要求,日本参加 WTO 非农谈判的主要官员来华与我国就化工品、电子产品和机械产品三领域部门减让问题与有关部门进行交流。根据部门减让的定义,实际上就是美、日两国分别对我国化工品部门和机械产品部门减让提出零关税要求。

根据第 5 章中国非农产品现行税率分布的分析,我国化工品部门平均税率为 6.46%,机械产品部门平均税率为 8.33%;又据中国非农产品减让后的税率分布的分析,即使按最低减让水平,非农产品平均税率也已降到 6.43%. 而经过公式减让,我国化工品部门平均税率将降到 6% 以下,机械产品部门平均税率将降到 7%。根据目前的产业现状,中国不同意上述部门进行减让。

若中方未向对方提出部门减让要求,而接受对方的减让要求,就实际构成了单边减让。正如上述分析,若出口量不变,进口量增加,中国竞争力指数会有大幅度的下降,从而使本国产品的比较优势减弱或者比较劣势增强。

为了达到战略均衡，中方可以采取以下策略：第一，根据并坚持香港部长会议关于部门减让谈判参与非强制性原则，陈述中方立场，但不参加谈判。第二，如要参加谈判，就要求对方对等开放并进行某部门减让谈判，而且经过分析确认有实质性进入可能。第三，如要参加谈判，则需进一步扩大被减让部门的产品数量和范围，扩大减让和保护的讨价还价范围，争取将该部门的一些重要产品或弱势产品排除在自由化之外。

2. 两国双边同时关税减让的情形（或"零对 X"降税模式）。

假定世界上仅有两国，即本国和外国，由于关税减让幅度不同，市场准入程度也不同。则在两国关税同时减让的情况下，不但本国的进口量会变化，出口量也会变化。这时外国在某一市场上的出口就等于该国对本国的进口，而外国的进口则可以表示为：

$$M_1^* = \varepsilon^* (P_t^{*0} - P_t^{*1}) + \frac{M_0}{P_t^0} + M_0 \tag{10.6}$$

令 $X_1 = M_1^*$，$X_0 = M_0^*$，$\varepsilon^*$ 是外国进口价格弹性，$P_t^{*0}$ 是 0 期外国含税价格，$P_t^{*1}$ 是 1 期外国含税价格。

在双边减让条件下 0 期的本国竞争力可以进一步表示为：

$$TC_i^0 = \frac{X_i - M_i}{X_i + M_i} = \frac{X_i - \left[ \varepsilon(P_t^0) \frac{M_0}{P_t^0} \right]}{X_i - \left[ \varepsilon(P_t^0) \frac{M_0}{P_t^0} \right]} = \frac{\left[ \varepsilon^* (P_t^{*0}) \frac{M_0^*}{P_t^{*0}} \right] - \left[ \varepsilon(P_t^0) \frac{M_0}{P_t^0} \right]}{\left[ \varepsilon^* (P_t^{*0}) \frac{M_0^*}{P_t^{*0}} \right] + \left[ \varepsilon(P_t^0) \frac{M_0}{P_t^0} \right]}$$

$$\tag{10.7}$$

在双边减让条件下 1 期的本国竞争力则可以表示为：

$$TC_i^l = \frac{X_i - M_i}{X_i + M_i} = \frac{X_i - \left[ \varepsilon(P_t^0 - P_t^1) \frac{M_0}{P_t^0} + M_0 \right]}{X_i + \left[ \varepsilon(P_t^0 - P_t^1) \frac{M_0}{P_t^0} + M_0 \right]}$$

$$= \frac{\left[ \varepsilon^* (P_t^{*0} - P_t^{*1}) \frac{M_0^*}{P_t^{*0}} + M_0^* \right] - \left[ \varepsilon(P_t^0 - P_t^1) \frac{M_0}{P_t^0} + M_0 \right]}{\left[ \varepsilon^* (P_t^{*0} - P_t^{*1}) \frac{M_0^*}{P_t^{*0}} + M_0^* \right] + \left[ \varepsilon(P_t^0 - P_t^1) \frac{M_0}{P_t^0} + M_0 \right]}$$

$$= \frac{\left[\varepsilon^*(P_t^{*0} - P_t^{*1})\dfrac{M_0^*}{P_t^{*0}} + M_0^*\right] - \left[\varepsilon(P_t^0 - P_t^1)\dfrac{M_0}{P_t^0} + M_0\right]}{\left[\varepsilon^*(P_t^{*0} - P_t^{*1})\dfrac{M_0^*}{P_t^{*0}} + M_0^*\right] + \left[\varepsilon(P_t^0 - P_t^1)\dfrac{M_0}{P_t^0} + M_0\right]} \quad (10.8)$$

令 $\Delta P^* = P_t^{*0} - P_t^{*1}$，$\Delta P = P_t^0 - P_t^1$，又已知：$X_1 = M_1^*$，$X_0 = M_0^*$，则可代入上式，所以在双边减让条件下本国竞争力可以进一步表示为：

$$TC_i^l = \frac{(\varepsilon^* - \varepsilon)\left(\Delta P^*\dfrac{M_0^*}{P_t^{*0}} - \Delta P\dfrac{M_0}{P_t^0}\right) + (X_0 - M_0)}{(\varepsilon^* + \varepsilon)\left(\Delta P^*\dfrac{M_0^*}{P_t^{*0}} + \Delta P\dfrac{M_0}{P_t^0}\right) + (X_0 + M_0)} \quad (10.9)$$

当 $\varepsilon^* = \varepsilon$，

$$TC_i^l = \frac{X_0 - M_0}{(\varepsilon^* + \varepsilon)\left(\Delta P^*\dfrac{M_0^*}{P_t^{*0}} + \Delta P\dfrac{M_0}{P_t^0}\right) + (X_0 + M_0)} \quad (10.10)$$

$$TC_i^1 = TC_i^0$$

当 $\varepsilon^* > \varepsilon$，若 $\left(\Delta P^*\dfrac{M_0^*}{P_t^{*0}} - \Delta P\dfrac{M_0}{P_t^0}\right) \geqslant 0$，则：$TC_i^l =$

$$\frac{\left(\Delta P^*\dfrac{M_0^*}{P_t^{*0}} - \Delta P\dfrac{M_0}{P_t^0}\right) + (X_0 - M_0)}{(\varepsilon^* + \varepsilon)\left(\Delta P^*\dfrac{M_0^*}{P_t^{*0}} + \Delta P\dfrac{M_0}{P_t^0}\right) + (X_0 + M_0)} \quad (10.11)$$

由前面分析可知削减前的竞争力：$TC_0 = \dfrac{X_0 - M_0}{X_0 + M_0}$

当 $\varepsilon^* > \varepsilon$，若 $0 < TC_i^0 < 1$，

当 $\dfrac{(\varepsilon^* - \varepsilon)\left(\Delta P^*\dfrac{M_0^*}{P_t^{*0}} - \Delta P\dfrac{M_0}{P_t^0}\right)}{(\varepsilon^* + \varepsilon)\left(\Delta P^*\dfrac{M_0^*}{P_t^{*0}} + \Delta P\dfrac{M_0}{P_t^0}\right)} > TC_i^0$ 时，竞争力增强。

当 $\dfrac{(\varepsilon^* - \varepsilon)\left(\Delta P^*\dfrac{M_0^*}{P_t^{*0}} - \Delta P\dfrac{M_0}{P_t^0}\right)}{(\varepsilon^* + \varepsilon)\left(\Delta P^*\dfrac{M_0^*}{P_t^{*0}} + \Delta P\dfrac{M_0}{P_t^0}\right)} = TC_i^0$ 时，竞争力不变。

当 $\dfrac{(\varepsilon^* - \varepsilon)\left(\Delta P^* \dfrac{M_0^*}{P_t^{*0}} - \Delta P \dfrac{M_0}{P_t^0}\right)}{(\varepsilon^* + \varepsilon)\left(\Delta P^* \dfrac{M_0^*}{P_t^{*0}} + \Delta P \dfrac{M_0}{P_t^0}\right)} < TC_i^0$ 时，竞争力减弱。

也就是说，当进行双边减让时，本国贸易竞争力的变化不仅与本国和外国的关税削减幅度有关系，而且与本国和外国市场的进口需求弹性的大小有关。

如果 $\varepsilon^* > \varepsilon$，$TC_i^l > 0$，表明双边减让后，本国商品具有较强的国际竞争力，越接近于1，竞争力越强。

如果 $\varepsilon^* = \varepsilon$，$TC_i^l = 0$，表明本国此类商品为产业内贸易，竞争力与国际水平相当。

如果 $\varepsilon^* < \varepsilon$，$TC_i^l < 0$，则表明本国出口已不具国际竞争力。

这一方法还可以用来具体讨论多哈回合部门减让谈判中的"零对 X"降税模式。假定外国愿以"零对 X"模式与本国进行部门关税减让谈判，此时假定两国的初始关税相等，外国的关税降到0，而本国的关税则降到 X，那么双方减让后的含税价格，就出现高低差异，势必影响到两国竞争力的变动。这虽然只是借用了一个两国的竞争力分析，但由于加入了税率变动和弹性因素，更贴近实际，也可更清楚地说明问题。

## 10.2 各利益集团的跨议题谈判立场与攻防策略

### 10.2.1 多哈回合谈判中利益集团的攻防策略

多哈回合正朝着缩小在市场准入、国内补贴、出口补贴等三个领域的保护方向推进谈判进程。新回合的市场准入谈判中，利益纠葛比乌拉圭回合复杂许多，153 个成员分为多个集团（国家）：美国、欧盟、G20 和 G10，构成了最有影响力的第一层次集团，其他成员则形成了第二和第三层次的利益集团。对于各国或利益集团的立场可以通过它们各自的立场宣示、本方方案提出或对其他方方案的反应，以及它们各自的行为来判断。

多哈回合农业谈判中的主要矛盾有：

（1）发达成员与发展中成员之间的矛盾

发达成员力图通过各种手段打开发展中成员的市场，而其自身的市场实际上仍处于高保护状态，导致发达成员与发展中成员在规则和权利之间的不平衡以及农产品贸易的不公平竞争。

发展中成员一方面强调发达成员的高关税壁垒和高额农业支持补贴对发展中成员的农业出口和发展造成了障碍，另一方面强调农业对其粮食安全、农民生计和农村发展具有特殊重要性，其要求的特殊和差别待遇是为了保障其农业生产免受进口冲击。

　　（2）农产品出口成员与农产品进口成员的矛盾，也即所谓进攻方和防守方的矛盾

　　农产品出口成员希望借助 WTO 多边贸易谈判进一步推动农产品贸易自由化，扩大出口。农产品进口成员则主张农业多边贸易谈判应考虑农业的多种功能，要求在市场开放的同时考虑农业非贸易关注。

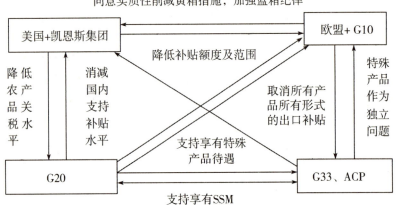

**图 10 - 1　主要贸易集团（国家）农业谈判立场及主张分析**

　　如图 10 - 1，美国虽有高额的农业补贴，但仅及欧盟的四分之一，而其农产品的进口关税较低，所以美国的谈判策略是采取攻势，锁定欧盟作为主攻的对象，主张大幅削减农业补贴及调降农产品的进口关税，同时亦要求发展中国家开放非农产品及服务业市场。欧盟的农业补贴远较美国为高，所以欧盟的谈判策略在农业是采取守势，即主张有限度的削减农业补贴及调降农产品进口关税，以换取特定较敏感的农产品保有较高的关税，而在非农产品市场进入及服务业则采取攻势。G20 为发展中国家成员的代表集团，它的谈判策略在农业方面是采取攻势，而在非农产品市场进入及服务业方面则采取守势，以保护其国内的产业免受外来产品的冲击。G10 成员都是农业的净进口国，也都是小农体制国家，不论在农业或是非农产品市场进入及服务业均采守势的策略，尤其强调农业功能的多样性，反对大幅削减农业补贴及指定处理"敏感性"农产品

开放方式。

欧盟的态度是，如果发展中国家有所表示，它是可以向 G20 的提议靠拢，它的态度可概括为"20 –"。美国虽然承认 G20 的提议是 Middle Ground，但它要求 G20 在市场准入方面作更大的让步。美国不同意给发展中国家太多的优惠，它认为有太多的漏洞，这种态度被概括为"20 +"。具体到市场准入、削减关税和农业补贴三个方面，各个国家立场都不一样。这三个主要的问题构成了多哈谈判目前比较复杂的局面。

除了上述四大集团之外，值得一提的还有所谓 FIPs，即美国、欧盟、巴西、印度及澳大利亚常常召开小型部长会议，2008 年后，又形成 G7 会议，即在上述五国之外，又加上埃及和中国；介入各大利益集团的角力，居间协调，以期拉近彼此的立场，促成最终协议的达成。

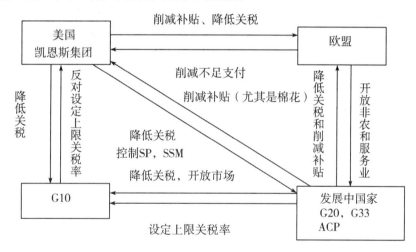

**图 10 – 2　WTO 谈判利益集团（成员国和地区）间农业和非农谈判的攻防策略**

图 10 – 2 中所示的是 WTO 农业和非农市场准入谈判中，G10、美国（凯恩斯集团）、欧盟和发展中国家间的攻防策略，下面介绍各方在谈判中的具体攻防策略情况。

（1）市场准入

美国要求所有的发达国家将上限关税率设定在 75% 以内，发展中国家将上限关税率设定在 100% 以内。欧盟虽然承认上限关税率，同时又对下调关税有所抵触。目前，欧盟的农产品中关税率最高的在 200% 左右，如果同意大幅度削减关税，如在"削减关税幅度为 80%"上达成协议，那么这种农产品的关税率就为40%。欧盟当然就对大幅度低于上限关税率的100%存有戒心。相反，对于G10，如关税相当高的日本，大米的关税率为778%，即使削减80%，关税率还为156%。如果同意上限关税封顶，关税率就要降低到75%，因此从本国现实利益出发，日本必然反对反对上限关税封顶。此外高关税品种多的日本还在谋求在尽可能多的品种上获得特殊待遇。福尔科纳在2007年长达26页的提案中说，关于发达国家的农业关税，平均削减幅度可以达到50%，而那些关税最高的国家则可以削减65%至80%。

（2）国内补贴

在国内补贴上，福尔克纳指出，美国目前所坚持的立场是保留最高可达220亿美元的国内农业补贴额，比它当初加入多哈回合谈判时的补贴水平还要高。他说，多哈回合谈判要想在2007年年底前达成协议，美国显然需要同意把农业补贴降到190亿美元以下。欧盟的内部农业支持至少应削减70%，也许可以削减75%到80%。目前欧盟已提出可以有条件地削减75%，这大约相当于275亿欧元。日本的国内农业支持也可以按与美欧相当的幅度削减。

美国提供向农户保证的合同价格与市场价格的差价的补贴。受到欧盟攻击的美国于2005年10月进行了让步提案，并向欧盟展开了下调关税的攻势。

（3）出口补贴

在彻底废除欧盟的出口补贴、美国的超过780天的出口信用等事项上达成协议。

美国和欧盟的让步主要包括：

①答应设定一个取消出口补贴的期限。但在出口信贷、食品援助和国营贸易方面也同步加严纪律。

②答应初期农业补贴削减20%，以后分期分批削减。

③答应给发展中国家一定的特殊和差别待遇，包括出口补贴、国内支持的削减、敏感产品、特殊产品、关税削减幅度与实施期限等方面。

发展中国家的让步主要包括：

①同意给"新蓝箱政策"重新定义，具体内容留待今后谈判确定。

②对发达国家的"敏感产品"在降低关税上予以一定灵活性。

③在非农产品减税公式上同意采用非线性公式。今后再作进一步讨论。

④新加坡议题中只讨论贸易便利化，其他3个议题不再列入多哈回合讨论范围。贸易便利谈判主要涉及GATT的5条、8条和10条，主要是通关、收费和透明度问题，并强调给予发展中国家技术援助和差别待遇。

为使多哈回合谈判取得预期成果，各成员在争取自己得到利益的时候，也要考虑合作伙伴的利益，推动谈判取得共赢，争取平衡结果。谈判中实现双赢或多赢战略是国家谈判的重要出发点。由于历史及现实的原因，目前的谈判格局已由传统的北—北关系转向南—北关系。缩小南北差距是北方不可推卸的责任，而南方要摆脱贫困最重要的是立足自强。如果欧美等发达国家同意在更大程度上削减农业补贴，发展中国家可能在涉及发达国家利益的问题上表现得更加灵活。这将有利于最终达成协议。关键在于各成员应努力在各议题谈判之间达成适当的平衡，最大限度地解决各自关注的问题。发展中国家和发达国家间也要求同存异，以合作的姿态来对待诸如贸易与环境等关系到未来发展的重大课题。尽管各国的建议和方案差异较大，但为了达成协议，各国之间、各利益集团之间以及发达国家和发展中国家之间都必须作出适当的相互让步。任何协议的达成都是各方让步和妥协的结果。

目前发达国家的农业补贴，给中国的农业发展和农产品出口带来了巨大压力。据测算，以棉花为例，美国每年平均给每户棉农的补贴高达 1.2 万美元，这相当于中国一户棉农 7 年至 10 年的产值。若不减少或取消巨额补贴，美国棉花以低廉的价格大量进入中国，给中国棉花产业的冲击将是致命的。而欧盟对糖类作物的巨额补贴也会使中国蔗农因此人均年收入减少约 300 元，占中国农民人均年收入的一成。

G20 认为市场准入方面的平衡应通过如下三个基准来评估：

支柱内的平衡：在市场准入支柱内的平衡需要恰当的结合关税减让和弹性。对于发达国家来说，在公式分层宽度方面结合发展中国家 G20 集团的减让方案，小于平均减让幅度的 54% 以及更多数量的敏感产品，使其遭受较大的背离并且减少了在国内消费方面配额的扩张，这些使得在市场准入方面达到实质性进展的目标方面难以有一个良好的重心。由于发达国家和发展中国家在农业方面极大的差异使得这十分敏感。因此，对重心的定义、承诺的均衡性以及 S&D 支持对于发展中国家来说在市场准入方面起着至关重要的作用。

支柱间的平衡（市场准入和国内支持）：每个支柱的最终谈判结果都应对其是否与多哈回合目标一致进行评估。市场准入方面实质性的进展、贸易扭曲的国内支持方面的实质性的削减及微量允许支持这三部分构成一个整体。向发展中国家寻求市场准入方面的让步超出其能力，正如通过汇率传达在国内支持方面的让步是十分明显不成比例的。发展中国家不应为发达国家在贸易扭曲支持方面的过期改革支付代价。这种扭曲的逻辑将使多哈回合的议题陷入危险的境地。

谈判领域间的平衡（AMA－NAMA）：以农业为中心的非平衡结果将使其他领域谈判成功的前景遭到破坏。G20 呼吁农业是这一轮发展的动力。其他领域的谈判达成的让步是附随于农业的实质性让步的。此外，G20 以香港协定第24 页的可比较的高层次的雄心作为指导方针，不论是在农业的市场准入方面还是在 NAMA 方面都希望以平稳和成比例的方式来达成协定，考虑到在谈判的过程中自由化程度的不足，改革应当在这一轮的过程当中逐步矫正。

在敏感产品方面，G20 公式愿意接受主席建议的数量范围，在 102 节，应纳关税的 1%～4% 之间。G20 公式认为敏感产品是最重要的方面。背离和补偿之间应该同时进行平衡。G20 用一种简单、透明的方法联系了背离和在国内消费基础上的关税配额扩展（至少 5%～6%），因此它被视为一种最好的解决方式。在这一过程中，任何新的关税配额都不能再出现。此外，G20 方案强调了关税配额的扩展只能是最惠国关税。G20 强烈反对任何背离原则的解决方式。关税配额管理也是十分重要的，不仅仅是涉及敏感产品。我们应该保证关税配额的透明性，而不应该通过任何方式违背最惠国配额的本质。

特殊保障机制的延长对 G20 方案是一个打击。保持特殊保障机制，甚至仅仅限制在欧盟建议的很少的产品范围内，都会有否定很多重要产品的市场准入的风险，这些产品集中了农产品贸易中的实质性比例。特殊保障机制最初被当作改革的工具，但却被成员过度利用，成了额外的保护工具。

G20 方案重申了特殊产品在食品安全方面，以及发展中国家农业发展和生计方面的重要性。特殊保障机制应该是农业谈判结果和特征中一个完整的部分。

发展中成员 2006 年 7 月 1 日发表的联合声明指出，最需要解决的问题，其实是造成最大贸易扭曲的农业补贴问题，美国的国内农业补贴对发展中成员的产品造成严重排挤，威胁到数亿穷困农民的生计。发展中国家希望发达国家在农业领域给予让步，因为农业是发展中国家的一个重要利益来源，并且在这个领域有自己的相对优势，而发达国家在农业领域有大量金钱补贴，还有高关税壁垒，损害了发展中国家利益。因此，发展中国家希望发达国家把关税和补贴降下来，而发达国家提出，如果要满足发展中国家的要求，发展中国家的工业品市场必须更加开放。

### 10.2.2 多哈回合发展中国家和发达国家利益集团三角议题僵局

三角议题僵局概述：

由于多哈回合涵盖议题相当宽广，且各国重视的议题各有不同，为了使所有决议皆受到同样的重视，因此多哈部长宣言指明除了争端解决以外，所有议题必须采取相互挂钩的单一承诺（Single Undertaking）的谈判模式。所谓单一承诺是指任何谈判的成果都属于整体不可分的一部分，成员方只能选择全部接受或全部不接受谈判成果，而不能只单独就某项议题表示接受。也就是说，如果谈判破裂，任何已达成协议的谈判将同样不具效力，因此跨议题谈判的相互挂钩模式，也使得讨价还价的谈判更为复杂和激烈。在目前 WTO 新回合的谈判项目中，除了解决争端之外，其他所有谈判议题都属于单一承诺的范围。

目前 WTO 所有的谈判都有多个发展中成员参与，加之国内的利益集团和政治压力，使得美国和欧盟这两个过往谈判中的盟友在多哈回合中渐行渐远，之间的分歧和矛盾渐渐加剧并浮上表面，并导致 2003 年坎昆部长会议农业谈判的破局，甚至一度危及 WTO 谈判之存续。直到发展中国家 20 国集团、33 国集团等的纷纷成立，并提出了有充分价值的谈判方案作为讨论的基础，至此，发展中国家的意见方真正受到发达国家的重视。然而在后续涉及实质议题时，农业出口国与进口国再度出现对峙，谈判再陷僵局。多哈回合谈判启动八年多来，各成员在谈判的重要议题，尤其是在农业、非农产品和服务贸易领域的分歧众多而且难以弥合，以欧、美为代表的发达国家在大幅度削减农业补贴和改善市场准入方面缺乏政治意愿是问题的关键。

自从 2006 年谈判因农业市场进入、境内支持与非农产品市场进入（NAMA）等所谓三角议题而宣告暂停后，至今虽已恢复谈判多月，但仍可说进展不大，谈判仍停留在三角议题的僵局中。所谓的三角议题，是指农业与非农谈判挂钩，而美国、欧盟、巴西与各自的友好成员结盟，形成三方牵制局面，如图 10 - 3 所示。

僵局在于三方局内人美国、欧盟和 G20 的谈判诉求和利益取向存在以下相当大的差别：

美国希望从欧盟和其他的先进发展中国家获得更多的市场准入，美国强烈关注"敏感"和"特殊"产品形成的漏洞，美国认为市场准入不充分是一个敏感而特别的漏洞；在上述问题取得巨大突破的条件下，美国决定执行严格的国内支持/市场准入方面的联系。由于 2007 年 11 月份美国中期选举，2008 年，美国 11 月新总统选举，美国的谈判者需要一个在市场准入方面明确的

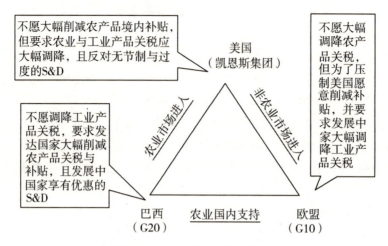

图 10 - 3　多哈回合三角议题僵局

"胜利"来证明在国内支持方面的让步是正确的。

欧盟同意提供一个高达 51% 的正式关税削减方案,倘若美国进一步削减非绿色国内支持;欧盟希望美国削减更多的国内支持,此外欧盟需要一个新的谈判授权来改进敏感产品方面的市场准入;欧盟认为其在出口补贴和国内支持上的政策足够其在多哈回合市场准入上获得收获,在市场准入方面与 G20 的国家靠得更近。

欧盟和美国都希望发展中国家在工业品和服务市场的市场准入方面更加开放,发展中国家则希望在市场准入和国内支持方面从发达国家那里得到更多的收获,但某些发展中国家对多哈发展回合期望值过高,只有收获而不用承担代价;此外发展中国家内部也有意见分歧。

在实际中三角对立不是固定和不变的,时而会出现三方各自坚持己见,互不相让的格局,也时而出现谈判的两方暂时采取变通合作的态度,去对付第三方。例如,在 2005 年底的香港部长会议召开之前,G20 中的巴西一直是与美国连手,攻击欧盟与 G10 在降税幅度上过于保守的态度,当时在欧盟坚持不做任何退让的情形下,使得香港部长会议沦为谈判进展的盘点,而非当初确定谈判减让模式的重大进程,欧盟被指控为造成谈判僵局的罪魁祸首。

经过半年僵持之后,欧盟终于展现出愿意扩大关税削减承诺的弹性,考虑接受巴西等发展中国家削减 54% 关税的建议,此时欧盟与巴西等连手反逼美国承诺更大幅度削减 AMS 至 120 亿美元。正如同欧盟当初忿忿然地坚持不让,此时的美国亦以欧盟所谓降税弹性并不符合美国要求的最低标准为由，不愿松动立场，再度造成谈判的暂停和僵局。

由此可见，巴西、印度等发展中国家扭转过去受到美、欧等发达国家连手逼迫的情势，在巴西等发展中国家左攻欧盟、右击美国的谈判策略下，美欧的相互牵制，使发展中国家亦可守住 NAMA 议题。然而在三方皆不愿退让的情形下，农业谈判只能在三角僵局里原地徘徊。

为打破僵局，福尔克纳提议美国将目前 190 亿美元/年的农业补贴上限降至 162 亿美元/年，目前美国仍坚持的补贴额度为 170 亿美元/年。同时，非农市场准入谈判委员会主席史蒂文森也提出将巴西和印度等发展中成员的工业品进口关税从 27% 的上限税率降至 19% ~ 23% 的水平。同时，给中国等新成员更长时间的宽限期。建议还要求欧盟将其内部农业补贴的最高限额降低 75% ~ 85%，降至 165 亿 ~ 276 亿欧元/年。此外，欧盟还需将农产品进口关税降低 52% ~ 53.5%，基本在欧盟目前的让步范围内。

这一僵局实际上在 2008 年 7 月已被部分打破，但又出现了新的疑难问题，几乎导致谈判败局。尽管在 2008 年时，多哈回合谈判已经走过七个年头，但 2008 年底和 2009 年上半年，美国总统选举、欧盟议会换届、印度大选接踵而至，这些对谈判至关重要的国家都将面临政府换届问题，从而难以保证对多边谈判政策的延续性甚至谈判授权。这从某种意义上凸显了 WTO 谈判的（选举）政治经济学意义。

### 10.2.3  多哈回合谈判的重启与新四角议题僵局

2009 年以来，随着金融危机的加剧，主要国家领导人更迭选举活动完毕；金融峰会 G20 领导人，APEC、OECD 等组织均发表声明称努力推进多哈谈判。八国集团同发展中国家领导人对话会议 7 月 9 日发表共同宣言，承诺在尊重授权、锁定包括谈判模式在内的已有成果的基础上，多哈回合谈判应在 2010 年取得有雄心的和平衡的成果。2009 年 9 月 4 日在印度新德里召开的世界贸易组织（WTO）小型部长级会议决定，将于 2009 年 9 月 14 日在瑞士日内瓦重启多哈回合谈判，而且与会各方同意，谈判将以 2008 年 12 月达成的农业和非农业市场准入草案为基础，以多边谈判机制为主，加强会谈的透明度和包容性。农业和非农业市场准入谈判组主席将按议题制订出工作计划，以便加快与各方代表和高官的谈判，早日达成协议。

以 2008 年 12 月草案为起始点，就农业谈判而言，也就基本回归了农委会主席福尔克纳于 7 月 10 日提出的"农业谈判减让模式再修正草案修订 3 版"（TN/AG/W/4/Rev.3，简称"再修正草案 3 版"）为谈判起始点，多数成员认为，未来可能达成的谈判结果仍不会跳脱"2008 年 725 草案"咨商期间曾一度取得的谈判成果。

根据有关资料和专家意见分析，多哈回合市场准入谈判尚待解决的主要有三大问题：

首先，美国、印度在农产品特殊保障机制问题上难以妥协。这也是导致去年在日内瓦举行的多哈谈判破裂的主要原因。以印度为代表的发展中国家希望能放宽动用农产品特殊保障机制底线，以维护粮食安全，保护本国脆弱的农业生产，但美国态度强硬，反对提议。

其次，非洲产棉国与欧美就棉花补贴问题存在分歧。非洲大陆四个主要产棉国家贝宁、布基纳法索、乍得和马里以及亚洲的印度和中国都要求美国政府减少给予棉农的棉花补贴，而美国政府一直未采取行动，反而要求上述国家降低甚至取消棉花关税。

第三，中国、美国在工业品关税减让上存在分歧。美国强行要求主要发展中成员中国和巴西、印度加入部门减让制度，例如要求中国等国家在"化工、电子、机械、医疗器械"等部门减让关税，直至过渡期结束后，降至零关税，从而为本国优势产业占领发展中国家市场打开大门。这违背了现有成员方特别是发展中成员自愿加入的原则，也将对我国相关产业的发展产生不利影响。

以上三大问题和四方角逐，在多哈回合市场准入谈判中又形成了一个新的四角议题：参见图 10-4。

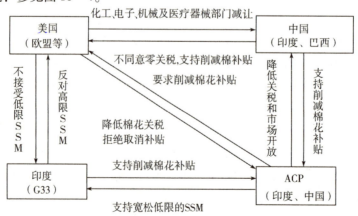

**图 10-4 多哈回合新四角议题僵局**

如图 10 - 4 所示，所谓的四角议题，是指农业与非农产业谈判挂钩，而以美国为发达国家中心、分别与发展中国家的印度（G33）在特别保障机制的低限（115% 的进口量）与高限（140% 的进口量）问题上，与非洲国家集团（ACP）及印度和中国在棉花补贴的削减问题，以及与中国、巴西、印度在部分非农产业部门减让问题上引起争端。在部门减让问题上，美国为了达到扩大发展中成员工业品市场准入的目的，强行要求主要发展中成员的中国、巴西和印度加入这一制度，而发展中国家（集团）之间，既有共同利益诉求和相互支持，也有一定的利益分歧；形成四方牵制局面。从它与三角议题的关系来看，这应该是三角议题的一个继续。

目前美国、欧盟和日本等发达成员在谈判中的重要策略之一就是要利用单一承诺和跨议题协调，用其在农业补贴或市场准入方面所做出的减让，来换取发展中成员在非农产业乃至服务业领域的开放，以达到所谓利益均衡。这表现在对瑞士双系数减让公式的系数确定上，要求尽量缩小发展中成员的系数，同时要求尽量缩小发达成员与发展中成员的系数差距；不仅如此，它们还期望利用自身产品的优势，要求进行部门减让，以进一步撬开并扩大发展中成员的国内市场准入。此外尽可能在同一个大议题的不同子议题谈判中，取得跨子议题的利益平衡，例如农业谈判中的市场准入议题中的 SSM 是一个子议题，美国在此方面只同意高限，坚决反对低限；而对非洲国家要求的削减棉花补贴问题却置之不理，甚至附加降低纺织品关税条件，尽管纺织品本身并不属于农产品而属于非农产品。

## 10.3 多哈回合市场准入谈判中的双层博弈和冲突分析

### 10.3.1 多哈回合谈判中的利益集团之间双层博弈的谈判结构

1. 美国与欧盟两大集团之间多哈回合市场准入谈判双层博弈的结构

图 10 - 5 反映了美国和欧盟之间在贸易谈判中遇到的双层博弈。第一层博弈是双方在多边谈判的各种场合进行的，可以通过各自的声明、行动和反应来了解；第二层博弈，是双方各自在本国议会、政府、非政府组织以及民间团体、舆论机构之间进行的，可以通过各自的声明、行动和舆论反应来了解。

美国和欧盟双方既是最大的贸易伙伴，又是最大的贸易谈判对手。在农业方面，美国一方面迫于国内的政治压力，另一方面又迫于 WTO 谈判的国际压力，必须与欧盟等农业大国进行博弈。面对贸易自由化的风潮，发展中国家话

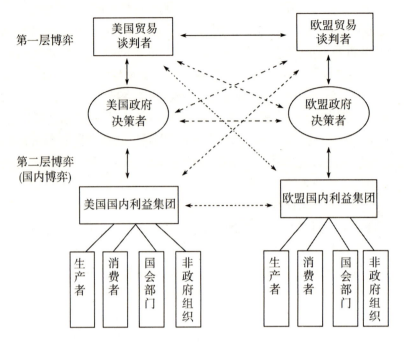

**图 10 - 5　美国与欧盟之间双层博弈的谈判结构示意**

语权的增强，欧美发达国家逐步削减国内农业补贴是大势所趋。

　　对于欧盟，欧盟强调出口补贴要与其他出口竞争措施中的出口补贴成份平行削减；同意大幅度削减 AMS，取消发达成员微量许可，但必须保留蓝箱；市场准入承诺要有灵活性来解决敏感产品问题。此外还涉及尽快改革其"共同农业政策"。但如果在农业领域内没有获得其他一些国家的让步，欧盟将无法说服国内的民众进一步推动多哈回合谈判。

　　欧盟对美国的谈判重点是美国的粮食援助、出口信贷和抗周期性补贴，如果要让美国国会同意削减抗周期性补贴，美国谈判官员必须向国会显示他们获得了更多的市场准入。因此双方都陷入了囚徒困境，这也是多哈回合谈判进展缓慢的主要原因。

　　一段时间（2006 年），美国坚持欧洲应更大幅度地降低农产品补贴，而其自身却不愿在这一问题上做出让步，这是多哈回合谈判无法成功的原因。欧盟方面称，已经削减了农业补贴，如果美国能像欧盟一样做出让步，并且其他国家也能在关税问题上做出相应努力，则在 2006 年底前结束多哈回合谈判的可能性依然存在。

但是需要指出，欧美双方既有各自私利，也有共同利益。这就是在对发展中成员的非农产业市场和服务业开放方面，都要求得到更大的利益，以平衡各自在农产品市场准入和补贴方面所做的减让。因此这两个谈判对手之间既有联合，又有冲突，这也是延续在多哈谈判中的必然过程。

2. G20 与美国、欧盟两大集团之间双层博弈的谈判结构

长期以来，以美、欧为代表的发达国家对其农业提供巨额补贴，对国际农产品贸易造成严重扭曲，对广大发展中国家的利益造成巨大伤害。由于面临国内和国际各种因素的影响，美欧目前还没有足够的决心改变这种不合理状况。因此，它们采取了软磨硬顶或以攻为守的策略，使谈判难以走出僵局。

（1）G20 与美国之间双层博弈的谈判结构示意

如图 10 - 6，反映了 G20 和美国之间在贸易谈判中遇到的双层博弈结构。

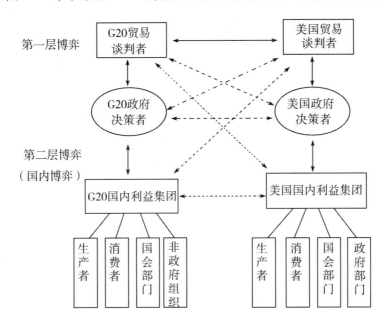

**图 10 - 6　G20 与美国之间双层博弈的谈判结构示意**

第一层博弈，是 G20 和美国谈判者在多边谈判的各种场合正式进行的，可以通过各自的声明、行动和反应来了解；第二层博弈，是 G20 和美国各自在本国政府、议会、非政府组织以及民间团体、舆论机构之间进行的，可以通过各自的声明、行动和舆论反应来了解。

美国哥伦比亚大学经济学教授、外交关系委员会（Council on Foreign Relations）国际经济高级研究员巴格沃蒂（Jagdish Bhagwati）则直指"多哈谈判破裂，美国是祸首……在整个谈判过程中，美国贸易代表办公室和美国国会对别国指手画脚——先是巴西，接着是印度，再接着是中国——却从未想想自身的责任"。

以农业补贴和市场准入为例，对于美国而言，一方面要争取国内农场主利益集团对执政党政治的支持，国内农业补贴不能削减，如美国已通过的2008年农业法案，其补贴额就不减反增；另一方面又要为其工业品和农产品出口打开发展中国家市场，不得不对发展中国家妥协，所以美国要求 G20 等发展中国家以降低非农产品和服务贸易关税来换取其减少国内农业支持。美国农业部长爱德华·谢弗（Edward Schafer）表示，美国已经准备好在农业补贴上给予一定的让步，但前提是在市场准入上，其他国家能够给美国农产品提供更多的份额。"减少美国农民的补贴，则必须给他们提供更多的市场机会。"

对于 G20 等发展中国家而言，一方面希望发达国家减少农业补贴，从而提高本国农产品国际竞争力和贸易份额；另一方面又不愿意看到本国相对脆弱的工业受到发达国家产品的冲击，对全面降低进口关税比较担忧，因此要求美国等发达国家先落实减少农业国内支持的承诺，他们再降低进口关税。

（2） G20 与欧盟之间双层博弈的谈判结构

在第一层博弈，是 G20 与欧盟在多边谈判的各种场合进行的，可以通过各自的声明、行动和反应来了解；在第二层博弈，是 G20 与欧盟各自在本国政府、非政府组织以及民间团体、舆论机构之间进行的，可以通过各自的声明、行动和舆论反应来了解。

3. ACP（非洲国家集团）与美国之间双层博弈的谈判结构

据国际棉花咨询委员会（ICAC）估计，全球有 10,000 多个农业单位直接从事棉花生产。棉花的主要生产经济体是中国、印度、美国、欧盟、中亚和非洲国家。随着生物技术的发展和世贸组织纺织品、服装协议的实施，世界棉花产量以年均 1.5% 的速度增长，到 2010 年将会达到 650 万吨。棉花问题曾是坎昆会议失败的重要原因，也是 2008 年 8 月日内瓦会议失败的一个重要遗留问题。非洲集团尤其是西非产棉国强烈要求在农业谈判总体模式达成之前，优先解决棉花问题。2004 年 7 月框架协议规定棉花问题将在农业谈判中以一种具有抱负水平、迅速和有针对性的方式加以处理。

棉花补贴问题是长期以来存在于美国与最不发达的非洲国家之间的争端。

ACP与美国之间双层博弈的谈判结构示意

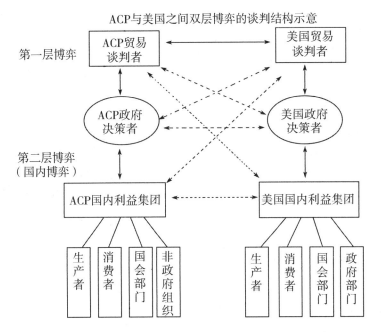

**图 10 - 7　ACP 与美国之间双层博弈的谈判结构示意**

为了保护棉农的利益，美国在《1933 年农业法案》就确立了棉花补贴政策，尽管经过不断的调整，但是棉花补贴政策一直保持到现在。根据美国现行的 2002 年农业法案，美国政府对棉花的补贴总体包括三部分：生产补贴、销售补贴、贸易补贴即出口补贴，其中出口补贴最受争议。巨额的棉花补贴推动了美国棉花的种植和出口，保证了美国在全球棉花产量第二、出口第一的位置，它严重扭曲了国际棉花贸易价格，损害了其他棉花主产国及其棉农的利益。

2002 年 9 月，依据世贸组织"和平条款"，巴西认为美国目前补贴总额已超过限制，并正式就棉花补贴问题向世贸组织起诉美国。2003 年 4 月，4 个非洲国家向世贸组织提出申述，要求解决棉花补贴问题。棉花问题受到舆论的广泛关注，并成为 2003 年 WTO 坎昆部长级会议的重要议题。2004 年 6 月 18 日，WTO 争端解决机构裁定美国棉花补贴违反了 WTO 规则，认定补贴促使美国棉花产量及出口增加，从而压低了世界棉花价格，损害了穷国农民的利益，并在 2005 年 3 月驳回美国的上诉，最终在 2005 年香港部长级会议中达成了共识，发达国家 2006 年取消棉花出口补贴。

2006 年取消棉花出口补贴不仅会对非洲，还会对中国、印度、巴基斯坦、巴西国等产生重大的影响，它的影响涉及到经济、就业、棉花出口、棉农收入、农业政策、纺织产业等众多领域，而且对棉花出口国和消费国的影响存有较大不同。

### 10.3.2 多哈回合谈判中的双层博弈：国内层次的政治经济分析

1. 多哈回合谈判的国内动力影响因素分析

在多哈回合谈判中，美国无疑是最重要的谈判方、最强大的推动力和影响者。虽然欧盟已形成包括 27 个主权国的国家联盟，但毕竟内部纷争因素多、决策周期长、速度慢、对外影响力远不如美国，G20 虽然在此次多哈回合中已经逐渐成为有影响力的发展中成员的重要一方，但其各成员在不同议题上，由于利益的差异，合作程度也是存在较大差异的。因此，美国对于多哈回合的谈判动力对多哈回合的谈判进程有着深远的影响。特别是在谈判处于停滞或僵局状态之时。

在 2009 年年底召开的世贸组织第七届部长级会议上，众多发展中成员的代表对主要发达成员未能把政治承诺转变成具体和灵活的谈判立场表示失望，他们呼吁发达成员在推动谈判进展方面发挥必要的领导作用。然而，美国贸易代表罗恩·科克却顾左右而言他，一方面避谈造成全球贸易扭曲的美国农业补贴问题，另一方面却要求所谓的"先进的发展中成员"在非农产品市场准入方面作出更大让步。

美国在现阶段的谈判动力取决于哪些国内因素呢？

首先是党派的更换。奥巴马上任后，民主党执政，美国民主党历来奉行的是干涉经济生活、扩大政府职能的保守主义政策。而共和党在经济领域推行的恰恰是与保守主义相反的自由主义政策，主张政府应尽可能地减少对经济生活的干预。民主党一贯主张社会补贴，而共和党则主张小政府低税收政策。这是奥巴马所在的民主党争取蓝领阶层选票的战略。

其次，金融危机的影响也是不容忽视的。奥巴马上台前后，受到全球金融危机的重创，美国经济萎缩，使得美国的贸易保护主义势力有了明显抬头的趋势。这和 WTO 多哈回合谈判所要求的进一步开放市场是相抵触的。特别是一些发达国家变换手法，寻求具有合法性、合理性、广泛性和隐蔽性特征的新贸易保护手段来逃避 WTO 的约束，使全世界面临着严重的贸易保护主义威胁。谈判代表在谈判时的态度，也取决于他们对国内可能产生的反应的预见性。如果他们预见到国内会产生强烈的反应，他们的谈判态度就会相对强硬，反之，态度就会较为温和。因此，由金融危机带来的更加严重的国内贸易保护主义呼声也会影响到 WTO 谈判的效率和结果。

再次，谈判结果还取决于美国的谈判者在谈判中是否有充分授权。如果有充分授权，谈判就较容易取得实质性进展。美国政府行政部门虽然与他们的别国同行一样具体负责对外贸易谈判，却要受到国会贸易谈判授权的制约。按照美国宪法，对外贸易政策决策权属于国会。在美国，美国国会可以对美国行政部门谈判达成的任何贸易协定提出种种修改要求，或是任意无限期拖延、悬置。正是为了解决这个问题，在关贸总协定东京回合期间，经尼克松总统提出，在授权总统参加东京回合谈判的同时，美国《1974年贸易改革法》规定，总统可以采取"快车道"程序来降低、取消或协调非关税壁垒，其第151条款规定，贸易谈判协议提交国会后，国会无权修改，必须在15天内审议、表决，使之具备法律效力。自从这项制度建立之后，美国政府在对外贸易谈判中究竟有无作为、作为多大，基本上就取决于总统能否取得贸易谈判"快车道"授权。贸易"快车道"（Fast Track），是指美国国会授权总统进行国际贸易和投资协定谈判的一种机制。根据该项授权，美国总统及其贸易谈判代表有权诚信地与其他贸易伙伴就促进市场开放举行谈判。这项机制又称为"贸易促进权"或快轨机制。根据这项授权，白宫与他国政府达成的贸易协定可以直接提交国会表决，国会无权修改其中条款，国会对于总统及其贸易代表谈判所达成的协议一般只是被动的作出支持或反对的投票。"快轨"机制的优点至少有两点：首先，可以大大加快谈判进程，提高效率；其次，总统及其贸易代表获得授权可以取得其他贸易谈判代表的信任，因为他们了解这种谈判的结果一般能够为美国国会所接受。

目前恰恰是美国这个最主要的谈判方没有推动谈判取得突破的政治意愿。受国内金融危机、医保改革以及其他国际热点问题的困扰，奥巴马政府实际上并没有把工作重点放在多哈回合谈判和多边贸易问题上，所谓的政治承诺不过是表面文章。

2. 美国奥巴马政府的贸易政策取向

金融危机使美国的宏观经济政策正在经历战略转型，其中突出的一点就是从依赖消费转向增加出口。美国总统奥巴马2009年11月宣称，今后美国经济要转向可持续的增长模式，即出口推动型增长和制造业增长。这种增长将为广大中产阶级带来高工资和高生活水平。奥巴马还提到，在贸易方面，美国必须打破限制贸易政策，并呼吁采取更平衡的贸易政策。奥巴马2010年1月27日在其首次国情咨文中明确提出在未来5年内把美国出口翻一番的目标。

2010年3月1日，美国贸易代表办公室向国会提交了《美国总统2010年贸易政策议程》，详细阐述了美国2010年贸易政策走向和目标。今年该议程重点强调通过新的市场准入机会以及严格执行贸易法律，为美国创造就业。美国贸易代表柯克在随后发表的声明中表示，美国将致力于加强以规则为基础、开放的全球贸易体制，以便使美国商界和工人能够从贸易中获取利益。

观察近来华盛顿的贸易动作，可以看出，奥巴马政府正在按部就班地推进其出口战略。同时也正为中期政党选举做好准备。

3. 美国贸易政策和贸易协定制定的政治经济分析

关于美国贸易政策的制定过程的政治经济分析可以用图10－8作一个简单解释：

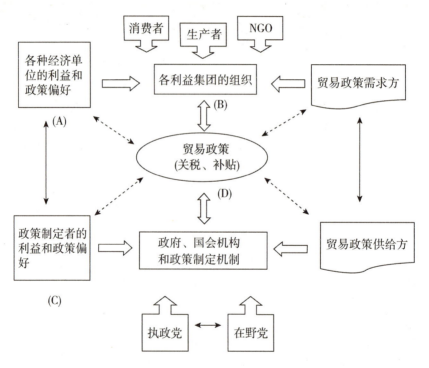

**图10－8　贸易政策和协定制定的政治经济分析示意**

从贸易政策需求方角度：

A：个别人的偏好不同影响到B：形成了不同的利益集团。

从贸易政策供给方角度：

C：政策制定者的偏好影响到D：政府和国会的制度结构；

E：不同党派、利益集团、政府和国会的制度结构从不同角度影响贸易政策的结果。

从利益集团而言，可以通过不同渠道和方式，如对政府的游说工作；通过在政府中代表这些利益集团的政党或代言人来表达；也可以直接通过社会舆论或民间团体对政府施加压力。

4. 进口关税和出口补贴的政治经济分析

对于国内各利益集团，Findlay 和 Wellisz（1982）设立的简单模型描述了赞成和反对关税两个利益集团怎样互不相让和怎样导致内生决定的关税水平。根据传统的贸易理论，只考虑了两种商品，土地要素生产的农产品和资本要素生产的工业品。在两个部门中都使用了劳动，并且来自同一来源，设其劳动总量为 L。假定是完全竞争，出口的制成品在经济上有相对优势，农产品则是进口。

（1）保护关税的形成

Findlay 和 Wellisz（1982）提出了"关税形成模型"主张，认为部门的关税水平取决于对峙的两个游说集团游说竞争的结果。游说集团试图通过增加对政府的游说投入追求自身利益最大化（提高各自生产产品的国内价格，降低其消费产品的国内价格），结果，经过双方非合作博弈后达到均衡关税率。

他们假设，代表进口竞争产业的利益集团游说政府以期得到关税保护；代表出口产业的利益集团为了阻止关税提高也需进行游说活动。

$$t = t \ (L_p, \ L_A)$$

其中，t 为税率，$L_p$、$L_A$ 分别为保护产业 i 的利益集团游说支出和表示反对保护产业 i 的利益集团游说支出，$t = t \ (L_p, \ L_A)$ 为产业 j 的关税决定函数，t 是 $L_p$ 的增函数、$L_A$ 的减函数。关税越高，则资本的回报越高；若特定要素是进口贸易部门（工业部门），关税越高，则资本的回报越高；若特定要素是出口贸易部门（农业部门），关税越高，则土地的回报越低。每个集团在既定的条件下，对他们的竞争进行政治投资并在政治进程中扩张至边际成本等于边际收入的那一点。

（2）出口补贴的形成与降低

我们根据 Findlay 和 Wellisz 关于"关税形成模型"，也可以用于分析出口补贴的形成。可以认为部门的补贴水平也取决于对峙的两个利益集团（游说集团）游说竞争的结果。游说集团试图通过增加对政府的游说投入追求自身利益最大化（提高各自生产产品的国内价格，降低其消费产品的国内价格），结果，经过双方非合作博弈后达到均衡补贴水平。

假设代表出口竞争产业的利益集团游说政府以期得到关税保护，代表进口产业的利益集团为了阻止补贴提高也需进行游说活动。

$$s = s \; (L_S, \; L_A)$$

其中，s 为补贴水平，$L_S$、$L_A$ 分别为获补贴产业 i 的利益集团游说支出和表示反对补贴产业 i 的利益集团游说支出，$s = s \; (L_S, \; L_A)$ 为产业 j 的补贴决定函数，S 是 $L_s$ 的增函数、$L_A$ 的减函数。如果补贴越高，则外汇收益越高；但福利损失增加。对于大国而言，若特定要素是出口贸易部门（农业部门），如果补贴越高，虽然改变了贸易条件，但福利损失也增加，对于未获补贴的也是不公平的。每个集团在既定的条件下，对他们的竞争进行政治投资并在政治进程中扩张至边际成本等于边际收入的那一点。

以上对美国贸易政策的形成机制和协定制定的政治经济分析，说明多哈回合市场准入谈判双层博弈中国内层次的决策是一个复杂的政治、经济冲突分析与缓释的过程。而国内层次不同利益集团的冲突影响必然会传递到国际层次的谈判之中，至少在目前，美国政府对多哈回合市场准入谈判的推动还只是停留在口头上。这无疑对其在国际层次的行动类型产生重要的作用。目前，WTO成员国可使用的出口补贴共计 136.7 亿美元，其中 125.5 亿美元由发达国家使用。

### 10.3.3　多哈回合谈判中的双层博弈：国际层次冲突分析

1. 冲突分析的要素

冲突分析的要素（也叫冲突事件的要素）是使现实冲突问题模型化、分析正规化所需的基本信息，也是对原始资料处理的结果。主要包括时间点、局中人、选择或行动、结局和优先序。

2. 三角议题僵局中美国和 G20 之间的冲突分析

在上述多哈回合发展中国家和发达国家利益集团三角议题僵局博弈中，我们将重点讨论美国和 G20 之间的谈判，其余各方博弈的讨论可比照美国和 G20 之间的谈判分析。美国和 G20 之间的贸易谈判冲突属弱冲突，即有关各方利益的实现并非以对方的最大损失为代价，而是互相兼顾的即所谓"双赢双输"式的格局。表现为一种非对抗冲突，并以竞争性冲突、合作性冲突或竞争—合作性冲突形式表现出来。

（1）背景分析

按照世贸组织的计划，多哈回合技术层面的谈判将于 2010 年新年假期过后尽快恢复，农业和非农谈判小组的主席也有可能视谈判的进展情况而对

2008 年年底的两份谈判案文作出进一步修改。在 2010 年 3 月的最后一周，世贸组织成员举行了一次具有盘点性质的会议，目的是评估 2010 年年底前完成多哈回合谈判的目标能否实现。

美国和 G20 之间在多哈回合市场准入谈判既有合作又存在竞争，双方都在寻求一个利益均衡点以结束谈判达成协议。因为不这样将会对双方都造成净损失，也是不符合双方与多边愿望的。由于美国是最大的发达国家，是多哈回合贸易谈判的主要推手，为了向国际社会表明其发展自由贸易和促进全球外贸体制改革的决心，从而推动国内经济转型，美国必须首先有所行动。具体行动包括要求发展中成员大幅度降低农产品关税和工业产品关税，而作为出价可以有限地减少国内出口补贴。作为主要的农产品生产大国和出口大国发展中成员集团的 G20，针对美国，主张在协定达成并实施的 5 年内取消所有产品、所有形式的出口补贴，严格控制含有出口补贴因素的出口竞争措施，包括出口信贷、粮食援助等。作为发展中国家，则对开放本国农产品市场和工业品市场要求享有相应的待遇。如何观察双方谈判中的关注点、分歧点、突破点以及平衡点，以判别谈判趋势和未来前景，成为在这里冲突分析的关键所在。

（2）建模分析

这是一个主从博弈的冲突分析模型，在"形成一致"过程中，美国的通常做法是伴随着施加压力，制裁或报复相威胁，迫使对方国家让步。在此模型中的相关要素包括以下内容：

①时间：2007 年多哈回合重启以来，成员方多次进行谈判，但因农业和非农产品市场准入的谈判进展而失败，美国和 G20 也在此期间就农业关税减让、国内支持、出口补贴以及工业部门关税减让进行多次磋商，但终因双方分歧过大未果。那么美国在 2010 年将可能采取什么行动达到贸易自由化目标，G20 又会采取什么对策？这就是本模型研究的起始时间。

②决策人：美国决策者由美国政府谈判代表组成，他们强烈要求 G20 降低农产品关税壁垒，开放市场，增加对外出口，扭转贸易逆差，使发展中国家成为他们最大的海外市场和原料基地。同时也希望 G20 实行更加自由开放的贸易政策。

G20 决策层由相关国家政府谈判代表组成。他们要求美国大幅度减少其对农产品的出口补贴，能对 G20 和发展中国家现有的市场体制和经济能力给予理解，给予贸易的优惠政策，以扩大发展中国家农产品出口，同时希望得到美国对开放发展中成员工业品市场的理解，发展本国工业。

③局中人的策略及其选择：

表 10－1　三角议题僵局中美国和 G20 的策略及其选择

| 决策人 | 策略选择 |
|---|---|
| 美国 | 1. 要求对方大幅降低农产品与工业产品关税税率，反对实施过度的 S&D。<br>2. 伺机而动，否则得不到足够要价不主动大幅削减本国农产品境内补贴。 |
| G20 | 1. 要求发达国家大幅削减农产品关税及补贴，要求发展中国家享有优惠的 S&D。<br>2. 在发展回合，以非对称互惠降低农产品关税，自愿参与工业产品关税减让。 |

这里双方的攻防策略也可以理解为谈判双方的要价、出价策略。其中进攻策略可视为要价策略，而防守策略则可视为出价策略。

④结局：各局中人的一组冲突策略共同构成一个结局，而局中人全体策略的组合为基本结局集合，2×2 冲突模型中的行为选择、策略和可行结局可参见表 10－2。

由表 10－2 知，每个决策者有 4 种策略，构成冲突的 4×4＝16 种基本结局。对决策者的行为加以约束，首先两种选择是互斥的，其次不能同时选择或拒绝两种行为。这样局中人只有两种选择，构成 4 个可行结局，其他为不可行结局。

表 10－2　2×2 冲突模型中的行为选择、策略和结局

| 决策者 | 冲突基本结局 |||||||||||||||||
|---|---|---|---|---|---|---|---|---|---|---|---|---|---|---|---|---|---|
| US | 1. Y | Y | Y | Y | Y | Y | Y | Y | N | N | N | N | N | N | N | Y |
| | 2. Y | Y | Y | Y | N | N | N | N | Y | Y | Y | Y | N | N | N | Y |
| G20 | 1. Y | Y | Y | Y | Y | Y | Y | Y | Y | Y | Y | Y | N | Y | N | Y |
| | 2. Y | N | Y | N | Y | N | Y | N | Y | N | Y | N | Y | N | Y | Y |
| 结局 | 0 | 7 | 11 | 3 | 13 | 5 | 9 | 1 | 14 | 6 | 10 | 2 | 12 | 4 | 8 | 15 |

说明：Y－选择该行为，N－不选择该行为。

经整理，上表又可写成如下形式，见表 10－3。

表 10 – 3  2 × 2 冲突模型中的行为选择、策略和可行结局

| 决策者 | 冲突基本结局 | | | | | | | | | | | | | | | |
|---|---|---|---|---|---|---|---|---|---|---|---|---|---|---|---|---|
| US | 1.0 | 1 | 0 | 1 | 0 | 1 | 0 | 1 | 0 | 1 | 0 | 1 | 0 | 1 | 0 | 1 |
| | 2.0 | 0 | 1 | 1 | 0 | 0 | 1 | 1 | 0 | 0 | 1 | 1 | 0 | 0 | 1 | 1 |
| G20 | 1.0 | 0 | 0 | 0 | 1 | 1 | 1 | 1 | 0 | 0 | 0 | 0 | 1 | 1 | 1 | 1 |
| | 2.0 | 0 | 0 | 0 | 0 | 0 | 0 | 0 | 1 | 1 | 1 | 1 | 1 | 1 | 1 | 1 |
| 结局 | 0 | 1 | 2 | 3 | 4 | 5 | 6 | 7 | 8 | 9 | 10 | 11 | 12 | 13 | 14 | 15 |
| 结局可行性 | X | X | X | X | X | V | V | X | X | X | V | V | X | X | X | X |

说明：X – 不可行结局，V – 可行结局。

⑤偏好：又称优先序，是各局中人按照自己的目标及价值标准，对可行结局集合排出的优先次序。本模型采用的是序数偏好，它是决策者对结局进行两两比较后确定的。决策者是以多目标的实现为标准而对结局进行各方面的权衡来偏好的，而且具有远见和经验的决策者会充分权衡利弊，从而做出适当的妥协和让步。

（3）稳定性分析

稳定性分析是决策者在冲突中可能的策略变动的系统性考察，以及对冲突最终形态的分析。例如，某局中人改变自己策略选择时，其他局中人会出现什么反应，或者说他们是否会改变策略以阻碍或惩罚局中人的单方面行为。一般地，如果某种结局对一个决策者而言不能单方面调整策略去达到更优状态，那么该结局对该决策者就是稳定的，若这种稳定对所有决策者都成立，则该结局就是冲突的均衡结局。

在已经求出的可行结局中，不同的决策者由于有着不同利益，所以偏好是不同的。此外，只有在某个结局处于纳什均衡的情况下，双方才没有做单方面改善的动机，处于稳定状态。

3. 基于双层模型国内因素的国际谈判行为类型与偏好选择

在双层博弈中，我们曾提到，当国际上针对牵涉到国内利益的议题进行谈判时，在国内层次，利益团体会依据自己的利益要求决策者制订符合自己利益的政策与他国谈判，而在国际层次上，谈判者会以自身获得国内支持极大化来作为谈判的目的。因此在多哈谈判中，美国作为主要推动者，其国内因素可以决定其偏好的选择。我们将其国内因素决定其谈判态度的类型：积极或消极。积极的态度表明在谈判中，行动参与性强，而且是具有建设性和弹性的；而消

极的态度则表明在谈判中，行动参与性差，而且是缺乏建设性和僵硬的。

当先行者采取不同的类型参与谈判时，其偏好向量也会发生变化，而后行者也有相似的类型，并且通过辨析来对不同类型相机处理。

如果先行者采取消极类型，反映出其国内遇到较大阻力，使得谈判者的立场趋于保守，往往采取不合作策略。如果对手判定其为消极型，则针锋相对之，最终使得谈判陷于僵局。

如果先行者采取积极类型，反映出其国内阻力不大，有望获得不同党派支持，使得谈判者的立场趋于积极和主动，往往采取主动出击和合作策略。如果对手判定其行为是积极型，则与之互动相配合，最终使得谈判双赢和局。

表 10-4 是在假设谈判中有积极、正常和消极三种行为类型情况下，美国和 G20 双方的偏好序。

表 10-4　2×2 冲突模型中的行为类型支配的偏好排序

| 决策者 | 类型 | 偏好向量 | | | | | | | | | | | | | | |
|---|---|---|---|---|---|---|---|---|---|---|---|---|---|---|---|---|
| US | 积极 | 15 | 7 | 11 | 3 | 5 | 9 | 13 | 14 | 2 | 6 | 10 | 1 | 4 | 8 | 12 | 0 |
| | 正常 | 5 | 10 | 11 | 2 | 1 | 6 | 9 | 15 | 14 | 5 | 13 | 0 | 4 | 8 | 12 | 0 |
| | 消极 | 0 | 12 | 4 | 8 | 1 | 9 | 6 | 10 | 14 | 5 | 2 | 13 | 3 | 11 | 7 | 15 |
| G20 | 积极 | 15 | 7 | 11 | 3 | 13 | 5 | 9 | 1 | 14 | 10 | 6 | 2 | 12 | 4 | 8 | 0 |
| | 正常 | 15 | 13 | 5 | 14 | 10 | 7 | 11 | 9 | 1 | 6 | 2 | 4 | 8 | 3 | 12 | 0 |
| | 消极 | 0 | 5 | 13 | 10 | 14 | 12 | 4 | 8 | 7 | 11 | 9 | 1 | 6 | 2 | 3 | 15 |

作为主从博弈的主动方，如果 US 在积极推进多哈回合市场准入谈判取得进展之时，结局 12 是一个最差的结果；如果 US 因国内因素而态度非常消极，结局 15 将成为最差的结局，并且只有 G20 采取低要价、高减让的政策时，US 才同意与 G20 进行协商。当 US 急切希望取得进展的时候，尽管 G20 可能会采取各种态度，US 也会加强攻守策略的应用与弹性。如果 US 采取消极的态度，只有当对方采取较大让步和不要求相应互惠措施时，并在取得国内默许的条件下，它才会采取相应的步骤，这两个结局之一是否出现，还依赖于假设中的偏好次序。

作为主从博弈的另一方，G20 既想得到国际市场准入的扩大，又希望获得非对称的互惠要价，它也处在积极（灵活）与消极（保守）之间，我们可以根据不同的假设以检验针对 G20 所采取不同态度的灵敏性。G20 最期望的结局是 15，即在 US 采取积极推进策略时，也做出响应，相继采取了所有的攻防措施，共同对多哈市场准入谈判起到推动作用。从 G20 的参与类型看，如果 G20 处于积极灵活状态，那么结局 0 是最差的结局，因为双方均不出招，亦不接招，事实上谈判中止了。如果 G20 采取消极保守的状态，结局 3 将是最差的结果，即对方出招，本方不接招，事实上使得谈判处在停滞阶段；在这两个极端状态之中，在对方主动行动的前提下，G20 有可能在攻防策略中采取更稳健的措施，以促进市场准入协议的进展。

在多哈回合市场准入的冲突谈判中，因为谈判双方不完全信息的存在，因此根据决策者不同类型组合的假设，需要应用超对策模型，对该冲突进行分析。超对策稳定性的分析可分为两个步骤：第一步，每个决策者在自己的博弈中进行单个的稳定性分析，然后通过 Fraser 和 Hiper 连续的稳定性分析描述决策者不同的行为模式。第二步根据博弈的结构和偏好序可以确定超对策模型分析的最终结局，简单分析并给出结论如下：

结果对于 US 的偏好相对敏感，对 G20 的偏好并不敏感。可以看出只有当 US 的类型从积极变化到消极时，均衡点才发生变化，最后从 15 变化到 12。另外当 US 处于积极或正常的情况下，多哈回合谈判的结果对于 G20 的政策并不敏感，因此只有得到 US 的承诺大幅度减让国内补贴时，G20 才能作出一定的让步，谈判才会有所进展；当 US 处于一种消极的情况下，均衡点 12 有可能发生，但此结果对 G20 的政策敏感。当两个决策者都采取正常适中行动类型时，均衡的结局是 15。

进一步结合谈判现状来看，美国实际上是处在一种比较消极的状态之中。首先，它既未能提出建设性的主张和建议，也未能作出主动行动来切实推动谈判进行；其次，它试图挑战已达成的初步协议和公式，例如试图规避多边主渠道，强行开辟双边谈判渠道，要求发展中成员参加非农"部门减让"等等。这都给多哈回合的进展投下了阴影。

## 10.4  中国在多哈回合谈判中的立场和双层博弈

### 10.4.1  中国在多哈回合谈判中的立场

中国是世界上人口最多、也是农业人口最多的发展中国家，作为世贸组织的一个新成员，中国是多哈回合 20 国集团协调组、也是 33 国集团协调组的重要成员。中国对多哈回合谈判一直持积极态度。中国同广大发展中成员一道，致力于大幅度削减发达国家对农产品贸易的扭曲。中国方面提出，鉴于多哈回合是发展回合，对发展中国家面临的现实困难要给予充分的理解与支持，特别是关系到国计民生、农村发展与食品安全的重大领域，必须给予发展中国家足够的时间与灵活性，使它们逐步完成国内有关行业结构调整的任务，以适应新形势。

根据中国政府的一贯表态精神和实际行动，我们可将中国在多哈回合谈判中的立场描述如图 10－9。

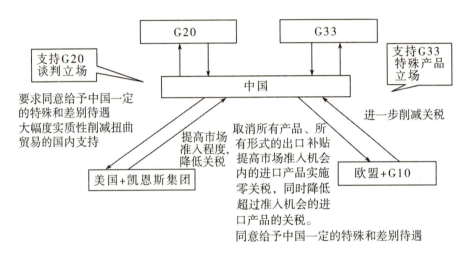

**图 10－9　中国在多哈回合谈判中的立场**

作为新成员，中方有其自己的战略利益，中方提出了"新成员概念"，这一概念旨在解决新成员的特殊关照，争取更多灵活性。作为 G20 的成员，中国需要与其他成员保持一致，维护共同利益。但与此同时，由于中国已在入世中进行了大幅度减让，中国在此次农业谈判中是走建设性的、稳健的中间道路，并同其他发展中成员一道提出许多具体建设性建议。作为 G33 的成员，中国支持发展中国家的特殊产品和特殊保障机制要求。

在与美国和凯恩斯集团、与欧盟和 G10 集团之间的谈判磋商中，中国也有自己的利益诉求。中国要求对方支持给予中国新成员待遇，并要求发达国家减少其各自的农业补贴或国内支持实现更大公平程度的市场准入，但也遇到贸易伙伴对中国扩大市场准入的强烈要求。

同时中国在发达国家和发展中国家之间还能起到建设性的中和桥梁作用。中国除了明确表明自己的立场之外，还在多哈回合谈判中发挥了积极作用，中国在农业、非农、服务、贸易便利、争端解决、规则及环境谈判中提出了很多建设性的意见和多项书面建议，受到成员的重视与欢迎。在这些建议中，最典型的是中方在非农产品市场准入谈判中提出的考虑发展中成员和发达成员不同关税结构和经济发展水平的"中国公式"，以及在农业谈判中提出的强调平衡协调削减理念的"分层混合削减公式"。

2005 年中国在大连主办了小型部长会，为推动谈判尽了自己的努力。薄熙来部长、杜青林部长率团参加了 2006 年在香港举行的部长会议，为最终就部长宣言达成一致并在全会上顺利通过作出了积极的贡献。今后中国应一如既往、继续努力，为完成多哈谈判发挥积极的建设性作用。

2007 年 5 月 18 日，在 WTO 多哈回合进入关键议题商谈阶段之际，中国政府向 WTO 阐述了在农业谈判问题上的立场。作为对"挑战性"文件的回应，中国商务部长薄熙来、农业部长孙政才联名致函世界贸易组织总干事拉米、总理事会主席雅各布和农业谈判委员会特别会议主席福尔克纳，就多哈回合农业谈判相关问题阐明了中国政府的立场。

中方表示，为了使 WTO 各方都能够具有可接受的谈判基础，必须实现对发达成员扭曲贸易的国内支持进行"有效削减"的目标。此外，在关税削减公式以及在免减特殊产品方面，中方也提出了自己的观点。

中方认为，2007 年 4 月，福尔克纳亲自起草并向 WTO 成员散发了第一份"挑战性"文件中的一些想法反映了中国和其他发展中成员的观点，例如，要求有效削减扭曲贸易的国内支持，以及对发达成员关税采用分层削减方案等，中方对此表示赞赏。但这份文件在解决发达成员和发展中成员关注问题方面，仍然不平衡，尤其表现在国内支持与市场准入、市场准入中的发达成员与发展中成员关注问题这两个方面。

对此，中方强调，中国有 7.4 亿农民，发达成员的国内支持对中国农民的生计有着重大影响，特别是发达成员给予大量补贴的小麦、棉花、大豆等产品，都是直接关系中国国计民生的大宗产品，严重损害了中国农民的利益。

关于削减的幅度，中方认为，不管最终数字是多少，但一定要实质性地削减，要低于发达成员目前的实际使用水平，而不是只削减其中的水分。

在 2008 年 7 月 28 日~7 月 31 日的会议上，针对主要发达国家关于中国坚持部分敏感农产品关税免予削减和反对强制性工业品部门自由化的立场、对多哈回合谈判造成障碍的言论，中国代表团表示，这些指责是毫无根据的。商务部长陈德铭指出，中国已充分表现了灵活性和建设性，"在发达成员扭曲贸易的国内支持、敏感产品、特殊保障措施、反集中条款等方面作了极大妥协和让步；在服务贸易问题上，也对一些重要的领域作出了进一步开放市场的承诺。""主要发达成员是本轮谈判最大的受益方，保留了很大的农业补贴空间，他们应对发展中国家的核心关注给予充分的理解，不应为这些问题的解决设置障碍。"关于部门自由化问题，陈德铭表示，应遵循各方达成的自愿参加的原则，并选择那些对发展中国家有出口利益的部门，体现多哈谈判是发展回合的精神。虽然多哈回合遭受挫折，但此次日内瓦会议取得的成果应予保留。预计多边贸易体制会出现一段低潮，中方的责任是一方面做好应对贸易摩擦的准备，加快结构调整，一方面加强区域合作，作为一个发展中的大国，我们要进一步加强与弱小经济体和最不发达国家的贸易往来，支持他们发展。

商务部长陈德铭 2009 年 7 月 21 日出席亚太经合组织第十五届贸易部长会议，在谈到推动 WTO 多哈回合谈判时，陈德铭呼吁 APEC 各成员尊重授权，锁定成果，不抬高要价，不重开谈判，争取在 2010 年年底前达成一个全面、平衡的协议。

在 2009 年 9 月 3 日新德里 WTO 小型部长级会议上，中国商务部长陈德铭提出了五点相关建议：一是坚决维护迄今取得的谈判成果，发展中成员所获得的灵活性，特别是发展中成员"自主指定"农业特殊产品，自愿参加非农"部门减让"的原则，是各方业已达成的共识，必须得到充分尊重。二是不反对通过双边磋商增进相互了解，但必须坚持多边是推进谈判的核心渠道。三是坚持遵循先达成农业与非农模式的谈判顺序。四是坚持谈判进展与谈判质量的统一，力求谈判结果平衡、合理。五是坚持多哈回合的发展目标，解决发展中国家特别是最不发达国家的具体关注。

### 10.4.2　中国在多哈回合谈判中与贸易伙伴之间双层博弈

1. 中国与贸易伙伴之间双层博弈的谈判结构示意

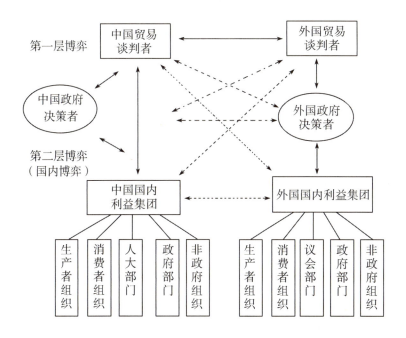

**图 10 - 10　中国与贸易伙伴之间双层博弈的谈判结构示意**

如图 10 - 10，反映了中国和贸易伙伴之间在贸易谈判中进行的双层博弈。在第一层博弈，是中外双边在多边谈判的各种场合进行的，可以通过各自的声明、行动和反应来了解；美国作为贸易回合的主要推手，往往高调行事，声称要具有雄心。而中国作为一个发展中的世界贸易组织新成员国，相对谨慎，韬光养晦，决不当头。因而从此次谈判的开始到中期，中国并非在风口浪尖上，因此美国把中国比作"隐身的巨人"。而到 2008 年，中国已成为 WTO 多哈谈判的 G7 核心成员，美国又将中国比作"掀开帘子的巨人"。为维护多边贸易谈判机制，中国起到了一个积极的建设者、调和者的作用，但是在遇到涉及国家战略利益的重要关头，中国敢于说不，拒绝吞下苦果，使得贸易对手领教了中国谈判者的风格。

在第二层博弈，是两国各自在本国政府、议会部门、党派之间、非政府组织以及民间团体、舆论机构之间进行的，可以通过各自国内的声明、行动和舆论来了解。例如针对美国而言，美国的国会对总统的授权大小，国内农业法的实施和执行力度，农场主、产业巨头甚至工会的政治游说都会给双边乃至多边贸易协议达成带来影响，而在中国不同利益集团内部和利益集团之间也存在不同看法，会约束谈判者采取的行动。

同样，在此次多哈回合也存在着谈判者对内与各部门、各利益集团协调的问题。这里也需要指出，以往对这一类谈判，往往将其神秘化、不透明，从而引发国内各方的多种猜测，客观上使得外国传媒占得先机，甚至出现信息外销转内销的局面。

2. 中国与贸易伙伴之间双层博弈的胜集分析

（1）贸易伙伴谈判双层博弈的胜集分析

如图 10-11，$X_M$ 和 $Y_M$ 代表 X 国和 Y 国分别能在各自国家得到的批准的最大结果，而 $X_1$ 和 $Y_1$ 分别代表双方各自能够得到批准的最小结果。

国际(1)层次：

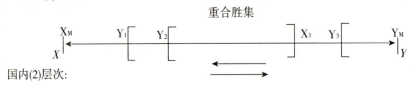

国内(2)层次：

**图 10-11  贸易伙伴之间谈判双层博弈的胜集分析**

在此种情况下，$X_1$ 和 $Y_1$ 范围内的任何协议都可以在双方国内得到批准。如果 Y 的获胜集合由 $Y_1$ 减小到 $Y_2$，位于 $Y_1$ 到 $Y_2$ 之间的结果就得不到 Y 的批准，只有 $Y_2$ 到 $X_1$ 之间范围之间的协议能得到两国国内批准。此时达成的协议对 Y 更有利。如果 Y 国的获胜集合继续减小到 $Y_3$，则和 X 的获胜集合无法产生交集，谈判陷入僵局或者崩溃。箭头所指方向分别表示两国力争扩大本方胜集。

（2）中国与贸易伙伴之间农业市场准入双层博弈的胜集分析

由于中国的贸易伙伴和主要谈判对手既有发展中国家，又有发达国家，因此，在市场准入方面，多国可行重合胜集方面也存在不同区间。下面通过图 10-12 来进行比较说明。

如图 10-12，$X_M$ 和 $Y_M$ 分别代表中国和外国能在各自国家得到的批准的最大结果，$X_2$ 和 $Y_2$ 分别代表双方各自能够得到批准的中间结果，而 $X_1$ 和 $Y_1$ 分别代表双方各自能够得到批准的最小结果。如果 Y 国的获胜集合继续减小到 $Y_3$，则和 X 的获胜集合无法产生交集，形成空集，谈判陷入僵局或者崩溃。

从共同利益角度，各方需要追求的最终结果是能够达到的多方共赢重合胜集。相对而言，从目前来看，中国与 G20 之间在农业议题的重合胜集可能最大，中国与欧盟之间的重合胜集居中，中国与美国之间的重合胜集较小。但是从经济利益方面并非完全如此。因为这要根据贸易伙伴之间的经济实力来衡量。

国际(1)层次：

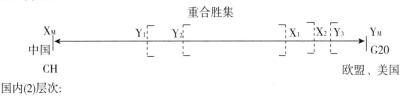

**图 10 - 12　中国与外国农业市场准入双层博弈的多国胜集示意**

由于目前农业市场准入仍在谈判中，因此我们将胜集都用虚线表示，说明上述这些情形都可能依谈判进程发生变化。谈判的各有关方，应当尽力扩大共赢胜集，避免和摆脱僵局，即出现 $Y_3$ 的情形，至少应达到适中的结果。

（3）中国与贸易伙伴之间非农产业市场准入双层博弈的胜集分析

从共同利益上看，目前由于中国和 G20 与美国、欧盟在农产品之间的重合胜集不能令这两个世界上最大的经济体满意，因此这两大贸易伙伴必然要求中国和 G20 开放非农产品部门，以获得收益和支出的平衡。从理论上说，重合胜集大的两国容易达成协议，但是欧盟和美国恰恰是中国和 G20 不可能绕过的最大的贸易伙伴，因此，必须与它们谈判并达成双赢或多赢的协议，才可能获取更大甚至全球的共同利益。

如图 10 - 13，上述含义不变。从实际贸易水平和共同利益角度，相对而言，从美欧视角分析，中国与美国之间的非农产品谈判预期重合胜集较大，中国与欧盟之间的非农产品谈判重合胜集居中，中国与 G20 之间的重合胜集较小。$X_2$ 和 $Y_2$ 分别代表双方各自能够得到批准的中间结果，而 $X_1$ 和 $Y_1$ 分别代表双方各自能够得到批准的最小结果。如果 Y 国的获胜集合继续减小到 $Y_3$，则和 X 的获胜集合无法产生交集，谈判陷入僵局或者崩溃。但是由于仍在谈判中，因此我们将胜集都用虚线表示，说明这些可能会依谈判进程发生变化。

国际(1)层次：

**图 10 - 13　中国与外国非农产业市场准入双层博弈的多国胜集示意**

（4）中国与贸易伙伴之间跨议题关联市场准入双层博弈的胜集分析

进一步分析中国与贸易伙伴之间市场准入谈判双层博弈的胜集，可以通过图 10 – 12、图 10 – 13 两个图形的叠加来说明，并作进一步讨论。这就将两个不同议题谈判的胜集置于一个框架下进行，从集合的角度，是将已有的两个议题的集合形成一个新的并集。如果在此框架下，谈判的各方都能有所扩大而不是减少各自的胜集，从而使得可接受的多赢胜集出现，就达到了跨议题谈判之目的，而且有希望签署一揽子协议。因此谈判的各方都应当尽力扩大共赢胜集，避免和摆脱僵局，努力达到适中的结果。

## 10.5　本章小结

本章首先从竞争力角度分析了中国部门关税减让的态势和策略，关于部门关税减让条件下本国与外国的竞争力分析，我们考虑了以下两种简单情况，一是某国单方面的关税减让，二是两国双边的关税减让。其次，从多哈回合谈判过程跨议题角度分析了各利益集团的谈判立场、攻防策略，谈判僵局和谈判重启后的形势；应用冲突模型分析了在三角议题僵局中谈判重要参与方美国和 G20 在不同压力条件下的立场和行动策略，由此估计了参与方不同参与态度条件下谈判的可能前景，讨论了多哈回合各相关利益集团市场准入谈判中的双层博弈。再次，分析了中国在多哈回合谈判中的立场和双层博弈共赢问题。

# 第十一章

# 中国在多哈回合市场准入谈判的策略建议

本章在以上各章研究的基础上，分别提出了中国在多哈回合中对主要关税减让方案和产品进出口谈判方案的选择建议，以及关于中国在多哈回合谈判的市场准入攻防策略的选择建议。

## 11.1 关于中国对各主要关税减让方案的选择建议

中国在新一轮的农产品关税谈判过程中，必须从本国的根本利益和最大利益出发，根据各个削减方案的实际影响，在长期利益和近期利益的对比中，在进、出口利益和国民收益的综合比较与平衡中，从一个负责任的大国角度做出自身的决策。

### 11.1.1 总体市场准入政策建议

1. 紧密结合多哈回合谈判方案的总体影响来分析把握决策

此次农业谈判涉及三大议题，但从中国方面顾虑最大的核心问题是市场准入。对于各个削减方案对中国农产品进口的直接影响，前面已经进行了详细分析。若将它们分为激进、稳健和保守这三大类的话，作为保守的 G20 方案（1）和 G10 方案对中国的影响相对较小，稳健的 G20 方案（3）和欧盟方案对中国的影响次之，而激进的 G20 方案（4）和美国方案的影响最大。若单从影响角度分析，中国似乎应该选择 G20 方案（1），该方案对中国的进口的影响最小，而且按此方案削减对中国的农产品相关产业的冲击也是最小的。但是结合对世界农业贸易总体态势分析，这可能并不有利于世界贸易壁垒的下降和中国农产品有效地进入国际市场。

2. 结合中国的关税的实际分布与减让的可能采取积极与稳妥的准入策略

在分层公式的谈判过程中，在分层临界点、削减幅度、最高层的起点选择的方面，根据中国关税分布的现状和国内未来减让的冲击大小，作为发展中国家和新成员，中方可以采取积极稳妥的策略。如随着关税水平的提高，削减幅度应该不断增大，并且应该以较大的水平增加，从而对高关税进行大幅度削减；在最高层起点的选取上，中国应该在本国可接受的条件下支持较低的起点，这样做对中国有利无害。

3. 促进解决高关税、关税高峰、关税升级等问题

支持农业谈判必须在市场准入方面大幅度削减关税高峰和配额内关税、减少关税升级、简化关税形式、缩小约束税率与实施税率的差距，最大限度减少贸易壁垒在解决上述问题时的消极作用。

第一，在新一轮谈判中，中国应该坚定不移地支持关税配额量的扩大，这对未来中国的优势农产品出口大有好处，可以提供更多的潜在的市场空间。

第二，依据 WTO 贸易自由化和公平竞争的精神，配额内关税率也应该继续削减。有些成员提出，保留配额内关税有利于缩小与配额外关税的差距，有利于最终实现单一的关税化，其实这在逻辑上是讲不过去的，也不符合 WTO 的基本精神。但从可操作的角度出发，考虑到一次性要求所有产品配额内关税率都削减到零也不太现实，建议参照市场准入分层削减公式来降低成员配额内的关税水平。

第三，强调配额内关税的从价化和透明化。

第四，关于关税高峰和关税升级的问题，建议首先可以考虑一次性削减所有关税高峰，达到设定的关税上限标准后再按照单个产品削减，采取个别削减幅度和总体削减幅度相结合的方式，由各成员国做出承诺并依据承诺执行削减。此外，进一步减少发达国家农产品关税存在的关税升级，以促进发展中国家农业生产的产业结构升级。其次，关税配额的计算应该改变采用 1986 年~1988 年这一基期，取而代之以乌拉圭回合之后的某一适当的时间段作为新的基期，并且可以适度增加关税配额占国内消费量的比重，以此为基础，进一步分产品设定关税配额，并制定严格规范的关税配额分配和管理办法，根据最惠国原则进行分配，避免因双边协议而对其他国家歧视。

4. 积极支持规定最高关税税率

由于中国最高的税率只有 65%，而且数量极其有限，税率绝大多数都集中在 0~30% 这一阶段。所以规定最高税率对我国关税没有明显的削减作用，而对于其他国家削减幅度非常明显，有利于世界贸易更加开放。

5. 积极支持非从价税从价化

非从价税透明性差，保护效果难以估计，经常导致实际的保护效果要远远

大于表面的保护程度。目前 WTO 主要成员大量采用复杂的非从价关税形式，目的是获得高于从价税的保护效果。瑞士 86% 以上的农产品采用非从价关税，挪威近 63%，美国、欧盟为 40%，加拿大为 27.26%，日本为 17.33%，澳大利业为 4.27%。发展中成员非从价关税比例要远远低于发达成员，如巴西没有非从价关税，印度仅有两个税号的农产品采用非从价关税形式。而我国的从价税数量非常有限，在从价化过程中不会产生明显的负面影响。

6. 根据本次回合应当是发展回合的目标，旗帜鲜明地维护发展中成员的利益

考虑到发展中成员农业在粮食安全、农村就业、消除贫困等方面的特殊重要性及其宏观调控能力有限等情况，支持给发展中成员特殊差别待遇。发展中国家在削减幅度上应该小于不同实施期，发展中成员可以享有的一定比例或一定数量的产品例外，这些产品可以不采用分层公式减让。建议允许发展中成员选择一些特殊产品进行较低水平的减让，这一产品的比例必须高于发达国家的比例。

7. 努力争取新加入成员特殊安排

积极要求和争取对新成员 0~10% 的农产品关税以及关税配额产品免于削减的特殊待遇。

8. 对粮食、棉花、食糖等重点农产品以及大豆等敏感农产品的市场开放，给予高度重视并争取必要的保护。

### 11.1.2 产品进口应对政策建议

根据上述分析的结论，在各减让方案综合评估的基础上，应当未雨绸缪，做好相应的准备和应对调整安排：

对于那些进口规模较大、且对中国国内具有明显比较优势的产品，要判断是一般产品，还是敏感产品或特殊产品；如是后者，首先必须明确这种比较优势是否是由于高关税而形成的。如果是因为高关税而形成比较优势，说明关税保护效果明显，需进一步评价降低关税后的冲击效应大小。如效应过大，在关税减让过程中不宜进行大幅度削减，如果不是因为高关税形成的比较优势，则关税减让不会形成实质的冲击，可以在竞争力评价和压力测试之后，确定适当削减关税。

对于那些进口规模较小、且对中国具有比较优势的产品，如果是一般产品，且比较优势是在高关税的条件下获得的，则可适度地幅度削减；如果不是源于高关税，则在关税削减过程中不会对相关产业产生实质性的打击。但要进

行竞争力评价和压力测试，以做好应对工作。

对于那些进口规模较大、中国没有比较优势的产品，这种产品若是我国的劣势产品，且在我国国内的相关产业也没有相应竞争力的情况下，如果高关税保护可以发挥作用，使我国相关产业的竞争力提高，则应该保持较高的关税保护水平。如果高关税不能发挥作用，那么削减关税则是更好的选择。

对于那些进口规模较小、中国又没有比较优势的产品，在这种情况下，如果进口规模小是由于高关税保护的结果，那么如果大幅度削减关税则意味着进口量将会有很大幅度的增加，对国内产业造成冲击是必然的。在此情况下，不能对该产品的进口关税进行大幅度削减。而如果进口量规模较小不是由于高关税的保护，那么削减关税则不会产生明显的影响。

对于敏感性产品和特殊产品的比例，应该从我国的现状出发，尽可能争取获得并要求给与发展中国家以较大比例，并且限制发达国家这类产品的比例。

在进口农产品市场准入方面，中国除了在关税壁垒上改革之外，还可以在非关税壁垒上有所考虑，尤其对于一些特殊和敏感的农产品的进口方面，要给予足够的重视。在这点上，日本的"肯定列表制"就给我们带来了很大的启示，日本作为农产品进口大国，在农产品贸易自由化的趋势下，为了保护本国农业，以保护本国食品安全和人民健康的名义，提高了进口食品中农药残留的标准。不只日本，其他各国也设置了名称各异的贸易壁垒来限制本国农产品进口，如美国的食品反恐壁垒，这些壁垒的设置从国民健康安全的角度出发都是合理的，但其实质提高了农产品输入的门槛，维护了本国农产品的安全，在贸易自由化的浪潮下仍然保护了本国农业。因此，中国也可在一些特殊产品和敏感产品的市场准入方面，本着安全健康的原则，建立相应的规则和技术措施，以此对开放的本国农业给予一定的合理保护。

### 11.1.3 产品出口应对的政策建议

首先，要求发达国家在关税削减方面要做出表率，分层的宽度要小于发展中国家，削减幅度应该大于发展中国家、削减过程中应该更能体现发展中国家的利益。从这一点出发，G20方案更加符合发展中国家的利益。

其次，在特殊产品、敏感性产品的比例上也应该体现出明显的差别，发展中国家的敏感性产品的比例应该比发达国家的比例高至10%。

再次，进一步要求发达国家增加其贸易保护的透明化，消除各种各样的非贸易壁垒、以及各种非从价关税，大量减少发达国家的配额产品的比例并增加配额产品中配额内的数量。

在关税谈判过程中，中国应该综合考虑在关税减让幅度、关税配额、特殊产品比例、敏感性产品比例、出口等方面的利益得失，争取总体利益的最大化，以达到既实现进一步发展农产品自由贸易，又实现对本国农产品市场和相关产业的保护的双重目的。此外，还应该充分考虑贸易国大小的因素，如果本国处于农产品贸易大国地位，那么关税减让后农产品的大量进口可以提高国际市场的价格，从而部分抵消国际市场农产品的价格优势，或者国内的比较优势由于大国效应会得到一定程度的改善，这将有利于增加我国的总体福利水平。但如果中国处于农产品贸易小国地位，则关税减让带来的进口增加不会影响国际市场价格，对本国福利情况的影响也不大。因此，中国在选择削减方案时，应考虑到这个因素。但是在实际中，需要从具体产品的角度和从总体农产品的角度来考察何时及何种情况下，以及本国到底属于农产品贸易大国还是贸易小国来作出判断。此外从出口和进口的角度来看也是不同的。有关研究表明玉米和大米的进口市场上中国的大国效应表现的较明显，但小麦进口市场上大国效应不明显。例如尽管中国是世界上最大的大豆进口国，但是在大豆进口方面并没有表现出大国效应。因此，我们建议首先应该分产品考察中国是否属于贸易大国的地位，并以此作为选择削减方案的一个依据。

当然从长期看，产品关税削减和自由贸易是必然趋势，即使不是世界范围的也会在较大的自由贸易范围进行；因此关税的保护水平会不断下降。这就要求中国在寻求短期内关税保护的同时，不断发展和利用科学技术，鼓励创新，提高生产力水平，大幅度提升中国农产品的国际竞争力，使本国的农业产业发展壮大，这才是中国提升农业竞争力的最根本的途径。

## 11.2 中国在多哈回合市场准入谈判的策略选择建议

从谈判方案的选择和跨议题角度出发，中国在多哈回合货物贸易谈判的市场准入策略应从进攻和防御两个不同的方面来考虑。

### 11.2.1 进攻方面的选择策略

1. 在谈判中，应该要求按照较趋激进的方案削减高关税伙伴成员关税水平。

首先，无论是发达国家还是发展中国家，农产品关税高峰现象都很严重。部分发达国家的关税高峰要比发展中国家高的多。以美国为例，美国的最高税率为350%，所占总税目的比例为49.3%。美国的关税高峰平均税率为

46.04%，是中国同年关税高峰平均税率的 1.64 倍，而这样的倍数关系与实质高峰有一定的偏差，因为美国的关税高峰在进行平均计算时，有 745 个税目被排除掉了，这部分税目的税率是无法换算的，也就是说实际的关税高峰其实比上述计算的结果要高很多。而中国 2006 年农产品海关税中最高税率仅为 65%，而且随着我国入世后关税水平的大幅度降低，中国农产品的关税高峰无论是从关税高峰的平均税率，还是关税高峰税目的比例看，都在逐步降低。

其次，中国农产品的平均关税水平只有 14% 左右，已比 62% 的世界农产品的平均水平低很多。所以也必须要求其他国家，尤其是发达国家成员做出更大的削减。如果多哈回合不能有效的解决农产品关税问题，不仅不利于当前建立开放、公平、合理的国际农产品市场，也不利于在 WTO 今后的谈判中，启动解决 SPS/TBT 等更为复杂的市场准入议题。所以，对中国来说，美国方案和 G20（4）方案可以达到这样的效果。

再次，通过考察各个利益集团所提出的关税削减公式，发现中国所可能受到的削减幅度均低于发展中国家的平均水平，当然更低于发达国家的水平。所以中国就有能力要求其他各国采用较趋激进的削减幅度。

2. 提倡关税与其他产生贸易扭曲的手段（如出口补贴和国内支持）相结合进行同步减让。例如在菲律宾提出的关税减让模式的减让思路是将国内支持，出口补贴等这些具有贸易扭曲作用的保护措施转化为相应的关税税率，然后与关税进行同步的减让。这种减让方法使关税的调节作用从流通领域扩展到生产领域。随着国内支持对于生产领域的不断进入，它与关税进行同步的减让，使得产品的生产成本上升，对于国内支持较少的国家来讲，相当于产品的相对优势增加了，将有利于产品的出口。

3. 在谈判中要求各个成员国尤其是发达成员国家减少非关税壁垒。对中国而言，各国降低农产品关税，扩大农产品进口配额，有利于本国有比较优势的农产品开拓国际市场。但必须警惕的是，即使农产品贸易自由化能够取得较大突破，对于中国农产品出口来说，一个更为严峻的挑战将是，一些成员加大对农产品检验检疫标准或其他技术标准的使用力度，限制农产品的进口。这方面的技术合作也必不可少。

4. 支持对高关税进行封顶，关税封顶的主要作用是在分层公式无法处理敏感性农产品时提供另一种对市场进行削减的可行方式（WTO，2004）。由于中国农产品最高关税只有 65%，所以封顶对本国来说不会产生不利的影响，反而可以削弱一些发达国家的关税高峰问题。因此，中国在选择多哈回合方案时，考虑必要的关税封顶方案是具有较为重要的现实意义的。

5. 限制发达成员敏感产品的范围。由于发达国家的税目总数远远大于我国的税目总数，所以即便是2%的敏感产品也会包括大量的税目数量，这将从根本上抵消新一轮谈判关税削减的实际意义。所以从谈判立场上来讲，应该尽量从数量本身来限制敏感产品，而不仅仅是控制敏感产品的比例。

6. 要求扩大进口配额，实现市场准入的有效增长。由于农产品贸易的敏感性，普遍取消数量限制的原则在短时期内还难以实现，增加进口配额仍然是扩大市场准入的必要途径。鉴于中国在入世谈判中农产品进口配额的承诺已大大超出其他WTO成员的水平，在新一轮谈判中，我们要协调同凯恩斯集团的立场，要求其他成员扩大农产品的进口配额，以保证我国农产品出口有一个比较稳定的环境，求得市场准入水平上的基本平衡。

7. 取消发达国家的特殊保障条款，允许发展中国家指定的战略性特殊品目实施特殊保障机制。乌拉圭回合《农业协议》专门为经过关税化并在国家的减让表中标有SSG字样的产品制定了一种特殊保障机制。即当这些产品的进口数量或进口价格达到一定水平（数量触发和价格触发）时进口国可对这些产品征收一定数量的附加关税。为了切实落实对发展中国家的差别待遇，我们应联合其他发展中国家在新一轮谈判中要求取消发达国家特殊保障措施的同时，为了保障发展中国家的农业安全，而要求建立发展中国家特殊指定战略性产品的特殊保障机制，并要求简便灵活，在一定进口量条件下启动。

### 11.2.2 防守方面的选择策略

所谓防守方面考虑是指我国在关税谈判过程中必须从根本上维护本国农业和非农产业的基本利益，从长远的角度来促进本国农业的发展领域的扩大。因为任何国家政策的制订都是为本国利益服务的，这是制定关税减让政策最基本和最简单的原则。关税减让政策是国际经济贸易政策的重要组成部分，它必须与国家的整体贸易发展的总方针一致，根据国家的实际情况，制定出符合本国利益的关税制度和关税减让政策。

就中国目前的形势而言，在多边双边贸易谈判中不应拿农业作为其他要价的筹码，而要作为保护的重点，力争少作减让承诺。谈判时必须注意以下问题：

第一，在谈判中争取发展中国家和发达国家的最大差别对待。关税减让政策不是一成不变的，它必须随着经济发展的动态变化而在保护的重点或内容上有着相应的变动。对农业来说，发达国家农业机械水平比较高，农业从业人员少，农产品的生产效率高、成本低，抗风险能力强，所以关税可以大幅度的进行减让；发展中国家或者不发达国家，农业的发展水平相对发达国家较低，这些国家就难以采取同样大幅度的降税的关税政策，而要争取关税的少减或免减。从这个角度来看，中国在谈判过程中要求发达成员的削减幅度要尽量大于发展中国家的削减幅度。这既符合本次谈判的发展回合的目标，也有利于发展中国家当然包括中国的农业结构遭受的冲击相对减小。

第二，争取新成员待遇削减优惠。由于中国在加入 WTO 的谈判中已经做出了巨大的让步和贡献，我国农产品平均关税水平已经比世界农产品平均水平低很多，而且进口对关税变化比较敏感，因此可以要求降低削减的程度，选择一些敏感性产品或特殊产品进行较小幅度的削减或不做削减。中国应当通过努力争取到对关系国计民生的重要农产品（关税配额产品）以及税率低于 10% 的农产品免于削减的特殊安排，这对关税削减承诺具有明显意义。在这一方面我国可以联合发展中国家一起向发达国家提出要价，要求发达国家在农产品贸易自由化的进程中作出较大的让步，另一方面，需要团结新成员为争取到相关待遇而继续努力。

第三，完善本国产品关税税则，增加税目。发达国家的税目数明显多于发展中国家，说明发达国家采用了比发展中国家更为详细的产品分类，充分体现了该类产品的内部差异性，这样做可以实现更明确以及更灵活性的产品保护。中国对此应当深入了解，并根据本国农业与非农产业发展现实和未来前景，及时做出调整和扩展。

第四，坚持发展中成员参与非农部门减让的自愿原则，反对某些发达国家违背多哈回合规则，强制发展中成员参与的行为。对此，一方面需要顶住来自发达国家的压力，另一方面则需要发展中国家内部做好协调工作。为了达到战略均衡，中方在非农部门谈判中可以采取以下策略：一是根据并坚持香港部长会议关于部门减让谈判参与非强制性原则，陈述中方立场，但不参加谈判；二是为维护各成员的共同利益——达成协定，可以在维护本国产业整体利益的前提下，实施一定的灵活性，进行一些部门产品税目减让的谈判，同时要求对方对等开放并进行某部门减让谈判，并且经过分析确认有实质性进入可能；三是在谈判中，需按中方的实际，限制被减让部门的产品数量和范围，扩大减让和保护的讨价还价范围，争取将该部门的一些敏感产品或弱势产品排除在自由化之外。

### 11.2.3 推动多哈回合谈判进程的选择策略

在当前推动多哈谈判进程中，中国应当采取积极的、建设性的立场和策略。第一，支持稳定和明确共识，锁定和维持既有谈判的成果，在此基础上继续推动谈判进程。第二，反对另起炉灶，成员国应该遵照世贸组织的农业案文和非农案文的条件来谈判，而不能另起炉灶。第三，坚持和保障发展回合，多哈回合谈判是一个发展中的谈判，它最终要更有利于发展中国家和最不发达国家的发展。第四，尊重授权，在谈判中间要遵守过去所有部长一致认可的对多哈谈判的授权，已经确定的东西应该保持它的原来的授权，不能再节外生枝。第五，显示一定的和必要的灵活性。

## 11.3 本章小结

从中国谈判方案的选择角度出发，中国在多哈回合农业谈判的市场准入策略应该从攻防两方面来考虑。

进攻方略是指中国在关税谈判过程中对相关贸易伙伴国的要价和进步策略。就我国目前的形势而言，在多边双边贸易谈判中应以我方的优势、已减让的尺度、可承受的力度，以及已经取消的贸易壁垒和国内补贴措施作为向对方要价的筹码，作为进攻的重点，以获取相对较大的平衡的战略利益。

防守方略是指中国在关税谈判过程中必须从根本上维护本国产业的基本利益，从长远的角度来促进本国产业的发展领域。因为任何国家政策的制订都是为本国利益服务的，所以，制定关税减让政策最基本的原则是为本国利益服务。在多边贸易谈判中，关税减让政策是国际经济贸易政策的重要组成部分。但是它必须与国家的整体经济贸易发展的总方针一致，既要符合全球经济进一步自由化的目标，更重要的是要根据本国的实际情况，制定出符合本国利益的关税制度和关税减让政策。就我国目前的形势而言，在多边双边贸易谈判中不能拿农业作为其他要价的筹码，而要作为保护的重点，在部门承诺方面，坚持自由参与原则，力争不作或少作减让承诺，而不能轻易地作为其他要价的牺牲筹码。这是防守中的基本战略。

中国在新一轮的产品关税谈判过程中，必须从自己的根本利益和最大利益出发，根据各个削减方案的实际影响，在长期利益和近期利益的对比中，在进、出口利益和国民收益的综合比较与平衡中，从一个负责任的大国角度做出自身的决策。中国在关税谈判过程中，应该综合考虑在关税减让幅度、关税配额、特殊产品比例、敏感性产品比例、出口等方面的利益得失，争取总体利益的最大化，以达到既实现进一步发展产品自由贸易和公平贸易，又实现对中国产品市场和相关产业的保护的双重目的。此外，还应该充分考虑贸易国大小的因素，如果本国处于产品贸易大国地位，那么关税减让后产品的大量进口可以提高国际市场的价格，从而部分抵消国际市场产品的价格优势，或者国内的比较优势由于大国效应会得到一定程度的改善，这将有利于增加我国的总体福利水平。但如果我国处于贸易小国地位，关税减让带来的进口增加不会影响国际市场价格，对中国福利情况的影响也不大，当然大国效应最终应在定价方面起到作用，这不仅取决于进口数量。

# 第十二章

# 结　语

## 12.1　基本结论

### 12.1.1　对相关研究的回顾与分析

本书简要地依次回顾了国内外农产品和非农产品市场准入研究状况，包括国内外对农产品谈判市场准入的各种方法的研究，农产品关税结构和有效保护研究，可计算局部均衡分析和 ATPSM 模型研究，可计算一般均衡分析和 GTAP 模型研究以及贸易谈判的博弈分析和双层博弈模型等。在相关文献分析的基础上，建立了本书的分析框架，从而为本课题研究奠定了理论和方法研究的基础。

### 12.1.2　关于多哈回合农产品市场准入谈判议题和进程

本书首先回顾了 WTO（GATT）历来多边贸易谈判的历程和收获；其次，分析了多哈回合农产品和非农产品市场准入谈判议题和进程；再次，分别分析和比较了多哈回合农业谈判与非农产业谈判各方关税削减模拟方案，从而为历史地分析产品市场准入谈判及其阶段特点提供了必要的准备和条件。

### 12.1.3　关于多哈回合农产品市场准入协议谈判分析框架

本书首先分别讨论了从无贸易协定规制条件下，基于小国和大国关税征收或减让的世界经济贸易效应；其次，对大国之间最优关税及其报复行为与结局进行分析，得出大国之间最优关税政策的推行必然导致"囚徒困境"的结论。在此基础上，进一步讨论互惠条件下的贸易协定谈判活动，认为发达国家和发展中国家之间的贸易谈判活动既有互惠的共同行动，也有特惠的单边行动，但是又可以通过一揽子协议加以协调。贸易协定谈判过程涉及各当事国国内的党派和利益集团偏好、分歧，国内外双重博弈；因此是一个需要进行政治经济分析的复杂问题。

### 12.1.4 关税减让公式及其原理的分析

本书对现有的关税减让公式进行了总结和梳理，重点对分层公式原理进行讨论。对分层层数、分层宽度、分层削减公式的削减幅度、削减方式等进行了深入讨论，提出：

分层公式可视为一种特殊的分段函数。在不同的原税率分布区间，根据各层的减让幅度，也就是各直线的不同斜率，可以判断减让程度的大小。从关税结构而言，层数越多，分组越细；有利于根据不同关税分布，采取不同的减让政策和减让方式。可以证明，对于各方提案，在同样分组宽度条件下，减让幅度的大小决定了新税率的大小；对于各方提案，在分组宽度不同条件下，减让幅度的大小决定了新税率的大小。根据分析可以发现，美国提出的累进性关税税率削减公式呈现非线性形式，其斜率处处不同。若与线性削减公式进行比较，可以证明在同样的条件下，因为斜率差异，利用累进性削减公式削减较之利用线性公式削减的水平至少相等或更大些。从统计学和数学角度更深刻地揭示了分层削减公式的基本特征和经济意义，为从理论上和政策分析上奠定了数理基础。

对瑞士公式的公式原理和基于瑞士公式的的非农产品减让方案进行了讨论。由于瑞士公式的系数实际上是非农产品的上限关税，对于关税水平而言，系数越低，高关税水平越是要大幅度削减，反之，系数越高，则削减幅度就越小，因此高关税的发展中国家就受到了很大的压力。双系数瑞士公式体现了对发达成员和发展中成员共同有区别的减让特点，因此，是可行的。

### 12.1.5 以减让公式为基础的各减让方案的比较

对以分层公式为基础的美国方案，G20 方案（1）、（2）、（3）、（4）和 G10 方案等，确定了评价的准则，建立并采用了 17 个统计指标和结构参数，对按照不同的关税削减公式模拟削减前后的关税分布和影响大小进行深入、透彻和多层次的分析。

这 17 个指标可分为三个层次：第一层次主要从统计角度分析关税减让方案的结构特征，具体包括分层层数、分层宽度、减让幅度、均值、众数、中位数、方差、标准差、偏度和峰度。第二层次，主要考虑关税削减对现有关税结构合理性的作用及其影响，主要从关税高峰比例指数、关税封顶、关税重叠率、关税升级、关税合理化、关税水分、关税简化等指标综合考察削减后的关税结构是否更趋合理。考虑到分层公式的效果不能仅仅用平均削减幅度进行衡量，它对于一国关税分布的影响是多方面和综合性的。因此在第三层次除了关税削减以外还要考虑包括关税配额、敏感产品、特殊产品、SSG、SSM、关税配额内税率削减及配额管理等相关指标的测度。这些都和关税结构有密切的关系，而且和分层公式紧密连在一起，在关税削减公式的大框架下，对于不同类型的国家允许有差别待遇。以上三层次指标的使用，能够为我们直观、简捷地评价基于分层公式的各个减让方案的市场准入效果奠定基础。

根据上述 17 个指标来衡量各个削减方案对我国农产品分布的影响，并通过比较对各个削减方案进行综合评价。各减让方案对中国 2006 年关税结构及其变动的模拟比较结果分析说明，对于中国关税结构而言，G20 方案（4）的削减力度最大，美国方案次之，欧盟方案、G20 方案（2）、（3）的削减力度居中；G10 方案和 G20 方案（1）的削减力度最小。我们看到此次减让所形成的市场准入即使按照最低方案计算对中国也是实质性的，何况有些项目指标还处在模糊的区间，有待明确。因此，应当有清醒的认识。

根据上述指标在对各方案的市场准入状况进行了主要发达国家（美国、欧盟和日本）、发展中国家（巴西、印度和印尼）的模拟分析，发现了各方案的减让力度及其影响，为进一步把握各有关方面所关切的利益提供了分析基础。

关于新成员待遇，这是中国等新成员应对多哈回合关税减让和市场准入承诺所形成影响冲击的一个重要的减压阀。作为在乌拉圭回合结束后方加入世界贸易组织的中国理所当然应力争自己应有的权利。

根据相关指标结合各减让方案对中国 2006 年关税结构及其变动进行模拟比较分析，可以看到采用不同减税方案对中国非农产品关税结构变动的影响。显然，对于中国关税结构而言，从平均削减幅度来看，三个方案的削减幅度是从大到小依次排列的。但是此次减让所形成的市场准入即使按照最低方案 3 计算对中国也是实质性的。

### 12.1.6 各减让方案对进出口产品的市场准入影响和局部均衡模拟分析

第一，从各减让方案对我国若干农产品进口量来看：不论在何种价格条件或汇率条件下，只要横向比较某一年不同减让方案下进口量的变化值都可以看出，G20 方案（4）的增加幅度最大，其次是美国方案和 G20 方案（2），G20 方案（1）和 G10 方案的增加幅度最小。这也同样反映在不同方案的减税效果。

由于中国小麦、食糖、棉花和植物油进口关税下降，汇率上升造成进口品国内价格降低，需求量增加，从而使世界价格上涨，使得其他国家进口量下降，出口量和生产量增加，消费者剩余降低，生产者剩余增加。

　　第二，从出口农产品价格的市场准入影响因素分析着手，从定量角度分析了各减让方案对我国若干农产品如大米、柑橘、虾等出口的影响，得出各减让方案对我国若干农产品出口量和出口额的影响。

　　第三，我国产品在对外出口贸易过程中，其他国家的关税水平的高低及其变动对出口的影响非常明显，对主要贸易伙伴非农产品关税削减进行了方案模拟的结果表明，无论是发达国家还是发展中国家的进口关税，都相应地得到不同幅度的削减，但因原税率大小和系数大小，而有所差别。从三个方案比较看，削减幅度由大到小分别是方案（1）、（2）、（3）。但是发展中国家还可以通过争取弹性空间来减少削减水平。由于我国是出口大国，各国进口关税的削减，特别是主要贸易伙伴进口关税的削减，客观上对中国扩大出口是十分有利的。

### 12.1.7　各减让方案对进出口产品的市场准入影响和一般均衡模拟分析

　　GTAP 模拟结果发现：

　　各区域农业进口量均有所增加，增加量的绝对值从高到低依次是：世界其他地区、日本韩国地区、欧盟、北美自由贸易区、中国大陆、东盟地区、巴西阿根廷地区、大洋洲地区、中国台湾、中国香港。

　　各区域农业出口量方面，增加量的绝对值从高到低依次是：北美自由贸易区、中国大陆、世界其他地区、巴西阿根廷地区、日本韩国地区、东盟地区和大洋洲地区是变动增加最大的几个区域。而欧盟和中国台湾、中国香港的农业出口量则有所下降。

　　经过农产品关税消减，各个国家 GDP 有一定变化。其中，中国大陆、北美自由贸易区、大洋洲地区、巴西阿根廷地区以及东盟地区 GDP 均表现出一定幅度的增长，而欧盟、日本韩国地区、中国台湾、中国香港以及世界其他地区的 GDP 则有所下降。

　　六种方案对社会福利的总增加都是增大的，其中，G20 方案（4）对社会福利的增加最为显著。经过农业贸易自由化的改革，除了 G20 方案（1）和 G10 方案对北美自由贸易区的福利有些许的负影响之外，各个区域的福利在各种自由化方案下均有所提升。

### 12.1.8 中国在多哈回合谈判中的攻防策略和建议

关于部门关税减让条件下本国与外国的竞争力分析。我们考虑以下两种简单情况，一是某国单方面的关税减让，二是两国双边的关税减让。

若中方未向对方提出部门减让要求，而接受对方的减让要求，就实际构成了单边减让。假定若出口量不变，进口量增加，中国的竞争力指数可能会有大幅度的下降，从而使本国产品的比较优势减弱或者比较劣势增强。

这一方法还可以用来具体讨论多哈回合部门减让谈判中的"零对 X"降税模式。假定外国愿以"零对 X"模式与本国进行部门关税减让谈判，此时假定两国的初始关税相等，外国的关税降到 0，而本国的关税则降到 X；那么双方减让后的含税价格，就出现高低差异，势必影响到两国竞争力的变动。

为了达到战略均衡，中方可以采取以下策略：第一，是根据并坚持香港部长会议关于部门减让谈判参与非强制性原则，陈述中方立场，但不参加谈判；第二，如要参加谈判，就要求对方对等开放并进行某部门减让谈判，而且要经过分析确认有实质性进入可能；第三，如要参加谈判，则需进一步扩大被减让部门的产品数量和范围，扩大减让和保护的讨价还价范围，争取将该部门的一些重要产品或弱势产品排除在自由化之外。

对两国的竞争力进行分析模拟，由于加入了税率变动和弹性因素，更贴近实际，也可便于进行敏感度分析和压力测试。

从中国谈判方案的选择角度出发，中国在多哈回合农业谈判的市场准入策略应该从攻防两方面来考虑。

进攻方略是指中国在关税谈判过程中对相关贸易伙伴国的要价和进步策略。就我国目前的形势而言，在多边双边贸易谈判中应以我方的优势、已减让的尺度、可承受的力度，以及已经取消的贸易壁垒和国内补贴措施作为向对方要价的筹码，作为进攻的重点，以获取相对较大的平衡的战略利益。

防守方略是指中国在关税谈判过程中必须从根本上维护本国产业的基本利益，从长远的角度来促进本国产业的发展领域。因为任何国家政策的制订都是为本国利益服务的，所以，制定关税减让政策最基本的原则是为本国利益服务。在多边贸易谈判中，关税减让政策是国际经济贸易政策的重要组成部分。但是它必须与国家的整体经济贸易发展的总方针一致，既要符合全球经济进一步自由化的目标，更重要的，是要根据本国的实际情况，制定出符合本国利益的关税制度和关税减让政策。就我国目前的形势而言，在多边双边贸易谈判中不能拿农业作为其他要价的筹码，而要作为保护的重点，在部门承诺方面坚持自由参与原则，力争不作或少作减让承诺，而不能轻易把农业作为其他要价的牺牲筹码。这是防守中的基本战略。

中国在新一轮的产品关税谈判过程中，必须从自己的根本利益和最大利益出发，根据各个削减方案的实际影响，在长期利益和短期利益的对比中，在进、出口利益和国民收益的综合比较与平衡中，从一个负责任的大国角度做出自身的决策。中国在关税谈判过程中，应该综合考虑在关税减让幅度、关税配额、特殊产品比例、敏感性产品比例、出口等方面的利益得失，争取总体利益的最大化，以达到既实现进一步发展产品自由贸易和公平贸易，又实现对中国产品市场和相关产业的保护的双重目的。此外，还应该充分考虑贸易国大小的因素，如果本国处于产品贸易大国地位，那么关税减让后产品的大量进口可以提高国际市场的价格，从而部分抵消国际市场产品的价格优势，或者国内的比较优势由于大国效应会得到一定程度的改善，这将有利于增加我国的总体福利水平。但如果我国处于贸易小国地位，关税减让带来的进口增加不会影响国际市场价格，对中国福利情况的影响也不大，当然大国效应最终应在定价方面起到作用，这不仅取决于进口数量。

## 12.2　本书的特点和政策意义

1. 本章确立了一个多边市场准入谈判的理论分析框架。引入关税减让效应的局部均衡和一般均衡分析，最优关税、单边行动、互惠谈判、直至贸易协定谈判的政治经济分析。研究认为贸易协定的谈判在发达国家之间应该是对等互惠的，而对于某些发展中国家有些是特惠的，如对那些最不发达国家而言，有些则是局部特惠或非对称互惠的，如对一般的发展中国家而言，否则无法进行发达国家和发展中国家之间的谈判。

2. 本书从基本原理角度，廓清了分层减让公式的基本特点、减让原理、分层层数、力度大小以及减让方式。这既揭示了分层减让的科学原理和经济意义，也便于研究者和政策制定者把握公式的基本特征。针对瑞士公式的数理分析，揭示了公式系数为关税减让上限的重要特点。

3. 针对以分层公式为基础的减让方案，提出和确定了评价的准则，建立并采用了一系列的统计指标和结构参数，对按照不同的关税削减公式削减后关税分布图进行透彻和全面的分析，能够为更加全面地评价基于分层公式的各个减让方案的市场准入效果奠定科学分析的基础，政策意义突出。对各类减让方案的比较，有政策参考价值。

4. 根据上述指标结合各减让方案对中国 2006 年关税结构及其变动进行模拟比较分析，从中可以看到采用不同减税方案对中国关税结构变动的影响，有重要的政策参考价值。

5. 根据上述指标在对各方案的市场准入状况进行了主要发达国家（美国、欧盟和日本）、发展中国家（巴西、印度和印尼）的模拟分析，发现了各方案的减让力度及其影响，为进一步把握各有关方面关切的利益提供了分析比较基础。

6. 关于新成员待遇，这是新成员应对多哈回合关税减让和市场准入承诺所形成影响冲击的一个重要的减压阀，指出作为在乌拉圭回合加入世界贸易组织的中国，理所当然应力争自己应有的权利。

7. 各减让方案对进、出口农产品的市场准入影响和局部均衡、一般均衡模拟分析，对于了解相关利益方生产者、消费者和政府收益以及社会福利效应意义重大，有利于政策制定者和研究者对多方博弈决策的综合把握。

8. 提出了基于部门关税减让的竞争力分析框架，将税率变动、进口需求弹性以至汇率变动代入竞争力公式，并进行单边、双边模拟，扩展了竞争力的分析，也为部门减让提供了重要的理论分析基础和实证工具。

9. 基于上述对中国在多哈回合谈判中的立场、攻防策略提出了建议以及相关的双层博弈思路，有针对性和说服力，也有一定的参考价值。

## 12.3　有待进一步研究的问题

由于 WTO 多哈回合市场准入涉及问题较多，限于时间和篇幅，我们显然难以在一本书中研究如此多的问题，因此本书将重点放在以关税减让为基础的市场准入谈判分析上。但由于数据原因，对非关税壁垒关税从价化、优惠侵蚀等问题涉及较少。

今后将在市场准入领域进行深入研究，结合 GTAP、ATPSM 模型进行全球和地区的模拟以及上述模拟结果，进行谈判博弈的分析，并进一步结合竞争政策模型，进行国际竞争力评价，进而提出相关政策建议。

# 参考文献

［1］Alan Matthews, Keith Walsh, Economic consequences of the Doha round for Ireland. ［R］. Final Report Prepared for Forfás September 2005

［2］Alessandro Antimiani（INEA, Italy）, Piero Conforti（FAO）and Luca Salvatici（University of Molise, Italy）Assessing Market Access: Do Developing Countries Really Get a Preferential Treatment. ［Z］. Working Paper 06/14, TRADEAG

［3］Antimiani, Alessandro , Conforti, Piero , Salvatici, Luca. Assessing Market Access: Do Developing Countries Really Get a Preferential Treatment . ［Z］. Economics & Statistics Discussion Papers with number 2007036

［4］Antoine Bouet , Lionel Fontagne , Sebastien Jean. Is Erosion of Tariff Preferences a Serious Concern?. ［Z］. Working Paper 2005 – 14, CEPII research center

［5］Ariel Rubinstein. Perfect Equilibrium in a Bargaining Model. ［J］. Econometrica, Vol. 50, No. 1. （1982 –02）

［6］Ariel Rubinstein. A Bargaining Model with Incomplete Information about Time Preferences. ［J］. Econometrica 53 （1985）

［7］Arnold C. Harberger. Currency Depreciation, Income, and the Balance of Trade. ［J］. The Journal of Political Economy, Vol. Lviii, No. 1, Feb 1950

［8］Bureau, Jean-Christophe Jean, Sebastien Matthews, Alan, 2005 Concessions and Exemptions for Developing Countries in the Agricultural Negotiations: The Role of the Special and Differential Treatment . ［Z］. IIIS Discussion Paper No. 73

［9］Caesar B. Cororaton, Analyzing the Impact of Trade Reforms on Welfare and Income Distribution Using CGE Framework: The Case of the Philippines. ［Z］. DIS-

CUSSION PAPER SERIES NO. 2003 – 01

[10] Caesar B. Cororaton, Erwin L. Corong Agriculture-sector Policies and Poverty in the Philippines: a Computable General-Equilibrium (CGE) Analysis. [Z] . MPIA Working Paper 2006. 9

[11] Camilla Burman. Katarina Johansson. Arne Karlsson. Tariff reductions Possible approaches in the WTO negotiations. [R] . the Board of Agriculture's report WTO: Analysis by sector of the Chairman's proposal. 2002

[12] Chien-Ku Liu, Nai-Fong Kuo, Jiing-Shyang Hseu, Impact of Tariff Reductions on Forest Products Industry in Taiwan: The Application of Computable General Equilibrium Model. [J] . Chinese forestry. 2004 (09)

[13] Cororaton, Caesar B. Analyzing the impact of trade reforms on welfare and income distribution using a CGE framework: the case of the Philippines. [J] . Philippine Journal of Development, 2004

[14] D. Abreu, Gul. Bargaining and Reputation. [J] . Econometrica. 2000.

[15] D. Abreu, D. Pearce. Bargaining , Reputation and Equilibrium Selection in Repeated Games. [Z] . Working Paper, 2002

[16] Daneswar Poonyth, Ramesh Sharma. The impact of the WTO negotiating modalities in the areas of domestic support, market, access and export competition on developing countries: results from ATPSM. [Z] . A paper presented at the International Conference, " Agricultural policy reform and the WTO: where we heading", Capri (Italy) June 23 – 26, 2003

[17] David Vanzetti, Brett Graham. Simulating agricultural policy reform with ATPSM. [Z] . European Trade Study Group Fourth Annual Conference, Kiel, 13 – 15 September 2002

[18] Denise Eby Konan, Keith E. Maskus Quantifying the impact of services liberalization in a developing country . [J] . Journal of Development Economics, 2006, vol. 81

[19] Dixit. A. , V. Norman . Theory of International Trade: A Dual General Equilibrium Approach. [J] . Cambridge University Press,: Cambridge. 1980

[20] Ellen Huan-Niemi. The reduction of tariff under the "linear" and "Swiss formula" in the new WTO round: Impact on the EU sugar regime. [J] . International Conference Agricultural policy reform and the WTO: where are we heading? . Capri (It-

aly)，2003

［21］Evans, Peter, Harold Jacobson , Robert Putnam. Double-Edged Diplomacy. ［M］. Berkeley: University of California Press, 1993

［22］ERS/USDA, WTO Agricultural Trade Policy Commitments Database: WTO Tariff Level

Fang L, Hipel K W , Kilgour D M . Interactive decision making: the graph model for conflict resolution ［M］. New York. Wiley, 1993

［23］Feenstra. R, Bhagwati. J. Tariff Seeking and the Efficient Tariff. . ［M］. Import Competition and Response, University of Chicago Press, Chicago and London. 1982

［24］Findlay R. , S. Wellisz. Endogeous Tariff, the Political Economy of Trade Restriction and Welfare. ［A］. Chicago: The University of Chicago Press, 1982

［25］Francois, Joseph F. Assessing the results of general equilibrium studies of multilateral trade negotiations. ［R］. United Nations Conference on Trade and Development—New York ; Geneva : United Nations, 2000

［26］Fraser N M, Hipel K W. Conflict analysis: models and resolutions ［M］ New York, USA: North Holland, 1984

［27］Frank Fuller, John Beghin, Stephane De Cara, Jacinto Fabiosa, Cheng Fang, Holger Matthey. China's accession to the World Trade Organization: what is at stake for agricultural markets? . ［J］. Review of agricultural economics 2003, vol. 25（No. 2）?

［28］Gibson, Paul, John Wainio, Daniel Whitley, Mary Bohman. Profiles of Tariff in Global Agricultural Markets. ［R］. Agriculture Economic Report No. 796, USDA Economic Research Service, Washington, D. C.

［29］Grossman G. , Helpman, E. Protection for Sale. ［J］. American Economic Review 1994（84）

［30］Harberger, Arnold. Using the Resources at Hand more Efficiently. ［R］. American Economic Review: Papers and proceedings of the seventy-first annual meetings of the American Economic Association, May 1959, 49（2）

［31］Harry de Gorter , Erika Kliauga . Reducing Tariffs versus Expanding Tariff Rate Quotas. Agricultural trade reform & the Doha development agenda . ［R］. The

World Bank: Washington DC. ;

[32] Hedi Bchir, Sebastien Jean , David Laborde. Binding Overhang and Tariff-Cutting Formulas. [Z] . Working Papers 2005 – 18, CEPII research center

[33] Hong Zhang. The impact of China's accession to the WTO on its economy: an imperfect competitive CGE analysis. [J] . International Economic Journal. Volume: 18 (2004) Issue: 1 (March) Pages: 119 – 137

[34] Horwell, David J , Pearce, Ivor F, February. A Look at the Structure of Optimal Tariff Rates. [J] . International Economic Review. 1970

[35] Howard N. Paradoxes of rationality: theory of metagames and political behavior. [M] . Cambridge , MA: MIT Press , 1971

[36] IATRC ( International Agricultural Trade Research Consortium ) . 2001a. The Current WTO Agricultural Negotiations: Options for Progress. [Z] . IATRC Commissioned Paper 18, University of Minnesota, St. Paul, May

[37] Jean, S. , D. Laborde, W. Martin. Consequences of Alternative Formulas for Agricultural Tariff Cuts. [Z] . Agricultural Trade Reform and the Doha Development Agenda, ed. K. Anderson and W. Martin. Washington, DC: World Bank. 2005

[38] Jean, S. , D. Laborde, W. Martin. Sensitive Products: Selection and Implications for Agricultural Trade Negotiations. [R] . Paper presented to the Conference on Global Economic Analysis, June, Lubeck

[39] Jeong, Kyeong-Soo , Garcia. Philip , Bullock, David S. A statistical method of multi-market welfare analysis applied to Japanese beef policy liberalization. [J] . Journal of Policy Modeling, Elsevier, vol. 25 (3)

[40] John von Neumann, OskarMorgenstern . Theory of Games and Economic Behavior. [M] . Princetown Press.

[41] Johnson, Harry G. Optimum Tariffs and Retaliation. [J] . Rev. Econ. Studies 21, No. 2 (1954)

[42] Kimura, T. An Economic Analysis of Post-Uruguay Round Reforms of Rice Policies in Japan. [D] . MSc thesis, Cornell University, Ithaca, NY

[43] Konan DE, Maskus KE. Quantifying the impact of services liberalization in a developing country. [Z] . Word Bank Policy Research Working Paper 3193, 2002

［44］Konan De , Maskus KE. Quantifying the impact of services liberalization in a developing country. ［J］. Review of development economies, 1997

［45］Koo, W. W. The Impacts Of China'S Accession Into The Wto On The U. S Wheat Industry, 2000 Paper provided by North Dakota State University, Department of Agribusiness and Applied Economics. ［R］. Agricultural Economics Reports number 23320

［46］Kreps, D. , R. Wilson . Reputation and Imperfect Information. ［J］. Journal of Economic Theory, 27

［47］Kyeong-Soo Jeong, Philip Garcia, David S. Bullock. A statistical method of multi-market welfare analysis applied to Japanese beef policy liberalization. ［M］. LA

［48］Kym Anderson, Will Martin. Agricultural Trade Reform and the Doha Development Agenda, a copublication of the World Bank and Palgrave Macmillan. ［M］

［49］LA Winters, The European agricultural trade policies and poverty. ［J］. Eur Rev Agric Econ. 2005; 32

［50］Li K W , Kilgour D M, Hipel K W. Status quo analysis of the Flathead River conflict. ［ J ］. Water Resources Research, 2004

［51］Mancur Olson, The Logic of Collective Action: Public Goods and the Theory of Groups. ［M］. Harvard University Press, 1965

［52］Martina Brockmeier, Janine Pelikan , Rainer Klepper. The enlargement of market access in the WTO- negotiations: What is the impact of tariff cutting formulas? . ［J］. FAL Agricultural Research - Issue 1 + 2/2006

［53］Martin, W. , Z. Wang . Improving Market Access in Agriculture . ［R］. mimeo, World Bank, Washington DC.

［54］Martina Brockmeier, Marianne Kurzweil, Janine Pelikan, Pelikan Salamon, WTO Agricultural Negotiations: A comparison of the Harbinson proposal and the Swiss formula. ［J］. 2005

［55］Matthews, A Review of Special and Differential Treatment Proposals in the WTO Agricultural Negotiations. ［D］. Trinity College, Dublin, 2003

［56］Merlinda D. Ingco, John D. Nash, 农业与 WTO：创建一个促进发展的贸易体系 ［M］, 中国财政经济出版社, 2005

［57］ Mohamed Hedi Bchir ， Sébastien Jean ， David Laborde. Binding Over-hang and Tariff-Cutting Formulas. ［J］. Review of World Economics vol. 127 （2）

［58］ OECD （Organisation for Economic Co-operation and Development）. 2001. The Uruguay Round Agreement on Agriculture： An Evaluation of Its Imple-mentation in OECD Countries. ［R］. Paris： OECD.

［59］ Peter B. Evans, Harold K. Jacobson ， Robert D. Putnam. Double-Edged Diplomacy： International Bargaining and Domestic Politics. Berkeley. ［M］. University of California Press

［60］ Peters, Ralph. Shifting sands ： searching for a compromise in the WTO ne-gotiations on agriculture/by Ralf Peters and David Vanzetti—New York. ［R］. Geneva ： United Nations, 2004

［61］ Raiffa, Howard. The Art and Science of Negotiation. ［M］. Harvard U-niversity Press, 1982

［62］ Robert E Baldwin. Trade Policy in a Changing World Economy, Chica-go. ［M］. The University of Chicago Press

［63］ Roger B. , Myerson. Game Theory： Analysis of Conflict by published by Harvard University Press. ［M］

［64］ Robert Putnam. Diplomacy and Domestic Politics： The Logic of Two-Level Games. ［J］. International Organization 42 （3）

［65］ Salehezadeh, Zohre, Henneberry, Shida Rastegari. The economic impacts of trade liberalization and factor mobility： the case of the Philippines. ［J］. Journal of Policy Modeling Volume 24, Issue 5, August 2002

［66］ Schmitz, A. , H. de Gorter, T. Schmitz. Consequences of Tariffica-tion. ［M］. In Regulation and Protectionism under GATT, ed A. Schmitz, G. Coffin, and K. Rosaasen. Boulder CO： Westview Publishing Co.

［67］ Sebastien Jean, Lionel Fontagne, Will Martin. Consequences of Alter-native Formulas for Agricultural Tariff Cuts. ［Z］. Working Papers from CEPII re-search center

［68］ Sobel, Joel , Takahashi, Ichiro. A Multistage Model of Bargaining. ［J］. Review of Economic Studies, Blackwell Publishing, vol. 50 （3）

［69］ Tim Josling. Special and Differential Treatment for Developing Countries. . ［M］. 2004

［70］Thomas Hungerford . GATT：A cooperative equilibrium in a noncoopera-tive trading regim. ［J］. Journal of International Economics ，1991，30：357 – 369

［71］Waino，Gibson ，Whitley. The choose of agricultural tariff reduction. ［M］. 2002

［72］William A. Brock and Stephen P. Magee. The Economics of Special-In-terest Politics：The Case of the Tariff. ［J］. American Economic Review 68

［73］Yiorgos Gadanakis ，George Baourakis，Carmen Clapan. Measuring the impacts of distortions in the European Union cotton sector：A partial equilibrium a-nalysis using the ATPSM model framework. ［Z］. Working Paper 06/23，TRADEAG10）：46 – 47 SLI：Agricultural tariff structure in WTO new round negoti-ation，2000


## 中文参考文献

［1］伯纳德·霍克曼、（英）迈克尔·考斯泰基：《世界贸易体制的政治经济学》［M］，法律出版社，1999

［2］陈建国：《WTO 贸易与环境议题：发展中成员的视角》［J］，国际经济合作，2004（10）

［3］程广娟：《谈我国农产品贸易结构变化》［J］，《商业时代》，2006 （26）

［4］程国强、崔卫杰：《WTO 新一轮农产品关税谈判研究》［J］，《经济研究参考》，2006（24）

［5］段英、冯宗宪：《试论有效保护率理论在我国关税减让中的应用》［J］，《经济问题》，1998（9）

［6］樊明太、郑玉歆、齐舒畅、陈杰：《中国贸易自由化及其对粮食安全的影响—一个基于中国农业 CGE 模型的应用分析》［J］，《农业经济问题》，2005（s1）

［7］冯春丽、周骏宇：《WTO 制度的博弈分析》［J］，《国际经贸探索》，2005，21（4）

［8］冯宗宪、尹利群、谈毅：《我国现阶段最优关税和关税结构优化问题》［J］，《中国软科学》，1999（7）

［9］傅朝阳：《我国出口商品比较优势的实证分析：1980－2000》［J］，《国际贸易问题》，2005（04）

［10］海关总署关税征管司：《中华人民共和国进出口税则》（2006），中国海关出版社，2006

［11］海关总署关税征管司：《中华人民共和国进出口税则》（2005），中国海关出版社，2005

［12］海关总署关税征管司：《中华人民共和国进出口税则》（2004），中国海关出版社，2004

［13］何帆：《国际贸易谈判的政治经济分析：一个初步的框架》［J］，《公共管理学报》，2004，1（1）

［14］韩一军：《农产品关税配额研究（上）》［J］，《世界农业》，2005（9）

［15］韩一军：《农产品关税配额研究（下）》［J］，《世界农业》，2005（10）

［16］柯炳生、韩一军：《世贸组织中的关税配额问题与中国的对策研究》［J］，《中国农村经济》，2003（4）

［17］胡磊：《世界贸易组织多边贸易体制的博弈分析》［J］，《国际商务——对外经济贸易大学学报》，2004（3）

［18］黄凤羽：《关税在国际贸易中的效用与效率》［J］，《税务与经济》，2001，116（3）

［19］黄季焜、杨军：《全球贸易自由化对中国和世界经济的影响》［J］，《地理科学进展》，2005.01

［20］科依勒·贝格威尔（美）、罗伯特·W·思泰格尔著，雷达、詹宏毅等译：《世界贸易体系经济学》，中国人民大学出版社，2005

［21］介跃建：《用 GTAP 模型分析中国加入 WTO 后的粮食市场》［J］，《中国农业大学学报》，2003 年第 8 卷第 05 期

［22］李娟：《WTO"蓝箱"政策改革及其影响分析》［J］，《北京农业职业学院学报》，2005（06）

［23］李岳云、钟钰、黄军：《我国农产品贸易逆差成因及诱发因素分析》［J］，《国际贸易问题》，2005（11）

［24］李永：《我国关税调整与对外贸易发展问题研究》［J］，《税务与经济》，2000，109（2）：36－40

［25］李众敏、吴凌燕（2007）：《多哈回合对中国农业的影响：基于全球贸易分析模型（GTAP）的初步评估》［J］，《世界经济》，2007（2）

［26］刘婵婵、周建军：《降低关税对我国整体经济福利的影响》［J］，《商业研究》，2001（12）

［27］刘光溪、邹彦：《试析多边贸易体制谈判中的博弈战略问题》［J］，《复旦学报》，2004（3）

［28］刘合光：《WTO新一轮农业谈判与关税减让模式及其影响》［J］，2004（9）

［29］刘合光、程国强：《多哈农业改革对发展中国家农业的影响—以欧美日加四国为例》［J］，《中国农村观察》，2006（02）

［30］刘洁、阎东星：《WTO规则框架下的我国农业补贴法律制度建设》［J］，《法学杂志》，2004，（01）

［31］穆月英、小池淳司、笠原浩三：《中国农业关税政策的空间性应用一般均衡模型构建及分析》［J］，《数量经济技术经济研究》，2004（8）

［32］南云亭：《WTO框架下中国农业的国内支持政策研究》［D］，对外经济贸易大学，2006

［33］牛宝俊：《论中国农产品进口关税的调整及其影响》［J］，《岭南学刊》，1998（3）

［34］盛斌：《WTO体制、规则与谈判：一个博弈论的经济分析》［J］，《世界经济》，2001（12）

［35］施锡铨：《由WTO谈判所衍生的博弈研究》［J］，《上海财经大学学报》，2001，3（3）

［36］寿绍松：《漫谈关税减让》［J］，《江西财税与会计》，2000（10）

［37］陶娟：《WTO〈农业协议〉与中国农业补贴法律体系之构建》［D］，华中师范大学，2006

［38］孙大光：《加入WTO后的中国农业贸易政策研究》［D］，中国社会科学院研究生院，2001

［39］田志宏：《新一轮农业谈判中的关税减让问题》［J］，2004（5）

［40］王斌、尹翔硕：《加入世界贸易组织对中国农业福利的影响》［J］，《中国农村经济》，2001（1）

［41］王腊芳：《中澳铁矿砂谈判对中国产业经济影响的CGE研究》，湖南大学硕士学位论文，2006

［42］王莉、田维明：《构建东亚自由贸易区对中国农产品贸易的影响》［J］，《中国农业经济评论》，2003（3）

［43］王森、冯宗宪、高山行：《非关税壁垒向关税壁垒转换的定量研究初探》［M］，《走向21世纪的中国关税》，中国经济出版社，1998

［44］王万山：《主要贸易国在WTO新一轮农业谈判中的立场》［J］，《世界农业》，2006（02）

［45］王文涛：《我国农产品国际贸易分析》［J］，《商业研究》，2003（24）

［46］魏巍贤：《中国加入WTO对全球福利影响的模拟分析》［J］，《统计研究》，2000（6）

［47］武拉平：《中国农产品市场行为研究》［M］，中国农业出版社.2002

［48］夏晖、韩轶：《世界贸易组织的博弈分析》［J］，《电子科技大学学报》，2001，30（5）

［49］谢贝妮：《WTO新一轮农业谈判中的"新蓝箱"措施评析》［J］，《国际贸易问题》，2005（11）

［50］谢建国：《多边贸易自由化与区域贸易协定：一个博弈论分析框架》［J］，《世界经济》，2003（12）

［51］谢识予、尹翔硕、陈晔：《削减关税对中国经济的影响：理论和实证》［J］，《世界经济文汇》，1998（4）

［52］徐宏源、姚蕾、田志宏：《农产品关税减让效果的评价》［J］，《中国农村经济》，2004（6）

［53］杨军、黄季焜：《建立中国和澳大利亚自由贸易区对区域经济影响及政策建议》［J］，《国际贸易问题》，2005（11）

［54］姚蕾、田志宏：《农产品关税减让政策的取向分析》［J］，《中国农业大学学报》（社会科学版），（总57期），2004（4）

［55］姚蕾、田志宏：《WTO新一轮农业谈判中的集团化问题》［J］，《调研世界》，2006（01）

［56］张磊：《从WTO香港会议展望全球自由贸易——以农产品谈判为视角》［J］，《农场经济管理》，2006（02）

［57］张利琴：《在〈我国农产品的进口关税水平及税率结构安排〉》［J］，《中国农村经济》，2005（7）

［58］张曙光、张燕生、万中心：《中国贸易保护代价的实证分析》［J］，

《经济研究》，1997（2）

　［59］郑国伟：《重视对世贸组织规则的了解和研究》［J］，《中国机电工业》，2002（10）

　［60］钟龙彪．王俊：《从单层博弈到双层博弈：中国外交决策模式的变迁——以中国"复关"、"入世"谈判为例》［J］，《世界经济与政治》，2007（07）

　［61］钟伟：《"入世"是新世纪中国农业的发展机遇——对中国农业不能承受"入世"冲击之误解的反思》［J］，《北京师范大学学报》（社会科学版），2000（04）

　［62］周立春：《多哈农业框架协议透视》［J］，《WTO 经济导刊》，2004（09）

　［63］周曙东、胡冰川、崔奇峰：《多哈回合农产品关税减让谈判与中国的谈判方案选择——基于 CGE 模型的视角》［J］，《中国农村经济》，2006（9）

　［64］朱颖：《世贸组织〈农业协定〉中的"蓝箱"支持》［J］，《国际贸易问题》，2005（03）

　［65］宗义湘：《加入 WTO 前后中国农业支持水平评估及政策效果研究》［D］，《中国农业科学院》，2006

# 后 记

　　本书是在完成商务部和中加"WTO 小农户适应全球市场发展项目——多哈回合市场准入谈判的关税减让测度"（项目编号：3264）的基础上进一步加工完善后形成的。

　　在完成项目的过程中，我们得到商务部世界贸易司司长张向晨先生、副司长鄂德峰先生、技术援助处处长尹维静女士等的热情指导和帮助，也得到中加项目办公室陈志刚博士、加拿大专家 Lars Brink 博士的热情支持，此外还得到国务院发展研究中心程国强先生以及项目组同仁的真诚帮助，在此一并表示衷心的感谢。

　　在完成项目和本书写作过程中，冯宗宪提出筹划和研究思路框架，进行总体把握和各章分工安排，并负责总纂。于璐瑶做了一定的组织协调工作。卢秋艳、李冰、苟青、张莉、杨金花、丁向东参加了项目的研究工作。本书各章执笔者如下：第一章冯宗宪，第二、三、四章于璐瑶，第五章冯宗宪、于璐瑶，第六章冯宗宪、李冰、丁向东，第七、八章冯宗宪、苟青、杨金花，第九章冯宗宪、张莉、卢秋艳，第十、十一、十二章冯宗宪。

　　本书在写作出版过程中，获得教育部高等学校社会科学发展研究中心和教育部人文社会科学重点研究基地——陕西师范大学西北历史环境与经济社会发展研究中心的资助，这里，也对上述单位的支持表示衷心的感谢。

　　限于水平和时间的限制，本书谬误和不足之处在所难免，欢迎读者批评指正。

冯宗宪

2009 年 12 月 12 日

**图书在版编目（CIP）数据**

基于多哈回合关税减让谈判的市场准入研究/冯宗宪,于璐瑶等著. —北京:光明日报出版社,2010.5

（高校社科文库）

ISBN 978 - 7 - 5112 - 0737 - 1

Ⅰ.①基…　Ⅱ.①冯…②于…　Ⅲ.①世界贸易组织—贸易谈判—研究　Ⅳ.①F743

中国版本图书馆 CIP 数据核字(2010)第 094623 号

---

**基于多哈回合关税减让谈判的市场准入研究**

**著　　者:**冯宗宪　于璐瑶等著

**出 版 人:**朱　庆　　　　　　　　**终 审 人:**武　宁

**责任编辑:**田　苗　曹美娜　　　　**封面设计:**小宝工作室

**责任校对:**余　霞　赵月栋　　　　**责任印制:**曹　净

**出版发行:**光明日报出版社

**地　　址:**北京市东城区(原崇文区)珠市口东大街 5 号,100062

**电　　话:**010 - 67078244(咨询),67078945(发行),67078235(邮购)

**传　　真:**010 - 67078227,67078255

**网　　址:**http://book. gmw. cn

**E-mail:** gmcbs@ gmw. cn

**法律顾问:**北京市华沛德律师事务所张永福律师

**印　　刷:**北京大运河印刷有限责任公司

**装　　订:**北京大运河印刷有限责任公司

本书如有破损、缺页、装订错误,请与本社发行部联系调换

**开　　本:**690×975 毫米　1/16

**字　　数:**350 千字　　　　　　　**印张:**21

**版　　次:**2010 年 12 月第 1 版　　　**印次:**2010 年 12 月第 1 次印刷

**书　　号:** ISBN 978 - 7 - 5112 - 0737 - 1

**定价:**44. 00 元